Perry Schmidt-Leukel

# Das himmlische Geflecht

**Buddhismus** und **Christentum** –
ein anderer Vergleich

*Für Paul F. Knitter*

Wegbereiter des religiösen Pluralismus
Buddhist und Christ
Freund

# Inhalt

Vorwort ..... 9

Das himmlische Geflecht: Indras Netz ..... 13

1. Kapitel
Religionen vergleichen: Warum – Wozu? ..... 18

1.1 Religionsvergleich in der Religionswissenschaft ..... 18
1.2 Religionsvergleich in der Theologie ..... 35

2. Kapitel
Die Entdeckung fraktaler Strukturen:
Neue Perspektiven für den Religionsvergleich ..... 49

2.1 Kultur- und religionswissenschaftliche Perspektiven ..... 49
2.2 Perspektiven interreligiöser Theologie ..... 64

3. Kapitel
In der Welt ..... 89

3.1 Weltflucht oder Weltzuwendung? ..... 89
3.2 Weltflucht und Weltzuwendung im Buddhismus ..... 100
3.3 Weltzuwendung und Weltflucht im Christentum ..... 113
3.4 Nicht-Anhaften und liebende Zuwendung ..... 125

4. Kapitel
Letzte Wirklichkeit ..... 138

4.1 Impersonales Absolutum oder personaler Gott? ..... 138
4.2 Impersonale und personale Transzendenzvorstellungen im Buddhismus ..... 152

4.3 Personale und impersonale Transzendenzvorstellungen im Christentum ..... 162
4.4 Sprechen vom Unaussprechlichen ..... 169

5. Kapitel
Was stimmt nicht mit uns? ..... 189

5.1 Verblendung oder Sünde? ..... 189
5.2 Verblendung und sündhafte Selbstverhaftung im Buddhismus ..... 195
5.3 Sündhafte Selbstverhaftung und Verblendung im Christentum ..... 206
5.4 Erkenntnis und Vertrauen ..... 215

6. Kapitel
Hoffnungsträger ..... 221

6.1 Erwachter Lehrer oder inkarnierter Gottessohn? ..... 221
6.2 Erwachen, Verkündigung und Inkarnation ..... 229
6.3 Entschränkung und Verschränkung ..... 243

7. Kapitel
Der Weg ..... 256

7.1 Selbsterlösung oder Fremderlösung? ..... 256
7.2 Selbsterlösung und Fremderlösung im Buddhismus ..... 265
7.3 Fremderlösung und Selbsterlösung im Christentum ..... 273
7.4 Erlösung des Selbst vom Selbst ..... 277

8. Kapitel
»Hinterm Horizont ...« ..... 288

8.1 Glückseliges Entwerden oder glückselige Gemeinschaft? ..... 289

8.2 Individuelle und soziale Facetten buddhistischer Heilsvorstellungen ..... 297
8.3 Heil als Vereinigung mit Gott und als vollendete Sozietät im Christentum ..... 318
8.4 Zur Komplementarität eschatologischer Bilder ..... 339

9. Kapitel
Buddhismus und Christentum: Ein neues Verständnis – ein neues Verhältnis ..... 350

9.1 Im Auge des Betrachters? ..... 351
9.2 Fraktale Strukturen als Basis interreligiöser Lernprozesse ..... 358

Literatur ..... 367

Personenregister ..... 406

# Vorwort

Seinem Buch *Mach's gut und danke für den Fisch* stellte Douglas Adams seinerzeit die Auskunft voran, dies sei »der vierte Band der Trilogie: Per Anhalter durch die Galaxis ...«. Etwas Ähnliches ließe sich auch über das vorliegende Buch sagen. In ihm laufen Fäden aus drei vorangegangenen Werken zusammen: *Gott ohne Grenzen*, *Buddhismus verstehen* und *Wahrheit in Vielfalt*.

In *Gott ohne Grenzen* skizziere ich eine christliche und pluralistische Theologie der Religionen – das heißt, eine Theologie, die nicht länger impliziert, dass das Christentum die allein wahre oder beste Religion ist, sondern in der Vielfalt der Religionen einen genuinen Wert erblickt. In *Buddhismus verstehen* zeige ich, wie sich der Buddhismus in eine solche Perspektive einfügt – das heißt, wie im Buddhismus Transzendenzerfahrungen auf eigene Art und Weise begrifflich verarbeitet und zum bestimmenden Faktor für Lebensstile wurden, die eine Symbiose aus Weisheit und mitfühlender Zuwendung anstreben. *Wahrheit in Vielfalt* beschreibt in seinem ersten Teil, wie sich heute in allen großen religiösen Traditionen pluralistische Konzeptionen entwickeln, die aus der je spezifischen Sicht der eigenen Religion heraus andere Religionen als zwar verschiedene, aber dennoch gleichwertige Wege zu Heil und Befreiung würdigen. Im zweiten Teil lege ich dar, wie aus solchen Umbrüchen eine neue Form von Theologie erwächst: nämlich eine interreligiöse Theologie, die von Menschen unterschiedlicher Religionen gemeinsam vorangebracht wird. Eine interreligiöse Theologie stellt sich weiterhin den großen Menschheitsthemen: jenen Fragen, die das Leben selbst an die Menschheit und an jeden Einzelnen von uns stellt und die von den Religionen aufgenommen, in immer neuen Varianten reflektiert, mal mit mehr, mal mit weniger Vorsicht beantwortet und in konkrete Lebenspraxis überführt werden. Interreligiöse Theologie greift hierzu nicht mehr nur auf die Tradition der je eigenen Religion zurück, sondern tendenziell auf das Zeugnis religiöser Erfahrungen und deren gedankliche Durchdringung innerhalb der gesamten Menschheit. Denn sie ist von der Überzeugung geleitet, dass sich religiös bedeutsame Wahrheit in religiöser Vielfalt niederschlägt.

Am Ende von *Wahrheit und Vielfalt* steht die Beobachtung, dass genau dies nicht nur für die globale Religionsgeschichte gilt, sondern auch für jede einzelne religiöse Tradition. Keine Religion ist homogen, sondern umfasst ihrerseits eine immense Vielfalt unterschiedlicher Ausdrucksformen. Mehr noch, zwischen der religionsinternen Vielfalt und der religiösen Vielfalt auf globaler Ebene zeigen sich eine Reihe erstaunlicher Parallelen. Und diese spiegeln sich sogar noch in jener Vielfalt von religiösen Haltungen wider, die auch ein einzelner Mensch in sich tragen kann oder im Laufe seines/ihres Lebens zu durchlaufen vermag. An diese Einsicht knüpft der vorliegende Band an. Auf ihrer Basis präsentiert er einen anderen, neuartigen Vergleich von Christentum und Buddhismus – einen Vergleich, der diese nicht so behandelt, als seien es mehr oder weniger homogene Einheiten. Vielmehr wird die innere Vielgestaltigkeit beider Religionen solcherart in den Blick genommen, dass dabei die Parallelität der Unterschiede erkennbar wird, die sich in beiden Traditionen finden. Auch wenn sich Buddhismus und Christentum deutlich voneinander unterscheiden, so ähneln sie einander doch gerade in den Strukturmustern ihrer internen Vielfalt.

Dies genauer zu erfassen hat weitreichende Folgen für unser Verständnis religiöser Vielfalt und ihre theologische beziehungsweise religiöse Deutung – Folgen, die in eine theologisch pluralistische Richtung weisen. So werden tentative Antworten auf die Frage möglich, warum es überhaupt eine solche Vielfalt religiöser Erscheinungsformen gibt, wenn man diese nicht einfach nur in atheistischer Weise als eine Vielfalt menschlicher Illusion deuten will. Mit anderen Worten: Es werden Antworten greifbar auf die Frage, warum religiöse Wahrheit in Vielfalt aufscheint. Das ist das Thema des nun vorliegenden Buchs. In diesem Sinn werden hier die Fäden der vorangegangenen Trilogie aufgegriffen und weitergeführt.

Einen *anderen* Vergleich zu schreiben beinhaltet zugleich, die bisherigen Vergleiche von Buddhismus und Christentum kritisch in den Blick zu nehmen. Auch das geschieht in diesem Buch. Hierzu konnte ich zum Teil auf eigene frühere Untersuchungen zurückgreifen,[1] die nun jedoch durch die Berücksichtigung weiterer und neuerer vergleichender Studien ergänzt wurden. Das Grundkonzept des jetzigen Buchs konnte ich im Zuge einer Vorlesungsreihe entwickeln, die ich im Oktober 2017 auf Einladung von Professor You Bin an der Minzu University in Peking gehalten habe.[2] Für diese Gelegenheit sei meinem chinesischen Kollegen nochmals herzlich gedankt. Mein Dank gilt auch Reinhard Achenbach, Karl Baier, Eve-Marie Becker, Albrecht Beutel, Lutz Doering, Christina Hoegen-Rohls, Assaad Elias Kattan, Hermut Löhr, Holger Strutwolf und Mathias Schneider, die mir aus ihrer eigenen Expertise heraus zahlreiche hilfreiche Hinweise gegeben haben. Dankbar bin ich für die vielen Stunden, die meine Mitarbeiterin, Martina Forstmann, und meine Frau Doris in das sorgfältige Korrektur-Lesen der diversen Manuskript-Entwürfe investiert haben. Alle verbliebenen Fehler gehen freilich allein auf meine eigene Unachtsamkeit zurück. Dankbar bin ich der Deutschen Forschungsgesellschaft, die mir durch die Finanzierung des Exzellenzclusters »Religion und Politik« zwei Forschungsfreisemester ermöglichte, in denen der Großteil des Manuskripts geschrieben wurde. Herrn Steen vom Gütersloher Verlagshaus danke ich für seine erneute engagierte Unterstützung dieser Publikation, die er und sein Team beim Gütersloher Verlagshaus auf die gewohnt professionelle Weise in ihre erfahrenen Hände genommen haben.

Last but not least danke ich allen, mit denen ich meine Überlegungen zu einer fraktalen Interpretation religiöser Vielfalt seit ihrer erstmaligen Vorstellung bei meinen Gifford-Lectures im Jahre 2015 diskutieren konnte. Die positiven Rückmeldungen und kritischen Rückfragen, die ich von zahlreichen Kolleg*innen rund um die Welt, den Teilnehmer*innen bei Kongressen, Tagungen und Gast-

1 Schmidt-Leukel 1992.

2 Sie wurde 2019 in einer zweisprachigen (englisch-chinesischen) Ausgabe unter dem Titel *To See a World in a Flower* in Peking bei Zong jiao wen hua chu ban she (Verlagshaus für religiöse Kultur) veröffentlicht (Schmidt-Leukel 2019c). Für *Das himmlische Geflecht* wurde das Konzept von *To See a World in a Flower* überarbeitet und erheblich erweitert – nicht nur im Hinblick auf einzelne Kapitel, sondern auch durch die Hinzufügung von vier neuen Kapiteln, sodass die deutsche Version nun auf das in etwa Dreifache angewachsen ist.

vorlesungen sowie von meinen Studierenden erhielt, haben mir bei meinem eigenen Nachdenken erheblich weitergeholfen. Eine ganz besondere Rolle spielte hierbei der wiederholte Austausch mit Paul Knitter, dem ich daher dieses Buch widme.

# Das himmlische Geflecht: Indras Netz

Im Mahāyāna-Buddhismus, dem sogenannten »großen« oder »erhabenen Fahrzeug«, findet sich ein verbreitetes Bild. Demnach gleicht die Wirklichkeit einem himmlischen Geflecht: dem Juwelen-Netz des Gottes Indra. Vor allem in dem sehr einflussreichen *Avataṃsaka-Sūtra* wird vielfach auf dieses Bild angespielt.[1] Allerdings wird in dieser Schrift das Bild selbst nirgendwo direkt entfaltet. Vielmehr ist es hier als unter Buddhisten bekannt vorausgesetzt. Der chinesische buddhistische Meister Dùshùn (Tu-shun, auch: Fa-shun, 6.-7. Jhd. n. Chr.) erläutert das Bild folgendermaßen: Es zeigt,

> [...] wie die vielen Dinge einander durchdringen gleich dem Reich von Indras Juwelen-Netz [...]. Dieses kaiserliche Netz ist ganz aus Juwelen gefertigt: Weil die Juwelen klar sind, spiegeln sie ihr Bild gegenseitig wider. So erscheint jedes Juwel in der Widerspiegelung des anderen, spiegelt sich wider und wider ohne Ende, sodass alle Juwelen gleichzeitig in einem einzelnen Juwel aufscheinen und das ist so in jedem einzelnen unter ihnen [...].[2]

Bei Indras Netz handelt sich also um ein den Himmel durchziehendes Geflecht, in dessen Knotenpunkten lauter klare Juwelen sitzen, von denen jedes einzelne Juwel das ganze Netz auf seine Art widerspiegelt. Meister Dùshùn gilt als der erste Patriarch der Huayan-Schule des chinesischen Buddhismus, einer Schule, die sich insbesondere auf die Lehren des indischen *Ava-*

1 Besonders in den Büchern 4, 5, 12, 21, 25, 33, 34, 39.

2 So in seiner Schrift »Beruhigung und Kontemplation nach den fünf Lehren des Huayan« (*Huayan wujiao zhiguan*). Zitiert nach der englischen Übersetzung in Thomas Cleary (1983: 66). Alle Übersetzungen aus dem Englischen stammen, wenn nicht anders angegeben, von mir.

*taṃsaka-Sūtras* stützt.[3] Das *Avataṃsaka-Sūtra* selbst stammt in seiner späteren Form wohl aus dem vierten Jahrhundert n. Chr. und ist eine umfangreiche Kompilation von noch älteren Texten des Mahāyāna-Buddhismus. So reichen erste chinesische Übersetzungen von einzelnen Teilen des *Avataṃsaka-Sūtras* bereits in das zweite Jahrhundert zurück.

Die Idee von der Welt als einem gewaltigen Netz des Gottes Indra ist allerdings noch weitaus älter. Sie geht auf Vorstellungen zurück, die sich bereits in vedischen Texten finden (*Atharva-Veda* 8,8,8). Im Mahāyāna-Buddhismus erhält das Bild nun aber die besondere Nuance von der Klarheit der einzelnen Juwelen. Sie symbolisieren die »Leerheit« beziehungsweise Substanzlosigkeit aller Dinge, aus denen eine Welt besteht, ja, alle Welten insgesamt. Dies führt wiederum zur Idee ihrer wechselseitigen Spiegelung und schließlich zu dem Gedanken, dass sich das gesamte Netz in jedem seiner Teile reflektiert und bricht. Das himmlische Geflecht entspricht somit einem »fraktalen« Muster, das heißt einem Muster, bei dem sich gewisse Grundstrukturen in den einzelnen Komponenten der Struktur wiederholen.

Nach dem *Avataṃsaka-Sūtra* ist mit dem Bild von Indras Netz nicht die Idee einer amorphen Masse verbunden. Auch wenn die letzte, in und hinter allem verborgene Wirklichkeit jede substanzielle beziehungsweise begriffliche Form übersteigt und in diesem Sinn »formlos« oder »amorph« (Sanskrit: *arupya*) ist, so manifestiert sie sich doch in zahllosen Formen, eben als ein Myriaden-Geflecht von Vielfalt und Unterscheidung. Dementsprechend heißt es im fünfundzwanzigsten Buch des Sūtras: Auch wenn alle Welten einander endlos durchdringen, so lassen sie sich dennoch voneinander unterscheiden. Wer es vermag, das Ganze in jedem Teil wiederzuerkennen, »zerstört nicht die Merkmale ihrer Strukturen, sondern lässt sie alle deutlich sichtbar werden«.[4]

Besonders in dieser Hinsicht eignet sich die alte Metapher von »Indras« oder »Gottes Netz« für den hier vorgelegten neuartigen

3 Siehe Schmidt-Leukel 2020a: 274-278.

4 Nach der englischen Übersetzung in Thomas Cleary (1993: 656).

Vergleich von Buddhismus und Christentum. Denn ich betrachte Buddhismus und Christentum nicht als homogene Größen, sondern als komplexe, in sich vielschichtige und teilweise heterogene Gebilde. Unter Berücksichtigung dieser internen Vielgestaltigkeit beider Religionen werden im Vergleich fraktale Strukturmuster sichtbar. Das heißt, augenfällige Unterschiede *zwischen* beiden Religionen lassen sich auch *innerhalb* einer jeden von ihnen wiedererkennen. Strukturell wird damit eine quasi wechselseitige Durchdringung beider Religionen erkennbar. Ihre Beziehung gleicht dem himmlischen Geflecht.

Ganz im Sinne des *Avataṃsaka-Sūtras* bedeutet dies jedoch nicht, die Unterschiede zu verwischen. Nach wie vor treten sie deutlich zutage, aber als Teil einer weitaus differenzierteren, eben einer fraktalen Struktur. Dies – so zumindest meine Hoffnung – kann uns dabei helfen, die Strukturmuster religiöser Vielfalt insgesamt besser zu erkennen und zu verstehen, auch und gerade in ihrer theologischen Bedeutsamkeit. Insofern sich nämlich einige der in die fraktalen Muster eingebetteten Unterschiede als komplementär erweisen, wird deutlich, inwiefern solche komplexen Traditionen wechselseitig aufeinander verwiesen sind und daher einander bereichern, aber auch korrigieren können.

Die ersten beiden Kapitel sind der Methodologie dieser neuen Form von Religionsvergleich gewidmet. Das *erste Kapitel* geht zunächst auf die Bedeutung und Krise der vergleichenden Methode innerhalb von Religionswissenschaft und Theologie ein, aber auch auf die Versuche, den Religionsvergleich zu rehabilitieren und neu zu konzipieren. Das *zweite Kapitel* entfaltet die These, der zufolge sich in der religiösen Vielfalt fraktale Muster zeigen. Es diskutiert die Bedeutung dieser These für das Verständnis von Religion und den Vergleich von Religionen aus religionswissenschaftlicher und theologischer Sicht.

Nach diesen einführenden Überlegungen zum Religionsvergleich und zur These fraktaler Muster innerhalb religiöser Vielfalt wende ich mich in den weiteren Kapiteln dem konkreten Vergleich von Buddhismus und Christentum zu. Jeder Vergleich ist unvermeidlich selektiv, da wir – wie Oliver Freiberger zutreffend vermerkt hat – immer nur »im Hinblick auf etwas« vergleichen.[5] Als Vergleichspunkte wähle ich das Verhältnis beider Religionen zur Welt (*drittes Kapitel*), ihr Verständnis letzter Wirklichkeit (*viertes Kapitel*), ihre Sicht der dunklen Seite menschlicher Existenz (*fünftes Kapitel*), ihre Konzeptionen der heilsvermittelnden Gestalten (*sechstes Kapitel*), der Heilswege (*siebtes Kapitel*) und schließlich der Heilsziele (*achtes Kapitel*).

Der eigentliche Vergleichspunkt (*tertium comparationis*) ist jedoch ein Vergleichspunkt zweiter Ordnung. In jedem der Kapitel drei bis acht gehe ich zunächst von den unterschiedlichen und häufig als gegensätzlich gedeuteten Kontrastierungen beider Religionen aus. Danach bringe ich die fraktale Perspektive ein. Das heißt, ich zeige anhand markanter Schlaglichter auf, dass sich die unterschiedlichen Positionen im Hinblick auf das jeweilige thematische Feld (das *tertium comparationis* erster Ordnung) auch innerhalb einer jeden der beiden Religionen finden lassen. Der *Vergleich dieser intrareligiösen Unterschiede* bildet somit meinen eigentlichen Vergleichspunkt.

Des Weiteren befasse ich mich in jedem dieser Kapitel mit der Frage, warum sich in beiden Religionen trotz ihrer verschiedenen Schwerpunkte und Akzente dennoch solche parallelen intrareligiösen Unterschiede entwickelt haben. Wechselseitige historische Einflüsse spielen hierbei, wenn überhaupt, so bestenfalls eine untergeordnete Rolle.[6] Daher verfolge ich eine andere Fragerichtung, nämlich die, ob sich die parallelen Unterschiede jeweils als komplementär begreifen lassen. Denn dann wäre es denkbar, dass es in beiden und vermutlich in allen großen Religionen so etwas wie eine innere Dynamik zur Synthese gegenläufiger Tendenzen gibt. Angesichts der je spezifischen und damit unvermeidlich partikularen Schwerpunkte einer jeden religiösen Tradition zielt eine solche Dynamik auf eine je größere Vollständigkeit hin. Eine Entelechie zu

5 »[...] one can only compare *in view of something*.« Freiberger 2019: 31.

6 Zur Frage historischer Abhängigkeiten zwischen Buddhismus und Christentum vgl. Schmidt-Leukel 1992: 21-35; Winter 2008.

größerer Ganzheit könnte das parallele Auftreten komplementärer Unterschiede zumindest teilweise erklären. »In der Welt der Natur«, so William Jackson, »offenbart das Studium der Fraktale eine verborgene implizite Ganzheit, bisher unentdeckte Ordnungen.«[7] Der Mathematiker Benoît Mandelbrot hatte das Substantiv »das Fraktal« und das Adjektiv »fraktal« aus dem lateinischen *frangere / fractus* (zerbrechen, zerbrochen) abgeleitet.[8] In diesem Sinn verweist das fraktale Bruchstück implizit auf die größere Ganzheit einer fraktalen Ordnung. Nimmt man die zeitliche Dimension fraktaler Ordnungen hinzu, dann gilt mit William Jackson: »Fraktale involvieren Ganzheitlichkeiten auf dynamische Weise.«[9] Das heißt, einzelne Gebilde, die wie die Religionen einem fortschreitenden Wachstum unterliegen, tendieren zu einer Art Ganzheitlichkeit, indem sie immer weitere Substrukturen ausbilden und damit eine immer größer werdende Vielfalt integrieren. Der Aufweis von solchen sich dynamisch entwickelnden Verflechtungen innerhalb der intrareligiösen wie auch der interreligiösen Vielfalt ist in theologischer Hinsicht von erheblicher Konsequenz. Er vermag, die theologische Interpretation des Verhältnisses der großen Religionen der Menschheit zueinander auf eine neue Basis zu stellen und den Raum für interreligiöse Lernprozesse zu eröffnen. Nach den in den Kapiteln drei bis acht durchgeführten Vergleichen werde ich dieses Potential im abschließenden *neunten Kapitel* konkreter ausführen.

7 Jackson, W. 2004: 60.

8 Mandelbrot 1991: 16.

9 Jackson, W. 2004: 69.

# 1. Kapitel

# Religionen vergleichen – warum und wozu?

## 1.1 Religionsvergleich in der Religionswissenschaft

### *Erkenntnis durch Vergleich*

Gegen Ende des neunzehnten Jahrhunderts formierte sich in Europa allmählich eine neue Disziplin: die Religionswissenschaft.[1] Viele ihrer Pioniere betrachteten den Vergleich der Religionen als eine der wichtigsten Aufgaben dieser neuen Wissenschaft. Als einer ihrer »Väter« gilt Friedrich Max Müller (1823-1900). Er war überzeugt, dass eine vergleichende Religionswissenschaft zu ähnlich wichtigen Einsichten führen würde wie die damals ebenfalls noch junge, aber bereits sehr erfolgreich arbeitende vergleichende Sprachwissenschaft. Durch sie war es gelungen, die historische Entwicklung einzelner Sprachen sowie die Ausdifferenzierung in miteinander verwandte, aber auch voneinander verschiedene Sprachfamilien zu erkennen und besser zu verstehen. Ähnliches sollte nun auch die vergleichende Erforschung von Religionen leisten. Nur so werde es schließlich möglich werden, den eigentlichen Sinn und Zweck von Religion als Menschheitsphänomen zu verstehen.[2]

Etliche unter den Pionieren der Religionswissenschaft waren, so wie Müller selbst, Christen. Für sie verband sich mit dem Ziel eines besseren Verstehens von Religion und Religionen noch eine weitere Hoffnung: Durch den vorurteilsfreien, quasi objektiven Religionsvergleich sollte sich schließlich auf wissenschaftlichem Weg,

1 Siehe Tworuschka 2015.

2 Vgl. hierzu Müller 1868: xix.

ohne theologische Voreingenommenheit, erweisen lassen, dass das Christentum die höchste Form und zugleich die Vollendung aller Religionen darstellt. Für mehr als eineinhalb Jahrtausende hatte die Überzeugung von der Überlegenheit oder gar alleinigen Wahrheit des Christentums im Westen als selbstverständlich gegolten. Doch spätestens seit der Aufklärung meldeten sich deutliche Zweifel zu Wort. Nicht wenige unter den aufgeklärten Atheisten nutzten religionsvergleichende Argumente dazu, die Unglaubwürdigkeit des Christentums ebenso wie die aller anderen Religionen darzulegen. So schrieb beispielsweise David Hume 1757 in seinem epochalen Versuch einer *Naturgeschichte der Religion*, dass eine Untersuchung der tatsächlichen religiösen Ideen in der Welt kaum eine andere Schlussfolgerung zulasse, als dass es sich hierbei um die »Träume kranker Menschen« (»sick men's dreams«) handle.[3] Ja mehr noch: Das Studium der Religionsgeschichte zeige, dass Religion eine Quelle ständiger Konflikte, Gewalttaten und anderer Übel sei. »Wenn in einer historischen Darstellung irgendwo der Geist der Religion auftaucht, so können wir sicher sein, anschließend eine Schilderung des Elends zu finden, das ihn begleitet.« Daher, so Hume weiter, könne »keine Zeitepoche [...] glücklicher oder gesegneter sein als die, wo man diesen Geist nicht kennt.«[4] Gegenüber solchen Auffassungen, wie sie in den atheistischen Flügeln der Aufklärung bald Standard wurden, setzten Wissenschaftler wie Friedrich Max Müller, Nathan Söderblom (1866-1931), Rudolf Otto (1869-1937) oder Friedrich Heiler (1892-1967) darauf, dass sich mittels des religionswissenschaftlichen Vergleichs die Wahrheitselemente und positiven Gemeinsamkeiten in allen Religionen erweisen lassen und zugleich das Christentum als deren eigentliche Erfüllung erkennbar werde. »Um die Stellung des Christentums in der Weltgeschichte und seinen wahren Platz unter den Religionen der Menschheit voll zu verstehen«, so Müller, »müssen wir es vergleichen ...«.[5] Es wundert nicht, dass bei einer solchen

3 Hume 2000: 71.

4 Hume 1981: 131.

5 Müller 1868: xxviii.

Zielsetzung Religionswissenschaft damals auch unter dem Namen »vergleichende Theologie« (»Comparative Theology«) firmierte.[6] Max Müller selbst insistierte auf diesem Namen als der korrekten Bezeichnung für die neue Disziplin.[7]

Unter den frühen Religionsvergleichen waren Vergleiche von Christentum und Buddhismus sowie ihrer beiden Zentralgestalten, Christus und Buddha, besonders beliebt und verbreitet. Nicht nur christliche Autoren, sondern auch westliche Buddhismus-Sympathisanten sowie buddhistische Aktivisten und Reformer in Asien bedienten sich des religionsvergleichenden Genres, um auf diesem Weg ihre apologetischen Interessen zu verfolgen und die Überlegenheit ihrer eigenen Religion darzulegen. In Deutschland stellte beispielsweise Georg Grimm (1868-1945) in seinem groß angelegten Vergleich *Buddha und Christus* (1928) die seiner Meinung nach unübertroffene philosophische Erkenntnis Gautama Buddhas einem Jesus gegenüber, der »das Opfer der großen Wahnvorstellung seines Volkes« geworden sei, womit sich Grimm auf den Glauben an einen personalen Gott und die Erwartung eines Messias bezog.[8] Allein in der christlichen Mystik, so Grimm, lasse sich eine Brücke zur Lehre des Buddhas finden.[9] In Sri Lanka, damals noch Ceylon, verfasste Anagarika Dharmapala (1864-1933) wiederholt kürzere Essays zum Vergleich des Buddhismus mit anderen Religionen, insbesondere mit dem Christentum und dem Hinduismus, in denen er den Buddhismus als die moralisch vollkommenste und einer modernen wissenschaftlichen Haltung adäquateste Religion darstellte.[10] In China ließ sich der buddhistische Erneuerer Taixu (T'ai-hsü, 1890-1947) von der sozial-karitativen Seite des Christentums durchaus positiv inspirieren, stellte in seinen populären Schriften jedoch mittels gegenüberstellender Vergleiche die ethische und philosophische Überlegenheit des Buddhismus heraus.[11]

6 Nicholson 2009: 611-616.

7 Müller 1874: 19. Siehe auch Masuzawa 2003: 317.

8 Grimm 1928: 167.

9 Ebd. 210.

10 Guruge 1965: 1-74, 347-477.

11 Pittman 2001: 242-254.

Sowohl in offen konfrontativ und apologetisch ausgerichteten Vergleichen als auch in den vermeintlich neutralen und unvoreingenommenen Vergleichen der jungen Religionswissenschaft formierten und etablierten sich im Hinblick auf das Verhältnis von Buddhismus und Christentum eine ganze Reihe stereotyper Entgegensetzungen: In seinem Weltverhältnis sei der Buddhismus weltflüchtig, pessimistisch und passiv, das Christentum hingegen weltzugewandt, optimistisch und aktiv. Der buddhistischen Leugnung eines personalen Gottes stehe der christliche Glaube an einen guten Schöpfer gegenüber. Werde im Buddhismus das Verhängnis des Menschen als Verblendung und somit als kognitives Problem verstanden, so betrachte das Christentum das Unheil des Menschen als Sünde und verstehe es damit im Sinn einer eher ethisch gefassten Kategorie. Im Gegensatz zum Glauben an einen von Gott gesandten Erlöser setze der Buddhismus auf die Lehren eines erleuchteten Menschen. Was den Weg zum Heil betreffe, so setze der Buddhismus auf die Fähigkeit des Menschen zur Selbsterlösung, das Christentum hingegen auf die göttliche Gnade. Und während dem Buddhismus das endgültige Heil in nihilistischer Manier als Befreiung von allem Dasein gelte, hoffe das Christentum auf ein ewiges Leben in glückseliger Gemeinschaft.[12]

Zwar haben solche klischeehaften Gegenüberstellungen immer auch Modifikationen erfahren. Dennoch wirken sie, wie im Verlauf dieses Buchs noch deutlich werden wird, vielfach bis in die Gegenwart hinein nach. Die stärksten kritischen Anfragen an die gängigen Stereotypen christlich-buddhistischer Verhältnisbestimmungen sind jedoch weniger aus der Religionswissenschaft hervorgegangen als vielmehr aus den Philologien sowie dem christlich-buddhistischen Dialog. Dies hängt auch damit zusammen, dass innerhalb der Religionswissenschaft der Religionsvergleich seit den 1970er-Jahren immer mehr in die Kritik geraten ist und folglich an Bedeutung verloren hat. Demgegenüber hat sich in der christlichen Theologie ungefähr zeitgleich ein Verständnis von Dialog entwickelt, bei dem andere Religionen als mögliche Quelle theologisch relevanter

12 Schmidt-Leukel 1992: 9-141.

Wahrheit betrachtet werden, die es zu erkennen und zu erforschen gilt. Inzwischen haben sich daraus komparative und interreligiöse Formen von Theologie entwickelt. Bleiben wir zunächst jedoch bei der Religionswissenschaft.

Über Jahrzehnte hinweg galt der Religionsvergleich als eine, wenn nicht sogar *die* zentrale Methode der Religionswissenschaft. Des Öfteren gab sie der Disziplin als Ganzer sogar ihren Namen (»Vergleichende Religionswissenschaft« oder, im englischsprachigen Raum »Comparative Religion«). Nicht zuletzt unter dem Einfluss der Überlegungen zur wissenschaftstheoretischen Grundlegung der Religionswissenschaft durch Joachim Wach aus dem Jahr 1924[13] wurde es dabei weithin akzeptiert, religionswissenschaftliche Vergleiche von weltanschaulichen oder theologischen Intentionen freizuhalten. Sie sollten weder offen noch verdeckt christlich-theologischen oder analogen religiösen wie nichtreligiösen Zielsetzungen dienen, sondern – so Wach – der »Erforschung und Darstellung der empirischen Religionen«[14] unter Verzicht auf normative Standpunkte.[15] Dabei verfolgt die Religionswissenschaft nach Wach jedoch durchaus auch ihre eigenen systematischen Ziele. Auf induktivem Weg solle das Gemeinsame, das organisatorische Prinzip, das innere ›Gerüst‹ von Religionen herausgearbeitet werden.[16] Und hierzu diene in erster Linie die Methode des Vergleichs.[17] Für die Entwicklung einer formalen Systematik in der Religionswissenschaft ist der Religionsvergleich nach Wach »substantiell, wesentlich«.[18]

### *Probleme des Religionsvergleichs*

Bereits Joachim Wach machte allerdings auch auf einige mit der Methode des Vergleichs verbundene »Gefahren« aufmerksam: etwa

13 Wach [1924] 2001.
14 Ebd. 68.
15 Ebd. 61.
16 Ebd. 178.
17 Ebd. 179f.
18 Ebd. 182.

das Problem, die verglichenen Phänomene aus ihrem genuinen Kontext zu reißen und so »die Eigenart der betreffenden Erscheinung nicht zu ihrem Rechte kommen zu lassen.«[19] Oder auch das Problem der rechten Wahl des vergleichenden Gesichtspunktes, des sogenannten *tertium comparationis*.[20] Dennoch galt ihm der Vergleich als unerlässlich, da sich nur so Strukturen, nämlich »Regelmäßigkeiten« und Gesetzmäßigkeiten«, in den Religionen und ihrer Entwicklung erkennen lassen.[21]

Als eher unproblematisch und erhellend erweisen sich diachrone Vergleiche religiöser Quellen innerhalb einer einzelnen religiösen Traditionslinie. Ohne solche Vergleiche wäre es unmöglich, bestimmte Entwicklungslinien innerhalb einer Religion zu erkennen. Diachrone historische Rekonstruktionen arbeiten immer mit einer Perspektive, die die verschiedenen Etappen der Entwicklung miteinander vergleicht. Nun zieht jedoch gerade diese Form des Vergleichs auch die Möglichkeit synchron angelegter Vergleiche nach sich, etwa wenn sich bestimmte Entwicklungen innerhalb einer religiösen Tradition verzweigen und dadurch unterschiedliche Ausprägungen historischer Prozesse fassbar werden. Die Nähe zur Sprachwissenschaft wird hier besonders deutlich.[22] Denn ähnlich der Bestimmung zusammengehöriger Sprachfamilien lassen sich auf diesem Weg auch Religionsfamilien bestimmen, also Religionen, die zwar in einem unbestreitbaren historischen Überlieferungszusammenhang stehen, sich aber dennoch voneinander absetzen und je eigene neue Prozesse der Weiterentwicklung und Ausdifferenzierung hervorbringen. Doch auch voneinander unabhängige Religionen und Religionsfamilien lassen sich miteinander vergleichen, indem man ihre jeweiligen Entwicklungen und Ausprägungen in synchroner Zusammenschau betrachtet. Analog zum Vergleich unterschiedlicher Sprachfamilien lassen sich auf diesem Weg die Unterschiede verschiedener Religionen oder Religionsgruppen näher charakterisieren und damit klassifizieren beziehungsweise

19 Ebd. 183.

20 Ebd. 184f.

21 Ebd. 186.

22 So auch Hock 2006: 71.

typologisieren. Dabei ging es der Religionswissenschaft um »die Erfassung ihrer jeweils typischen Züge, ihrer dominierenden Eigenarten [...], die dann das Prinzip einer Gruppierung und Einteilung der Religionen bilden sollen«, wie zum Beispiel in monotheistische oder polytheistische Religionen, Natur- und Geschichtsreligionen oder die verbreitete Einteilung in prophetische und mystische Religionen.[23]

Klassifikation und Typologisierung wurden jedoch nicht nur für Religionen oder Religionsfamilien angestrebt, sondern auch für die einzelnen Elemente beziehungsweise Phänomene innerhalb derselben. Leitend war hierbei die Annahme, dass sich die charakteristischen Eigenschaften eines bestimmten Religionstypus auch auf die Elemente der entsprechenden Religion oder Religionsfamilie beziehen lassen. Das heißt, religiöse Leitfiguren, Glaubensvorstellungen, Narrative, Kulte, Kultstätten, Ideale, Ethiken, Ästhetiken, Empfindungen usw. nehmen, so dachte man, in den unterschiedlichen Religionstypen eine diesen jeweils entsprechende charakteristische Form und Färbung an. Doch so ganz ging diese Rechnung nie auf. Zu umfangreich war die Zahl und Art der Parallelen zwischen den Religionen – auch zwischen Religionen unterschiedlicher Familien oder Typen. Fast alle Elemente, die sich in einer großen religiösen Tradition benennen lassen, scheinen sich auf die ein oder andere Art auch in anderen Traditionen zu finden. Dieser Befund ließ sich nicht nur, wie es etwa Friedrich Heiler noch versuchte, durch historische Vermischungen, Beeinflussungen und Überkreuzungen erklären.[24] Vielmehr sind Religionen, insbesondere wenn sie eine gewisse Größe und höheres Alter erreichen, in sich zu vielgestaltig und heterogen, um sich auf die Form und Wesensmerkmale eines bestimmten Typus festlegen zu lassen. Sie stellen nicht nur einen Teil der religiösen Vielfalt der Menschheit dar, sondern bilden als lebendige Traditionen in sich selbst eine eigene Vielfalt unterschiedlichster Erscheinungsformen aus. Dass es zwischen beiden, der interreligi-

23 Lanczkowski 1980: 53.

24 Vgl. Heiler [1919] 1921: 233f.

ösen und der intrareligiösen Vielfalt, eine strukturelle Parallelität und vermutlich einen sachlichen Zusammenhang gibt, ist eine zentrale These dieses Buchs.

### *Keine Essenzialisierung von Religion*

Obwohl der Religionswissenschaft von Anfang an die intrareligiöse Vielfalt durchaus bewusst war, hat dieser Umstand in den systematischen Überlegungen der Religionswissenschaft lange Zeit nur eine eher untergeordnete Beachtung gefunden. Das hat sich seit den 60er-Jahren des zwanzigsten Jahrhunderts immer stärker verändert. Heute ist es in der Religionswissenschaft unbestritten, dass es so etwas wie *das* Christentum oder *den* Buddhismus im Sinne homogener Entitäten nicht gibt. Einen ersten Meilenstein bildete Wilfred Cantwell Smiths epochales, leider nie ins Deutsche übersetzte Werk *The Meaning and End of Religion* (»Bedeutung, Zweck und Ende von Religion«[25]), das 1963 in erster Auflage erschien. In dieser Studie zur Entwicklung und Funktion des Religionsbegriffs machte Smith insbesondere darauf aufmerksam, dass die mit diesem Begriff seit der Neuzeit einhergehende Essenzialisierung der geschichtlichen Realität von Religionen widerspricht:

> Natürlich meine ich nicht, dass das, was man bisher als Religionen bezeichnet hat, nicht existiert. Worauf es mir ankommt, ist vielmehr, dass sie, wie jeder ihrer Historiker weiß – und sie nahezu fassungslos macht –, quasi viel zu viel existieren. Die Schwierigkeit besteht gerade in dem Reichtum, der radikalen Diversität, der unaufhörlichen Umbrüche und Veränderungen, der Verästelung und komplexen Verwicklung der geschichtlichen Erscheinung von »Religion« und jeder einzelnen »Religion«. Was man das Christentum genannt hat, ist, soweit es um Geschichte geht, nicht ein Ding, sondern Millionen Dinge und hunderte Millionen von Personen.[26]

25 Smith spielt mit der Doppeldeutigkeit des englischen »end« als »Zweck« und »Ende«.
26 Smith, W.C. [1963] 1978: 144f.

Im Grunde, so Smith, »gibt es in der Welt so viele Religionen wie es in ihr Menschen gibt.«[27] Um der Gefahr der Essenzialisierung von »Religion« vorzubeugen, regte Smith an, den Begriff »Religion« durch das Begriffspaar »faith« und »cumulative tradition« zu ersetzen. »Faith« (»Gläubigkeit«) bezeichnet dabei die innere religiöse Haltung eines einzelnen Menschen, etwas, das nicht unmittelbar beobachtet werden kann. Im Unterschied hierzu steht »cumulative tradition« (»kumulative Tradition«) für alle beobachtbaren und historisch beschreibbaren Erscheinungsformen einer »Religion«. Beide Aspekte gehören zusammen und stehen in einem inneren Wechselspiel.

Smiths Anregung, den Religionsbegriff als irreführend aufzugeben und durch geeignetere Konzepte zu ersetzen, hat einflussreiche Nachfolger gefunden. In Europa forderte in den späten 80er-Jahren des zwanzigsten Jahrhunderts Dario Sabbatucci die »Auflösung des Religionsbegriffs im Kulturbegriff«. Burkhard Gladigow pflichtete dem bei und sah »die eigentliche Leistung von Religionswissenschaft« in einer »konsequenten Überführung« ihrer Gegenstände »in kulturwissenschaftliche Begriffe«.[28] Ähnliche Ansichten wurden im englischsprachigen Bereich beispielsweise von Russell T. McCutcheon, Timothy Fitzgerald und mit besonders großer Wirkung durch die Literatur- und Religionswissenschaftlerin Tomoko Masuzawa vertreten.[29]

Ein zentrales Argument gegen die wissenschaftliche Brauchbarkeit des Religionsbegriffs basiert auf der Feststellung, dass sich dieser Begriff innerhalb der westlichen Kultur entwickelt hat, sowie der Behauptung, es bestünden hierzu in anderen Kulturen beziehungsweise »Religionen« keine echten Äquivalente. Daher müsse die Anwendung des Religionsbegriffs in außerwestlichen Kulturräumen zwangsläufig zu Missverständnissen und Verzeichnungen führen. Während die westliche Genese des Religionsbegriffs völlig unbestritten ist, sind gegen seine exklusiv westliche Natur beacht-

27 Ebd. 233, Anm. 120.

28 Sabbatucci 1988; Gladigow 1988: 33.

29 McCutcheon 1997; Fitzgerald 2000; Masuzawa 2005. Zur Diskussion siehe auch Bergunder 2011.

liche Gegenbelege ins Feld geführt worden. Ausführliche Studien haben gezeigt, dass es in nicht-westlichen Kulturen zwar in der Tat keine exakten Entsprechungen zum Religionsbegriff gibt. Aber dies wäre auch schwerlich möglich, da der Begriff auch im Westen in unterschiedlichen Sprachen und zu verschiedenen Epochen ausgesprochen vielschichtig ist und keineswegs immer nur in einer einzigen exakten Bedeutung verwendet wird. Allerdings finden sich zu seinen unterschiedlichen Aspekten und Facetten durchaus signifikante Parallelen.[30] »Die [...] Position [...], dass zum europäischen Begriff ›Religion‹ in außereuropäischen Kulturen keine Äquivalente gefunden werden können, ist also kaum haltbar«, urteilt daher Jens Schlieter.[31] Darüber hinaus dürfte es nicht weniger schwer fallen, zum Kulturbegriff exakte Äquivalente in nicht-westlichen Sprachen und Kulturen zu finden – ist er doch ebenfalls innerhalb des Westens entstanden und hier, sogar innerhalb westlicher Sprachen, alles andere als eindeutig.[32] Will man daraus dann aber schließen, dass es außerhalb des Westens keine Kultur und Kulturen gibt? Oder dass die Anwendung des Kulturbegriffs außerhalb des Westens zwangsläufig zum Missverständnis und zur Verzerrung dieser »Kulturen« führt?

Wie bereits erwähnt, findet jedoch innerhalb der heutigen Religionswissenschaft die Kritik an einem essenzialistischen Verständnis sowohl von Religion als solcher als auch einzelner Religionen breite Zustimmung, das heißt, die Kritik an einem Verständnis, das der Religion oder den Religionen jeweils so etwas wie ein eigenes, unveränderliches Wesen unterstellt. Für den Religionsbegriff selber bietet sich als Alternative an, diesen im Sinn einer Clusterkategorie, also »polythetisch«, zu verwenden.[33] Demnach umfasst »Religion« eine Reihe einzelner Komponenten und Elemente, wie beispielsweise eine besondere (»religiöse«) Gemeinschaft, Rituale, ein bestimmtes Ethos, Bezüge zur sozio-politischen Dimen-

30 Zum Beispiel Haußig 1999; Schalk et al. 2013.

31 Schlieter 2010: 266. Ähnlich auch Seiwert 2020: 214-216.

32 Im Englischen beispielsweise ist nicht selten »civilization« eine bessere Entsprechung zum deutschen Wort »Kultur« als etwa das englische »culture«.

33 So bereits J.Z. Smith (1982: 1-8) in einem Aufsatz aus dem Jahr 1978.

sion, (»heilige«) Schriften, Mythen, Narrative, bestimmte Lehren oder Vorstellungen, die Bezugnahme auf einen übernatürlichen, transzendenten Bereich, ästhetische und spirituelle Aspekte.[34] Solche Komponenten – das ist für diesen Ansatz wichtig – müssen keineswegs immer alle in derselben Form, Gewichtung oder auch Anzahl vorhanden sein, um etwas sinnvollerweise als »Religion« oder »religiös« zu bezeichnen. Religionen ähneln einander vielmehr jeweils nur im Hinblick auf einzelne, untereinander variierende Aspekte. Der Begriff »Religion« wird nach diesem Ansatz also im Sinn von Wittgensteins Konzept der »Familienähnlichkeit« verwendet.[35] Ähnlich wie zur Familie der »Spiele« so unterschiedliche Dinge gehören wie Brettspiele, Kartenspiele, Ballspiele, Glücksspiele usw., bezeichnet auch »Religion« eine Familie höchst unterschiedlicher Phänomene. So wie in einer Familie einige Familienmitglieder dieselbe Haarfarbe haben, andere jedoch eine ähnliche Augenfarbe oder eine ähnlich geformte Nase, haben auch einige Religionen teilweise übereinstimmende Merkmale, aber nicht jede Religion teilt alle Merkmale und schon gar nicht in derselben Form.

Ein solches Verständnis von »Religion« haben innerhalb der Religionswissenschaft neben Frank Whaling vor allem Ninian Smart[36] und Benson Saler[37] und innerhalb der Religionsphilosophie John Hick[38] vorgeschlagen. Eine offene Frage bleibt jedoch, ob dabei einer bestimmten Komponente, nämlich dem Bezug zu einem übernatürlichen, transzendenten Bereich, eine herausgehobene Stellung zukommt. Ich stimme Frank Whaling darin zu, dass dies in der Tat erforderlich ist. Denn ansonsten lassen sich traditionelle Religionen begrifflich nicht mehr von so etwas wie säkularen »Religionen« beziehungsweise Ideologien unterscheiden.[39] Problematisch ist es allerdings, wenn man wie Saler die monotheisti-

34 Whaling 1986: 37-48.

35 Siehe Wittgensteins *Philosophische Untersuchungen* §§ 65-71 (Wittgenstein [1958] 1977: 56-60).

36 Smart 1996.

37 Saler [1993] 2000.

38 Hick 1989: 3-9.



39 Schmidt-Leukel 2005: 196-199.

schen Religionen, mit den für sie charakteristischen Elementen, als »die besten Exemplare der Kategorie« Religion betrachtet.[40] Denn genau dies übergeht die enorme Vielgestaltigkeit und Wandelbarkeit aller, auch der großen monotheistischen Religionen selbst und verfällt somit verdeckt erneut einer Essenzialisierung von Religion und Religionen. Die Anwendung des Religionsbegriffs im Bereich nicht-westlicher Kulturen muss jedenfalls nicht zwangsläufig zu Verzeichnungen führen, wenn die innerreligiöse Vielgestaltigkeit bewusst bleibt und der Religionsbegriff in seinen Bedeutungskomponenten hinreichend flexibilisiert ist, ohne dabei jeglichen Inhalts entleert zu sein.

Die intrareligiöse Vielgestaltigkeit und Wandelbarkeit religiöser Traditionen umfasst unter anderem: die Vielfalt ihrer jeweiligen Selbstverständnisse und Lebensformen; die häufig von Anfang an greifbare Vielfalt verschiedener Gruppierungen und Richtungen; die Tendenz, sich beständig weiter aufzuspalten in unterschiedliche Schulen oder Denominationen und deren weitere Verästelungen; die mannigfachen Veränderungen von Religionen während verschiedener Epochen und innerhalb unterschiedlicher Regionen und Kulturräume. Aber es geht nicht allein um diese quasi »offiziellen« Formen religionsinterner Vielgestaltigkeit. In den Blick zu nehmen ist vielmehr auch die kaum zu kontrollierende, aber leicht feststellbare Diversität religiöser Einstellungen, Vorstellungen, Verhaltensweisen usw. auf der Ebene der einzelnen Menschen innerhalb bestimmter religiöser Gruppierungen. Denn die religiöse Vielfalt auf der individuellen Ebene stimmt keineswegs immer und zwangsläufig mit den offiziellen Vorgaben jener Gruppierung, Denomination oder Tradition überein, denen die einzelnen Menschen jeweils angehören beziehungsweise zugerechnet werden. In diesem Sinn ist eine Beobachtung von Peter Antes besonders aufschlussreich. Hinsichtlich der konfessionellen Vielfalt des Christentums hat er wiederholt vermerkt, dass es nach wie vor all die unterschiedlichen Formen von Christsein gibt, die sich im Verlauf seiner geschichtlichen Entwicklung in Form verschiedener Konfessionen

40 Saler [1993] 2000: 225.

ausgebildet haben. Aber inzwischen, so Antes, gibt es diese Formen vor allem *in* den jeweiligen Konfessionen, sodass man die Menschen in ihnen eigentlich wieder neu auf die verschiedenen Kirchen verteilen müsste.[41] Wie diese Beobachtung zeigt, tendiert religiöse Vielfalt nicht nur dazu, sich weiterzuverzweigen, sie repliziert sich scheinbar auch immer neu nach bestimmten Mustern.

Die verschiedenen Formen individueller Religiosität, die häufig von den offiziellen Vorgaben der jeweiligen Religionsgemeinschaft, denen die einzelnen Menschen angehören, abweichen, müssen – wie Kognitionswissenschaftler mit starken Argumenten gezeigt haben – anders erklärt werden als allein durch kulturellen Einfluss. »Menschliches Verhalten«, so Jason Slone, »ist nicht einfach ein Produkt von Kultur.«[42] Vielmehr muss nach Auffassung der Kognitionswissenschaften sowohl für das Phänomen des von kulturellen oder religiösen Vorgaben abweichenden Verhaltens Einzelner als auch für das Auftreten ähnlicher Verhaltensmuster in unterschiedlichen Kulturen und Religionen auf die Einheitlichkeit von im menschlichen Geist/Gehirn vorgegebenen Strukturen zurückgegriffen werden.[43] Solche organisch verwurzelten Vorgaben könnten demnach sowohl für das von der jeweiligen Religionsgemeinschaft abweichende Verhalten als auch für die Ähnlichkeit bestimmter Verhaltensweisen im Kontext unterschiedlicher Religionen verantwortlich oder zumindest mitverantwortlich sein. Eine Theorie der Religion, die sowohl der Fluidität von Religionen als auch bestimmten, in unterschiedlichen Religionen wiederkehrenden Merkmalen gerecht werden will, muss nach Thomas Tweed beides miteinbeziehen: organisch verankerte kognitive Vorgaben und kulturell vermittelte Muster.[44]

Im Grenzbereich dieser beiden Dimensionen bewegt sich auch die Religionspsychologie, die seit William James' epochaler Studie

41 So wiederholt in Vorträgen; bestätigt in einer persönlichen Mail von Peter Antes vom 14.07.2018.

42 Slone 2005: 50.

43 Ebd. 29-67, 121-125.

44 Tweed 2006: 62-69. Für die Berücksichtigung kognitionswissenschaftlicher Befunde im Vergleich religiöser Erfahrungen allgemein und kontemplativer Erfahrungen im Besonderen siehe Taves 2009 und Rose 2016.

von 1902 religiöse und insbesondere auch intrareligiöse Vielfalt mit den unterschiedlichen psychologischen Bedürfnissen verschiedener Persönlichkeitstypen verbindet.[45] Aber auch auf der Ebene des einzelnen Menschen selbst kann sich religiöse Vielfalt widerspiegeln. Die Religionspsychologie hat sich über längere Zeit hinweg mit der Frage nach der religiösen Entwicklung des Einzelnen im Sinne des Durchlaufens unterschiedlicher Formen und Typen von Religiosität befasst.[46] Dass diese Unterschiede häufig wertend als niedere und höhere Stufen beziehungsweise verschiedene personale Reifegerade dargestellt wurden, ist sicherlich nicht unproblematisch.[47] Es ändert aber nichts daran, dass nicht wenige Menschen innerhalb ihrer Biographie tatsächlich mehrere Formen von Religiosität durchlaufen – auch jenseits der besonders gravierenden biographischen Einschnitte, wie sie im Fall religiöser Konversionen beobachtbar sind. Zudem erfährt inzwischen das Phänomen hybrider Religiosität verstärkte Aufmerksamkeit, wenn zur Zeit auch noch eher im Bereich theologischer und religionswissenschaftlicher als religionspsychologischer Studien.[48] Hier zeigt sich religiöse Vielfalt beim Individuum nicht nur lebensgeschichtlich diachron, sondern auch synchron, sodass sich bisweilen für ein und dieselbe Person ein Oszillieren zwischen unterschiedlichen religiösen Welten feststellen lässt.[49]

### *Kritik und Erneuerung des Religionsvergleichs*

Für die Erforschung des Zusammenspiels zwischen kognitiv vorgegebenen, kulturell vermittelten und psychologisch beschreibbaren unterschiedlichen religiösen Vorstellungs-, Verhaltens- und Erlebnismustern sind vergleichende Studien unerlässlich. Allerdings hat

45 Deutsche Ausgabe: James 2014.

46 Büttner & Dietrich 2000.

47 Billmann-Mahecha 2003: 128f.

48 Siehe beispielsweise Cornille 2002; Bernhardt & Schmidt-Leukel 2008; Knitter 2012; Drew 2011a; 2011b; Goosen 2011; D'Costa & Thompson 2016; Bidwell 2018; Sigalow 2019.

49 Drew 2011a: 224-227; Niculescu 2012.

sich, wie bereits gesagt, innerhalb der Religionswissenschaft der letzten Jahrzehnte immer stärker eine Abkehr vom Religionsvergleich vollzogen. Dies hängt zum Teil mit der Kritik an der Religionsphänomenologie und der Hinwendung zu einem Verständnis von Religionswissenschaft als Kulturwissenschaft zusammen. Die Religionsphänomenologie, die über Jahrzehnte hinweg das wissenschaftliche Selbstverständnis der Religionswissenschaft geprägt hat, betrachtet »Religion« als ein eigenständiges Menschheitsphänomen, das sich nicht auf Kultur oder Gesellschaft reduzieren lässt. Die Besonderheit und das Wesen dieses Phänomens zu erfassen und besser zu verstehen galt der Phänomenologie als das eigentliche Ziel einer *Religions*wissenschaft, die daher weder *Kultur*wissenschaft noch *Gesellschafts*wissenschaft ist. Um diesem Ziel näherzukommen, bediente sich die Religionsphänomenologie vorwiegend des Vergleichs. Dementsprechend kam mit der Kritik der Religionsphänomenologie und der verstärkten Hinwendung zu einem kulturwissenschaftlichen Ansatz auch die zentrale Methode der Religionsphänomenologie in Verruf. In der Folge etablierten sich primär partikular und lokal ausgerichtete Studien mit einer engen thematischen, kulturellen, zeitlichen und räumlichen Begrenzung. Denn nun galt es, nicht mehr das Wesen von Religion zu verstehen, sondern bestenfalls einzelne Phänomene in anderen Kulturen zu untersuchen, die in irgendeinem vagen, meist aber soziologisch gefassten Sinn als funktionale Entsprechungen zu dem angesehen werden können, was sich in den westlichen Kulturen mit dem Begriff »Religion« verbindet. Neben solchen primär ethnologisch und soziologisch orientierten sowie eng lokalisierten Partikularstudien befasst sich Religionswissenschaft in den letzten Jahrzehnten mit wachsender Intensität vor allem mit sich selbst: mit der Diskussion ihrer Methoden und Kategorien, ihrer disziplinären Abgrenzung, ihrer ideologischen und politischen Verflechtung, ihrer eigenen partikularen Bestimmtheit und kontextuellen Verortung usw.

Beides, die Abkehr vom Religionsvergleich als einer zentralen Methode und die zunehmende Fokussierung auf sich selbst, lässt sich auch als Begleiterscheinung des Einflusses von Autoren verstehen, die postmodernen und postkolonialen Ideologien zugerechnet werden. Was beide Ideologien eint, ist die sogenannte »Hermeneutik des Verdachts«, die weniger einen Verdacht als vielmehr den offenen Vorwurf artikuliert, dass westliche – oder gar jegliche – Wissenschaft entgegen ihrer offiziellen Zielsetzung nicht der Erweiterung und Vertiefung von Wissen, sondern der Erweiterung und Verfestigung von Macht diene. Angesichts des hohen Einflusses dieser Ideologien im Bereich der Sozialwissenschaften entbehrt es nicht einer gewissen Ironie, dass gerade einer der führenden Soziologen des zwanzigsten Jahrhunderts, Peter Berger, ihre Hermeneutik folgendermaßen charakterisiert und kritisiert hat: »Die grundlegende Methode besteht hier darin, die Bekräftigung von Wahrheit und Tugend als Ausdruck von Interessen zu interpretieren, die vermeintlich dieser Bekräftigung zugrunde liegen und nichts mit Wahrheit oder Tugend zu tun haben, sondern mit Machtinteressen, Gier oder Lust. [...] Die sogenannte Postmoderne verkörperte das jüngste theoretische Erblühen dieser Weltanschauung.«[50]

Postmoderne Autoren stehen universalen Theorien und Geltungsansprüchen ablehnend gegenüber (mit Ausnahme freilich der behaupteten universalen Geltung ihrer eigenen theoretischen Ansprüche). Damit verknüpft sich der Imperativ, die unverwechselbare Besonderheit und Eigentümlichkeit eines jeden einzelnen Phänomens und seines spezifischen Kontexts herauszustellen. Die hier betonte »Differenz« eines jeden Phänomens und seines Kontexts gegenüber allem anderen wird nicht selten als unüberbrückbar, als inkommensurabel behauptet. Dies wirft freilich die Frage auf, wie sich eine solche Behauptung überhaupt begründet vortragen lässt. Denn hierzu müsste es ja möglich sein, zwei vermeintlich inkommensurable Phänomene oder Kontexte dennoch beide zugleich so gut zu verstehen, dass ihre Inkommensurabilität erkannt wird. Doch wenn ein solcherart vergleichendes Verstehen möglich ist, dann kann die behauptete Inkommensurabilität nicht so groß sein, dass sie sich gegen die grundsätzliche Möglichkeit des Vergleichens ausspielen ließe.

50 Berger 2014: 11. Meine Übersetzung.

Im Unterschied zu postmodernen Autoren bemühen sich Vertreter postkolonialer Ansätze um den gezielten Nachweis, dass sich in Kultur- und Religionstheorien während und seit der Kolonialzeit explizit oder implizit Ansprüche kultureller oder religiöser, sprich christlicher Dominanz artikulieren. Gegenüber dem postmodernen Generalverdacht haben postkoloniale Ansätze den Vorteil, dass sie sich eher überprüfen und damit bestätigen, aber auch falsifizieren lassen. Zudem werden auf diesem Weg nicht grundsätzlich alle Kategorien hinsichtlich ihrer Universalisierbarkeit infrage gestellt, sondern lediglich solche Kategorien, deren Anwendung impliziten oder expliziten Überlegenheitsansprüchen dient. So besteht, wie Michael Bergunder deutlich gezeigt hat, ein berechtigter Kritikpunkt postkolonialer Autoren darin, dass in interkulturellen oder interreligiösen Vergleichen der eigentliche Vergleichspunkt, das *tertium comparationis,* häufig der Kultur oder Religion dessen entnommen ist, der den Vergleich durchführt, da dieser ja den Vergleichspunkt seinen eigenen Interessen gemäß wählt. Auf diese Weise wird im konkreten Vergleich die eigene Kultur oder Religion zum Maßstab für die Kennzeichnung und Bewertung der anderen Kultur oder Religion. Jeder Unterschied der fremden Kultur oder Religion von der eigenen steht so in der Gefahr, als Mangel gedeutet zu werden. Das heißt, die eigene Kultur oder Religion entspricht von vornherein dem Vergleichsmaßstab in deutlich besserer Weise als die andere.[51]

Inzwischen melden sich jedoch auch innerhalb der Religionswissenschaft wieder einzelne Stimmen zu Wort, die trotz der genannten Kritik den Religionsvergleich als Methode rehabilitieren und neu konzipieren wollen.[52] Denn, so der Tenor, mehrere Kritikpunkte an der Praxis des Vergleichs lassen sich konstruktiv aufgreifen, ohne die Methode des Vergleichs insgesamt zu verwerfen: Religionsvergleiche müssen nicht notwendig mit einem essenzialistischen Religionsbegriff arbeiten. Religiöse Phänomene müssen

51 Bergunder 2016: 36-40.

52 Siehe beispielsweise die Beiträge in Patton & Ray 2000 und Schmidt-Leukel & Nehring 2016 sowie die Zusammenfassung der Diskussion in Freiberger 2019: 45-79.

und dürfen nicht aus ihrem Kontext gerissen werden; vielmehr sind die Kontexte im Vergleich konkret zu berücksichtigen. Die Vergleichskategorien sowie das jeweilige Interesse am Vergleich sind immer kritisch zu reflektieren und auf ihre Angemessenheit hin zu befragen. Dass auch Religionswissenschaftler Kinder ihrer Zeit und ihres eigenen Kontextes sind und daher niemals völlig objektiv oder neutral sein können, macht Religionsvergleiche nicht automatisch unbrauchbar. Vielmehr verlangt diese Einsicht nach einer kritischen Perspektive, die den Einfluss eben solch persönlicher Faktoren auf den Vergleich offenlegt und kontrolliert.

Letzteres ist im Prinzip besonders innerhalb der Theologie möglich, da sich diese von vornherein positioniert und über ihren eigenen Standpunkt Rechenschaft ablegt. Allerdings krankten in der Vergangenheit gerade Religionsvergleiche, die aus christlicher Perspektive durchgeführt wurden, besonders stark an einer theologisch-apologetischen Voreingenommenheit. Sie verzeichneten die Religion des anderen, um hierdurch die Überlegenheit der eigenen Religion darzustellen. Dies muss jedoch, wie es die heutige Diskussion zeigt, nicht zwangsläufig der Fall sein. Und so hat der Religionsvergleich, zeitgleich zu seinem Bedeutungsverlust innerhalb der Religionswissenschaft, in der Theologie inzwischen deutlich an Bedeutung gewonnen.[53]

## 1.2 Religionsvergleich in der Theologie

### *Religionswissenschaft und Theologie*

Unter Religionswissenschaftlern hat in den letzten Jahren insbesondere Oliver Freiberger substanzielle Beiträge zur Erneuerung der religionsvergleichenden Methode erarbeitet.[54] Im Gegensatz

53 Siehe Schmidt-Leukel & Nehring 2016.

54 Siehe vor allem Freiberger 2019 und seine darin genannten Vorarbeiten.

zum Mainstream der Religionswissenschaft nimmt Freiberger dabei auch die wachsende Bedeutung des Religionsvergleichs innerhalb der Theologie zur Kenntnis und erhofft sich von dieser positive Anregungen.[55] Gleichzeitig distanziert er sich jedoch von einem theologischen Interesse am Religionsvergleich. Nach Freiberger umfasst die Religionswissenschaft alle Disziplinen, deren primäres Forschungsinteresse die Religion ist.[56] Genau das, so Freiberger, treffe jedoch auf die Theologie nicht zu. Denn dieser gehe es – auch in der Form Komparativer Theologie – letztendlich nicht um ein besseres Verständnis von Religion, sondern des Göttlichen.[57]

Die Verhältnisbestimmung von Religionswissenschaft und Theologie ist Gegenstand langer und vielschichtiger Debatten.[58] In diesem Kontext sind unterschiedliche Positionen zu der Frage vorgebracht worden, worin sich Religionswissenschaft und Theologie voneinander unterscheiden. Freibergers Haltung, wonach Theologie und Religionswissenschaft jeweils einen anderen Gegenstand haben – die Theologie »Gott« und die Religionswissenschaft »Religion« – repräsentiert nur einen unter den bisher geltend gemachten Abgrenzungsversuchen.[59] Bei näherer Betrachtung zeigt sich allerdings, dass diese Form der Abgrenzung zu vordergründig bleibt und sich hinter ihr ein weitaus gewichtigerer Unterschied verbirgt.

Auch wenn der griechische Wortsinn der Bezeichnung »Theo-logie« nahelegt, dass es hier um das »Sprechen« (*legein*) von und über »Gott« (*theos*) geht, so ist sich zeitgenössische wissenschaftliche Theologie doch weitgehend darüber im Klaren, dass sie von Gott nur in der Brechung des Glaubens an Gott sprechen kann. Und dieser Glaube bezeugt sich in Form von Religion. Insofern behandelt wissenschaftliche Theologie den Gottesgedanken als Hypothese.[60] Das heißt, mit Wolfhart Pannenberg gesprochen, »dass Gott nur als

55 Freiberger 2019: 42, 115.

56 Ebd. 37.

57 Ebd. 41f.

58 Vgl. hierzu beispielsweise Mann 1973; McCutcheon 1999; Löhr, G. 2000; Religionswissenschaft – Theologie 2012.

59 Siehe hierzu Schmidt-Leukel 2012: 50-54.

60 Pannenberg 1987: 299-303.

Problem, nicht als gesicherte Gegebenheit Gegenstand der Theologie ist.«[61] Die Einsicht, dass sich Glaube in Form von Religion bezeugt, impliziert, dass Theologie »die Religionen darauf befragt, inwiefern sich in ihren Überlieferungen Selbstbekundung göttlicher Wirklichkeit dokumentiert.«[62]

Unter diesen beiden Gesichtspunkten offenbart sich das eigentliche Problem, das den diversen Abgrenzungen zwischen Theologie und Religionswissenschaft in der Regel zugrunde liegt. Es geht nicht wirklich um unterschiedliche Gegenstände, sondern um unterschiedliche Deutungen von Religion. Müssen wir Religion – aus wissenschaftlicher Sicht – als ein rein naturalistisches Phänomen und damit als eine Form menschlicher Selbsttäuschung betrachten? Oder ist es wissenschaftlich auch zulässig, mit der Hypothese einer möglichen Wahrheit von Religion und Religionen zu rechnen, insofern sich Religionen in ihren je spezifischen Glaubensformen auf eine »göttliche« beziehungsweise transnaturale, eine die Grenzen von Raum und Zeit transzendierende Wirklichkeit beziehen?

Wie viele andere Religionswissenschaftler zieht sich auch Freiberger diesbezüglich auf einen »methodologischen Agnostizismus« zurück, das heißt auf die Verpflichtung, sich eines Urteils hinsichtlich normativer Fragen nach dem Wahrheitsgehalt von Religionen zu enthalten. Das Problem einer solchen Urteilsenthaltung besteht freilich darin, dass sie gar nicht »agnostisch«, sondern hochgradig normativ ist. Sie erkennt ja prinzipiell an, dass sich religiöse Phänomene sowohl als trügerisch wie auch als wahrheitshaltig deuten lassen, schließt zugleich jedoch beide Deutungen aus ihrer Interpretation von Religion normativ aus. Es macht aber gerade hinsichtlich des Verständnisses von Religion einen fundamentalen Unterschied, ob es sich bei Religion um eine großflächige Illusion oder um den Ausdruck einer Offenheit des menschlichen Geistes für eine transnaturale Wirklichkeit handelt.

Mit dem methodologischen Ausschluss beider Deutungen wird der religionswissenschaftliche Beitrag zum Verstehen von Reli-

61 Ebd. 303.
62 Ebd. 317.

gion entgegen der erklärten Absicht von Religionswissenschaft in einer wissenschaftlich höchst problematischen Weise eingeengt. Beispielsweise führt Freiberger im Hinblick auf die Untersuchung von Erfahrungen der Präsenz geistiger Wesen aus: »Eine Studie, deren einziger Zweck in dem Nachweis besteht, dass die geistigen Wesen nicht existieren, würde zu unserem Verstehen von Religion wenig beitragen.«[63] Nun, bei einer solchen Untersuchung geht es um die Frage der Wahrheit. Ob Religion illusionär ist oder nicht, ist jedoch für ihr Verstehen von zentraler Bedeutung. Gemessen an dem grundsätzlichen Interesse einer jeden Wissenschaft, primär der Erkenntnis von Wahrheit und der Beseitigung von Irrtümern zu dienen, muss es ausgesprochen befremdlich wirken, wenn genau das im Hinblick auf religiöse Phänomene und ihre wissenschaftliche Erforschung nicht gelten soll.[64]

Ein genuiner methodologischer Agnostizismus bestünde demgegenüber nicht in einem normativen Ausschluss möglicher Interpretationsansätze, sondern in ihrer Kennzeichnung als Hypothesen. Im strengen Sinn beinhaltet Agnostizismus die Feststellung, dass wir bezüglich der Frage einer letztlich naturalistischen oder transnaturalistischen Deutung von Religion nicht über sicheres Wissen verfügen und daher in dieser Hinsicht die Erforschung von Religion unter einem hypothetischen Vorbehalt steht. Das heißt, gerade aus einer agnostischen Sicht müssten sowohl ein »methodologischer Atheismus« beziehungsweise »methodologischer Naturalismus« als auch »ein methodologischer Transnaturalismus« (der hypothetisch von einem Wahrheitsgehalt des sich in den Religionen bekundenden Transzendenzbewusstseins ausgeht) zugelassen werden.[65] So gesehen schließt echter Agnostizismus einen theologischen Ansatz im Religionsvergleich gerade nicht aus, sondern ein, sofern sich dieser nicht dogmatisch, sondern hypothetisch und damit ergebnisoffen versteht.[66]

63 Freiberger 2019: 207, Anm. 22.

64 Vgl. Schmidt-Leukel 2020b.

65 Vgl. hierzu Schmidt-Leukel 2012.

66 Anders hingegen Junginger 2021, der eine naturalistische Religionsdeutung als die allein wissenschaftliche ansieht.

Der Gegensatz zwischen Religionswissenschaft und Theologie besteht folglich nicht darin, dass es Ersterer um Religion und Letzterer um Gott geht. In Wirklichkeit geht es um gegensätzliche Interpretationen von Religion. Denn trotz des vermeintlichen Ausschlusses von sowohl naturalistischen als auch transnaturalistischen Interpretationen erklärt und deutet Religionswissenschaft in ihrer konkreten Arbeit religiöse Phänomene ausschließlich mittels innerweltlicher Faktoren und Zusammenhänge. Damit unterscheidet sie sich in ihrer faktischen Arbeit nicht von einer naturalistischen oder atheistischen Deutung, weigert sich aber zu großen Teilen, dies einzuräumen und sich explizit zu einem »methodologischen Atheismus« oder »Naturalismus« zu bekennen. Demgegenüber legt ein theologisch verfasster Religionsvergleich seine methodologischen Prämissen und Arbeitshypothesen offen. Hierdurch trägt ein solcher Vergleich dem sehr viel besser Rechnung, was Freiberger als einen »Wissenschaftler-zentrierten Ansatz« (»scholar-centered approach«) bezeichnet und selbst favorisiert.[67]

Mit guten Argumenten hat Freiberger die Bedeutung des einzelnen Religionswissenschaftlers für die konkrete Durchführung von vergleichenden Studien herausgestellt, das heißt den Einfluss, den die kulturelle und akademische Prägung des Wissenschaftlers/der Wissenschaftlerin, aber auch ganz persönliche Faktoren auf die Anlage und Art der Untersuchung haben können. Es ist allerdings auffällig, dass Freiberger hinsichtlich der persönlichen Faktoren zwar »Geschlecht, Rasse, Klasse, Lebenserfahrung, moralische und politische Überzeugungen, intellektuelle Interessen, Karriere-Erwartungen usw.« nennt,[68] aber religiöse beziehungsweise weltanschauliche Überzeugungen übergeht. Man darf jedoch annehmen, dass gerade diese Überzeugungen bei Religionsvergleichen besonders wichtige Einflussfaktoren darstellen, die es im Sinne Freibergers zu reflektieren und transparent zu machen gilt.[69] An anderer Stelle vermerkt Freiberger allerdings, dass die Zielsetzung theologischer

67 Freiberger 2019: 81-110.

68 Ebd. 96.

69 Ebd. 101-103.

Religionsvergleiche häufig apologetischer Natur sei, was notgedrungen zu unausgewogenen, sprich schrägen Vergleichen führe. Er räumt jedoch ebenso ein, dass dies nicht auf alle Vergleiche im Raum der Theologie zutrifft und verweist hierzu auf die neuere Komparative Theologie.[70] In der Tat gilt für die heutige Generation komparativer Theologen, dass sie einerseits »den perspektivischen Charakter ihrer Vergleiche offenlegen« und andererseits »bereit sind, ihre theologischen Urteile im Licht der Lehren anderer Traditionen zu revidieren.«[71] Damit, so Hugh Nicholson, sind sie grundsätzlich in der Lage, die tendenziöse Voreingenommenheit früherer theologischer Religionsvergleiche hinter sich zu lassen.[72]

### *Komparative Theologie, Theologie der Religionen und Interreligiöse Theologie*

Für die Komparative Theologie ist der aus einem theologischen Interesse heraus geführte Religionsvergleich das zentrale Anliegen.[73] Gemeinsam ist allen komparativen Theologen, dass sie sich vom Religionsvergleich einen theologischen Erkenntnisgewinn erwarten. Sie differieren jedoch erheblich hinsichtlich einer ganzen Reihe zentraler Fragen: Wie sehr muss der komparative Theologe an seine/ihre eigene Tradition gebunden bleiben beziehungsweise wie weit kann und muss er/sie als Folge eines theologischen Lernens darüber hinausgehen? Setzt Komparative Theologie überhaupt zwangsläufig die Partizipation an einer konkreten religiösen Tradition voraus?[74] Welcher Art sind die erhofften theologischen Lernprozesse? In welchem Verhältnis steht Komparative Theologie zur Theologie der Religionen? Muss dieses Verhältnis im Sinn radikaler, einan-

70 Ebd. 40f.

71 Nicholson 2009: 634.

72 Ebd. 634f.

73 Für eine erste Übersicht siehe Bernhardt & v. Stosch 2009.

74 Innerhalb der von Jerry Martin ins Leben gerufenen Gruppierung »Theology Without Walls« (Theologie ohne Mauern) gibt es Tendenzen, eine solche Theologie als Möglichkeit für all jene zu sehen, die sich als »spirituell, aber nicht religiös« betrachten. Vgl. hierzu Mercadante 2020.

der ausschließender Alternativen verstanden werden, wie es einige komparative Theologen zunächst verstanden hatten, oder im Sinn einer wechselseitigen Ergänzung, wie es inzwischen stärker gesehen wird? Und wie betreibt man Komparative Theologie? Sind großflächig angelegte Religionsvergleiche, wie sie beispielsweise Keith Ward[75] und Robert Neville[76] durchgeführt haben, zulässig oder müssen die Vergleiche, wie es vor allem Klaus von Stosch immer wieder fordert, »mikrologisch«, das heißt dem postmodernen Interesse am Partikularen folgend, eng und begrenzt angelegt sein?[77] Wie lässt sich entscheiden, welcher Vergleich adäquat und welcher Vergleich theologisch bedeutsam ist? Wie werden die Vergleichsgegenstände gewählt und wie die Vergleichspunkte? In all diesen Fragen der Theorie und Methodologie gibt es innerhalb der Komparativen Theologie keine Einheitlichkeit, wohl aber ein zunehmendes Problembewusstsein und eine wachsende Diskussion.[78]

Beide, die Komparative Theologie wie auch die Theologie der Religionen, sind aus dem ernsthaften Bemühen christlicher Kirchen um einen Dialog mit Menschen aus anderen religiösen Traditionen erwachsen. Während ein solcher Dialog bereits in der ersten Hälfte des zwanzigsten Jahrhunderts gefordert und vereinzelt praktiziert wurde, wurde er jedoch erst in der zweiten Hälfte zu einer auch seitens der Kirchen (quer durch die konfessionelle Bandbreite hindurch) weithin bejahten und unterstützten Aktivität.[79] Stark verbreitet hat sich inzwischen eine ursprünglich aus der römisch-katholischen Kirche stammende Einteilung des interreligiösen Dialogs in vier unterschiedliche Formen: (1) der Dialog zwischen Menschen unterschiedlicher Religionen, wie er sich im Alltag ergibt (oft als »Graswurzel-Dialog« bezeichnet); (2) der Dialog, der die Zusammenarbeit von Menschen unterschiedlicher Religionen an den Aufgaben des

75 Ward 1987; 1994; 1996; 1998; 2000.

76 Neville 2001a; 2001b; 2001c.

77 Zum Beispiel v. Stosch 2012: 194-199.

78 Siehe Clooney & Berthrong 2014; Voss Roberts 2016; Clooney & v. Stosch 2018; Cornille 2020.

79 Die Literatur zum interreligiösen Dialog ist inzwischen kaum noch überschaubar. Einen ersten Einblick vermitteln Fu & Spiegler 1989; Swidler 1990; Cornille 2013; Dehn, Caspar-Seeger & Bernstorff 2017; Dehn 2019. Siehe auch die von Wolfram Weisse im Waxmann Verlag herausgegebene Reihe *Religions in Dialogue*.

Gemeinwohls (lokal, national oder international) begleitet; (3) der Dialog zwischen religiösen Experten aus verschiedenen Religionen; (4) der Dialog in Form eines Austauschs religiöser Erfahrungen, auch durch wechselseitige Teilhabe und Teilgabe an bestimmten Formen religiöser Praxis, wie etwa durch gemeinsame rituelle Feiern, Partizipation an Formen kontemplativer Praxis, interreligiöses Zusammenleben im monastischen Kontext usw.[80] Inzwischen könnte man diesen vier Formen mit Marianne Moyaert noch eine fünfte Form des Dialogs hinzufügen, den Dialog als interreligiöse Diplomatie, das heißt als Beziehungspflege zwischen Religionsgemeinschaften zur Vermeidung größerer Konflikte und zur Förderung der zuvor genannten Dialog-Formen.[81]

Vor allem im Kontext der dritten und vierten Form des Dialogs hat sich auf christlich-theologischer Seite das Bewusstsein herausgebildet, interreligiösen Dialog als eine Quelle theologischen Erkenntnisgewinns zu verstehen. So formulierte beispielsweise Leonard Swidler, einer der bedeutenden Pioniere des Dialogs, in seinem einflussreichen Dialog-Dekalog als »erste Regel«: »Der primäre Zweck des Dialogs ist, zu lernen, das heißt, sich zu verändern und zu wachsen in der Wahrnehmung und im Verstehen von Wirklichkeit und als Konsequenz demgemäß zu handeln.«[82] Die hier angesprochene Veränderung im Verstehen von Wirklichkeit schließt sowohl den Glauben des Dialogpartners als auch den eigenen Glauben mit ein. Das erste Anliegen dokumentiert sich in der Diskussion um eine angemessene Theologie der Religionen, das zweite in der Komparativen Theologie.

In der Theologie der Religionen geht es um eine theologische Einschätzung religiöser Vielfalt. *Exklusivistische* Interpretationsansätze gehen davon aus, dass alle anderen Religionen »falsch« sind, das heißt keine heilbringende Erkenntnis transzendenter Wirklichkeit vermitteln. Demgegenüber nehmen *inklusivistische* Ansätze an, dass sich heilbringende Transzendenzerkenntnis auch in anderen Religio-

80 Vgl. hierzu das Dokument *Gedanken und Weisungen über Dialog und Mission* (Nr. 29-35), das 1984 vom vatikanischen Sekretariat für die Nichtchristen herausgegeben wurde.

81 Moyaert 2013: 203f.



82 Swidler 1992: 27.

nen findet, aber in einer defizitären Form, sodass die eigene Religion oder Denomination in dieser Hinsicht allen anderen Formen von Religion überlegen ist. Innerhalb des Christentums und analog auch innerhalb anderer Religionen sind vor allem diese beiden Positionen anzutreffen – mit einer deutlichen Dominanz des Exklusivismus innerhalb des Christentums. Inzwischen hat sich jedoch – gerade auch als Resultat intensiver dialogischer Erfahrungen[83] – noch eine dritte Position entwickelt: *Pluralistische* Ansätze geben sowohl den Anspruch auf die alleinige Wahrheit der eigenen Tradition als auch den auf ihre alleinige Überlegenheit auf und rechnen damit, dass es in anderen religiösen Traditionen gleichwertige, wenn auch anders verfasste Formen heilbringender Transzendenzerkenntnis gibt.[84] Es ist leicht erkennbar, dass es aus logischen Gründen zu diesen drei Positionen nur noch eine weitere Position geben kann, nämlich die *naturalistische* Behauptung, dass sich in keiner Religion so etwas wie heilbringende Transzendenzerkenntnis findet, eben weil es keine transzendente Wirklichkeit gibt. Mit anderen Worten, der Anspruch, heilbringende Transzendenzerkenntnis zu vermitteln, ist entweder immer falsch (Naturalismus) oder nicht immer falsch. Wenn er nicht immer falsch ist, dann ist er entweder nur in einem Fall zutreffend (Exklusivismus) oder in mehr als einem Fall. Trifft er in mehr als einem Fall zu, dann liegt entweder in einem Fall eine singuläre Höchstform der Vermittlung heilbringender Transzendenzerkenntnis vor (Inklusivismus) oder nicht (Pluralismus). Aus diesem strikt disjunktiven Charakter ergibt sich die logisch umfassende Natur der Klassifikation. Sie liegt bereits mit der ersten Disjunktion vor, die lediglich weiter ausdifferenziert wird.[85] Freilich gilt der umfassende Charakter der Klassifikation nur dann, wenn man Theologie der Religionen so versteht, dass es in ihr um eine theologische Auseinandersetzung mit den innerhalb der Religionen erhobenen Ansprüchen auf

83 Zu den verschiedenen Wurzeln der pluralistischen Position innerhalb des Christentums siehe Schmidt-Leukel 2005: 166-171.

84 Zur Diskussion dieser drei Positionen innerhalb des Christentums siehe Schmidt-Leukel 2005: 96-192. Zu pluralistischen Ansätzen innerhalb nicht-christlicher Religionen siehe Schmidt-Leukel 2019a: 62-169.

85 Vgl. Schmidt-Leukel 2005, 62-95.

die Vermittlung heilbringender Transzendenzerkenntnis geht. Man muss dies nicht tun. Aber anders konzipierte Formen einer Theologie der Religionen drücken sich vor einer theologischen Stellungnahme zu den Heilsbotschaften anderer Religionen und werden als Konsequenz hieraus dann auch einen im engeren Sinn theologisch ausgerichteten Dialog verabschieden.[86]

Bei dem im deutschsprachigen Bereich insbesondere von Reinhold Bernhardt[87] immer wieder ins Spiel gebrachten »mutualen Inklusivismus« oder »Inklusivismus auf Gegenseitigkeit« bleibt oft unklar, was damit genau gemeint sein soll. Wenn hierbei die Bezeichnung »Inklusivismus« im Sinn der gerade definierten Position gebraucht wird, dann stellen wechselseitig gegeneinander erhobene Überlegenheitsansprüche nicht so etwas wie eine neue religionstheologische Position dar. Vielmehr handelt es sich dann beim »Inklusivismus auf Gegenseitigkeit« um eine Beschreibung dessen, was wir vielfach in der Realität zwischenreligiöser Beziehungen antreffen. Der »mutuale Inklusivismus« beschreibt dann das Problem, nicht aber eine Lösung. Wenn »Inklusivismus« allerdings anders gemeint ist, beispielsweise in dem hermeneutischen Sinn, dass jede theologische Interpretation anderer Religionen immer von den religiösen Überzeugungen und Kategorien der eigenen Religion mitbestimmt ist,[88] dann ist dem durchaus zuzustimmen. In der Tat lassen sich exklusivistische, inklusivistische und pluralistische Positionen jeweils nur von einem bestimmten religiösen Standpunkt aus formulieren.[89] Das bedeutet aber, dass ein »mutualer

86 Ein Beispiel hierfür ist die sogenannte »Differenzhermeneutik« von Christian Danz (2020). Vgl. hierzu Schmidt-Leukel 2020c.

87 Bernhardt 2005: 206-290; 2019a: 431-457.

88 So explizit bei Nicholson 2009: 622f. Auch Reinhold Bernhardt (2019b: 204) hat inzwischen vermerkt: »Das Konzept des ›Inklusivismus auf Gegenseitigkeit‹ stellt keine *inhaltliche* religionstheologische Positionsbestimmung dar.« Inhaltlich hat er seine Position nun neuerdings in expliziter Nähe zu Schubert Ogden als einen potenziellen Pluralismus gekennzeichnet (vgl. Bernhardt 2021: 61, 346f, 375). Sein Urteil, dass mehr als ein solcher »Potenzialis [...] angesichts der zur Verfügung stehenden Erkenntnis- und Urteilsmöglichkeiten nicht verantwortbar« sei (ebd. 375), hält er jedoch offensichtlich nicht durch, wenn es um das Judentum geht (vgl. ebd. 68f). Dies wirft freilich die Frage auf, warum ein eher affirmatives Urteil dort möglich sein soll, im Hinblick auf andere Religionen jedoch nicht.



89 Vgl. Schmidt-Leukel 2019a: 26f.

Inklusivismus« im hermeneutischen Sinn keine Alternative zu einer exklusivistischen, inklusivistischen oder pluralistischen Position darstellt. Vielmehr ist es dann nötig, sich innerhalb dieses hermeneutischen Rahmens im Sinn einer der drei Grundoptionen zu positionieren, wenn man der Auseinandersetzung mit den Heils- und Wahrheitsansprüchen anderer religiöser Traditionen theologisch nicht ausweichen will.

Gegenüber einer Theologie der Religionen setzt Komparative Theologie zunächst bei einer anderen Fragestellung an. Sie will herausfinden, welche neuen Erkenntnisse sich aus dem Dialog mit Menschen und Zeugnissen anderen Glaubens für das bessere Verstehen des eigenen Glaubens gewinnen lassen. Daher hatten einige ihrer Vertreter zunächst behauptet, dass Komparative Theologie eine grundsätzliche Alternative nicht nur zu den Fragestellungen, sondern auch zu den Positionierungen innerhalb der Religionstheologie biete.[90] Inzwischen haben sich hierzu jedoch zahlreiche ernsthafte Einwände ergeben, sodass inzwischen vermehrt von einer Komplementarität dieser beiden Richtungen ausgegangen wird.[91] Wer einen Religionsvergleich ausdrücklich aus dem ernsten Interesse an der Wahrheit beziehungsweise an theologischem Erkenntnisgewinn führt, der wird im Zuge des Vergleichs nicht an einer bewertenden Positionierung vorbeikommen. Das heißt, sie oder er muss sich der Frage stellen, ob das, was ihr/ihm in einer anderen Religion begegnet, eher als abwegig und trügerisch oder als wahrhaftig und bereichernd einzuschätzen ist – bei aller gebotenen Vorsicht und immer unter dem Vorbehalt der eigenen Irrtumsanfälligkeit. Nach Francis Clooney, einem der führenden Theoretiker Komparativer Theologie, wird eine Theologin bzw. ein Theologe im Verlauf komparativer Arbeit irgendwann »damit beginnen, gewissermaßen von beiden Seiten des Tisches her zu theologisieren und in einem inneren Dialog persönlich

90 Siehe beispielsweise Fredericks 1995; 1999; v. Stosch 2002, 2012: 216-230. Nicholson (2009: 620) bezeichnete die Komparative Theologie gar als »die Antithese zur Theologie der Religionen«.

91 Siehe beispielsweise Kiblinger 2010; Hedges 2010: 52-55; Cornille 2020: 43-78; Moyaert 2020: 249. Im deutschsprachigen Raum hat insbesondere Ulrich Winkler (2013: 361-481) die Komplementarität beider theologischen Richtungen vertreten.

auf alte und neue Wahrheiten zu reflektieren.«[92] Damit gerät sie oder er jedoch unvermeidlich auf religionstheologisches Terrain. Denn der Exklusivismus schließt ja von vornherein aus, dass es in den anderen Religionen überhaupt »neue Wahrheiten« von im engeren Sinn theologischer Relevanz gibt. Und zwischen Inklusivismus und Pluralismus bleibt es strittig, ob die neuen Wahrheiten nur Fragmente der alten Wahrheit bilden. Stellen die neuen Wahrheiten die Überlegenheit der alten Wahrheit lediglich in ein neues, noch deutlicheres Licht? Oder ist die Erkenntnis neuer Wahrheiten geeignet, beide Wahrheiten in einem anderen Licht erscheinen zu lassen, in dem sich wechselseitige Alleingültigkeits- oder Überlegenheitsansprüche wie alte Schatten verflüchtigen?

Als einer der wenigen, die noch an der These von der Komparativen Theologie als Alternative zu einer Theologie der Religionen festhalten, hat Klaus von Stosch das Argument vorgebracht, eine Theologie der Religionen setze voraus, Religionen als Ganze zu beurteilen. Dies sei jedoch nicht möglich, jedenfalls nicht auf wissenschaftlich verantwortliche Weise.[93] Aber von Stoschs Prämisse ist offensichtlich falsch: Nicht erst die Beurteilung ganzer komplexer Traditionen, sondern schon die Betrachtung einzelner religiöser Phänomene ist in der Lage, Ansprüche auf exklusive Alleingültigkeit oder inklusivistische Überlegenheit massiv ins Wanken zu bringen und pluralistische Ansätze zu plausibilisieren. Daher empfiehlt es sich, das Verhältnis von religionstheologischer Diskussion und konkreter komparativ-theologischer Arbeit als komplementär zu verstehen.[94] Das heißt, Komparative Theologie kann in nicht geringem Ausmaß dazu beitragen, religionstheologische Positionen zu untermauern oder zu unterminieren, und daher auch in dieser Hinsicht einen theologischen Erkenntnisgewinn befördern. Umgekehrt sind religionstheologische Positionierungen auf eine Plausibilisierung durch religionsvergleichende Beobach-

92 Clooney 2010a: 13.

93 Von Stosch 2012: 217-225; 2019. Ähnlich auch Thatamanil 2017: 296f.

94 So bereits Schmidt-Leukel 2005: 87-95. Auch Francis Clooney (2010a: 14-16, 114-117; 2010b: 195f) hat sein Plädoyer für ein »Moratorium« in der Theologie der Religionen nun deutlich in diese Richtung hin interpretiert.

tungen angewiesen. Daher ist es nicht verwunderlich (was jedoch von komparativen Theologen gerne übersehen oder ignoriert wird), dass zentrale Vertreter pluralistischer Positionen wie beispielsweise Wilfred Cantwell Smith, Raimon Panikkar oder John Hick umfangreiche Studien mit religionsvergleichendem Charakter vorgelegt haben, lange bevor die neuere Komparative Theologie ins Leben gerufen wurde.[95]

Eine pluralistische und – obwohl in geringerem Maß – auch eine inklusivistische Religionstheologie ermöglichen eine neue Form von theologischer Arbeit, die sich als »interreligiöse Theologie« kennzeichnen lässt. Diese Form theologischer Arbeit greift zur Bearbeitung zentraler theologischer Fragen nicht mehr ausschließlich auf die Quellen der eigenen Tradition zurück, sondern bezieht hierbei auch andere religiöse Traditionen mit ein, um auf diesem Weg zu neuen konstruktiven Einsichten zu gelangen.[96] Hebt man den dialogischen und konstruktiven Charakter interreligiöser Theologie hervor, so lässt sich diese treffend auch als »kollaborative Theologie« charakterisieren, wie dies John May in seiner wegweisenden Studie über *Buddhologie und Christologie* getan hat.[97] In diesem Sinn kann auch die Komparative Theologie als eine Form von interreligiöser Theologie verstanden werden, wobei es neben dieser andere Formen geben kann, in denen der dialogische Aspekt des wechselseitigen und gemeinsamen theologischen Lernens stärker ausgeprägt sein mag als in den meisten bisherigen Studien der Komparativen Theologie. Doch gerade die gemeinsamen Arbeiten von Mouhanad Khorchide und Klaus von Stosch belegen deutlich, dass – und wie gut – Komparative Theologie auch kollaborativ-dialogisch durchgeführt werden kann. Durch ihre vergleichende Analyse islamischer und christlicher Jesus-Deutungen erschließen sie auf beiden Seiten neue konstruktive Perspektiven, sodass Komparative Theologie hier sehr deutlich und fruchtbar als eine Form von interreligiöser Theologie zutage tritt.[98]

95 Vgl. Smith, W. C. 1979; 1993; Panikkar 1990; Hick 1989: 19-69; [1976] 1990.

96 Bernhardt & Schmidt-Leukel 2013; Schmidt-Leukel 2019a: 173-228.

97 May 2014.

98 Khorchide & v. Stosch 2016; 2018.

Aus dem inzwischen recht breiten Feld an religionsvergleichenden Untersuchungen aus theologischem und (wenn auch in deutlich geringerem Maß) religionswissenschaftlichem Interesse könnte sich eventuell eine neue, Theologie und Religionswissenschaft übergreifende Disziplin namens »Interreligious Studies« (»Interreligiöse Forschung«) entwickeln, die zudem auch praktische Aspekte interreligiöser Beziehungen mit einschließt.[99] Im weiten Feld von Religionswissenschaft, Dialog und Komparativer Theologie sind in den letzten Jahrzehnten zahlreiche wichtige Beiträge zum vergleichenden Studium von Christentum und Buddhismus erbracht worden.[100] Darunter finden sich auch mehrere neuere Studien, die einen solchen Vergleich direkt, sei es hinsichtlich einzelner Teilaspekte oder auch hinsichtlich größerer Traditionsbestände, in Angriff genommen haben. Während einige dieser Arbeiten deutlich darum bemüht sind, zentrale Entgegensetzungen von Christentum und Buddhismus, wie ich sie oben kurz skizziert habe, als zwar modifikationsbedürftig, aber prinzipiell weiterhin gültig zu erweisen, zeichnen sich andere Arbeiten dadurch aus, solche Gegenüberstellungen erheblich zu relativieren. In den folgenden Kapiteln werde ich auf etliche dieser Studien zurückgreifen. Meine Absicht besteht allerdings nicht darin, hier eine zusammenfassende Übersicht christlich-buddhistischer Religionsvergleiche zu bieten. Vielmehr geht es mir darum, auf dem Hintergrund dieser Arbeiten und quasi am Beispiel des Vergleichs von Buddhismus und Christentum darauf aufmerksam zu machen, dass sich in religiöser Vielfalt strukturelle Muster erkennen lassen, die die Form von Fraktalen besitzen. Das heißt, bestimmte Unterschiede, die für unser Verständnis religiöser Vielfalt konstitutiv sind, replizieren sich auf allen drei Ebenen religiöser Vielfalt: der Makro-Ebene interreligiöser Vielfalt, der Meso-Ebene intrareligiöser Vielfalt und der Mikro-Ebene intrasubjektiver Vielfalt. Dies gilt es zunächst näher zu erläutern.

99 Siehe Leirvik 2015; Patel, Peace & Silverman 2018; Gustafson 2020.

100 Zum christlich-buddhistischen Dialog vgl. die Übersichten in Spae 1980; Schmidt-Leukel 1992; Ingram 1988; 2009; von Brück & Lai 1997.

# 2. Kapitel

# Die Entdeckung fraktaler Strukturen: Neue Perspektiven für den Religionsvergleich

## 2.1 Kultur- und religionswissenschaftliche Perspektiven

### *Vom Strukturalismus zum Poststrukturalismus – und wieder zurück*

Menschen repräsentieren und konstruieren ihr Bild von der Wirklichkeit in der Form kultureller Zeichensysteme. Das wohl grundlegendste Zeichensystem ist die Sprache. Doch mit ihr verbinden sich weitere Systeme wie kulturspezifische Symbole, Mythen, Narrative, Rituale, Konventionen, Institutionen, Ästhetiken, Ethiken usw. Strukturalistische Ansätze befassen sich mit solchen kulturellen Reproduktionen und Konstruktionen von Wirklichkeit, indem sie diese als Zeichen- oder Sinnsysteme mit bestimmbaren strukturellen Gesetzmäßigkeiten behandeln und analysieren. Aus strukturellen Mustern, so der Gedanke, lassen sich einzelne Bedeutungszusammenhänge ableiten, sprich *re*-konstruieren, so wie sich aus der Struktur des Dreiecks die Bedeutung und Lage aller seiner Punkte ableiten lässt. Durch den Vergleich unterschiedlicher Sinnsysteme und der ihnen zugrunde liegenden Muster werden jene übergreifenden Grundstrukturen und Muster erkennbar, aus denen heraus sich die verschiedenen kulturellen Zeichensysteme ableiten und auf diese Weise noch besser verstehen lassen. Dies ist das erkenntnisleitende Ideal des Strukturalismus.

Das Anliegen strukturalistischer Denker entspricht somit den Bemühungen innerhalb der Religionsphänomenologie: Der »Vergleich wird in der Religionsphänomenologie generell als hermeneutisches Mittel verwandt. Er dient der Wesenserfassung und damit dem Verstehen nicht nur einzelner religiöser Erscheinungen, sondern auch ihrer Gesamtheit und damit letztlich der Religion als einem Begriff, dem wir sehr verschiedene historische Erscheinungsformen subsumieren.«[1] Konkret geschieht diese Subsumption durch die Identifikation von Elementen, die der Religion wesentlich und in einer bestimmten Grundstruktur miteinander verbunden sind. »Religionen«, so C. J. Bleeker, »besitzen immer eine innere Logik, die die Struktur dominiert.«[2] Die Strukturen der einzelnen Religionen variieren eine allgemeine Grundstruktur in Gestalt unterschiedlicher Typen von Religion, die »das Prinzip einer Einteilung und Gruppierung aller Religionen bilden sollen«.[3]

Wie im vorangegangenen Kapitel bereits erwähnt, war die Kritik an der Religionsphänomenologie ein wichtiger Grund für die weitgehende Abkehr vom Religionsvergleich innerhalb der Religionswissenschaft der letzten fünfzig Jahre. Die vergleichende Einordnung unterschiedlicher Phänomene in gemeinsame Kategorien und systematische Zusammenhänge, in eine Struktur und ihre innere Logik galt als die Preisgabe der unverwechselbaren Einzigartigkeit des Individuellen im Namen der Abstraktion des Allgemeinen. In diesem Vorwurf reflektiert sich die zentrale Kritik am Strukturalismus durch poststrukturalistische Autoren. Der Versuch des Strukturalismus, Wirklichkeit durch die strukturale Analyse von Zeichensystemen durchsichtig und verständlich zu machen, müsse, so die Kritik, zwangsläufig scheitern. Denn wer aus der Allgemeinheit der Strukturen die Besonderheit des Einzelnen ableite, konstruiere das Einzelne aus dem vorgegebenen strukturellen Muster. Das so rekonstruierte Einzelne sei nichts anderes als ein abstraktes Gebilde, ein Element des Systems, vom System selbst geschaffen. Die Besonderheit, die Differenz und Einmaligkeit des tatsächlichen Einzelnen lasse sich auf diesem Weg nicht erfassen.

1 Lanczkowski 1978: 13.

2 Bleeker 1972: 45. Ähnlich ebd. 42.



3 Lanczkowski 1978: 122.

Vielmehr werde das Einzelne hier zu einem bloßen Beispiel, »zu einer Illustration des allgemeinen Musters«.[4]

Zu Beginn seines berühmten Essays *S/Z* aus dem Jahr 1970 illustrierte Roland Barthes diese Kritik durch eine »buddhistische« Erzählung: »Mit Hilfe der Askese soll es manchen Buddhisten gelingen, eine ganze Landschaft aus einer Saubohne herauszulesen.«[5] Das, so Barthes, entspreche den Versuchen der Strukturalisten, all die vielen Erzählungen der Welt aus einer einzigen Struktur herauszulesen. Doch genau hierdurch verliere jede Erzählung ihre Einmaligkeit, ihre Differenz zu anderen Erzählungen.[6] Dass sich die Vielheit der Einzelphänomene nicht auf den Begriff einer schablonisierten Struktur bringen lasse, drückten zwei andere poststrukturalistische Autoren, Gilles Deleuze und Félix Guattari, mit dem der Biologie entlehnten Bild des Rhizoms aus, einem Wurzelgeflecht, das »die verschiedensten Formen annehmen [kann], von der Verästelung und Ausbreitung nach allen Richtungen an der Oberfläche bis zur Verdichtung in Knollen und Knötchen.«[7] In geometrischen Figuren, selbst in der geometrischen Struktur eines Baums, sei jeder Punkt durch die Figur des Ganzen festgelegt. Doch in »einem Rhizom gibt es keine Punkte oder Positionen wie etwa in einer Struktur, einem Baum oder einer Wurzel. Es gibt nichts als Linien.«[8] Zudem hat das Rhizom die Fähigkeit zu wuchern. Wird es an einer Stelle gebrochen, »so wuchert [es] entlang seinen eigenen und anderen Linien weiter.«[9] Dadurch entkomme es jeder strukturellen Festlegung. Vielheit – so auch hier der Grundgedanke – lässt sich nicht auf einen strukturellen Begriff bringen. Daher kann auch das Individuelle nur dann als solches adäquat gewürdigt

4 Belsey 2013: 65.

5 Barthes 2016: 7. Eine tatsächliche buddhistische Meditationsmethode dieser Art konnte ich bisher nirgendwo identifizieren. Hat Barthes sie vielleicht aus seinem eigenen System konstruiert? Das Bild erinnert jedoch an das Gleichnis von Indras Netz und die hierin ausgedrückte Avataṃsaka / Huayan Philosophie, von der Barthes wusste. Er erwähnt sie in seinen Notizen zu Japan, die ursprünglich im selben Jahr wie *S/Z* erschienen sind (vgl. Barthes 2017: 109).

6 Barthes 2016: 7.

7 Deleuze & Guattari 1977: 11.

8 Ebd. 14.

9 Ebd. 16.

werden, wenn es gerade nicht als Teil einer vorgegebenen Struktur von Vielheit gesehen wird: »Das Eine ist nur dann ein Teil der Vielheit, wenn es von ihr abgezogen wird.«[10]

Trotz des berechtigten Anliegens, auf die Begrenztheit begrifflicher Strukturen in der Erfassung konkreter Wirklichkeit hinzuweisen,[11] führt doch kein Weg daran vorbei, dass wir uns der Welt auch – und unerlässlich – in der Form begrifflicher Kategorien zuwenden. Mittels solcher Kategorien stellen wir Beziehungen zwischen dem Einzelnen und dem Allgemeinen her. In diesem Vorgang spielt die Aktivität des unbewussten und bewussten Vergleichens eine logisch unabdingbare und neurologisch verankerte Rolle.[12] Zudem haben Poststrukturalisten wie Barthes, Deleuze, Guattari und andere die Leistungsfähigkeit strukturalistischer Ansätze erheblich unterschätzt. Blicken wir noch einmal auf die beiden genannten Bilder.

Nur ein Jahr nach der französischen Erstausgabe von *Rhizom* (franz. *Rhizome* 1976) publizierte der Mathematiker Benoît Mandelbrot sein epochales Werk *Die fraktale Geometrie der Natur* (*The Fractal Geometry of Nature*, 1977). Die hierin von Mandelbrot entfaltete Analyse fraktaler Strukturen lässt sich gleichermaßen auf das von Barthes verworfene wie auf das von Deleuze und Guattari favorisierte Bild anwenden. Zwar mag es zu weit hergeholt sein, die Form einer Landschaft in einer Bohne zu erkennen, doch lässt sich die Form eines Gebirges unter Umständen durchaus bereits in einem einzelnen Felsbrocken sehen. Das Grundkonzept des Fraktals besteht in der Selbstreplikation. Das heißt, eine größere, komplexe Struktur setzt sich zusammen aus kleineren Elementen, die das strukturelle Muster des Ganzen in sich wiederholen. Dieses Prinzip eignet sich insbesondere zur Analyse flexibler, dynamischer, ja, chaotisch wirkender Konstellationen, die scheinbar in kein geometrisches Muster passen – Konstellationen wie etwa die von Wolkenformationen oder eben auch die von Rhizomen.[13] Sie

10 Ebd. 11.

11 Barthes zeigt eine gewisse Sympathie für die radikale mahāyāna-buddhistische Begriffskritik, die letztlich jede sprachliche Repräsentation durchkreuzt (Barthes 2017: 100f).

12 Vgl. hierzu Paden 2000 und Sullivan 2000.

13 Majrashi et al. 2013.

alle besitzen fraktale Strukturen. Die Verwerfung des Strukturalismus war offensichtlich ebenso voreilig wie die Auffassung, dass sich lebendige, komplexe und veränderliche Phänomene der Strukturanalyse entziehen. Das gilt auch im Hinblick auf ein nicht-essenzialistisches, nicht reifizierendes Verständnis von Religion. Gerade die Flexibilität fraktaler Strukturmuster macht diese, wie gleich zu zeigen sein wird, für die vergleichende Analyse religiöser Traditionen besonders geeignet. Im Hinblick auf die Funktion von Kategorien im Religionsvergleich urteilte William Paden: »Auch wenn wir auf Kategorien nicht verzichten können, so können wir sie doch in Ordnung bringen, verändern und verbessern.«[14] Eine solche kategoriale Verbesserung bietet die Anwendung fraktaler Muster.

## *Das fraktale Gesicht der Natur*

Benoît Mandelbrot (1924-2010) führte die fraktale Geometrie ein, um bestimmte Naturphänomene, die sich der euklidischen Geometrie entziehen, mathematisch und geometrisch besser fassbar zu machen: »Wolken sind keine Kugeln, Berge keine Kegel, Küstenlinien keine Kreise.«[15] Mittels der fraktalen Geometrie, so Mandelbrot, werde es den Naturwissenschaftlern möglich, »zukünftig solche Formen qualitativ streng untersuchen [zu] können, die sie bisher faltig, gewunden, körnig, picklig, pockennarbig, polypenförmig, schlängelnd, seltsam, tangartig, verzweigt, wirr, wuschelig genannt haben.«[16] Solche Formen prägen das Antlitz der Natur sowohl in ihrer anorganischen als auch organischen Gestalt, weshalb Mandelbrot die These aufstellte: »Die Geometrie der Natur hat ein fraktales Gesicht.«[17]

Als »Fraktale« bezeichnet Mandelbrot Figuren, Muster, Strukturen oder Formen, die sich durch eine strenge oder auch weniger strenge Selbstreplikation über verschiedene Ebenen einer Skala hinweg auszeichnen. Das heißt, die zentralen Elemente der ge-

14 Paden 2000: 182.

15 Mandelbrot 1991: 13.

16 Ebd. 17.

17 Ebd. 15.

samten Struktur replizieren sich entweder auf strikte oder ähnliche Weise mit ihren regulären und irregulären Aspekten in ihren Teilelementen.[18] Selbstreplikation und relative Skaleninvarianz sind also die beiden zentralen Charakteristika von Fraktalen. Ein bekanntes Beispiel für eine fraktale geometrische Form mit strikter, regulärer Selbstreplikation ist das sogenannte Sierpinski-Dreieck. Dieses Dreieck setzt sich aus drei kleineren Dreiecken zusammen, die in sich dieselbe Struktur enthalten, das heißt, die wiederum aus denselben drei Dreiecken zusammengesetzt sind und so weiter.[19] In einem solchen Fall liegt eine prinzipiell unendliche Iteration vor, das heißt, die Selbstreplikation lässt sich theoretisch unendlich oft wiederholen sowohl in immer kleinere als auch immer größere Bereiche hinein. In allen uns bisher bekannten Phänomenen anorganischer und organischer Natur haben wir es hingegen mit weniger strikten, ähnlichen Formen der Selbstreplikation über eine begrenzte Anzahl von Ebenen hinweg zu tun. Das Gebirge repliziert seine Strukturmerkmale in einzelnen Bergen und kleineren Felsabschnitten. Ein Eiskristall wiederholt einzelne Strukturmomente in seinen kleineren Verzweigungen. Die durch Buchten, Halbinseln, Fjorde und Landzungen ausgefranste Küstenlinie wiederholt ebensolche Formen in kleinerem Format innerhalb jeder dieser Formen. Die Struktur des Blumenkohls findet sich in jedem seiner einzelnen Röschen wieder, die Struktur vieler Baumarten in den jeweiligen Zweigen, die des Farnblatts in seinen Blättchen.

Die fraktale Analyse ist nicht auf die räumliche Dimension begrenzt. Die für fraktale Muster charakteristische Selbstreplikation entsteht aus der wiederholten Anwendung (Iteration) der grundlegenden formgebenden Operation im Hinblick auf ihr jeweiliges Resultat. Im Sierpinski-Dreieck wird das erste Dreieck in drei gleiche Dreiecke geteilt, und jedes dieser einzelnen Dreiecke wird wiederum auf die gleiche Weise geteilt. In der Natur vollzieht sich diese Wiederholung in zeitlichen Prozessen. So entsteht beispielsweise die fraktale Verzweigung in Krone und Wurzelwerk eines Baumes

18 Ebd. 13.

19 Vgl. ebd. 152f.

durch Wachstum, also durch die Iteration der Verzweigung in der Zeit. Aus der gleichmäßigen Wiederholung in unterschiedlichen Größenbereichen wächst somit »eine Struktur oder ein System, das komplex, einheitlich, expansiv und detailliert ist.«[20]

In der organischen und anorganischen Natur führt die Wiederholung jedoch nicht zu exakten, sondern zu ähnlichen Selbstreplikationen. Zudem enthält sie oft ungleiche Anteile, Replikationsfehler (Mutationen) und ist auf wenige Ebenen begrenzt. Dennoch bleibt die Ähnlichkeit deutlich erkennbar sowie durch Skalierung und Segmentierung der Grundformen annäherungsweise messbar. Auch wenn die fraktale Geometrie daher ebenso wie die euklidische Geometrie nirgendwo in der Natur in strikter, abstrakter Form realisiert ist, kommt die fraktale Geometrie der Natur doch sehr viel näher als die euklidische, nicht zuletzt auch deswegen, weil sie der Entwicklungsdynamik Rechnung trägt und diese als Iteration erfasst.[21]

### *Das fraktale Gesicht der Kultur*

Nicht allein die Natur, auch die Kultur zeigt ein fraktales Gesicht. Nach Willam Jackson »bekunden Kulturen Kaskaden an rekursiven und sich wechselseitig reflektierenden Wirbeln in Liedtexten, Musik, Gedichten, Geschichten, Ideen und Visionen. [...] Für die Forschung in den Geisteswissenschaften scheinen Fraktale eine vielversprechende Metapher zu sein, da sie uns mehr Modelle an die Hand geben, mit deren Hilfe sich gewisse Formen schwer fassbarer Komplexitäten veranschaulichen lassen.«[22] Meines Erachtens trifft dies insbesondere auf das Phänomen der kulturellen Vielfalt zu, in dem sich deutlich erkennbar fraktale Züge zeigen.

In der gegenwärtigen Interkulturellen Philosophie oszillieren die Debatten in einem durch zwei entgegengesetzte Positionen markierten Spektrum: der Behauptung einer postmodern beeinflussten

20 Jackson, W. 2004: 245.

21 Kenkel & Walker 1996: 78.

22 Jackson, W. 2004: 25.

radikalen Inkommensurabilität der Kulturen auf der einen Seite und ihrer völligen Kommensurabilität oder sogar essenziellen Identität auf der anderen Seite. Eine Reihe von Autoren bemüht sich um einen überzeugenden Mittelweg zwischen diesen beiden Extremen. Beispielsweise spricht der indische Philosoph Ram Adhar Mall, Mitbegründer der Interkulturellen Philosophie in Deutschland, von interkulturellen »Überlappungen«. Ohne solche Überlappungen, so Mall, wären Verstehen und Kommunikation zwischen den Kulturen unmöglich.[23] Eine ähnliche Position nimmt auch der deutsche interkulturelle Philosoph Bernhard Waldenfels ein. Mit seinem Konzept der interkulturellen »Verschränkung« geht er noch einen Schritt weiter als Mall. Der Begriff besagt für ihn, dass kulturell Ähnliches und kulturell Verschiedenes, Eigenes und Fremdes »mehr oder weniger ineinander verwickelt sind.« Die Grenzen zwischen den Kulturen bezeichnet er als »fuzzy«. Nach Waldenfels haben wir es dabei eher mit Fragen der »Akzentuierung, Gewichtung und statistischer Häufung zu tun (...) als mit säuberlicher Trennung«.[24] Interkulturelle Verschränkung besagt daher, dass sich in der fremden Kultur immer auch etwas von der eigenen Kultur finden lässt und gleichfalls etwas von der fremden Kultur in der eigenen.[25] Im Kern läuft das auf eine fraktale Interpretation kultureller Vielfalt hinaus. Waldenfels sieht sich darin unter anderem durch die Arbeiten des schweizer interkulturellen Philosophen Elmar Holenstein bestätigt.[26]

Holenstein, der an den Universitäten von Bochum, Zürich, Tokyo und Hongkong gelehrt hat, stützt seine Überlegungen primär auf seine vergleichenden Untersuchungen westlicher und östlicher Kulturen. Nach Holenstein lassen sich »Strukturen, die in einer Kultur sehr stark ausgeprägt sind, ... (mindestens ansatzweise) in (nahezu allen) anderen Kulturen ebenfalls finden.«[27] Eines seiner Beispiele ist die große Vielfalt unterschiedlicher Höflichkeits-

23 Mall 1995: 20-48.

24 Beide Zitate aus Waldenfels 1995: 54.

25 Ebd. 56.

26 Ebd. 55.



27 Holenstein 1985: 133.

formen innerhalb der japanischen Sprache. Redewendungen, die verschiedene Formen der Höflichkeit ausdrücken, gibt es in allen Sprachen, doch sind sie scheinbar nirgendwo so stark ausgeprägt wie im Japanischen.[28] Es wäre allerdings irreführend, wollte man annehmen, dass ein bestimmtes Charakteristikum – oder ein Cluster bestimmter Charakteristika – ausschließlich in einer bestimmten Sprache oder Kultur anzutreffen sei. Kulturelle Differenzen, so Holenstein, basieren vielmehr darauf, dass unterschiedliche Charakteristika in den verschiedenen Kulturen jeweils in unterschiedlicher Rangordnung und unterschiedlicher Ausprägung anzutreffen sind.[29] Das heißt, die Variationsbreite *zwischen* den Kulturen spiegelt sich zugleich auch *innerhalb* der Kulturen und sogar *innerhalb eines einzelnen Individuums* wider.[30]

> In Wirklichkeit findet man häufig dieselben Gegensätze, die man zwischen zwei Kulturen (*interkulturell*) festhalten zu können glaubt, der Art wie dem Grad nach auch innerhalb ein und derselben Kultur (*intrakulturell*), ja auch innerhalb ein und derselben Person (*intrasubjektiv*), in Abhängigkeit von Lebensalter, Umgebung, Aufgabenstellung oder auch nur Laune und Stimmung [...].[31]

Mit dieser These unterscheidet Holenstein drei Ebenen kultureller Vielfalt:

> (1) die *Makro-Ebene* oder globale Ebene *interkultureller* Vielfalt,
> (2) die *Meso-Ebene intrakultureller* Vielfalt, das heißt die Vielfalt innerhalb einer jeden Kultur,
> (3) die *Mikro-Ebene intrasubjektiver* Vielfalt, das heißt die Vielfalt innerhalb des mentalen Kosmos einzelner Personen.

Seine These besagt, dass die verschiedenen Muster kultureller Vielfalt, um einen typischen Begriff Mandelbrots zu verwenden, »ska-

28 Ebd.

29 Ebd. 137ff.

30 Ebd. 149ff.

31 Holenstein 1998: 305.

lieren«. Mit anderen Worten: Dieselben Muster kultureller Vielfalt replizieren sich entlang dieser drei Ebenen innerhalb einer absteigenden Skala. Die Unterschiede zwischen den Kulturen spiegeln sich wider in den Unterschieden innerhalb einer jeden Kultur, und beides wiederum reflektiert sich, bis zu einem gewissen Grad, auf der noch kleineren Ebene individueller Personen. Daher verwirft Holenstein die Vorstellung einer radikalen Kulturverschiedenheit zugunsten des Modells zahlreicher Variationen ähnlicher Charakteristika, die von weitreichenden strukturellen Analogien begleitet sind. Dies ist, auch wenn Holenstein selbst diesen Begriff nicht verwendet, der Sache nach eine fraktale Interpretation kultureller Vielfalt.

### *Das fraktale Gesicht der Religion*

Angesichts der Verwobenheit von Kultur und Religion ist es nicht verwunderlich, dass Holenstein mit seiner These auch das Feld der Religionen berührt. Gängige Typologisierungen von Religion kranken nach Holenstein häufig daran, dass sie die intrareligiöse Vielgestaltigkeit ignorieren. Als Beispiel führt er die völlig gegenläufige Charakterisierung von Christentum und indischen Religionen bei Albert Schweitzer und Friedrich Nietzsche an. Während Nietzsche indische Religiosität als lebensbejahend, das Christentum hingegen als lebensverneinend einstuft, fällt die Gegenüberstellung bei Schweitzer genau umgekehrt aus.[32] Nach Holenstein ist es jedoch nicht so, dass die eine Gegenüberstellung richtig und die andere falsch wäre. Vielmehr sind sie zu undifferenziert: »Weder die christlichen Konfessionen noch die indischen Religionen lassen sich pauschal in ihren Entwicklungsphasen und Ausgestaltungen im Prokrustes-Bett einer dualistisch konzipierten Typologie unterbringen.«[33] Innerhalb einer jeden großen religiösen Tradition, so Holenstein, existieren recht unterschiedliche, ja, entgegengesetzte

32 Holenstein 1998: 306f.



33 Ebd. 307.

Motive, sodass in Abhängigkeit von unterschiedlichen historischen und gesellschaftlichen Konstellationen mal eher die eine und mal stärker die andere Richtung zum Zug kommen kann.[34]

Wie bereits kurz angedeutet, hatte der amerikanische Religionswissenschaftler William Jackson bereits 2004 eine umfangreiche Studie vorgelegt, in der er die Existenz fraktaler Muster in zahlreichen Produkten der Literatur, Dichtung, bildenden Kunst, Architektur, Musik, Tanz, in Mythologien, Narrativen, Ideen, Ritualen usw. aus unterschiedlichen kulturellen und religiösen Traditionen aufzeigte. Mandelbrot selbst äußerte sich begeistert.[35] Doch wandte Jackson das Konzept fraktaler Muster nicht auf das Phänomen kultureller und religiöser Vielfalt selbst an. In der Tat zeigen jedoch religiöse und kulturelle Vielfalt ein gleichermaßen fraktales Gesicht. Dementsprechend lässt sich Holensteins Unterscheidung von drei Ebenen kultureller Vielfalt mühelos auf das Feld religiöser Vielfalt übertragen. Damit kann nun der Kerngedanke einer fraktalen Interpretation religiöser Vielfalt formuliert werden: Die Vielfalt der Religionen auf der Makro-Ebene (*interreligiöse Vielfalt*) repliziert sich auf der Meso-Ebene als interne Vielfalt innerhalb der einzelnen Religionen (*intrareligiöse Vielfalt*) und schließlich auf der Mikro-Ebene gemeinsamer, aber in sich vielfältiger Dispositionen von Geist und Psyche einzelner Menschen (*intrasubjektive Vielfalt*). Auf allen drei Ebenen replizieren sich demnach verschiedene Typen von Religion oder Religiosität, unterschiedliche Muster religiöser Erfahrungen, unterschiedliche religiöse Praktiken, Glaubensvorstellungen, Werthaltungen usw. Die fraktale Struktur religiöser Vielfalt ähnelt quasi den fraktalen Mustern zerklüfteter Küstenlinien. Ihre typischen Formelemente wie Buchten und Halbinseln, Fjorde und Landzungen replizieren sich innerhalb eines jeden Elements, wenn man näher in dieses hineinzoomt. Die Küstenlinie einer Bucht ist beispielsweise selbst durchsetzt von kleineren Buchten, Halbinseln, Fjorden und Landzungen usw.

34 Ebd. 306.

35 Vgl. das »Endorsement« von Mandelbrot auf der Buchrückseite von Jackson, W. 2004.

Innerhalb der Religionsphänomenologie gab es einzelne Forscher, die auf dem besten Weg waren, in der religiösen Vielfalt fraktale Strukturen zu entdecken. Ein besonders deutliches Beispiel hierfür ist Hilko Wiardo Schomerus (1879-1945). Schomerus unterschied die folgenden vier Haupttypen von Religionen: (1) »Gesetzesreligionen« (z.B. »der Mosaismus«), (2) »magisch-sakramentale Religionen« (z.B. »die Mystik Indiens«), (3) »gnostische Religionen« (z.B. »antike Gnosis«, »Buddhismus«) und (4) »hingebende Frömmigkeitsreligionen« (z.B. »indische Bhaktireligionen« und einige Formen des »Mahāyāna Buddhismus«).[36] Schomerus entwickelte diese Typologie im Rückgriff auf die hinduistische Unterscheidung von vier verschiedenen Heilswegen: dem Weg der Werke (*karma-mārga*), dem Weg der Meditation (*yoga-mārga*), dem Weg der Erkenntnis (*jñāna mārga*) und dem Weg der Gottesliebe (*bhakti-mārga*).

Nach Schomerus lassen sich die tatsächlichen Religionen jedoch nicht völlig sauber diesen vier unterschiedlichen Typen zuordnen: »Es gibt Religionsgebilde, in denen sich nicht nur einer der genannten vier Haupttypen vorfindet, sondern sich mehrere, ja sogar alle vier nachweisen lassen, und zwar in mannigfaltiger Mischung.«[37] Der Umstand, dass der Hinduismus alle vier Typen umfasst, ist somit nur ein Beispiel für eine durchaus generell anzutreffende Situation. Die Unterscheidung der vier Grundtypen soll nach Schomerus daher eher horizontal als vertikal angelegt werden, auch wenn in einigen Religionen einer der vier Typen durchaus einen dominierenden Einfluss ausüben mag. Wie nahe Schomerus damit einer fraktalen Interpretation gekommen war, zeigt sich an seiner folgenden Feststellung: »Die Religion an sich hypostasiert sich in einigen wenigen Haupttypen, die immer wiederkehren und sich überall in ähnlicher Weise entfalten, überall verwandte Formen und Gebilde hervorrufen.«[38]

Schomerus konnte sich bei seiner Entdeckung freilich noch nicht auf den Begriff der Fraktale beziehen. Das ist anders bei dem ru-

36 Schomerus 1932: 22. Die in den Klammern genannten Beispiele stammen von Schomerus selbst.

37 Ebd. 22.

38 Ebd. 26.

mänischen Religionsgeschichtler Ioan Petru Culianu (auch »Couliano« geschrieben) (1950-1991), der in den letzten drei Jahren seines Lebens in Chicago lehrte. Culiano bezog sich explizit auf Mandelbrots Konzept der Fraktale und erkannte darin die Möglichkeit, strukturalistische Ansätze entscheidend zu verbessern und weiterzuentwickeln.[39] Culiano bringt hierbei die Dimension der Zeit ins Spiel. Ihm zufolge zeigen sich in der geschichtlichen Ausdifferenzierung religiöser Lehrpositionen fraktale Strukturen. Er illustriert dies unter anderem anhand der Entwicklung unterschiedlicher christologischer Positionen in den ersten Jahrhunderten des Christentums. Die Komplexität dieser Entwicklung lässt sich mittels eines fraktalen Musters analysieren. Das heißt, in ihr repliziert sich die binäre Grundentscheidung zwischen der Deutung Jesu als menschlichem oder göttlichem Wesen. Der Doketismus betrachtet Jesus als rein göttlich, der frühe Adoptianismus und Ebionismus als rein menschlich. Mittelpositionen, wonach Jesus sowohl göttlich als auch menschlich ist, tendieren dennoch eher in die eine oder andere Richtung. Gilt Jesus als eher göttlich, so stellt sich die Frage, ob er zusätzlich zu seiner göttlichen auch eine menschliche Seele besaß. Wieder unterscheiden sich die Positionen. Wird er als eher menschlich verstanden, stellt sich das Problem nach der Art seiner Verbindung mit dem Göttlichen, was neue Unterschiede hervorbringt. Sieht man ihn als gleichermaßen göttlich wie menschlich an, stellt sich die Frage, ob die Verbindung beider Naturen selbst wiederum als ›natürlich‹ oder als kontingent zu betrachten ist, usw. Je nachdem, in welche Richtung die Entscheidung jeweils tendiert, entwickeln sich ständig neue Folgeprobleme, bei denen eine erneute Entscheidung in die eine oder andere Richtung der Grundentscheidung möglich und nötig wird. Daraus ergibt sich eine Art von Baumstruktur der logisch möglichen Positionen.[40]

Die Aufspaltung des frühen Christentums entlang unterschiedlicher christologischer Positionen folgt somit nicht allein sozialen und (macht-)politischen Einflüssen. Vielmehr interagieren diese

39 Couliano 1992: 4-8, 267. Für den Hinweis auf Culianos Werk danke ich Giovanni Casadio.

40 Vgl. hierzu die schematische Darstellung in ebd. 15.

Einflüsse mit der immanenten Logik dessen, was das System der christologischen Grundfrage aus sich heraus an logischen Möglichkeiten zulässt.[41] Bei Letzteren handelt es sich um mathematisierbare Regeln nach der Art von »Gedankenspielen« (»mind games«).[42] Offen bleibt jedoch, ob, wann und unter welchen Umständen die einzelnen Möglichkeiten des Gedankenspiels tatsächlich realisiert werden. Das wiederum hängt an den übrigen Einflussfaktoren und bleibt historisch kontingent. Damit kommt Culiano den im vorhergehenden Kapitel genannten Positionen aus der Kognitionswissenschaft nahe.[43]

Auf dieser Basis schlägt Culiano sodann eine Brücke zwischen der von ihm analysierten intrareligiösen Vielfalt zur interreligiösen Vielfalt, womit zugleich die von ihm analysierte fraktale Struktur vollends zutage tritt:

> Gedankenspiele folgen notwendigerweise ähnlichen Mechanismen (weil sich die Arbeitsweise des Geistes sowie seine Kapazität zumindest in den letzten sechzigtausend Jahren nicht verändert haben). Daher neigen Systeme, die bereits über eine hinreichend lange Zeit hinweg laufen, dazu, nicht allein der Form, sondern auch dem Inhalt nach einander zu überlappen. Mit den komplexen Daten zur Hand sollte sich zeigen lassen, dass sich die Karte des buddhistischen Systems in Teilen mit dem christlichen System überlappt [...], weil alle Systeme unendlich sind und dazu tendieren, alle in ihnen angelegten Möglichkeiten auch tatsächlich auszutesten. Daher würden ihre Karten der Wirklichkeit, wären sie nur weit genug ausgedehnt, mit Sicherheit koinzidieren.[44]

Während Culiano aufgrund seines frühen Todes durch einen bis heute ungeklärten Mord diesen Gedanken nicht mehr weiter ausführen konnte, deutet sich ein ähnliches Ergebnis in David Fords religionsvergleichender Studie von Konzeptionen letzter Wirklichkeit an. Auf der Basis seiner Vergleiche skizziert Ford eine »Mor-

41 Ebd. 16, 18f.

42 Ebd. 267-269.

43 Siehe oben Kap. 1, S. 30.

44 Couliano 1992: 268.

phologie« letzter Wirklichkeit mithilfe von drei typologischen Entgegensetzungen: »eine *versus* viele«, »personal *versus* impersonal«, »transzendent *versus* immanent«. Dann aber kommt er zu folgendem Schluss:

> Ich [...] gehe nicht davon aus, dass sich eine bestimmte religiöse Tradition nur durch jeweils einen der beiden Pole dieser Entgegensetzungen charakterisieren lässt. Vielmehr reflektieren diese Unterscheidungen aufschlussreiche und bemerkenswerte Spannungen *sowohl zwischen als auch in* den Traditionen. Die Heterogenität dieser Traditionen legt eine Fluidität nahe, von der aus gesehen alle essenzialistischen und reifizierenden Charakterisierungen problematisch werden.[45]

Ähnlich wie Culiano geht also auch Ford von quasi systemimmanenten logischen Unterscheidungsmöglichkeiten aus. Logisch gesehen könnte es eine oder mehrere letzte Wirklichkeiten geben; letzte Wirklichkeit kann als eine personale Wirklichkeit gedacht werden, das heißt als ein personaler Gott, oder als ein impersonales Absolutes; sie kann als völlig jenseitig (transzendent) oder als in allem gegenwärtig (immanent) gedacht werden. Hiervon ausgehend ergeben sich weitere logisch mögliche Unterscheidungen, Kombinationen oder Varianten. In irgendeiner Form haben sich alle oder doch die meisten dieser Möglichkeiten in jeder großen und seit langer Zeit existierenden religiösen Tradition auch tatsächlich ausgebildet. Allerdings können dabei bestimmte Denkmöglichkeiten eine besonders markante und dominante Position einnehmen.[46] Genau dieser Umstand führt, auch wenn Ford selbst nicht diese Terminologie verwendet, zu einem fraktalen Effekt: Die markanten Unterschiede zwischen den Traditionen (Makro-Ebene) finden sich in analoger Form innerhalb einer jeden Tradition (Meso-Ebene) wieder.[47] Und über Ford hinausgehend können wir hinzufügen: Da es sich bei

45 Ford 2016: 308. Hervorhebung von mir.

46 Ebd. 308-319.

47 Ebd. 325.

den genannten Unterschieden letztlich um Denkmöglichkeiten (oder mit Culiano gesprochen »Gedankenspiele«) handelt, können solche unterschiedlichen Vorstellungen auch beim einzelnen Individuum (Mikro-Ebene) auftreten. Doch wie sind die sich in den fraktalen Mustern replizierenden Unterschiede inhaltlich zu deuten? Mit dieser Frage betreten wir theologisch relevantes Terrain.

## 2.2 Perspektiven interreligiöser Theologie

Wie gesagt, hat die verbreitete Abwendung der Religionswissenschaft vom Strukturalismus und der Religionsphänomenologie zu einem erheblichen Rückgang an religionsvergleichenden Studien geführt. Dementsprechend sind, soweit ich sehe, auch die frühen Ansätze einer Erforschung fraktaler Strukturmuster bisher nicht weiterverfolgt worden.[48] Innerhalb einer interreligiös arbeitenden Theologie finden sich inzwischen jedoch zunehmend Beispiele für die Wahrnehmung fraktaler Strukturen interreligiöser Vielfalt, auch wenn diese bisher kaum als »Fraktale« benannt und thematisiert wurden.[49]

Friedrich Heiler (1892-1967) hatte, wie vor ihm schon Nathan Söderblom (1866-1931), die sogenannten »Weltreligionen« in zwei Haupttypen eingeteilt: prophetische und mystische Religionen. In seinem 1988 erstmals erschienenen Dialog mit Julia Ching über *Chinesische Religion* erweiterte Hans Küng diese Klassifikation zu einer dreiteiligen Unterscheidung zwischen prophetischen, mystischen und weisheitlichen Religionen.[50] Die prophetischen Religionen, Judentum, Christentum und Islam, sind semitischen Ursprungs, die mystischen Religionen des Hinduismus und Buddhismus stammen aus Indien und bei den weisheitlichen Religi-

48 Siehe jedoch die Studien von Jens Kreinath (2012 und 2020) zu fraktalen Strukturen in religiösen Ritualen.

49 Vgl. jedoch die Diskussionen in Race & Knitter 2019, sowie Faber 2019: 125-135 und May 2020.

50 Küng & Ching 1999: 11-19.

onen handelt es sich um den chinesischen Daoismus und Konfuzianismus. Jeder dieser drei Religionstypen zeichnet sich nach Küng durch spezifische Charakteristika und insbesondere durch ein unterschiedliches religiöses Leitbild aus: den Propheten, den Mystiker und den Weisen. Allerdings versieht Küng seine Typologie mit einer wichtigen Modifikation. Demzufolge enthalten prophetische Religionen auch gewisse Elemente und Charakteristika der mystischen und weisheitlichen Religionen. Mystische Religionen enthalten wiederum Elemente und Charakteristika der prophetischen und weisheitlichen Religionen. Und weisheitliche Religionen enthalten schließlich auch prophetische und mystische Elemente oder Züge.[51] Diese Beobachtung entspricht einem fraktalen Muster: Die Vielfalt prophetischer, mystischer und weisheitlicher Religionstypen repliziert sich in der Form einer religionsinternen Vielfalt, bei der typische Elemente des Prophetischen, Mystischen und Weisheitlichen wiederkehren.

Im Fortgang ihres Dialogs haben jedoch weder Hans Küng noch Julia Ching dieser Beobachtung größere Aufmerksamkeit geschenkt, wohl aber ihren Implikationen. Denn, so Hans Küng, die Feststellung »bedeutende(r) Parallelen und Konvergenzen [...] trotz aller Divergenzen und Differenzen« zeige, »dass Bereicherung durch gegenseitige religiöse Befruchtung möglich ist.«[52] In der Tat ist für eine interreligiöse Theologie die Frage nach der inhaltlichen Deutung und Bewertung fraktaler Strukturen von erheblicher Bedeutung: Bilden die unterschiedlichen Merkmale, aus denen sich einzelne fraktale Muster ergeben (wie in diesem Beispiel die Merkmale des Prophetischen, Mystischen und Weisheitlichen), unversöhnliche Gegensätze? Handelt es sich um einander ausschließende logische Alternativen, oder lassen sie sich auch im Sinne kohärenter, ja sogar komplementärer Unterschiede deuten? An der Beantwortung dieser Frage hängt letztlich die theologische Bewertung religiöser Verschiedenheit. Die nun vorzustellenden Beispiele gehen alle von einer Komplementarität aus, begründen diese aber auf unterschiedlichen Wegen.

51 Ebd. 15f.

52 Ebd. 303.

### *Komplementarität im Hinblick auf die letzte Wirklichkeit*

Bei drei innerhalb der interreligiösen Theologie sehr einflussreichen Theologen zeichnet sich eine Entdeckung fraktaler Muster innerhalb interreligiöser Vielfalt ab, die jeder von ihnen in Bezug zur Natur der letzten Wirklichkeit setzt. Der amerikanische Prozesstheologe John Cobb unterscheidet drei verschiedene Typen von Religionen: *kosmische*, *akosmische* und *theistische* Religionen.[53] Nach Cobb entspricht jedem dieser drei Typen eine spezifische Vorstellung von letzter Wirklichkeit und ein dementsprechendes Set an religiösen Erfahrungen. Das heißt, in kosmischen Religionen (Cobb nennt als Beispiele den Daoismus und die Religionen der amerikanischen Ureinwohner) wird die letzte Wirklichkeit als die heilige Natur des Kosmos selbst verstanden. Dem entsprechen Erfahrungen, die »eine solche Art der Verbundenheit mit dem Kosmos oder der Verwandtschaft mit anderen Geschöpfen« bezeugen, »wie wir sie aus der gewöhnlichen Erfahrung nicht kennen«.[54] Als Beispiele akosmischer Vorstellungen von letzter Wirklichkeit nennt Cobb das mahāyāna-buddhistische Konzept der »Leerheit« (*śūnyatā*) sowie die Vorstellung vom »Brahman ohne Eigenschaften« (*nirguṇa brahman*) aus dem hinduistischen Advaita-Vedānta.[55] Solche Vorstellungen korrelieren mit Erfahrungen wie der einer »inwendigen« Natur, dem »Gewahrwerden einer ›Tiefe‹, die von allen Besonderheiten der normalen Erfahrung frei ist« oder auch der »Beseitigung aller kulturellen und existenziellen Barrieren, die einer Offenheit für das, was ist, so wie es ist, im Wege stehen.«[56] Den theistischen Konzepten letzter Wirklichkeit, das heißt ihrer Vorstellung als personaler Gott, entsprechen schließlich Erfahrungen wie die der Gegenwart einer unsichtbaren Person, zu der man in Verbindung steht, die einen führt und leitet, zu einem Leben in Gerechtigkeit und Liebe anspornt und von Schuld befreit.[57]

53 Für eine Zusammenfassung der religionstheologischen Position Cobbs siehe Griffin 2005.

54 Cobb 1999: 117.

55 Griffin 2005: 47.

56 Cobb 1999: 118.

57 Ebd.

Cobb hat seine Klassifikation kosmischer, akosmischer und theistischer Religionen unter dem Einfluss des amerikanischen Religionswissenschaftlers John A. Hutchison entwickelt.[58] Wie schon Hutchison selbst notiert auch Cobb die Beobachtung, dass »sich mehr als nur ein einziger dieser Typen in den meisten großen religiösen Traditionen finden lässt.«[59] Das heißt, Cobb verwendet seine Typologie, um damit sowohl Unterschiede *zwischen* Religionen als auch unterschiedliche Ausprägungen *innerhalb* jeder dieser Religionen zu bestimmen. Mit anderen Worten: Cobb konstatiert hier der Sache nach ein fraktales Muster. Zudem interpretiert er die drei Grundelemente dieses fraktalen Musters im Sinn einer komplementären Einheit. Hierzu versieht er sie mit einer metaphysischen Interpretation, die er aus seiner Prozesstheologie ableitet. Demnach beziehen sich die drei unterschiedlichen Konzepte letzter Wirklichkeit auf drei verschiedene Letztwirklichkeiten. Genauer gesagt, sie beziehen sich auf drei ontologisch verschiedene, aber zusammengehörige und nicht weiter hintergehbare Züge einer komplexen letzten Wirklichkeit: Der *Kosmos* bildet quasi den Körper Gottes, das *akosmische Sein selbst* bezeichnet jene kreative Kraft und Wirklichkeit, die Gott und Kosmos miteinander verbindet, und der *theistisch* gedachte Gott bezieht sich auf den schöpferischen Gestalter und die eigentliche Seele des Kosmos. Auf die prozesstheologische Metaphysik John Cobbs wird später nochmals zurückzukommen sein.[60]

Etwas ganz Ähnliches lässt sich hinsichtlich der religionsvergleichenden Überlegungen von Mark Heim feststellen. Zwar ist Heim kein Vertreter der Prozesstheologie, dennoch besitzt seine Interpretation religiöser Vielfalt eine gewisse Nähe zu der von John Cobb. Deutlicher als Cobb nimmt Heim nur eine einzige letzte Wirklichkeit an, die er aber ebenfalls als in sich komplex denkt. Für Heim handelt es sich hierbei um die christliche Trinität. Die

58 Ebd. 120. Cobb bezieht sich auf die zweite Auflage von Hutchisons *Paths of Faiths* aus dem Jahr 1975. Hutchison selbst spricht von »cosmic«, »acosmic« und »historical religion« und ist in dieser Terminologie offensichtlich von Mircea Eliade beeinflusst. Cobb weicht in seiner Beschreibung dieser drei Typen jedoch von Hutchison ab, was auf Cobbs prozesstheologische Deutung dieser Typen zurückzuführen ist.

59 Cobb 1999: 121. Vgl. Hutchison 1991: 17.

60 Siehe unten Kap. 4, S. 170; Kap. 9, S. 356f.

Konzeptionen letzter Wirklichkeit in anderen Religionen lassen sich nach Heim auf unterschiedliche Teilaspekte oder Dimensionen der Trinität beziehen, die durch diese Konzepte mehr oder weniger richtig erfasst sind.

Nach Heim beinhaltet die Trinität eine *impersonale*, eine *personale* (oder *ikonische*) und eine *kommuniale* (oder interpersonale) Dimension. Für ihn spiegeln sich diese drei Dimensionen in den unterschiedlichen Religionstypen und deren spezifischen Vorstellungen von letzter Wirklichkeit wider. Die *impersonale* Dimension letzter Wirklichkeit besteht nach Heim zum einen in der wechselseitigen Einwohnung der drei göttlichen Personen. Das heißt, jede Person ist völlig eins mit den beiden anderen Personen. Daher ist sie zugleich völlig leer von sich selbst und insofern »Nicht-Ich« oder »impersonal«. Zum anderen bestehe die impersonale Dimension der Trinität darin, dass sich Gott quasi zurücknimmt, um der Schöpfung Raum zu geben, wohnt ihr dabei zugleich jedoch als existenzspendende Kraft inne. Einige buddhistische Lehren, wie etwa die Lehre vom »Nicht-Ich«, vom Nirvāṇa oder von der »Leerheit« (*śūnyatā*), aber auch der Non-Dualismus der hinduistischen Advaita-Vedānta-Lehre lassen sich nach Heim als Teilerkenntnisse dieser Dimension letzter Wirklichkeit interpretieren. Die *personale* beziehungsweise *ikonische* Dimension der Trinität sieht Heim darin, dass »die drei einen einzigen Willen, eine einzige Absicht und eine Liebe zur Schöpfung konstituieren«.[61] Die Dimension der Einheit beziehungsweise Einzigkeit stehe im Zentrum der monotheistischen Vorstellungen letzter Wirklichkeit. Zudem finde sie sich auch in der Vorstellung eines einheitlichen göttlichen Gesetzes wie etwa im Daoismus oder in der antiken Stoa: »Was in diesen Fällen richtig verstanden wurde, ist die äußere Einheit der Trinität«,[62] die hier als *ein* göttlicher Wille ohne Person, also quasi als ein himmlisches Gesetz erscheine. Die dritte, das heißt die *kommuniale* Dimension liegt nach Heim den beiden anderen Dimensionen zugrunde. Sie verbindet Einheit mit Verschiedenheit, insofern die drei

61 Heim 2003: 394.



62 Ebd. 396.

Personen aneinander teilhaben und teilgeben,[63] vergleichbar mit menschlichen Beziehungen »tiefer Liebe beziehungsweise inniger Freundschaft«.[64] Diese Dimension steht im Zentrum christlicher Vorstellungen von letzter Wirklichkeit.

Wie Cobb stellt nun aber auch Mark Heim fest, dass »jede große religiöse Tradition bis zu einem gewissen Ausmaß die unterschiedlichen Dimensionen kennt, die wir beschrieben haben«. Zudem, so Heim, werde jeweils »das ganze Set dieser Dimensionen *durch* eine von ihnen erfasst.«[65] Diese Aussagen implizieren ganz offensichtlich ebenfalls ein fraktales Muster. Denn damit vertritt Heim, dass sich die Unterschiede zwischen den verschiedenen Typen von Religionen mit ihren jeweiligen Konzepten letzter Wirklichkeit auch innerhalb einer jeden von ihnen wiederfinden. Er räumt sogar ein, dass sich das Christentum, »formal« gesehen, darin nicht von anderen Religionen unterscheide.[66] Auch das Christentum erfasst demnach alle drei Dimensionen primär durch die Linse einer einzelnen, als dominant betrachteten Dimension, in diesem Fall durch die der kommunialen Dimension. Wie John Cobb begreift somit auch Mark Heim die typologischen Unterschiede zwischen verschiedenen Vorstellungen letzter Wirklichkeit als komplementär, auch wenn er diese Unterschiede im Detail anders bestimmt als Cobb. Und wie Cobb führt auch Heim diese Komplementarität darauf zurück, dass sich in den unterschiedlichen Vorstellungen von letzter Wirklichkeit tatsächlich unterschiedliche Dimensionen der komplexen Natur letzter Wirklichkeit reflektieren.

Ein strukturell ähnlicher Ansatz ist auch von John Thatamanil vorgeschlagen worden. Auch für ihn »wurzeln religiöse Unterschiede in echten Unterscheidungsmerkmalen innerhalb des göttlichen Lebens.«[67] Nach Thatamanil umfasst das »göttliche Leben« drei Dimensionen: Es ist der *Grund* des Seins aller Dinge und lässt alles, vom Atom bis zur Galaxie, einerseits in unverwechselbarer

63 Ebd. 397.

64 Ebd. 391.

65 Beide Zitate ebd. 399.

66 Ebd.

67 Thatamanil 2020: 246.

*Singularität* und andererseits in unvermeidlicher Verflochtenheit und *Relation* existieren. Das Göttliche ist somit Grund des Seins in seinen beiden wesentlichen Merkmalen von Singularität und Relation. Für Thatamanil spiegelt sich darin die christliche Trinität vom Vater als Seinsgrund, dem Sohn als Quelle der Singularität und dem Geist als Band lebensspendender Relation.[68] Ihm zufolge reflektieren sich die drei Dimensionen aber auch in den Konzepten letzter Wirklichkeit anderer Religionen. Dabei nehme zumeist eine Dimension eine dominante Position ein. Im hinduistischen Advaita-Vedānta sei dies die Dimension des Grundes, im Christentum die der Singularität und im Mahāyāna-Buddhismus die der Relation beziehungsweise Inter-Relation aller Dinge.[69] Das, so Thatamanil, bedeute nicht, dass die beiden korrespondierenden Dimensionen jeweils völlig abwesend wären. Sie werden jedoch nach Thatamanil häufig innerhalb der einzelnen Traditionen nur unzureichend berücksichtigt oder gar als häretisch verworfen. Daher liege in einer interreligiösen Theologie die Chance, jeder der drei Dimensionen zu ihrem Recht zu verhelfen und so insgesamt zu einer angemesseneren Wahrnehmung des göttlichen Lebens zu gelangen.[70]

Cobb, Heim und Thatamanil beschreiben also nicht nur ein der Sache nach fraktales Muster religiöser Vielfalt. Vielmehr deuten sie die dieses Muster konstituierenden Unterschiede zugleich als komplementär. Der Grund hierfür liegt darin, dass sich Cobb, Heim und Thatamanil vor allem auf Vorstellungen letzter Wirklichkeit konzentrieren. Deren Unterschiede spiegeln, so ihr Vorschlag, tatsächliche Unterschiede in der letzten Wirklichkeit wider. Deren komplexe, aber einheitliche Natur bedingt die Komplementarität der unterschiedlichen Vorstellungen von letzter Wirklichkeit. Dies erklärt zugleich, warum jede von ihnen immer auch von Aspekten der alternativen Vorstellungen begleitet ist. Das Auftreten der fraktalen Muster hätte demnach seinen Grund in der Struktur der letzten Wirklichkeit selbst beziehungsweise, genauer gesagt, in der

68 Ebd. 219f.

69 Ebd. 218-242.



70 Ebd. 242-248.

korrekten Erkenntnis dieser Struktur oder ihrer einzelnen Aspekte und Dimensionen innerhalb der verschiedenen Religionen. Was aber, wenn Theologen hinsichtlich der menschlichen Erkennbarkeit und Beschreibbarkeit letzter Wirklichkeit deutlich zurückhaltender sind als die drei genannten Theologen? Wenn sie also stärker als Cobb, Heim und Thatamanil an der traditionellen Position der Unbegreifbarkeit und Unbeschreibbarkeit letzter Wirklichkeit festhalten? Auch dann gibt es Möglichkeiten, fraktale Strukturen als komplementär zu deuten, allerdings in einer Weise, die beim religiösen Subjekt, also dem Menschen selbst, ansetzt.

### *Komplementarität im Hinblick auf menschliche Anlagen*

Erste Überlegungen in dieser Richtung lassen sich rückblickend bereits bei Rudolf Otto (1869-1937) erkennen. Otto schlug vor, die große Zahl an interreligiösen Parallelen auf »die zugrundeliegende einheitliche, gemeinsame Anlage der Menschheit überhaupt«[71] zurückzuführen. Diese »gemeinsame Anlage« interpretierte Otto in einem von Kants transzendentaler Philosophie beeinflussten Sinn als inhärente Strukturen des menschlichen Geistes.[72] Aus einem solchen »religiösen Apriori« heraus, lassen sich nach Otto nicht nur die grundsätzliche Möglichkeit religiöser Erfahrung, sondern auch die Vielfalt ihrer Formen und deren Replikation innerhalb unterschiedlicher Religionen erklären.[73]

In solchen transzendentalphilosophischen beziehungsweise transzendentaltheologischen Bahnen bewegt sich auch Bernhard Nitsche. In seinen neueren Arbeiten unterscheidet er zwischen

71 Otto 1923: 217; siehe auch ebd. 222.

72 Im Rahmen eines kognitionswissenschaftlichen Ansatzes hat István Czachesz 2012 vorgeschlagen, religiöse Konzeptionen von Unendlichkeit auf die Möglichkeit des menschlichen Geistes zur Vorstellung unendlicher Iteration zurückzuführen. Damit wird allerdings nur der Gedanke einer Unendlichkeit innerhalb von Raum und Zeit berührt, nicht aber der einer die Endlichkeit von Raum und Zeit selbst transzendierenden Wirklichkeit.

73 Vgl. hierzu die klassische Darstellung in Rudolf Ottos Abhandlung *Das Heilige*, die erstmals 1917 erschien (Otto 1987).

monistischen, theistischen und panentheistischen Religionstypen.[74] Hierbei postuliert Nitsche einen Zusammenhang zwischen den jeweiligen Konzepten letzter Wirklichkeit und drei Grundformen menschlicher Bezogenheit: (1) der Bezogenheit auf die Welt, wie sie durch die eigene Körperlichkeit vermittelt wird, (2) der Bezogenheit auf andere Menschen, vermittelt durch den Sozialkontakt, und (3) der Bezogenheit auf sich selbst, vermittelt durch die selbst-reflexive Struktur des menschlichen Geistes. Diesen drei Grundformen menschlicher Bezogenheit entsprechen nach Nitsche drei unterschiedliche Denkweisen, die in Zusammenhang mit unterschiedlichen Vorstellungen letzter Wirklichkeit stehen. Konkret:

Einer Dominanz des Welt-Bezugs korrespondiert nach Nitsche eine *kosmomorphe* Denkweise, die zu *monistischen* Vorstellungen von letzter Wirklichkeit tendiere. Der Dominanz des Sozialbezugs entspreche eine *soziomorphe* Denkform, welche *theistische* Vorstellungen letzter Wirklichkeit begünstige. Die *noomorphe* Denkform, die dem Selbstbezug des Geistes korrespondiert, neige zu *panentheistischen* Konzeptionen. Dabei, so Nitsche, handelt es sich nicht um zwingende Zusammenhänge, aber doch um deutliche Tendenzen.

Hinsichtlich der Verteilung dieser unterschiedlichen Denkweisen und der ihnen entsprechenden Vorstellungen letzter Wirklichkeit innerhalb der konkreten Religionen schlägt nun auch Nitsche ein der Sache nach fraktales Muster vor: »Diese Grundformen des Transzendenzbezugs werden vermutlich in allen großen und komplexen Religionssystemen mit unterschiedlichen Akzentsetzungen und Kombinationen von Dominante und Subdominante sowie mit unterschiedlichen Prioritäten und Interferenzen zum Thema.«[75] Die »Leitmelodie einer Religion«, so Nitsche, »erklingt [...] mit unterschiedlichen Begleitmelodien« in durchaus wechselnder »Präsenzstärke«.[76] Da es jedoch immer wieder die drei im Geist des Menschen verankerten Grundformen sind, die hierbei den Ton angeben, wird es sinnvoll, im interreligiösen Dialog »komparativ

74 Nitsche 2017; 2018a; 2018b.

75 Nitsche 2017: 60f.

76 Ebd. 51.

nach möglichen Entsprechungen zu fragen«, ohne dass dabei die Differenzen der konkreten und jeweils verschiedenen religiösen Kontexte und Settings eingeebnet würden.[77]

Nach Nitsche drücken sich in den drei genannten Denkformen *menschliche Bezüge* zur göttlichen Wirklichkeit aus. Vor der göttlichen Wirklichkeit selbst gerät jedoch jede dieser Denkformen an ihre Grenze. Sie alle stehen unter dem Vorbehalt einer »mystische(n) Apophase«, insofern die göttliche Vollkommenheit jede Denkmöglichkeit übersteigt.[78] Insofern spricht Nitsche auch von »Resonanzen des menschlichen Daseins und seiner strukturellen Bedingungen«.[79] Es geht ihm ausdrücklich um eine anthropologische Fundierung menschlicher Transzendenzbezüge.[80] Die Einheit und Komplementarität der drei Denkformen gründet daher primär in der Einheit von Welt-, Sozial- und Selbstbezug als drei zusammengehörende Dimensionen des Menschseins, von denen keine jemals völlig fehlen kann. Allerdings postuliert Nitsche zugleich, dass die göttliche Wirklichkeit als Grund aller Wirklichkeit auch diese drei Dimensionen menschlicher Wirklichkeit konstituiert und »in einer ihnen angemessenen Weise wirkt«.[81]

Nitsches Ansatz verweist meines Erachtens auf eine wichtige Alternative zu den zuvor genannten Ansätzen. Denn im Unterschied zu diesen trägt Nitsche der unter den großen religiösen Traditionen weitverbreiteten Überzeugung Rechnung, dass eine wahrhaft transzendente Wirklichkeit auch im begrifflichen Sinn transzendent sein muss. Um Augustinus zu paraphrasieren: Ein Gott, den man begreifen könnte, wäre nicht Gott.[82] Demgegenüber spielt dieser apophatische Vorbehalt bei Cobb, Heim und Thatamanil, wenn überhaupt, dann bestenfalls eine untergeordnete Rolle. Nitsches Versuch, die Komplementarität unterschiedlicher Formen von Transzendenz-

77 Ebd.

78 Ebd. 60; 2018b: 381f, 385.

79 Nitsche 2017: 57.

80 Ebd. 56.

81 Nitsche 2018b: 383.

82 Augustinus, *Sermo* 117 (vgl. unten Kap. 4, S. 164). Siehe auch die Beispiele in Schmidt-Leukel 2005: 200-209.

vorstellungen daher nicht in real erkannten unterschiedlichen Merkmalen, Eigenschaften, Dimensionen des Göttlichen selbst wurzeln zu lassen, sondern in komplementären Grundzügen des menschlichen Geistes, ist und bleibt verheißungsvoll, auch wenn es sich hierbei – wie Nitsche einräumt – um »*work in progress*« handelt, das noch weiterer Reflexion und Modifikation bedarf.[83] Insbesondere wären meines Erachtens gerade innerhalb einer von Kant geprägten Transzendentalphilosophie neben den theoretischen Denkformen auch die praktischen Denkmuster zu berücksichtigen: In welchen anthropologischen Voraussetzungen wurzeln menschliches Verhalten, Verantwortung, Streben nach Glück,[84] Verarbeitung von Leid sowie ästhetisches und ethisches Empfinden? Durch diese Aspekte kommen die unterschiedlichen existentiell relevanten Vorstellungen von Unheil und Heil, wie Schuld und Vergebung, Egoismus und Altruismus, Verblendung und Erkenntnis, Verstocktheit und Öffnung, Unfreiheit und Befreiung, Verfehlung und Erfüllung, Hässlichkeit und Schönheit usw. ins Spiel. Das wird vor allem deutlich, wenn man sich nicht allein auf Vorstellungen letzter Wirklichkeit konzentriert, sondern stärker die verschiedenen Heilswege mit in den Blick nimmt.

### *Komplementarität unterschiedlicher Heilswege*

Fraktale Muster im Hinblick auf unterschiedliche religiöse Heilswege, verbunden mit der These ihrer inneren Komplementarität, finden sich *in nuce* bereits bei zwei wichtigen Reformgestalten des neueren Hinduismus und des Theravāda-Buddhismus.

Wie Ayon Maharaj (Ordensname: Swami Medhananda) gezeigt hat, lässt sich bei Swami Vivekānanda (1863-1902) zumindest ansatzweise bereits so etwas wie eine fraktale Interpretation religiöser Vielfalt feststellen.[85] Ähnlich wie Schomerus[86] greift

83 Nitsche 2018b: 369.

84 Schmidt-Leukel 2018: 198.

85 Maharaj 2019: 105-108.

86 Ob Schomerus eventuell von Vivekānanda inspiriert war, vermag ich nicht zu entscheiden. Auszuschließen ist dies nicht.

Vivekānanda zur Interpretation religiöser Vielfalt auf die in Teilen der hinduistischen Tradition angelegte Unterscheidung von vier unterschiedlichen Heilswegen zurück: der Weg der Werke (*karmayoga*), der Weg der Gottesliebe (*bhaktiyoga*), der Weg der Meditation oder, wie Vivekānanda auch sagen kann, der »Psychologie« (*rājayoga*), und der Weg der Erkenntnis (*jñānayoga*). Zum einen nimmt Vivekānanda im Einklang mit der hinduistischen Tradition an, dass die verschiedenen Heilswege unterschiedlichen Temperamenten und damit unterschiedlichen Bedürfnissen der Individuen dienen.[87] Zum anderen identifiziert er in einer kurzen Bemerkung die Verschiedenheit der Religionen mit der Verschiedenheit der Heilswege: »Jede Religion repräsentiert einen.«[88] Das ist offensichtlich im Sinn einer gewissen Dominanz des jeweiligen Heilswegs gemeint, denn Vivekānanda ist sich der internen Vielgestaltigkeit einer jeden einzelnen Religion vollauf bewusst: In ihnen allen finden sich zahlreiche Aufteilungen und weitere Untergliederungen.[89] Die Unterschiede zwischen den Religionen (Makro-Ebene) kehren also auch nach Vivekānanda in jeder von ihnen (Meso-Ebene) wieder. Ja, er sieht sie sogar auf der Mikro-Ebene unterschiedlicher subjektiver Neigungen angelegt.

Vivekānanda begreift die Unterschiede zwischen den vier prinzipiellen Heilswegen als komplementär. Diese Komplementarität hängt wiederum mit der Eigenart der Wege selbst zusammen:

> [...] wir können dasselbe Ziel auf unterschiedlichen Wegen erreichen; und ich habe diese zu vier Wegen verallgemeinert, das heißt zu jenen der Werke, der Liebe, der Psychologie und der Erkenntnis. Zugleich gilt es jedoch zu beachten, dass diese Einteilungen nicht sehr trennscharf sind und einander nicht ausschließen. Jede vermischt sich mit den anderen. Je nachdem, welcher Typ vorherrscht, wählen wir die Bezeichnung. Aber es ist nicht so, dass man Menschen finden könnte, die allein die Fähigkeit zu den Werken besitzen, oder solche, die ausschließlich hingebungsvolle Verehrer wären, oder die

87 Vivekananda 1994, vol. 4: 51-60.

88 Ebd. vol. 8: 152.

89 Ebd. vol. 4: 52.

> nichts anderes besäßen als nur Erkenntnis. Die Unterscheidungen richten sich nach der Art oder der Neigung, die in einem Menschen vorherrscht. Wir haben jedoch erkannt, dass letztlich alle vier Wege zusammenführen und eins werden.[90]

Ein vergleichbares Konzept finden wir bei dem thailändischen buddhistischen Reformer Bhikkhu Buddhadāsa (1906-1993). Auch er setzt bei der Idee unterschiedlich geprägter Heilswege an. Ihm zufolge findet sich das, was zur Erlangung der endgültigen Befreiung erforderlich ist, nicht allein im Buddhismus, sondern auch im Christentum, Islam und Hinduismus, wenn auch mit je anderer Betonung und in verschiedenen Formen.[91] Der Buddhismus akzentuiere vor allem die »Weisheit«, das Christentum den »Glauben« beziehungsweise das »Vertrauen« und der Islam die »Willenskraft«. Nach Buddhadāsa bilden diese drei zentralen spirituellen Qualitäten eine innere Einheit. Daher finden sich trotz unterschiedlicher Betonung letztlich alle drei Qualitäten beziehungsweise Wege in jeder Religion: »Jede Religion umfasst alle drei Wege; der einzige Unterschied ist, dass eine Religion jeweils dem einen oder anderen Weg einen besonderen Vorzug gibt.«[92] Die Unterschiede in den Lehren der einzelnen Religionen erklärt Buddhadāsa vor allem als Ergebnis unterschiedlicher kultureller Einflüsse.[93] Interessanterweise bezieht sich Buddhadāsa für diese Ansicht nicht auf eine buddhistische Autorität, sondern verweist auf die Aussage des Korans, wonach es für jede Nation einen eigenen Gesandten gebe (Sure 10:47).[94]

Sowohl Vivekānanda als auch Buddhadāsa greifen für ihre Behauptung einer inneren Zusammengehörigkeit unterschiedlicher Heilswege auf religiöse Traditionsbestände zurück. Bei Vivekānanda ist dies zum einen die *adhikāra-bheda*-Lehre, wonach Menschen auf unterschiedlichen spirituellen Entwicklungsstufen unterschiedliche religiöse Praktiken beziehungsweise »Wege« benötigen. Zum anderen ist es die Lehre der *Bhagavadgītā*, der zu-

90 Ebd. vol. 1: 108.

91 Buddhadāsa 1967: 12ff, 24f, 38f.

92 Ebd. 13.

93 Ebd. 24f.

94 Ebd. 8.

folge verschiedene Wege zur Erlösung führen können, insofern sie die innere Haltung des Nicht-Anhaftens befördern. Bei Buddhadāsa steht das traditionelle Schema der drei Typen zukünftiger vollkommener Buddhas (*samma-sambodhisatta*) im Hintergrund. Nach dem *Buddhavaṃsa* lässt sich die Buddhaschaft auf drei Wegen erreichen, die sich dadurch unterscheiden, dass jeweils eine der drei genannten Qualitäten (Weisheit, Glaube, Willenskraft) dominiert.[95] Entscheidend ist nach Buddhadāsa allerdings, dass auf jedem der drei Wege Anhaftungslosigkeit und Selbstlosigkeit praktiziert werden.[96] Die Komplementarität unterschiedlicher Heilswege begründet sich daher sowohl bei Vivekānanda als auch bei Buddhadāsa darin, dass sie trotz ihrer Verschiedenheit gleichermaßen heilshafte Wirkungen haben. Dieses Argument ließe sich freilich deutlich verstärken, wenn es ebenfalls anthropologisch unterfüttert wäre. Bei Vivekānanda deutet sich das zumindest dadurch an, dass er auf eine allen Menschen gemeinsame Natur verweist, die jedoch unterschiedliche Typen und Neigungen umfasse.

Eine Rückbindung unterschiedlich geprägter Heilswege, einschließlich der ihnen inhärierenden Heils- und Transzendenzvorstellungen, an verschiedene Aspekte menschlicher Existenz lag bereits jenem hermeneutischen Schema zugrunde, das ich in meinen frühen Arbeiten zum Verhältnis von Christentum und Buddhismus vorgeschlagen hatte.[97] Demnach schließt menschliche Existenz unterschiedliche Grunderfahrungen ein, wie etwa die Erfahrung von Vergänglichkeit, von interpersonaler Bezogenheit, von Freiheit, Kreativität und Verantwortlichkeit usw. Diese Erfahrungen werden von Menschen aller Kulturen und Religionen geteilt, liegen aber jeweils in unterschiedlich interpretierter Form vor, was auch die Art der Erfahrung mitprägt. In der Bestimmung von Unheil und Heil durch verschiedene Religionen lassen sich deutliche Bezüge zu menschlichen Grunderfahrungen erkennen. Das macht die Heilsbotschaft der Religionen einerseits universalisierbar. Das heißt, sie

95 Von Weisheit geprägt (*paññādhika*), von Vertrauen/Glauben geprägt (*saddhādhika*), von Willenskraft geprägt (*viriyādhika*).

96 Buddhadāsa 1967: 13; Swearer 1989: 152, 168f.

97 Schmidt-Leukel 1984; 1992: 434-456, 655-683; 1993a.

können damit rechnen, dass ihre Botschaft für alle Menschen relevant und prinzipiell verstehbar ist. Andererseits erklärt sich hierdurch aber auch, warum sich die Heils- und Unheilsvorstellungen der großen Religionen unterscheiden. Es hängt, so mein Vorschlag, zu einem nicht unerheblichen Teil damit zusammen, dass sie in ihrer Analyse und Beurteilung die menschliche Existenz von je anderen Grunderfahrungen her in den Blick nehmen.

So steht etwa im Buddhismus die Erfahrung der Vergänglichkeit im Vordergrund seines Verständnisses der menschlichen Erlösungsbedürftigkeit. Im Christentum hingegen nimmt die Erfahrung interpersonaler Bezogenheit und der damit verbundenen Herausforderungen diesen Platz ein. Befreiung wird daher im Buddhismus primär als Befreiung vom Leid unter der Vergänglichkeit verstanden (die sich im Wiedergeburtenkreislauf potenziell endlos perpetuiert) und im Christentum als Befreiung von Schuld und Heilung gebrochener Beziehung. Dabei kommen allerdings in beiden Religionen auch die jeweils anderen Grunderfahrungen in den Blick. Sie werden aus quasi unterschiedlichen Perspektiven gesehen. An der Erfahrung interpersonaler Bezogenheit interessiert den Buddhismus vor allem, wie sie zur Befreiung aus der Verstrickung in die Vergänglichkeit beizutragen vermag oder diese Verstrickung noch befördert. Umgekehrt erscheint im Christentum der Tod als der Lohn der Sünde, aus dessen Fesseln jedoch die vergebende und heilende Liebe Gottes den Menschen befreit.

Aufgrund der Zusammengehörigkeit der menschlichen Grunderfahrungen kann es trotz der Verschiedenheit der Perspektiven im Einzelnen zu signifikanten inhaltlichen Korrespondenzen, Konvergenzen und Komplementaritäten kommen. In der weiteren Entwicklung einer jeden der beiden Religionen kann sich zudem der Schwerpunkt im Verständnis menschlicher Existenz verlagern und in diesem Sinn variieren, auch dann, wenn quasi im Hintergrund die ursprüngliche Konstruktion der Analyse menschlicher Existenz weiter wirksam bleibt. Dieser hermeneutische Ansatz entsprach also bereits einem fraktalen Muster, auch wenn mir das seinerzeit noch nicht bewusst war.

### *Eine fraktale Interpretation religiöser Vielfalt und die Theologie der Religionen*

Die im vorhergehenden Abschnitt vorgestellten Beispiele zeigen, dass die Entdeckung fraktaler Strukturen in der religiösen Vielfalt nicht von einer speziellen Form der Typologisierung abhängig ist. Anscheinend stößt man auf fraktale Muster weitgehend unabhängig davon, welches typologische Schema man für die Bestimmung, Einteilung und Analyse religiöser Vielfalt wählt. Daher schlage ich die fraktale Betrachtungsweise religiöser Vielfalt in einem heuristischen Sinn vor. Nach William Paden sollten religionsvergleichende Kategorien grundsätzlich heuristisch verstanden werden: als »Instrumente der weiteren Erforschung«, einschließlich »der Möglichkeit ihrer eigenen weiteren Differenzierung, Sub-Typologisierung und Problematisierung«.[98] Die heuristische Anwendung fraktaler Muster liegt auf dieser weiterführenden Linie, insofern sie eine solche Flexibilisierung und Ausdifferenzierung konkreter Vergleichskategorien befördert. Im Kontext des Religionsvergleichs entspricht dies der Einsicht, dass es sich bei Religionen nicht um statische und homogene Gebilde handelt. Eine fraktale Betrachtungsweise leitet vielmehr dazu an, die interne Vielgestaltigkeit und Hybridität der verglichenen Religionen in den Blick zu nehmen. Sie hilft, jene Aspekte mitzuberücksichtigen, die in der vergleichenden Beschreibung von Religionen leicht übersehen oder beiseitegelassen werden, weil sie nicht dem vorherrschenden Bild entsprechen.[99] Wird dabei auch der Ausgangspunkt desjenigen mit bedacht, der den Vergleich vornimmt – und ist dieser Ausgangspunkt theologisch geprägt –, dann leitet die fraktale Perspektive dazu an, im Religionsvergleich nach analogen Formen der Vielgestaltigkeit und Hybridität auch innerhalb der jeweils eigenen Tradition Ausschau zu halten. Genau diese Art der Betrachtung religiöser Vielfalt erweist sich als ausgesprochen fruchtbar für das Ziel, Theologie interreligiös zu betreiben.

98 Paden 2000: 186.
99 Jackson W. 2004: 65.

Im Prinzip bringen die großen religiösen Traditionen für eine fraktale Betrachtungsweise eine günstige Voraussetzung mit und zwar in Gestalt des quer durch die Religionen verbreiteten Mikro-Makro-Kosmos Schemas.[100] Da dieses Schema eine Korrespondenz zwischen mikro- und makrokosmischen Strukturen beinhaltet, verrät es eine fraktale Betrachtungsweise des Universums. Dies ist häufig der Fall.[101] So heißt es beispielsweise im Sufismus: »Das Universum ist ein großer Mensch und der Mensch ein kleines Universum.«[102] Im Christentum findet sich die verbreitete, wohl auf Augustinus zurückgehende Vorstellung vom Abbild der Trinität in der menschlichen Seele. Im Spätmittelalter gab Heymeric de Campo (1395-1460) der Auffassung, dass die gesamte Welt triadisch strukturiert sei, mit seinem »Siegel der Ewigkeit« (*sigillum aeternitatis)* einen herrlich fraktalen Ausdruck.[103] Das Bild erinnert zugleich sehr deutlich an ähnliche Versuche aus dem Hinduismus wie insbesondere an das berühmte sogenannte Śrī Yantra (auch: Śrī Cakra). Die neun einander überschneidenden Dreiecke dieses *Yantras* besitzen eine vielschichtige symbolische Bedeutung, die jedoch um das mikro-makrokosmische Grundschema kreist. Beispielsweise repräsentieren sie Erde, Luft und Sonne, die sich in Körper, Atem und Bewusstsein widerspiegeln und zu weiteren Dreiergruppen in Parallele gesetzt werden.[104] Die irreguläre, aber eindeutig fraktale Struktur ist offensichtlich. Für den Buddhismus schließlich lässt sich auf die Philosophie des *Avataṃsaka-Sūtras* verweisen, der der Titel dieses Buchs entlehnt ist.[105]

100 Lanczkowski 1978: 70-22.

101 Für zahlreiche Einzelbeispiele siehe Jackson W. 2004.

102 Burckhardt 2008: 65.

103 Meier-Staubach 2003; Geis 2007.

104 Kak 2008-2009.

105 Siehe oben S. 13-15.

*Abb. links: Sigillum Aeternitatis, © KIK-IRPA, Brüssel, www.kikirpa.be*
*Abb. rechts: Sri Yantra, Vorlage: © yulianas – iStock.com*

Auch wenn in den Religionen somit seit Langem ein Bewusstsein für die fraktale Replikation größerer Strukturen in ihren kleineren Elementen vorhanden ist, so haben sie diese Betrachtungsweise, soweit ich sehe, kaum auf religiöse Vielfalt angewandt – zumindest nicht in einem positiven Sinn. Ein durchaus verbreitetes Phänomen ist allerdings, dass man teilweise andere Religionen – insbesondere auch neue, bisher unbekannte Religionen – in Parallele zu den als heterodox betrachteten religiösen Gruppierungen der eigenen Tradition gesetzt hat. Beispielsweise haben Vertreter älterer buddhistischer Schulen dem sich neu formierenden Mahāyāna-Buddhismus vorgeworfen, lediglich eine Variante des hinduistischen Vedānta darzustellen, und haben beides gleichermaßen dämonisiert.[106] Mittelalterliche muslimische Theologen identifizierten bei ihren ersten Studien indischer Religionen deren Lehren teilweise mit den ihnen bekannten »häretischen« Positionen innerhalb des Islams.[107] Und als sich die ersten Jesuiten-Missionare im Japan des 16. Jahrhunderts mit dem Buddhismus des Reinen Landes vertraut machten, meinten sie, darin jene »Häresie« wiederzuerkennen, die der Teu-

106 Vgl. Schmidt-Leukel 2022b.
107 Waardenburg 2003: 172, 174.

fel Luther eingegeben habe.[108] In solchen Parallelisierungen von interreligiöser Verschiedenheit mit intrareligiöser Verschiedenheit bekundet sich implizit eine Wahrnehmung fraktaler Muster. Allerdings wurden diese in den genannten Fällen nicht als komplementär und daher nicht als theologisch bereichernd empfunden.

1870 begründete Friedrich Max Müller die Notwendigkeit der religionsvergleichenden Methode mit seinem berühmten Diktum: »Wer eine [Religion] kennt, kennt keine.«[109] Ungefähr drei Jahrzehnte später replizierte Adolf von Harnack mit seinem nicht weniger bekannten Satz: »Wer diese Religion [das Christentum] nicht kennt, kennt keine, und wer sie samt ihrer Geschichte kennt, kennt alle.«[110] Vom Standpunkt einer fraktalen Interpretation religiöser Vielfalt aus gesehen, hatten beide in gewisser Weise recht. Von Harnack sah, dass sich wesentliche Elemente anderer Religionen im Christentum wiederfinden. Und Müller hatte insofern recht, als sich erst durch Vergleich die fraktalen Muster in den Beziehungen zwischen Christentum und anderen Religionen erkennen lassen. Erst so wird ein adäquates Verständnis auch der einzelnen Religion in ihrer Besonderheit gewonnen.

Mit seiner provokanten These drückte Müller die Überzeugung aus, dass die »Theoretische Theologie« erst dann zu wissenschaftlich respektablen Fortschritten kommen könne, wenn »die Vergleichende Theologie alle die Thatsachen, deren man in der Geschichte der Religionen habhaft werden kann, vollständig gesammelt, kritisch untersucht und geordnet hat.«[111] Von Harnack hingegen war davon überzeugt, dass das Studium anderer Religionen für die christliche Theologie keinen wirklichen Erkenntnisfortschritt bringen könne. Seine These, mit der Kenntnis des Christentums kenne man alle Religionen, implizierte, dass sich im Christentum »die ganze Religionsgeschichte in der Sukzession ihrer Erscheinungen [...] repetiert und unifiziert« – und das insbesondere »auf katho-

108 Schmidt-Leukel 2020d: 238-240.

109 Müller 1874: 13. Aus einer Vorlesung, die Müller 1870 gehalten hatte.

110 Von Harnack 1904: 168.



111 Müller 1874: 19f.

lischem Boden«.[112] Damit folgt der Protestant von Harnack dem zuvor erwähnten Phänomen, andere Religionen mit den als deviant betrachteten Religionsformen der eigenen Tradition zu identifizieren. Doch nach von Harnack gilt diese umfassende Natur allein für das Christentum, und zwar aus einem dogmatischen Grund: Das Christentum, so wie von Harnack es verstand, also »in seiner reinen Gestalt«, sei »nicht eine Religion neben anderen, sondern die Religion. Es ist aber die Religion, weil Jesus Christus nicht ein Meister neben anderen ist, sondern der Meister [...].«[113] Seine Jünger, so von Harnack, erkannten in ihm mehr als »nur einen Lehrer«, sondern vielmehr »den Herrn und Heiland«. Daher sei das Christentum – und nur dieses – jene »Religion, die darbietet, was die anderen erstreben.«[114] Dies ist der eigentliche Grund, warum nach von Harnack echte theologische Lerngewinne vom Studium anderer Religionen nicht zu erwarten sind.

Dies stellt uns vor die Frage: Welchen Beitrag leistet die Beobachtung fraktaler Muster in der religiösen Vielfalt für die Debatte um eine angemessene Theologie der Religionen? Einige Autoren sehen in meiner These, dass sich in der religiösen Vielfalt fraktale Muster zeigen, die Bestätigung für eine pluralistische Religionstheologie.[115] Nach Kenneth Rose unterstützt die Feststellung fraktaler Muster die Annahme, dass sich in jeder großen religiösen Tradition in vielen Varianten dasselbe heilshafte Potenzial findet und durch interreligiöse Begegnung weiter gefördert werden kann.[116] Nach Rose liefert die fraktale Interpretation den Schlüssel für das Verständnis von Ähnlichkeit in Verschiedenheit und damit auch von Gleichwertigkeit trotz Unterschiedlichkeit.[117] Ganz ähnlich unterstreicht Alan Race, dass mit einer fraktalen Interpretation religiöser Vielfalt die These der Inkommensurabilität verschiedener Religi-

112 Ebd. 170.

113 Ebd. 172.

114 Ebd. 173.

115 Zur pluralistischen Religionstheologie siehe oben Kap. 1, S. 43 sowie Schmidt-Leukel 2019a: 17-169.

116 Rose 2019: 32-34.

117 Ebd. 37.

onen unterminiert werde und damit zugleich all jene Formen des Exklusivismus, die sich darauf stützen. Da sich fraktale Strukturen bis in zentrale religiöse Vorstellungen hinein nachweisen ließen, werde es auch für Inklusivisten schwieriger, ihre Überlegenheitsansprüche zu begründen.[118] »Insofern liefert der fraktale Vorschlag der pluralistischen Hypothese eine gewisse phänomenologische Grundlage.«[119] Dies gilt allerdings nur, wie Race ebenfalls verdeutlicht, unter der Voraussetzung, dass sich die fraktalen Konstellationen als komplementär erweisen lassen.

Ich teile die Urteile von Rose und Race insoweit, als dass sich die phänomenologische Feststellung fraktaler Muster sehr gut mit einer pluralistischen Religionstheologie verbindet und diese stärkt. Allerdings schließt sie alternative Deutungen nicht völlig aus und stellt daher keinen Beweis eines religiösen Pluralismus dar. Ein *Atheist* beziehungsweise *Naturalist* kann die fraktalen Muster als Strukturen einer großen Menschheitsillusion interpretieren. Und solange sich die Existenz einer Wirklichkeit, die die Grenzen von Raum und Zeit transzendiert, nicht beweisen lässt, bleibt die naturalistische Position eine legitime rationale Option. Wenn sich der Aufweis fraktaler Muster mit dem Nachweis inhaltlicher Kompatibilitäten verbindet, dann bricht damit der atheistisch-naturalistischen Interpretation jedoch ein wichtiges Argument weg. Denn nicht selten hat die atheistische Religionskritik die Glaubwürdigkeit religiöser Erfahrung mit dem Argument infrage gestellt, dass sich alle Religionen einander widersprechen. Nach David Hume ist »in der Religion jedes Anderssein ein Widerspruch«.[120] Diese Stütze einer atheistischen Position entfällt, wenn sich plausibel zeigen lässt, dass gerade in der Religion Anderssein auch Kompatibilität und sogar Komplementarität bedeuten kann.[121] Allerdings wird dadurch eine naturalistische Position nicht zu Fall gebracht: Nach wie vor bleibt es möglich, religiöse Vielfalt als eine Vielfalt strukturell ähnlicher Irrtümer zu interpretieren.

118 Race 2019: 149-161.

119 Ebd. 157. Ähnlich auch May 2020: 379.

120 Hume 1982: 155.



121 Vgl. hierzu Schmidt-Leukel 2016b.

Ein *Exklusivist* befindet sich in einer schwierigeren Situation. Zwar deutet er oder sie, ähnlich wie der Atheist, den überwiegenden Teil der religiösen Erfahrung der Menschheit ebenfalls als illusionär, betrachtet jedoch seine eigene Tradition als gültig. Daher stellt der Aufweis signifikanter Parallelen zwischen der eigenen und anderen religiösen Traditionen für jeden exklusivistischen Ansatz ein gewichtiges Problem dar.[122] Exklusivisten können dieses Problem dadurch lösen, dass sie die Parallelen entweder für unecht oder aber für irrelevant erklären. Ersteres ist in der christlichen Tradition häufig dadurch geschehen, dass man nicht-christliche Parallelen zu christlichen Glaubensvorstellungen und Riten als »teuflische Imitation« (*imitatio diabolica*) gedeutet hat. In neuerer Zeit hat man hierzu auch auf postmoderne Inkommensurabilitätsthesen zurückgegriffen und so von vornherein die Gültigkeit religionsübergreifender Parallelen bestritten. Solche Versuche werden durch eine fraktale Interpretation geschwächt. Interreligiöse Parallelen können von Exklusivisten aber auch als zwar gültig, jedoch zugleich als irrelevant bezeichnet werden. Ein christlicher Exklusivist kann beispielsweise vertreten, dass solche Parallelen nicht den Kern des Evangeliums oder nicht die zentrale Person des Christentums, Jesus von Nazareth, oder, so Karl Barth, nicht die eigentliche Offenbarung, nämlich den »Namen Jesus Christus«, beträfen. Sobald es freilich um die religiöse Deutung des Evangeliums, der Person Jesu oder seines Namens geht, zeigen sich wiederum fraktale Muster, sodass auch hier von einer Schwächung exklusivistischer Argumentation auszugehen ist. Vor allem aber geraten exklusivistische Positionen unter Druck, wenn sich bestimmte Formen inter- und intrareligiöser Vielfalt als komplementär erweisen lassen. Denn für jeden Exklusivismus sind Vielfalt und Verschiedenheit grundsätzlich Indizien für Falschheit.

Hinsichtlich des Nachweises interreligiöser Parallelen befinden sich Vertreter *inklusivistischer* Positionen in einer argumentativ stärkeren Lage als Exklusivisten. Sie können interreligiöse Parallelen als gültig und zugleich als relevant akzeptieren, jedoch nicht als

122 Vgl. hierzu die ausführlichen Diskussionen in Schmidt-Leukel 1997: 122-165; 2005: 122-127.

Anzeichen für eine echte Gleichwertigkeit unterschiedlicher Formen von Transzendenzerkenntnis und verschiedener Heilswege. Um den Anspruch auf die singuläre Überlegenheit der eigenen Religion zu verteidigen, können sie fraktale Muster auf zweifache Weise deuten: Einerseits können sie argumentieren, dass sich sowohl die guten und wahren Seiten einer Religion als auch ihre schlechten und falschen Seiten in fraktalen Mustern niederschlagen, jedoch innerhalb der eigenen Religion insgesamt die guten und wahren Aspekte deutlich überwiegen. Sofern sich jedoch bestimmte fraktale Muster allein aus guten und wahren Elementen zusammensetzen, können sie andererseits behaupten, dass sich solche Muster nur in der eigenen Religion in höchster Vollkommenheit finden, wie auch immer dies dann im Einzelnen begründet wird. Das war im Übrigen bereits die Position von Rudolf Otto. Für ihn lässt sich die Überlegenheit einer Religion daran messen, ob sich in ihr die unterschiedlichen Elemente religiöser Erfahrung »in gesunder und vollkommener Harmonie« miteinander verbinden.[123] Darin, so Otto, sei das Christentum allen anderen Religionen überlegen,[124] »nicht wie die Wahrheit der Lüge [...], sondern wie der Erstgeborene seinen Brüdern«.[125] Doch warum sollte es nicht ebenso gut denkbar sein, dass sich unterschiedliche religiöse Elemente auch in anderen Religionen zu gleichermaßen guten Kontrastharmonien verbinden? Auch Otto wollte diese Möglichkeit nicht völlig ausschließen.[126]

Mit einer *pluralistischen* Religionstheologie vereinbart sich der phänomenologische Befund fraktaler Muster reibungslos. Insofern pluralistische Religionstheologie dazu führt, Theologie interreligiös zu betreiben, bedeutet das Aufspüren fraktaler Muster eine wesentliche Hilfe. Denn sie zeigen, dass in den Religionen selbst bereits interreligiöse Bezugspunkte angelegt sind, auf deren Basis interreligiöse Lernprozesse florieren können, vor allem unter der Voraussetzung komplementärer Bezugspunkte. Dies beinhaltet nun jedoch keineswegs, dass sich fraktale Muster allein auf das erstre-

123 Otto 1987: 170f; ähnlich 196.

124 Ebd. 171,

125 Otto 1923: 223.

126 Ebd. 222.

cken, was in den Religionen wahr, gut und heilig wäre. Niemand wird ernsthaft bestreiten, dass sich in allen Religionen auch Unwahres, Böses und Dämonisches findet – und diese Phänomene sind vermutlich ebenfalls in fraktale Strukturen eingebunden. Doch auch in dieser Hinsicht können fraktale Strukturen eine Basis für Lernprozesse bilden. Jesu Gleichnis vom Splitter im Auge des Nächsten und dem Balken im eigenen Auge (Mt 7,3-5) lässt sich durchaus in einem fraktalen Sinn lesen: Das Übel, das wir beim religiös anderen besonders deutlich wahrnehmen, könnte und sollte uns für die verdrängten dunklen Seiten in der eigenen Tradition sensibilisieren.

Aus dem Umstand, dass sich die Beobachtung fraktaler Muster besonders gut mit einer pluralistischen Religionstheologie verbindet, hat Reinhold Bernhardt den Verdacht abgeleitet, dass die pluralistische Religionstheologie ihre heimliche Voraussetzung darstelle. Religiöse Vielfalt, so Bernhardt, müsse von vornherein als eine Einheit verstanden werden, um innerhalb dieser Einheit fraktale Muster konstatieren zu können. Die Basis dieser Einheit bestehe jedoch in dem von der pluralistischen Religionstheologie vorausgesetzten »religionstranszendenten Einheitsgrund der Religionen«. Wenn man demgegenüber im Religionsbegriff »ein Konstrukt der abendländischen Geistesgeschichte sieht, das unterschiedliche – und eben letztlich nicht gleiche – Strömungen der Kulturgeschichte auf den gleichen Nenner ›Religion‹ bringt, dann verliert dieser Ansatz seine Basis.«[127] Bernhardts Einwand greift jedoch nicht. Dass der Religionsbegriff ein Konstrukt der abendländischen Geistesgeschichte ist, beinhaltet keineswegs – wie im vorherigen Kapitel gezeigt wurde – automatisch seine Unbrauchbarkeit. Stattdessen von »unterschiedlichen Strömungen der Kulturgeschichte« zu sprechen, folgt nicht minder einem abendländischen Begriff, nämlich dem der »Kultur«. Zudem verwendet auch Bernhardt den Religionsbegriff ohne allzu große Skrupel. Und was heißt, dass diese Strömungen »letztlich nicht gleich« seien? Soll damit im Sinne poststrukturalistischer Positionen eine Inkommensurabilität behauptet werden, weil jede universale Geltung vergleichender Kategorien und über-

127 Bernhardt 2019a: 369.

greifender Strukturen von vornherein bestritten wird? Ganz abgesehen davon, behauptet eine fraktale Interpretation gar nicht, dass religiöse Traditionen alle gleich seien. Sie sind weder völlig gleich, noch inkommensurabel verschieden, sondern ähneln einander in ihrer intrareligiösen Verschiedenheit. Diese Feststellung setzt jedoch keineswegs einen transzendenten Einheitsgrund voraus, sondern lässt sich eben auch auf atheistischer Basis treffen. Die phänomenologische Beobachtung fraktaler Strukturen hängt somit nicht von einer versteckten theologischen Voraussetzung ab. Dass sie sich aber mit einem religionstheologischen Pluralismus besonders gut verträgt, spricht nicht gegen, sondern für diesen.

# 3. Kapitel

# In der Welt

## 3.1 Weltflucht oder Weltzuwendung?

### *Apologetische Kontrastierungen aus christlicher Sicht*

Wie bereits erwähnt, waren in der frühen Phase der Religionswissenschaft Vergleiche zwischen Buddhismus und Christentum besonders populär.[1] Die meisten westlichen Wissenschaftler tendierten dazu, den Buddhismus als weltflüchtig, pessimistisch und passiv, das Christentum hingegen als weltzugewandt, optimistisch und aktiv zu kennzeichnen.[2] So urteilte beispielsweise Hilko Wiardo Schomerus:

> Bei Buddha liegt die Welt wie in einem dunklen Schatten, und der Mensch schleicht durch sie wie ein müder Wanderer, der eine schwere Last zu tragen hat, dabei aber nicht weiß, wozu er sie trägt und wohin er gehen soll. Bei Christus liegt die Welt wie in einem hellen Sonnenschein und der Mensch schaltet und waltet in ihr mit fröhlichem Angesicht, wissend, was er zu tun hat und was er wert ist.[3]

Als Grund für die weltflüchtige Natur des Buddhismus galt bei nahezu allen westlichen Wissenschaftlern das buddhistische Verständnis des Leids. Hierbei bezogen sie sich vor allem auf die sogenannten »Vier Edlen Wahrheiten«, eine alte und innerhalb der verschiedenen Rich-

1 Vgl. oben Kap. 1, S. 20.

2 Vgl. Schmidt-Leukel 1992: 36-141.

3 Schomerus 1931: 41.

tungen des Buddhismus verbreitete Lehrformel.[4] Gemäß der buddhistischen Überlieferung soll Siddhārtha Gautama, der »Buddha« (der »Erleuchtete«, »Erwachte«), sie in seiner Erleuchtung beziehungsweise seinem »Erwachen« (so die wörtliche Übersetzung von *bodhi*) erkannt und in seiner ersten Unterweisung verkündet haben. »Alles Leben ist Leiden« – so fassten westliche Wissenschaftler häufig den Inhalt der Ersten Edlen Wahrheit zusammen, obwohl sich dieser Satz dort so nicht findet.[5] Der Buddhismus spiele die erfreulichen Seiten des Lebens herunter und bestreite irgendwelche positiven Aspekte menschlicher Existenz. Das einzig Positive am menschlichen Leben bestehe darin, dass es die Möglichkeit biete, dem Leiden zu entkommen, und zwar indem man dem Leben selbst entsage: »... zu besiegen ist das Leiden nicht. Man kann nur vor ihm fliehen«, lautet nach Schomerus die Grundeinstellung des Buddhismus.[6] Alfred Bertholet brachte es auf die Formel: »ohne Weltflucht keine Erlösung«.[7] Die Welt zu verbessern mache aus buddhistischer Sicht keinen Sinn. Daher sei der Buddhismus weltflüchtig und zutiefst pessimistisch gestimmt. Der Glaube an die Reinkarnation verstärke die negative Weltsicht. Denn angesichts der Aussicht auf beständige Wiedergeburt biete der Tod keine Erlösung vom leidvollen Dasein in der Welt. Er stelle lediglich den Übergang von einem leidvollen Leben zum nächsten dar. Mit der Endlosigkeit des Kreislaufs der Wiedergeburten setze sich auch das Leiden potenziell endlos fort. Befreiung vom Leid sei daher nur zu erreichen durch die Befreiung von jeglicher Wiedergeburt. Allein die völlige Auslöschung des eigenen Daseins biete Erlösung. Folglich verbinde sich hier ein weltflüchtiger Pessimismus mit einem existenziellen Nihilismus.

Für die Kontrastierung mit dem Christentum sei als ein typisches Beispiel die einflussreiche vergleichende Untersuchung

4 Vgl. Schmidt-Leukel 2020a: 72-74

5 Nach der Fassung im *Saṃyutta Nikāya* (56,11) lautet die Erste Edle Wahrheit: »Dies, ihr Mönche, ist die edle Wahrheit über das Leid: Geburt ist Leid, Alter ist Leid, Krankheit ist Leid, Tod ist Leid; Vereinigung mit Unliebem ist Leid; Trennung von Liebem ist Leid; nicht erlangen, was man begehrt, ist Leid; kurz gesagt, die fünf Gruppen des Anhaftens sind Leid.« Vgl. Bodhi 2000: 1844; Schmidt-Leukel 2020a: 72f.

6 Schomerus 1931: 58.

7 Bertholet 1909: 34.

von Thomas Sterling Berry aus dem Jahr 1890 genannt. Nach Berry ist der inhaltliche »Ausgangspunkt des Buddhismus das Leid« oder, genauer gesagt, »der unausweichliche und untrennbare Zusammenhang zwischen Leid und Existenz«. Jeder gesunde Mensch, so Berry, würde »einsehen, dass das menschliche Leben zwar eine dunkle Seite besitzt, aber auch Freude und Licht. [...] Doch der Buddhismus lässt für das Leben nichts Lichtes gelten.«[8] »Gautama lehrte, dass die Existenz ein Übel sei [...].«[9] Folglich habe Gautama geglaubt, »dass sich nur in der Auslöschung der Existenz Ruhe finden lasse.«[10] Die ursprüngliche Bedeutung von Nirvāṇa sei daher »absolute Auslöschung«[11] beziehungsweise »absolute Vernichtung«.[12] Erst im späteren Mahāyāna-Buddhismus sei man davon abgewichen.[13]

Um die ersehnte völlige Auslöschung zu erreichen, habe es der Buddhismus – so Berry – als notwendig erachtet, alle Bindungen an die Welt aufzugeben, einschließlich aller positiven Empfindungen:

> [...] Zuneigungen und Gefühle sind nur trügerische Bande und Leid verursachende Fesseln, [...] von Anfang bis Ende sollte die höchste Anstrengung der Einsichtigen darin bestehen, ihre eigene Natur zu brechen und zu unterdrücken, bis sie sich schließlich von allen Befleckungen des Begehrens gereinigt und zu jenen kalten, leidenschaftslosen, gefühlslosen Wesen gemacht haben, in denen das Ideal verwirklicht und die nötige Vorbereitung für die Vollendung der Auslöschung abgeschlossen ist.[14]

Im Gegensatz hierzu präsentiert Berry das Christentum als eine Religion, die nie eine solch negative Einstellung zum Leben gekannt habe, wie er sie dem Buddhismus unterstellt. Nach christli-

8 Berry 1890: 107.
9 Ebd. 91.
10 Ebd.
11 Ebd.
12 Ebd. 89.
13 Ebd. 91f.
14 Ebd. 111.

cher Auffassung sei denn auch nicht das Leid, sondern die Sünde das eigentliche Problem menschlicher Existenz. Die Befreiung von Sünde sei keine Befreiung vom Leben, sondern im Gegenteil die Verheißung ewigen Lebens in Gemeinschaft mit Gott und allen Erlösten. Zugleich, so Berry, ist diese Verheißung mit der Ermutigung verbunden, bereits das Leben auf der Erde zu verbessern – wann und wo immer dies als möglich erscheine.

Wie in mehreren anderen Vergleichen von Buddhismus und Christentum illustriert auch Berry seine Aussagen durch eine Gegenüberstellung der verbreiteten buddhistischen Erzählung von Kisāgotamī mit den Totenerweckungen Jesu: Im Schmerz um den plötzlichen Tod ihres noch sehr kleinen Kindes trug Kisāgotamī den Leichnam zu Gautama Buddha mit der Bitte, ihr Kind zu heilen. Zu einem solchen Heilmittel, antwortete der Buddha, benötige er drei Senfkörner aus einem Haus, in dem noch nie ein Mensch oder Tier gestorben sei. Als Kisāgotamī trotz verzweifelter Suche nicht in der Lage war, ein solches Haus zu finden, wurde ihr die Allgegenwart des Todes bewusst. Sie konnte ihr Kind loslassen, den Verlust akzeptieren und trat in den buddhistischen Nonnenorden ein.[15] »Die Geschichte ist berührend und auf eine eigene Weise schön«, räumt Berry ein.[16] Doch letztlich bestehe die Lektion lediglich darin, dass niemand dem Tod entkommen könne, dass »man daher kein Recht habe sich zu beklagen, nur weil man dasselbe Schicksal wie alle teilen müsse« – eine Lektion, die dem »bedrückten Herzen nur einen kalten Trost« biete.[17] Als Jesus in der Stadt Nain einer Witwe begegnete, die gerade ihren einzigen Sohn verloren hatte, zeigte er Mitleid mit der Mutter und erweckte ihren Sohn zum Leben (Lk 7,11-17). Nach Berry drückt sich in dieser Erzählung nicht nur die christliche Haltung aus, Leid bereits hier und jetzt zu lindern. Sie stehe auch für die Hoffnung auf das ewige Leben, die Jesus gebracht habe. Im Gegensatz zum Buddhismus gehe es im Christentum nicht darum, liebende Zuwendung auszumerzen, sondern

15 Die Erzählung findet sich in der Kommentarliteratur zu *Therīgāthā* 212-223; vgl. Schmidt-Leukel 2020a: 70f.

16 Berry 1890: 68.

17 Ebd.

sie zu kultivieren: »Wir glauben, dass es nicht darum geht, unsere Zuneigungen und Gefühle zu unterdrücken, sondern sie zu heiligen; für uns besteht die erste aller Wahrheiten in der Zusage ›Gott ist Liebe‹ [...]«.[18]

Solche Kontrastierungen waren freilich von einem massiven apologetischen Interesse an der Verteidigung des Christentums geprägt und dementsprechend stark voreingenommen. Andere vergleichende Studien – auch wenn sie von christlichen Autoren kamen – waren in ihren Urteilen zwar differenzierter, folgten aber dennoch einer ähnlichen Tendenz. Beispielsweise räumte Edmund Hardy ein, dass auch das christliche Bild der Welt nicht völlig ungetrübt sei. Die christliche Erlösung von der Sünde schließe auch die Erlösung vom Leid als Folge der Sünde mit ein.[19] Dem, der an dieser Welt verzage, verheiße das Christentum einen neuen Himmel und eine neue Erde. Im Buddhismus hingegen sei jede zukünftige Welt der vorhergehenden gleich und setze lediglich die leidvollen Zustände fort.[20] Aufgrund einiger Ideale wie Friedfertigkeit und Wohlwollen habe auch der Buddhismus seit der Herrschaft des buddhistischen Kaisers Aśoka (3. Jhd. v. Chr.) positive Auswirkungen auf die indische Gesellschaft und Kultur gehabt.[21] Doch im Unterschied zur aktiven Haltung des Christentums sei der Buddhismus von »Passivität und Quietismus« geprägt.[22]

Eine sehr viel deutlichere Anerkennung der kulturschöpferischen Kraft des Buddhismus findet sich hingegen bei dem renommierten englischen Indologen Monier-Williams.[23] Zudem urteilte Monier-Williams, ähnlich wie Hardy, dass sowohl nach buddhistischer als auch nach christlicher Auffassung die ganze Welt unter Bedrängnis und Leid seufze. Doch den entscheidenden Unterschied beider Religionen charakterisiert Monier-Williams dann wiederum ähnlich: Während das Christentum eine Verherrlichung in Aussicht

18 Ebd. 112.
19 Hardy, E. 1919: 196.
20 Ebd. 198.
21 Ebd. 206f.
22 Ebd. 198.
23 Monier-Williams 1889: 551.

stelle, verheiße der Buddhismus Erlösung letztlich nur durch Annihilation.[24] Die Maxime des Christentums laute: »Kämpfe und überwinde die Welt«, die des Buddhismus hingegen: »Meide die Welt und zieh dich von ihr zurück.«[25] »Verrichte die Werke Gottes«, lehre das Christentum; »strebe nach Tatenlosigkeit, Indifferenz und Apathie«, lehre der Buddhismus.[26]

Auch Autoren wie Bryan de Kretser, Karl Kenntner und Gustav Mensching leugneten nicht die positiven kulturellen Auswirkungen des Buddhismus. Sie führten die Diskrepanz zwischen dieser weltgestaltenden Kraft des Buddhismus einerseits sowie seiner vermeintlich weltflüchtigen und lebensfeindlichen Grundhaltung andererseits auf den Unterschied zwischen monastischem Buddhismus und dem Buddhismus der Laien zurück. Während sich Mönche und Nonnen zumindest idealerweise vom Leben aus der Welt zurückzögen, sei für die buddhistischen Laien eine gewisse Form des Engagements in der Welt konzediert.[27] Dieser Sicht sind in jüngerer Zeit auch Melford Spiro[28] und Winston King[29] gefolgt. Nach Spiro und King gilt zumindest für den Theravāda-Buddhismus eine radikale Differenz zwischen dem monastischen Weg und dem Weg der Laien: Der Laie betätigt sich in der Welt, verbessert sein Karma durch sittlich gutes Handeln und strebt nach besserer Wiedergeburt. Mönch und Nonne hingegen ziehen sich aus der Welt zurück; sie lassen alle persönlichen Beziehungen und weltlichen Ziele hinter sich. Ihr Ziel ist nicht die bessere Wiedergeburt, sondern das Nirvāṇa. Moralisch gutes Handeln im üblichen Sinn und die Verbesserung der Gesellschaft liegen nach Spiro und King jenseits ihres Interesses.[30] Gegenüber solchen Positionen hat schon früh Joseph Estlin Carpenter betont, dass es eine inhaltliche Kontinuität zwischen monastischer Ethik und Laienethik gebe. Zudem

24 Ebd. 545.
25 Ebd. 559.
26 Ebd. 560.
27 Vgl. Kenntner 1939: 88-94; Kretser 1954: 99, 105-113; Mensching 1978: 150.
28 Spiro 1982.
29 King, W. 1963.
30 Spiro 1982: 427f; King, W. 1963: 59f.

wies er auf den eher moderat asketischen Charakter der buddhistischen Ordensregel hin.[31]

Unbeschadet aller einsetzenden Differenzierungen pflanzte sich die Kontrastierung zwischen dem weltflüchtigen Buddhismus einerseits und einem weltbejahenden Christentum andererseits bis in die Gegenwart hinein fort. Das wohl prominenteste Beispiel stellen die Ausführungen von Papst Johannes Paul II. über den Buddhismus in seinem Buch *Die Schwelle der Hoffnung überschreiten* dar. Darin unterstellte der Papst dem Buddhismus eine »fast ausschließlich negative Soteriologie«. Für den Buddhismus sei »die Welt schlecht« und gelte als »Quelle des Bösen und des Leids«. Befreiung schließe daher ein, alle Bindungen an die Welt aufzugeben. »Je mehr wir uns von diesen Banden befreien, um so gleichgültiger stehen wir den Dingen dieser Welt gegenüber [...].«[32] Das Nirvāṇa erklärt der Papst als einen »Zustand völliger Indifferenz gegenüber der Welt.«[33] Im Gegensatz hierzu inspiriere das Christentum »zu einer positiven Haltung gegenüber der Schöpfung« und helfe, eine Zivilisation aufzubauen, »für die ein positiver Bezug zur Welt kennzeichnend ist«.[34] Bekanntlich riefen diese Aussagen auf buddhistischer Seite heftige Proteste hervor. Nicht die Welt sei das Übel, sondern das Leid und seine Ursache, die Verblendung. Befreiung setze Erkenntnis der Welt voraus, nicht aber die Flucht vor ihr, argumentierten übereinstimmend der theravāda-buddhistische Gelehrte Bhikkhu Bodhi und der mahāyāna-buddhistische Gelehrte José Cabezón.[35]

## *Einige buddhistische Perspektiven*

Auch von buddhistischer Seite wurden teilweise scharfe Kontrastierungen zwischen buddhistischem und christlichem Weltverhältnis vorgebracht, die sich einer durchaus vergleichbaren apologetischen

31 Carpenter 1923: 98-104.

32 Alle Zitate in: Johannes Paul II. 1994: 113.

33 Ebd. 114.

34 Ebd. 116.

35 Bodhi 1995: 22-23; Cabezón 1999: 118.

Motivation verdankten. Während westliche beziehungsweise christliche Autoren die buddhistische Spiritualität als weltflüchtig und passiv interpretierten, drehten buddhistische Autoren den Spieß um und warfen dem Christentum vor, verschiedene Formen der Weltverhaftung zu kultivieren, wie Materialismus, Machtstreben und die hemmungslose Unterwerfung der Natur. So bezeichnete der aus Sri Lanka stammende, einflussreiche buddhistische Reformer Anagarika Dharmapala (1864-1933) das Christentum als eine Religion, die im »materialistischen Monotheismus« des Judentums verwurzelt sei. Im Grunde, so Dharmapala, sei das Christentum

> [...] eine politische Tarnung. Seine drei Aspekte sind Politik, Handel und imperiale Expansion. Seine Waffen sind die Bibel, Fässer voll Whiskey und Kanonenkugeln. [...] Der alte Kriegsgott der Juden ist mit dem getarnten Gott der Liebe zusammengespannt.[36]

In solchen Aussagen drückt sich unverkennbar die Erfahrung kolonialer christlicher Herrschaft aus. Doch Dharmapala sieht das Streben nach Beherrschung der Welt bereits in den Anfängen des Christentums grundgelegt: bei Jesus und seinen Jüngern. »Die wenigen ungebildeten Fischer aus Galiläa sind ihm nachgefolgt, weil er ihnen versprochen hatte, sie zu Richtern zu machen, die über Israel herrschen.«[37] Besonders klagte Dharmapala die westlichen Kolonialmächte und ihre christlichen Missionare dafür an, den Buddhismus zerstören zu wollen.

> Das Christentum, wie es von materialistischen christlichen Missionaren Buddhisten in buddhistischen Ländern gepredigt wird, ist voller Destruktivität. Die Reinheit des Lebens, wie sie der Edle Achtfache Pfad vorgibt, liegt jenseits dessen, was ein Christ zu begreifen vermag, sofern er nicht der Ethik der Bergpredigt folgt.[38]

36 Guruge 1965: 439.
37 Ebd. 475.
38 Ebd. 29.

Die letzte Bemerkung zeigt freilich, dass Dharmapala die Bergpredigt schätzte. In der Tat erblickte er in ihr einen dem Buddhismus verwandten Geist und äußerte sogar den Verdacht, dass es sich hier nicht um die Worte Jesu, sondern um eine Entlehnung aus dem Buddhismus handeln könnte.[39]

In den letzten Jahrzehnten spielte die buddhistische Kritik an vermeintlicher christlicher Weltverhaftung vor allem im Kontext zunehmender ökologischer Probleme eine besondere Rolle. 1967 veröffentlichte Lynn White seinen einflussreichen Artikel *Die geschichtlichen Wurzeln unserer ökologischen Krise*.[40] Darin führt er die ökologische Krise auf zwei ideologische Faktoren zurück: erstens darauf, dass sich der Mensch nicht als Teil, sondern als Beherrscher der Natur verstehe und dementsprechend rücksichtslos handle. Zweitens auf das jüdisch-christliche Erbe, das auch in nach-christlicher Zeit noch fortwirke. Denn der biblische Mythos vom Menschen als dem Herrn über die Schöpfung habe eben jene ökologisch verhängnisvolle Einstellung gegenüber der Natur hervorgebracht. Insbesondere in der westlichen, lateinischen Form des Christentums mit ihrem voluntaristischen, aktivistischen Einschlag konnte sich nach White die Vorstellung eines göttlichen Auftrags zur Naturbeherrschung gut realisieren. White selbst war Christ und empfahl als Kur eine Erneuerung franziskanischer Spiritualität, in der Mensch und Natur stärker als Einheit gesehen würden. Aber er verwies als mögliche Alternative auch auf den damals im Westen populär werdenden Zen-Buddhismus. In der Tat hatte Daisetz Teitaro Suzuki, der bedeutendste Protagonist des Zen im Westen, bereits 1936 die »westliche« Vorstellung einer Unterwerfung der Natur zum Wohl des Menschen scharf kritisiert und ihr die »östliche« Haltung entgegengestellt, derzufolge die Natur als Freund und Begleiter gesehen werde.[41] Die Ideen von White und Suzuki entwickelten sich zu einer verbreiteten Über-

39 »In der Bergpredigt, die angeblich die Lehren Jesu wiedergibt, findet sich der Widerhall buddhistischer Suttas aus dem Sutta Pitaka« (d.h. dem buddhistischen Kanon). Ebd. 26.

40 White 1967.

41 Suzuki 1973a: 334. Dieser Text von 1936 wurde später in Suzukis Buch *Zen and Japanese Culture* integriert, das erstmals 1959 erschien, also vor Whites Aufsatz.

zeugung innerhalb des sogenannten »Öko-Buddhismus«. Dessen Vertreter verkündeten den Buddhismus als die im Vergleich zum Christentum deutlich öko-freundlichere Religion.[42] Nach Joanna Macy, einer der bedeutendsten Vertreterinnen dieser Bewegung, setzt buddhistisches ökologisches Engagement eine Spiritualität voraus, »deren Ziel nicht die Flucht aus der Welt, sondern die Transformation der Welt ist.«[43]

Ironischerweise steht der Öko-Buddhismus jedoch unter dem Verdacht, sein ökologisches Engagement modernen westlichen und christlichen Einflüssen zu verdanken.[44] Er lässt sich als Teil der größeren Bewegung des »Sozial engagierten Buddhismus« sehen, dessen »genuin« buddhistischer Charakter auch unter Buddhisten umstritten ist.[45] Christopher Queen, selbst ein Anhänger der Bewegung, räumt ein, dass sich in der Entstehungsgeschichte des »Sozial engagierten Buddhismus« »buddhistische und christliche – asiatische, europäische und amerikanische – Traditionen unentwirrbar miteinander verflochten haben«.[46] Die eigentliche Streitfrage laute jedoch, ob ein soziales und ökologisches Engagement mit der buddhistischen Grundhaltung zur Welt vereinbar sei. Ist sozial engagierter Buddhismus eine buddhistische Häresie?[47]

Nach Richard Gombrich bestand das Ziel des Buddhas »nicht darin, die Welt, sondern einzelne Menschen zu verändern und ihnen dabei zu helfen, die Gesellschaft für immer zu verlassen. Er betrachtete das Leben in der Welt als Leiden, und das Problem, für das er eine Lösung bot, war die ansonsten unvermeidliche Wiedergeburt in diese Welt.«[48] Auch nach James Deitrick stellt das Engagement für eine gute Gesellschaft aus buddhistischer Sicht »keinen eigentlichen Wert« dar. Ein solches Ziel könne bestenfalls vorläufig sein. Es werde »unendlich relativiert von dem

42 Zur Diskussion siehe Harris, I. 2000 und Swearer 2006.

43 Nisker, Gates & Macy 2000: 160.

44 Harris, I. 1995: 203-206.

45 Zur Bewegung selbst siehe King, S. 2009; zur Diskussion siehe Queen, Prebish & Keown 2003.

46 Queen 1996: 21.

47 Queen 1996: 28-33.

48 Gombrich 2006: 30.

höchsten Ziel des Buddhismus – der Befreiung jedes Einzelnen von der Gesellschaft und der Welt.«[49] Demgegenüber fand die Haltung eines sozial engagierten Buddhismus Unterstützung bei einer Reihe höchst einflussreicher Persönlichkeiten der asiatischen buddhistischen Welt wie beispielsweise B. R. Ambedkar, Thich Nhat Hanh, A.T. Ariaratne, Bhikkhu Buddhadāsa, Sulak Sivaraksa, Daisaku Ikeda und dem 14. Dalai Lama. Zudem haben asiatische Religionswissenschaftler wie Hajime Nakamura,[50] Fumio Masutani[51] und Chai-Shin Yu[52] darauf hingewiesen, dass sich auch im älteren Buddhismus deutliche Zeugnisse einer sozial und politisch verantwortlichen Ethik finden. Indes hebt Yu hervor, dass auch im frühen Christentum die grundsätzliche Zielsetzung der Verhaltensnormen ähnlich wie im frühen Buddhismus von nichtweltlicher Art gewesen sei.[53] In einem Interview aus dem Jahr 2016 antwortete Christopher Queen auf die konkrete Frage, ob sozial engagierter Buddhismus das Wesen der buddhistischen Lehre verwässere, mit dem bezeichnenden Hinweis auf die Fluidität und Vielgestaltigkeit der buddhistischen Tradition: »Es gibt keinen Buddhismus [...], sondern nur Buddhismen.«[54]

Bei den hier nur gestreiften Differenzierungen, wie sie selbst in apologetisch kontrastierenden Darstellungen des Weltverhältnisses von Buddhismus und Christentum auftreten, deutet sich also bereits so etwas wie ein fraktales Muster an. Weltflucht und Weltzuwendung erscheinen einerseits als markante Charakteristika zur Unterscheidung von Christentum und Buddhismus, finden sich andererseits jedoch auch als Optionen innerhalb beider Traditionen wieder. Dies gilt es im Folgenden näher zu betrachten.

49 Deitrick 2003: 263.
50 Nakamura 1986.
51 Masutani 1967.
52 Yu , C.-S. 1981.
53 Ebd. 218.
54 Shuyin & Queen 2016.

## 3.2 Weltflucht und Weltzuwendung im Buddhismus

### *Die weltflüchtigen Ursprünge des Buddhismus*

Der Buddhismus entstand ungefähr fünfhundert Jahre vor Christus in Indien als Teil der verschiedenen Asketen-Bewegungen, der sogenannten Śramaṇas (*śramaṇa* = ein Strebender; einer, der sich anstrengt). Ein *Śramaṇa* strebt nach der Befreiung (*mokṣa*) und damit nach der Verwirklichung eines neuartigen Ideals beziehungsweise Lebensziels. Nach der brahmanischen Tradition, wie sie sich in den älteren Teilen der Veden findet, gab es drei Lebensziele: Erstens das Erlernen des *dharma*s – der ewigen, alle Bereiche des Kosmos und der Existenz betreffenden Ordnung –, um dieser Ordnung entsprechend zu leben. Zweitens den Erwerb von *artha*, das heißt von Wohlstand beziehungsweise Macht – das Wort *artha* umfasst bezeichnenderweise beide Bedeutungen (wer reich ist, hat Macht, und wer Macht hat, ist reich). Drittens den Genuss von *kāma*, das heißt, der Freuden des Lebens, allen voran seiner sinnlichen und erotischen Freuden, was einen gewissen Wohlstand (*artha*) voraussetzte. Demgegenüber lehnten es die Asketen-Bewegungen ab, *artha* und *kāma* als erstrebenswerte Lebensziele anzusehen. Nach ihrer Überzeugung können Reichtum/Macht und Sinnesfreuden keine bleibende Zufriedenheit bieten, sondern erweisen sich als letztlich unbefriedigend, sodass man ständig nach mehr und nach Neuem begehrt.

Weit verbreitet war unter den Asketen-Bewegungen der Glaube an die Wiedergeburt oder, wie es ursprünglich hieß, an den Wiedertod. In den älteren Veden findet sich dieser Glaube noch nicht. Er war jedoch geeignet, die Überzeugung vom Ungenügen der traditionellen vedischen Lebensziele zu unterstützen. Denn die potenziell endlose Wiederholung von Leben und Tod offenbarte nach Auffassung der Asketen umso mehr den im Grunde unbefriedigenden Charakter der irdischen und sogar der himmlischen Güter. Selbst das Leben der Götter galt zumindest den Buddhisten als endlich und vergänglich, sodass auch die himmlischen Freuden nicht von

Dauer waren. Der Strom der Tränen, die man in unzähligen Leben vergossen habe, sei größer als das Wasser in allen Weltmeeren zusammen, heißt es in einem alten buddhistischen Text. Lange genug habe man immer wieder aufs Neue Leid und Tod erfahren – lange genug, um desillusioniert zu sein über alles, was vergängliche Existenz zu bieten habe, lange genug, um nicht mehr an ihr zu hängen, sondern sich stattdessen von ihr zu befreien.[55] Befreiung (*mokṣa*) aus dem *saṃsāra*, dem beständigen Kreislauf von Wiedergeburt und Wiedertod, wurde somit zum neuen und höchsten Lebensziel der Śramaṇas. In Übereinstimmung mit dem Dharma, dem ewigen kosmischen Gesetz, zu leben, bedeutete für sie, nicht länger Wohlstand und Genuss nachzujagen, sondern jenem Weg zu folgen, der zur endgültigen Befreiung führt.

Die Asketen-Bewegungen unterschieden sich jedoch voneinander hinsichtlich ihrer genaueren Vorstellungen von der Befreiung. Einige Śramaṇas, die stärker der vedischen Tradition verpflichtet waren, deuteten die Befreiung als die endgültige Rückkehr zur göttlichen Quelle aller Dinge. Andere, wie beispielsweise die Jainas – aus denen die spätere Religion des Jainismus hervorging – betrachteten die Befreiung als das Erlangen eines allwissenden, glückseligen und ewigen Zustands, den sie wie die Buddhisten als das »Verlöschen (*nirvāṇa*)« allen Leids bezeichneten. Buddhisten sprachen vom Nirvāṇa als einer Art »Ort« (*thāṇa, pada*) oder »Sphäre« (*āyatana*),

> ... wo nicht Erde noch Wasser ist, nicht Feuer noch Luft, [...] nicht diese Welt noch eine andere Welt, [...] weder Kommen noch Gehen noch Stehen noch Vergehen noch Entstehen. Ohne Stützpunkt, ohne Anfang, ohne Grundlage ist das; eben dies ist das Ende des Leidens.[56]

Obwohl diese »Beschreibung« vor allem sagt, was das Nirvāṇa nicht ist, so betont doch derselbe kanonische Text, dass das Nirvāṇa

55 *Saṃyutta Nikāya* 15,3.

56 *Udāna* 8,1. Seidenstücker 1920: 93.

tatsächlich existiert und dass ohne seine Existenz die Befreiung unmöglich sei:

> Es gibt, ihr Mönche (*bhikkhus*), ein Nicht-Geborenes, Nicht-Gewordenes, Nicht-Gemachtes, Nicht-Bedingtes (*asaṅkhataṃ*). Wenn es, ihr Mönche, kein Nicht-Geborenes, Nicht-Gewordenes, Nicht-Gemachtes, Nicht-Bedingtes gäbe, dann wäre ein Ausweg aus dem Geborenen, Gewordenen, Gemachten, Bedingten nicht erkennbar. Weil es aber ein Nicht-Geborenes, Nicht-Gewordenes, Nicht-Gemachtes, Nicht-Bedingtes gibt, deswegen lässt sich ein Ausweg aus dem Geborenen, Gewordenen, Gemachten, Bedingten erkennen.[57]

Was auch immer die verschiedenen Asketen-Bewegungen im Einzelnen für Vorstellungen hinsichtlich der letzten Befreiung hatten, so waren sie sich doch alle darin einig, dass die Befreiung dem unbefriedigenden Charakter des weltlichen Lebens und seiner andernfalls unaufhörlichen Wiederholung im Kreislauf der Wiedergeburten ein Ende bereite. Ebenso stimmten sie darin überein, dass die endgültige Befreiung einschließt, alle Anhaftung an der Welt zu überwinden. Hierzu sei eine besondere Form der Einsicht oder Erkenntnis erforderlich, die von sich aus zur Aufgabe dieser Anhaftung führe. Zusammen mit der Ablehnung von *artha* und *kāma*, von Reichtum, Macht und Sinnesfreuden als erstrebenswerte Lebensziele, führten diese Überzeugungen dazu, dass die Śramaṇas dem normalen weltlichen Leben den Rücken kehrten. Sie hörten auf, für ihren Lebensunterhalt zu arbeiten, und ernährten sich stattdessen von Almosen. Sie verließen Haus und Hof und lebten entweder als Eremiten oder – häufiger – in kleineren, umherziehenden Gruppen.

57 *Udāna* 8,3 (auch *Itivuttaka* 43). Es entbehrt nicht einer gewissen Ironie, dass eine zeitgenössische Buddhistin wie Joanna Macy das genaue Gegenteil vertritt: Der Buddha habe die Existenz einer unbedingten und unveränderlichen Wirklichkeit abgelehnt, weil sonst »Befreiung« bedeuten würde, der phänomenalen Welt den Rücken zuzukehren und sich dieser unbedingten Wirklichkeit zuzuwenden (vgl. Nisker, Gates & Macy 2000: 151-154). Historisch gesehen ist die Position von Macy unhaltbar (siehe hierzu auch die Kritik durch Schmithausen 2010: 180, 211, Anm. 74). Andererseits zeigt es jedoch die ganze Bandbreite des Buddhismus an, dass Macys Position in eine Sammlung von Kern-Texten für Öko-Buddhisten aufgenommen wurde (Kaza & Kraft 2000).

Sie verzichteten auf die Ehe oder verließen ihre Familien und führten ein enthaltsames Leben. Und sie betrachteten all dies als notwendig, um die letzte befreiende Einsicht zu erreichen: »Bedrängt ist das Leben im Haus und unrein. Es zu verlassen ist offene Weite. Nicht leicht ist es, den edlen Wandel zu führen, solange man im Haus lebt...«, heißt es in einem alten Schema des buddhistischen Heilswegs, das häufig in seinen kanonischen Schriften wiederholt wird.[58]

### *Die Suche nach Synthesen*

Die Asketen-Bewegungen bedeuteten für die traditionelle indische Gesellschaft eine enorme Herausforderung, die der indische Soziologe Daya Krishna folgendermaßen beschreibt: Die Lehren der Śramaṇas ...

> [...] stellten das Leben des asketischen Weltentsagers ins Zentrum der indischen Tradition und hinterließen ihr damit ein zentrales Problem: Wie sollte man das Leben im Haus mit all seinen Aufgaben und Pflichten mit dem Ideal des asketischen Weltentsagers versöhnen, der ohne jegliche soziale oder politische Verpflichtungen lebt und allein Zugang zur letzten Wahrheit hat? [...] Im Kontext des spirituellen Strebens des Menschen war daher der Status des Lebens im Haus das große ungelöste Problem, das die verschiedenen Śramaṇa-Traditionen Indiens zurückließen.[59]

Von dieser Problematik her lassen sich wesentliche Aspekte der Dynamik der weiteren indischen Religionsgeschichte verstehen. Die Botschaft der Śramaṇas war für viele zu überzeugend, um sie einfach ignorieren zu können, und die Bande an das weltliche Leben waren für viele zu stark, um es einfach hinter sich zu lassen. Die inneren Entwicklungen der Religion in Indien können als unter-

58 Z.B. *Dīgha Nikāya* 2 & 3, *Majjhima Nikāya* 27 & 28.
59 Krishna 1996: 51f.

schiedliche Versuche gedeutet werden, dieses Problem zu lösen: als die anhaltende Suche nach kreativen Synthesen von Weltflucht und Weltzuwendung.

Bereits in den Texten des buddhistischen Pāli-Kanons (*tipiṭaka*) finden sich nicht nur Zeugnisse der Spannung zwischen Weltflucht und Weltzuwendung, sondern auch erste Anzeichen der Suche nach einer Synthese. Bereits die Charakterisierung des buddhistischen Heilswegs als »Mittlerer Weg« lässt sich in diesem Sinn interpretieren. Denn dieser Pfad, so heißt es, vermeide die Extreme des Strebens nach Sinnesfreuden auf der einen Seite und der asketischen Selbstabtötung auf der anderen.[60] Diese Deutung wird weiter illustriert durch die legendarische Erzählung vom Leben des Buddhas, Siddhārtha Gautama. Als junger Prinz genoss Gautama in Fülle Reichtum und Sinnesfreuden und der Weg zur Königsherrschaft stand ihm offen. Mit seinem Auszug in die Hauslosigkeit verwarf er somit die vedischen Lebensziele von *artha* und *kāma*. Doch auch die darauffolgenden Jahre harter asketischer Selbstquälerei brachten ihn nicht zur Befreiung, sodass er auch diese verwarf. Insofern liegt der von ihm gefundene Weg jenseits dieser beiden Extreme.

Die Anfänge einer Synthese zeigen sich des Weiteren in der Charakterisierung seines Lebens nach dem »Erwachen«, also nach dem Erlangen der Buddhaschaft. Er folgte weder der Neigung, seine Erkenntnis für sich zu behalten, noch der Versuchung der bösen Gottheit Māra, die Welt unmittelbar zu verlassen.[61] Stattdessen entschied er sich aus Mitleid mit den anderen Wesen, in der Welt zu bleiben, die buddhistische Ordensgemeinschaft zu gründen und seine Lehren »zum Heil von Göttern und Menschen« zu verkünden. Dieser Aspekt der Buddha-Legende illustriert einen spirituellen Grundzug, der sich in der weiteren Entwicklung des Buddhismus als überaus wirksam erweisen sollte: die innere Einheit von befreiender Weisheit (Buddhas Erwachen) und aktivem Mitleid (Buddhas Wirken in der Welt), die Verbindung von Loslösung aus Einsicht und Engagement aus Mitleid. Die Erzählung vom Leben

60 *Saṃyutta Nikāya* 56,11.

61 *Majjhima Nikāya* 26; *Dīgha Nikāya* 16. Vgl. Schmidt-Leukel 2020a: 59-63.

des Buddhas – bekannt in allen Formen des Buddhismus – wurde somit zu einem paradigmatischen Beispiel. Es ist möglich, in der Welt zu leben, ohne ihr verhaftet zu sein. Und echtes Mitleid, wie es der Buddha nach dem Erwachen selbst praktizierte, ist nicht gleichbedeutend mit Anhaftung an der Welt. Vielmehr ist Mitleid mit innerer Loslösung vereinbar.

Der Trend zu einer Synthese von innerer Loslösung und mitleidvollem Engagement zeigt sich nicht allein in der traditionellen Buddha-Legende. Er dokumentiert sich auch darin, dass der Pāli-Kanon wiederholt die Entwicklung von Güte und Mitleid als eine heilsame Praxis empfiehlt. Die Liebe einer Mutter, die ihr Kind unter Einsatz ihres eigenen Lebens schützt, wird als Vorbild jener inneren Haltung gerühmt, die man idealerweise gegenüber allen Wesen entfalten solle.[62] Explizit heißt es, dass die Entwicklung liebevoller Güte eine »geist-erlösende« (*ceto-vimutti*) Qualität besitze.[63] Diese Lehre basiert auf der bereits im frühen Buddhismus verbreiteten Überzeugung, dass es bei der spirituellen Entwicklung des Menschen vor allem auf die innere Einstellung ankomme. Denn die Worte und Taten eines Menschen entspringen seinem Geist.[64]

Als Konsequenz dieser Überzeugung deutet sich schon im Pāli-Kanon eine vorsichtige Relativierung der ansonsten strikten Unterscheidung zwischen den »hauslosen«, monastischen Nachfolgern des Buddhas und seinen Laienanhängern, die nach wie vor aktiv am Leben der Welt partizipieren, an. So trifft man im *Aṅguttara Nikāya* (4,138) auf die erstaunliche Feststellung, es gebe einige Menschen, die sich körperlich, aber nicht geistig losgesagt hätten, und andere, die sich geistig losgesagt hätten, aber nicht körperlich. Im ersten Fall »bewohnt einer im Walde waldeinsame, abgelegene Behausungen; doch er hegt begehrliche Gedanken, hegt gehässige Gedanken, hegt schädigende Gedanken.« Im zweiten Fall »bewohnt einer zwar nicht im Walde waldeinsame, abgelegene Behausungen; doch er hegt entsagende Gedanken,

62 So im *Metta-Sutta, Sutta Nipāta* 149.

63 *Ittivutaka* 27.

64 *Dhammapada* 1-2. Vgl. auch Harris, E.J. 1997.

hegt hasslose Gedanken, hegt nicht-schädigende Gedanken.«[65] Es gibt, so heißt es an anderer Stelle, unter den »weltlich Genießenden« solche, die nicht an ihrem Vermögen haften, nicht davon »betört« und »eingenommen« sind, sondern das Ungenügen und den Ausweg erkennen.[66] In der Vorstellung, dass jemand zwar nach wie vor in der Welt lebt, ihr aber innerlich nicht mehr verhaftet ist, zeichnet sich im Ansatz jene Lösung der Spannung zwischen weltflüchtigem Asketentum und aktiver Teilnahme am gesellschaftlichen Leben ab, für die dann etwas später die hinduistische *Bhagavadgītā* berühmt wurde: Man kann ein Leben in der Welt führen und seine sozialen Pflichten erfüllen und doch zugleich eine innere Haltung der Anhaftungslosigkeit kultivieren. Wenn man dies tut, so stellt diese Lebensweise einen Weg zur Befreiung (*mokṣa*) dar.[67] Die asketische Weltflucht der Śramaṇas wird hier spiritualisiert, das heißt, sie wird zu einer primär geistigen Haltung innerer Loslösung, die nicht mehr den konkreten Schritt des Ausstiegs aus dem weltlichen Leben verlangt.

Eine andere Form der Synthese arbeitet weniger mit einer Spiritualisierung als vielmehr einer Hierarchisierung. In diesem Sinn deuteten spätere Formen des Hinduismus das asketische Lebensziel der Befreiung nicht mehr als Gegenentwurf zu den beiden traditionellen Zielen von *artha* und *kāma*, sondern verstanden *mokṣa* als das übergeordnete, höchste Ziel. *Artha* und *kāma* waren damit dem Ziel der Befreiung zwar untergeordnet, gleichzeitig aber auch in das Streben nach *mokṣa* integriert.[68] Eine solche Integration zeigt sich besonders deutlich im Schema der vier Lebensstadien (*āśrama*), das bisweilen mit den vier Lebenszielen (*puruṣātha*) korreliert wurde. Demnach erlernt man in seiner Jugend den *dharma*. Als verheirateter Hausbewohner widmet man sich dem Erwerb von *artha* und dem Genuss von *kāma*. Im Alter mag man sich allmählich aus der Welt zurückziehen, um sich schließlich als Asket ganz auf die Befreiung

65 Nyanaponika 1984, Bd. 2: 118f.

66 Ebd. Bd. 5: 83, 85. *Aṅguttara Nikāya* 5,191. Ähnlich auch *Saṃyutta Nikāka* 42,12,3,10.

67 Vgl. Malinar 2007: 5f.

68 Bezeichnenderweise tadelt die *Bhagavadgītā* (16,12) denn auch nicht *artha* und *kāma* an sich, sondern allein das gierige Anhaften an ihnen.

(*mokṣa*) vorzubereiten.[69] Selbst die Wiedergeburten konnten nun als Phasen einer allmählichen, graduellen Annäherung an das höchste Heilsziel gedeutet werden, was auch für den Buddhismus eine attraktive Lösung darstellte. Indem der buddhistische Laie nach den Grundzügen der buddhistischen Ethik lebt, erwirbt er nicht nur religiösen Verdienst in Form von gutem Karma, sondern vermag sich in einem viele Wiedergeburten umfassenden Entwicklungsprozess allmählich dem letzten Ziel des befreienden Erwachens anzunähern.[70]

Die Buddha-Legende, in Verbindung mit einer zunehmenden Spiritualisierung der Loslösung aus aller Weltverhaftung, hatte einen formativen Einfluss auf die Entwicklung des Bodhisattva-Ideals im Mahāyāna-Buddhismus.[71] Bereits vor der Entstehung des Mahāyāna-Buddhismus (dessen frühe Wurzeln wohl in das erste oder zweite Jahrhundert v. Chr. zurückreichen) diente das Wort »Bodhisattva« (»Erleuchtungswesen«) als Bezeichnung für ein Wesen, das einst zu einem Buddha – und nicht nur zu einem erleuchteten Schüler des Buddhas – werden würde. Im Mahāyāna wurde der Weg des Bodhisattvas, das Streben nach der Buddhaschaft, zum allgemeinen Ideal. Denn, so die Überzeugung, als ein Buddha kann man am besten allen anderen Wesen bei ihrem Streben nach Befreiung helfen. Wer dem Bodhisattva-Weg, dem Weg zur Buddhaschaft, folgt, widmet somit sein religiöses Leben einer altruistischen Zielsetzung: Er gelobt aus Mitleid mit allen Wesen, so lange im Saṃsāra, der Welt der Wiedergeburt, aktiv gegenwärtig zu bleiben, bis alle Wesen die Befreiung vom Leid erlangt haben. Wenn jedoch, wie es manche Mahāyāna-Texte annehmen, die Zahl der Wesen unendlich ist, so bleibt dies eine nie endende Aufgabe. Auch wenn ein Bodhisattva die Buddhaschaft erreicht hat, verbleibt er im Saṃsāra. Aus der Kraft seines guten Karmas erschafft er sein eigenes Buddha-Land, in dem ideale Bedingungen für das Erlangen des Erwachens herrschen, sodass alle, die dort wiedergeboren werden, mühelos die Befreiung erreichen können.

69 Vgl. Krishna 1996: 52-69; Kaelber 2007.

70 Vgl. Schmidt-Leukel 1996.

71 Vgl. hierzu Schmidt-Leukel 2020a: 187-206.

Von den allerersten Stufen des Bodhisattva-Wegs bis hin zu seiner Vollendung in der Buddhaschaft verbleibt ein Bodhisattva somit im Saṃsāra, ohne diesem verhaftet zu sein. So verbindet sich im Bodhisattva-Ideal das Ziel der inneren Loslösung mit dem des von Mitleid motivierten Engagements in der Welt. Viele Mahāyāna-Texte bezeugen, dass das Wirken der Bodhisattvas zum Heil aller anderen Wesen auch beinhaltet, ihnen in ihren ganz konkreten Nöten zu helfen, das heißt, die Kranken zu pflegen, die Armen zu speisen, den Hilflosen beizustehen, Frieden zu stiften usw.[72] Im Bodhisattva-Ideal kommt es folglich zu einer starken Synthese, ja Konvergenz von spiritualisierter Weltflucht und aktiver Weltzuwendung. Die Buddhas, d.h. die vollendeten Bodhisattvas, haben aus Mitleid heraus die ganze Welt zu ihrem Selbst gemacht – heißt es im *Bodhicaryāvatāra* (6,126), einem klassischen Leitfaden für jene, die dem Bodhisattva-Weg folgen.[73] Vollendete Loslösung von der Welt und mitleidvolle Identifikation mit der Welt fallen hier in eins.[74]

Nicht nur im Verhältnis zur Welt, sondern auch im Verständnis der Welt vollzogen sich im Mahāyāna-Buddhismus gravierende Veränderungen.[75] Indem es zum allgemeinen Ideal wurde, nach der Buddhaschaft zu streben, setzte man voraus, dass alle im Wiedergeburtenkreislauf befindlichen Wesen – Himmelsbewohner, Menschen, Tiere, Geister, Hölleninsassen – die Voraussetzung besitzen, einst die Buddhaschaft erlangen zu können. Das heißt, sie tragen den »Keim zur Buddhaschaft« (*tathāgatagarbha*) bereits in sich; sie haben eine »Buddha-Natur« (*buddhadhātu*).[76] Schon in Indien, vor allem aber im chinesischen Kulturkreis, weitete sich diese Idee dazu aus, dass nicht nur alle Wesen des Wiedergeburtenkreislaufs,

72 Vgl. beispielsweise *Bodhisattvabhūmi* 1,10 oder *Vimalakīrti-Nirdeśa* 8.

73 Der *Bodhicaryāvatāra* (Eintritt in das Leben zum Erwachen) ist im siebten oder achten Jahrhundert in Indien entstanden und erlangte in weiten Teilen der buddhistischen Welt, darunter insbesondere in Tibet, große Popularität. Vgl. hierzu Schmidt-Leukel 2019b: 3-96.

74 Śāntideva 1981: 78. Siehe auch Schmidt-Leukel 2019b: 298-303, 377-384.

75 Vgl. hierzu Schmidt-Leukel 2020a: 216-220.

76 Während beide Begriffe in der weiteren Entwicklung des Buddhismus mehr oder weniger äquivalent gebraucht wurden, lassen sich in einigen frühen Texten noch deutlichere Unterschiede ausmachen. Vgl. hierzu Jones 2021: 13f, 229-237.

sondern alle Wirklichkeit schlechthin an der Buddha-Natur Anteil hat. Die Welt insgesamt – oder genauer gesagt, die unendliche Vielzahl von Welten, mit deren Existenz die traditionelle buddhistische Kosmologie rechnete – ist eine Manifestation der ihnen zugrunde liegenden letzten Wirklichkeit. Die letzte Wirklichkeit ist zugleich die höchste oder eigentliche Wirklichkeit eines jeden Buddhas, sein »Dharmakörper« (*dharmakāya*). Für Menschen bedeutet das Erlangen der Buddhaschaft daher die Verwirklichung ihrer eigentlichen, wahren Natur. Hierdurch werden sie sich ihrer tiefen Einheit mit allem anderen bewusst und setzen diese Einheit in ihrem Leben um. Durch diese Vorstellung entstand eine buddhistische Variante des Theodizee-Problems. Denn wie ließ sich die Existenz von Leid und Übel mit der Buddha-Natur aller Wirklichkeit vereinbaren? Zugleich gingen mit diesen Entwicklungen auch Veränderungen im Verständnis des Nirvāṇas einher. Auf beide Punkte wird später zurückzukommen sein.[77]

### *Institutionelle Aspekte*

Die Verbindung weltflüchtiger mit weltzugewandten Tendenzen zeigte sich freilich nicht allein auf spiritueller und doktrinärer Ebene. Sie bildete sich auch in institutioneller Hinsicht ab. Schon recht früh wurden die vagabundierenden buddhistischen Weltentsager in eigenen Klöstern und Tempelanlagen sesshaft. Es gibt klare Anzeichen dafür, dass dieser Prozess nicht ohne innere Spannungen zwischen jenen Gruppen, die eine strengere asketische Lebensweise verlangten, und jenen, die für moderatere Formen plädierten, einhergingen.[78] Zwar hat sich in einzelnen buddhistischen Richtungen bis heute die Tradition der einer härteren Askese folgenden Eremiten erhalten.[79] Und auch im Kontext des Bodhisattva-Ideals konnte

77 Vgl. hierzu unten Kap. 4, S. 160-162; Kap. 7, S. 284-287; Kap. 8, S. 307f, 344.

78 Beispielsweise verbindet die buddhistische Tradition den Konflikt zwischen Buddha Gautama und seinem Verwandten Devadatta, der zu einer Spaltung der Gemeinschaft führte, mit diesem Streit.

79 Vgl. hierzu auch Freiberger & Kleine 2011: 245-254.

diese Lebensweise als intensive Vorbereitung für die in späteren Leben zu entfaltenden Bodhisattva-Tugenden verstanden werden. Zur dominanten Lebensform wurde aber die von einer vergleichsweisen milden Regel strukturierte klösterliche Gemeinschaft, die einen mehr oder weniger engen Austausch mit den Laienanhängern pflegte. Allmählich schlossen sich Klöster zu unterschiedlichen ordensähnlichen Verbänden zusammen, die bald auch verschiedene Schulrichtungen mit leicht variierenden Ordensregeln widerspiegelten. Durch Schenkungen und staatliche Förderung erreichten einzelne Klöster im Lauf der Jahrhunderte beträchtlichen Reichtum und erheblichen politischen Einfluss.

Neben den größeren Mönchs- und Nonnen-Klöstern gab und gibt es jedoch auch kleinere Tempelanlagen, die von nur wenigen oder teilweise auch nur einem einzelnen Mönch betreut werden. In einigen Richtungen des Buddhismus hat sich das ehemalige Mönchtum sogar ganz (wie etwa in der japanischen Jōdo-Shinshū, einer Richtung des Reines-Land-Buddhismus) oder nahezu vollständig (wie in vielen japanischen und teilweise koreanischen Formen des Buddhismus) in ein Tempelpriestertum mit verheiratetem Klerus gewandelt. Die Klöster fungieren dann vielfach eher als eine Art von »Priesterseminaren«, die der Ausbildung der Tempelpriester dienen und lediglich ein monastisches Leben auf Zeit bieten. Auch in einigen Formen des tibetischen Buddhismus hat sich eine Art niederer Klerus, der verheiratet ist, entwickelt, wird aber nach wie vor vom eigentlichen Mönchtum unterschieden.

Während buddhistische Klöster nicht selten zu Zentren der Gelehrsamkeit wurden und Bildungsaufgaben übernahmen, entwickelten sie in China unter dem Einfluss des Bodhisattva-Ideals auch sozial-karitative Tätigkeiten. Nach Whalen Lai besteht in dieser Hinsicht eine große Ähnlichkeit zwischen den christlichen Klöstern im mittelalterlichen Europa und den buddhistischen Klöstern im chinesischen Mittelalter: Sie speisten und kleideten die Bedürftigen, pflegten die Kranken und bestatteten die Toten.[80] Heute gibt es zahlreiche buddhistische karitative Organisationen, die entwe-



80 Lai, W. 1992.

der von Laien getragen oder eng mit monastischen Einrichtungen verbunden sind.[81]

Das Bodhisattva-Ideal brachte zugleich eine religiöse Aufwertung des Laienstands mit sich. Denn einige einflussreiche Mahāyāna-Schriften verkündeten nun, dass Bodhisattvas ihr Wirken zum Heil aller Wesen auch in ganz konkreten Formen der Tätigkeit von Laien ausüben. So heißt es beispielsweise im 8. Kapitel des *Vimalakīrtinirdeśa-Sūtras* (einer Schrift, die vermutlich bereits im 1. oder 2. Jhd. n. Chr. entstanden ist), dass sich Bodhisattvas unter anderem auch als politische Führer, Hauptmänner, Berater und Minister des Königs betätigen. Daher ist es kein Zufall, dass die Hauptfigur in diesem Text, Vimalakīrti, selbst ein wohlhabender Laie ist, der mit seinem Vermögen die Armen und Schutzlosen unterstützt (2. Kap.). Auch wenn sich gegenwärtige Bewegungen wie der »Sozial engagierte Buddhismus« westlich-christlichen Anstößen verdanken, so haben diese Anstöße doch alten buddhistischen Traditionen neue Vitalität und Bedeutung verliehen.

Die Spannung zwischen weltflüchtigen und weltzugewandten Tendenzen sowie die Versuche, beides miteinander zu verbinden, schlagen sich nicht zuletzt in den buddhistischen Konzeptionen von Staat und Politik nieder. In einigen Texten des Pāli-Kanons findet sich noch eine Standard-Liste von fünf großen »Gefahren«, zu denen neben Feuersbrunst, Überschwemmung, Dieben und falschen Erben auch die Könige gezählt werden.[82] Doch schon recht bald formierte sich die Überzeugung, dass ein König im Idealfall ein buddhistischer Laienanhänger sein solle, der das Land nach den moralischen Grundprinzipien des Buddhismus regiert *(dharmarāja* = Dharma-König). Häufig wurden buddhistische Könige, auch in theravāda-buddhistischen Ländern, als Bodhisattvas und somit als zukünftige Buddhas betrachtet.[83] Bereits alte kanonische Texte entwickeln eine schematisierte Parallelität zwischen dem Buddha als der höchsten spirituellen Autorität und dem Weltenherrscher

81 Das Verzeichnis von Guide Star listet 1756 karitative buddhistische Organisationen. Siehe https://www.guidestar.org/nonprofit-directory/religion/buddhist/1.aspx (Februar 2021).

82 Z.B. *Aṅguttara Nikāya* 5,41.

83 Tambiah 2007: 96f.

(*cakravartin* = der das Rad dreht) als der höchsten politischen Autorität. Während der Cakravartin das Rad der weltlichen Herrschaft dreht, dreht der Buddha das Rad des Dharmas. Idealerweise stehen beide nicht in Konkurrenz zueinander, sondern vielmehr dreht der Herrscher das Rad der Politik im Einklang mit dem Dharma, also den Lehren des Buddhas.[84] Das heißt unter anderem, seine Regierung soll friedfertig und gerecht sein, die Armen unterstützen, den Bewohnern seines Landes Schutz und Sicherheit gewähren und gleichermaßen auch den Tieren der Erde und der Luft[85] – ein Aspekt, an den heute ökologisch engagierte Buddhisten zu Recht anknüpfen können.[86]

In theravāda-buddhistischen Ländern erlangten die buddhistischen Monarchen schließlich die Oberaufsicht über die buddhistischen Ordensgemeinschaften (*saṅgha*), obwohl dem Ideal nach die religiöse Autorität des Saṅghas über der des Königs steht, der ja lediglich ein buddhistischer Laie ist. Dementsprechend entwickelte der Saṅgha eine Art von Exkommunikationssymbol, das »Umdrehen der Bettelschale« (*pattaṃ nikkujjana*).[87] Hierdurch konnte der Saṅgha zeichenhaft ausdrücken, dass er den König nicht länger als Förderer und Schützer des Buddhismus betrachtete. In China war die Frage, ob buddhistische Mönche sich vor dem Kaiser niederwerfen dürfen – wie es als symbolischer Unterwerfungsgestus erwartet wurde –, unter Buddhisten lange Zeit sehr umstritten, bis man schließlich diesen Kotau weitgehend akzeptierte.[88] Im Fall Tibets ging die Entwicklung sogar so weit, dass ab dem 17. Jahrhundert ein Mönch, nämlich der als »Dalai Lama« bezeichnete Vorsteher des mächtigen Gelug-Ordens, zugleich zum politischen Oberhaupt erhoben wurde – ein Vorgang, der eigentlich der Ordensregel widerspricht, wonach sich Mönche und Nonnen aus dem aktuellen politischen Tagesgeschäft heraus-

84 Ebd. 39-53; Lai, W. 2010.

85 *Dīgha Nikāya* 26,5.

86 Zu den Grundlagen ökologischen Handelns im Buddhismus siehe Schmidt-Leukel 2020e.

87 Mit dem symbolischen Umdrehen der Bettelschale verweigert der Mönch quasi die Annahme der Gaben eines bestimmten Laien. Zur kanonischen Grundlage dieses Ritus siehe *Cullavagga* 5,20,3; *Aṅguttara Nikāya* 8,87. Siehe auch Conze 1984: 98. Zuletzt verwendet wurde das Zeichen 2007 bei den Mönchprotesten gegen die Militärregierung in Myanmar.



88 Zürcher 2007: 106-108, 160-163, 231-238, 254-285.

halten sollen.[89] Weit verbreitet war in Asien die Vorstellung, dass, wenn der Herrscher den Buddhismus fördert, die Klöster finanziert, Schriften kopieren und Tempel oder Stupas errichten lässt, er damit ein sehr gutes Karma, das heißt, einen besonderen religiösen Verdienst erwirkt, der wiederum seiner Herrschaft und damit dem ganzen Land zugutekomme.[90] Überall, wo der Buddhismus gesellschaftliche Dominanz erlangte, gingen der Saṅgha und das Königtum eine enge wechselseitige Beziehung ein und der Buddhismus wurde *de facto* und nicht selten auch *de iure* zur Staatsreligion.[91]

Wie diese Streiflichter zeigen, gab und gibt es im Buddhismus beides: weltflüchtige und weltzugewandte Tendenzen. Die Loslösung von der Welt gründet in der Überzeugung, dass die vergänglichen Dinge dieser Welt, gerade auch wenn sich vergängliche Existenz unendlich fortsetzt, keine bleibende Erfüllung vermitteln. Diese kann vielmehr allein von einer unbeschreibbaren jenseitigen Wirklichkeit her erwartet werden. Die weltzugewandten Tendenzen ergeben sich aus einer Spiritualisierung der Weltabkehr in der Form einer Nicht-Anhaftung, die sich mit einer gütigen, mitleidvollen Haltung verbindet – einer Haltung, die danach strebt, das Leid aller Wesen zu lindern. Schließlich kam es sogar zu einer Veränderung des Verständnisses der Welt im Sinne einer Manifestation der letzten Wirklichkeit. Wenden wir uns nun zum Vergleich den weltzugewandten und weltflüchtigen Motiven im Christentum zu.

## 3.3 Weltzuwendung und Weltflucht im Christentum

Das Christentum begann als innerjüdische Gruppierung: Jesus und der Kreis seiner unmittelbaren Nachfolger. Doch schon bald nach Jesu Tod überschritten die frühen christlichen Gemeinschaften die

89 Snellgrove & Richardson 1986: 195-201; von Brück 1999: 64-71.

90 Orzech 1998.

91 Vgl. Spiro 1982: 379-382; Tambiah 2007: 76-101, 520f.

Grenzen der rein jüdischen Volkszugehörigkeit, auch wenn die Bande zwischen jüdischen Gemeinden und Teilen der Christenheit in einzelnen Regionen noch relativ lange bestehen blieben.[92] Die Wurzeln des frühen Christentums speisten sich somit zum einen aus den älteren Traditionen Israels, zum anderen aber auch aus zwei markanten neueren Einflüssen auf das damalige Judentum: dem Einfluss der hellenistischen beziehungsweise griechisch-römischen Kultur einerseits und dem Einfluss jüdisch apokalyptischer Bewegungen andererseits. In den Anfängen des Christentums waren die weltflüchtigen Tendenzen, wie sie sich in Teilen der jüdischen Apokalyptik finden,[93] ausgesprochen stark. Doch auch der diesseits-orientierte Charakter der älteren jüdischen Tradition lebte in ihm fort.[94] Im Zuge seiner weiteren Entwicklung gewannen diese weltzugewandten Tendenzen schließlich die Oberhand, verbanden sich aber mit einem griechisch-römischen Verständnis von »Welt«. Das »neue Israel«, als das sich die Kirche schon bald betrachtete, war nicht mehr an die ethnischen Grenzen des jüdischen Volkes (das »alte« Israel) gebunden, sondern begriff sich zunehmend als weltumspannende Größe.[95] Doch auch die weltflüchtigen Tendenzen gingen eine Verbindung mit hellenistischer Kultur ein: Inhaltlich verschmolzen sie mit gnostischen, platonischen und vor allem neuplatonischen Ideen. Institutionell erlebten sie eine Revitalisierung und bleibende Manifestation durch die Entstehung des christlichen Mönchtums.

### *Neutestamentliche Perspektiven*

Die Grundzüge der jüdischen Glaubenstraditionen blieben für Jesus und seine Anhänger leitend: der Glaube an den einen und einzigen Gott (Mk 10,17), der der Schöpfer der Welt und Lenker ihrer Ge-

92 Boyarin 2009.

93 Vgl. zu diesen Tendenzen in der jüdischen Apokalyptik die entsprechenden Textbelege in Schrage 1964.

94 Zu einer Übersicht über »Weltdistanz und Weltzuwendung im Urchristentum« vgl. Vollenweider 2014.

95 Küng 1994: 246-253.

schichte ist. Vor allem stellte Jesus die väterliche Güte und Barmherzigkeit dieses Gottes in das Zentrum seiner Verkündigung – eine Güte, die sich nicht zuletzt auch im Werk seiner Schöpfung zeige: Gott erweise seine Güte darin, dass er allen, Bösen wie Guten, Gerechten wie Ungerechten, gleichermaßen gebe, was sie zum Leben brauchen: das Licht der Sonne und das Wasser des Regens (Mt 5,45). Er statte die Lilien des Feldes mit prächtiger Schönheit aus und ernähre die Vögel des Himmels. Umso mehr gelte seine Sorge und Fürsorge den Menschen (Mt 6,25-33). Die Gebote, die Gott seinem Volk Israel gab, dienten dem Wohlergehen des Menschen. Sie seien für den Menschen gemacht und nicht etwa der Mensch für die Gebote (Mk 2,27). Die Barmherzigkeit, die der Schöpfer den Menschen erweist, sollen sie auch untereinander praktizieren (Mt 5,44f; 12,7; Lk 6,36). Daher fällt für Jesus die Liebe zu Gott mit der Liebe zum Mitmenschen in eins. Es sind zwei Seiten einer Medaille und als solche bilden sie das höchste Gebot, das alle anderen Gebote umschließt (Mt 22,34-40). Es sind diese Grundüberzeugungen, die es innerhalb des Christentums immer wieder ermöglichten, die existenzielle Ausrichtung auf Gott mit einer von Liebe und Mitgefühl geprägten Zuwendung zur Welt zu verbinden. Dennoch war besonders das frühe Christentum zugleich auch von einer weltflüchtigen Spiritualität geprägt.

Die jüdische Apokalyptik basierte auf dem Gedanken, dass Gott die Kontrolle über den Lauf der Geschichte behält, gerade auch dann, wenn sich in der Geschichte die Kräfte des Bösen, der Widerstand gegen die guten Gebote Gottes und die Unterdrückung der diesen Geboten folgenden »Gerechten« erheben. Gottes Herrschaft werde sich schließlich gegen alle widergöttlichen Mächte durchsetzen. Ihre endgültige und bleibende Errichtung gleiche dem Beginn eines neuen Äons, einer Zäsur, die mit kosmischen Katastrophen einhergehen werde.[96] So prophezeite Jesus nach Auskunft des Matthäusevangeliums (24,29):

96 Vgl. die Beiträge von Paul Volz und Philipp Vielhauer in Koch & Schmidt 1982. Für die Verbreitung der Vorstellung einer Transformation des Kosmos in jüdischen Apokalypsen siehe die Übersicht in Collins, J. 2016: 8. Nach Collins »ist es gerade diese kosmische Perspektive, die die Eschatologie dieser Apokalypsen von der älteren prophetischen Eschatologie unterscheidet.« Ebd. 327.

[...] die Sonne wird sich verfinstern
und der Mond wird nicht mehr scheinen;
die Sterne werden vom Himmel fallen,
und die Kräfte des Himmels werden erschüttert werden.

Nach dem Kollaps der gegenwärtigen Welt, so die Erwartung, werde Gott eine neue Welt errichten. Nach frühchristlicher Überzeugung kommt sie einer neuen Schöpfung gleich. Gott schafft »einen neuen Himmel und eine neue Erde; denn der erste Himmel und die erste Erde sind vergangen« (Offb 21,1). In der neuen Welt werden Gott und Menschen endgültig miteinander versöhnt sein. Gott wird inmitten seines Volkes wohnen (Offb 21,3f):

[...] Gott wird bei ihnen sein.
Er wird alle Tränen von ihren Augen abwischen:
Der Tod wird nicht mehr sein,
keine Trauer, keine Klage, keine Mühsal.
Denn was früher war, ist vergangen.

In dieser Hoffnung auf die göttliche Schöpfung einer neuen, leidfreien Welt, drückt sich nun aber sehr deutlich auch die Überzeugung aus, dass die Welt der alten Schöpfung keineswegs einfach nur gut oder gar perfekt ist. Es ist eine ambivalente Welt, voller Leid und Tod, geprägt von der Sünde, dem Widerstand gegen Gottes barmherzige Herrschaft.

Mit vielen jüdischen Apokalyptikern seiner Zeit teilten auch Jesus und seine Jünger die Überzeugung, dass das Ende der alten und der Beginn der neuen Welt nahe herbeigekommen sei.[97] Damit, dass sich Menschen schon jetzt ganz der Gottesherrschaft unterstellen, bricht das Kommen des Gottesreichs, das heißt der von Gottes Herrschaft bestimmten neuen Welt, bereits an.[98] Auch wenn sich der genaue Zeitpunkt ihrer endgültigen Errichtung nicht nennen lasse (Mt 24,36), so war Jesus doch gewiss, dass die apokalyptischen Er-

97 Für eine Diskussion der gegen eine Zuordnung Jesu zu apokalyptischen Strömungen vorgebrachten Einwände vgl. Collins, J. 2016: 321-351, bes. 322-327.



98 Vgl. Vermes 1993: 245.

eignisse noch in seiner Generation eintreten: »Amen, ich sage euch: Diese Generation wird nicht vergehen, bis das alles eintrifft« (Mt 24,34; ähnlich auch Mk 9,1; Mt 10,23). Ungefähr zwei Jahrzehnte später hielt auch Paulus immer noch an dieser Naherwartung fest. Nachdem in der von ihm gegründeten Gemeinde in Thessaloniki bereits einige Gemeindemitglieder verstorben waren, ohne dass sich die endzeitlichen Ereignisse eingestellt hatten, versicherte er ihnen, dass alles noch in ihrer Generation geschehen und der auferstandene Jesus wiederkommen werde (1 Thess 4,13-18). Zugleich verband Paulus diese Zusicherung mit der Mahnung, in der Erwartung des Endes nicht nachzulassen und ihr gemäß zu leben. Die Ereignisse könnten jederzeit kommen, »wie ein Dieb in der Nacht« (1 Thess 5,1-11).

In der Tat prägte die apokalyptische Naherwartung das Leben der ersten christlichen Gemeinden ebenso wie zuvor bereits das Leben Jesu und seiner Jünger. Obwohl es für sie selbstverständlich darum ging, den Geboten Gottes zu folgen, bestand ihr Ziel nicht darin, den Zustand der Welt nachhaltig zu verbessern. Vielmehr kam es darauf an, sich selbst und andere auf die erwarteten dramatischen Umbrüche vorzubereiten. In diesem Sinn konnte Jesus seine Nachfolger aufrufen, Familie, Beruf und Besitz aufzugeben und sich ihm und seinem hauslosen Wanderleben anzuschließen.[99] Nach Jesu Kreuzigung kehrten zwar viele seiner Nachfolger zu ihrem früheren normalen Leben zurück. Doch blieb ihr Leben nach wie vor geprägt von der lebendigen Erwartung der Wiederkunft Jesu im Zuge des vermeintlich bevorstehenden Endes. Diese Haltung bewirkte eine Form der inneren Loslösung von den Dingen der Welt, die an entsprechende Motive aus der jüdischen Apokalyptik anknüpfen konnte.[100] So schrieb Paulus im Ersten Brief an die Korinther (7,29-31):

99 Nach B.J. Pitre (2001: 78) war »Jesus ein eschatologischer Prophet mit einer, unter anderem, apokalyptisch asketischen Botschaft« (»Jesus was an eschatological prophet with a message of, among other things, apocalyptic asceticism«).

100 Vgl. Schrage 1964.

> Denn ich sage euch, Brüder: Die Zeit ist kurz. Daher soll, wer eine Frau hat, sich in Zukunft so verhalten, als habe er keine, wer weint, als weine er nicht, wer sich freut, als freue er sich nicht, wer kauft, als würde er nicht Eigentümer, wer sich die Welt zunutze macht, als nutze er sie nicht; denn die Gestalt dieser Welt vergeht.

Auch hier haben wir es mit einer Spiritualisierung der Weltentsagung zu tun. Es geht nicht darum, Familie und Besitz aufzugeben und die Welt nicht mehr zu nutzen (1 Kor 7,20.27), sondern so in Familie, Beruf und Welt zu leben, dass man ihnen innerlich nicht mehr verhaftet ist. Eine solche Spiritualisierung der Weltentsagung findet sich auch im johanneischen Schrifttum. Nach den Worten Jesu im Johannesevangelium sollen seine Jünger *in* der Welt leben, ohne *von* der Welt zu sein (Joh 17,6-19). Im johanneischen Sprachgebrauch nimmt der Begriff »Welt« dabei häufig eine negative Bedeutung an. Oft steht er, so wie hier, nicht für Gottes gute Schöpfung, sondern für den widergöttlichen Bereich: Die »Welt« ist der Herrschaftsbereich des teuflischen Widersachers Gottes (Joh 12,31; 14,30; 16,11; 1 Joh 5,19). Dementsprechend gebietet der Erste Johannesbrief (2,15-18a):

> Liebt nicht die Welt und was in der Welt ist! Wer die Welt liebt, hat die Liebe zum Vater nicht. Denn alles, was in der Welt ist, die Begierde des Fleisches, die Begierde der Augen und das Prahlen mit dem Besitz, ist nicht vom Vater, sondern von der Welt. Die Welt und ihre Begierde vergeht; wer aber den Willen Gottes tut, bleibt in Ewigkeit. Meine Kinder, es ist die letzte Stunde.

Auch hier ist deutlich, dass die innere Loslösung von der Welt durch die Erwartung des unmittelbar bevorstehenden Endes bestimmt ist. Zugleich aber lässt sich noch ein weiteres Motiv erkennen: Die »Welt« wird zum Symbol für die »Begierde des Fleisches«. Eine genauere Untersuchung der Verwendung des Wortes »Fleisch« (*sarx*) bei Johannes und vor allem bei Paulus zeigt, dass hier außerordentlich starke Parallelen zu dem bestehen, was der Buddhismus als »Befleckungen« (*kleśa*) bezeichnet: Gier, Hass und Verblendung.[101]



101 Vgl. Schmidt-Leukel 2019b: 113f, 200.

### *Platonische und gnostische Formen christlicher Spiritualität*

Das Verständnis christlicher Spiritualität als einen Weg, durch die Kraft des göttlichen Geistes das »Fleisch« – die von der Begierde getriebene Weltverhaftung – zu überwinden, wurde außerordentlich einflussreich. Ein besonders prominentes Beispiel dieser Spiritualität ist Augustinus (354-430). In der westlichen Christenheit wurde Augustinus zu *dem* Lehrer des Nicht-Anhaftens an der Welt. Nach seiner Theologie soll man die Dinge dieser Welt nicht begehren. Vielmehr gehe es darum, sie zu nutzen, ohne an ihnen zu haften. Das ist der zentrale Punkt seiner berühmten Unterscheidung zwischen *uti* und *frui*, zwischen dem »Gebrauch« (*uti*) der Welt und dem begehrlichen »Genuss« (*frui*) der Welt.[102] Bei Augustinus steht das Motiv der Naherwartung nicht mehr im Vordergrund. Genauer gesagt, nach Augustinus kommt das Ende der Welt für jeden Einzelnen mit dem Tod. Das nahe Ende ist so gewiss wie der Tod und der exakte Zeitpunkt so ungewiss wie der des eigenen Todes.[103] Die ursprünglich durch die apokalyptische Naherwartung begründete Loslösung von der Welt begründet sich nun aus der Vergänglichkeit des eigenen Lebens. An Gott wendet sich Augustinus gleich zu Beginn seiner *Bekenntnisse* als ein Mensch, der unter dem Druck seiner Sterblichkeit lebt, sich aber zugleich auf Gott hin geschaffen weiß, in dem allein Friede zu finden ist. Die Theologie des Augustinus ist geprägt von der Empfindung eines tiefen Gegensatzes zwischen der unbefriedigenden, leidvollen Verhaftung an die Welt einerseits und der befreienden und erfüllenden Zentrierung des Lebens auf Gott andererseits. In seiner Theologie begegnen wir einer engen Symbiose aus christlichem Glauben und neuplatonischer Philosophie – einer Philosophie, in der die innere Loslösung von der Welt als integrativer Teil der Hinwendung zum Göttlichen eine zentrale Rolle spielt.

102 Vgl. Schmidt-Leukel 2020f.

103 Augustinus, *Epistula 199* (ad Hesychius), par. 3-4. Online: https://www.augustinus.it/latino/lettere/lettera_204_testo.htm (Februar 2021).

Auch wenn sich die Erwartung des nahe bevorstehenden Weltendes nicht erfüllte, so kultivierten Christen der ersten drei Jahrhunderte vielfach weiterhin eine innere Haltung des Nicht-Anhaftens an der Welt. Dies wurde zweifellos auch durch die Gefahr der in verschiedenen Teilen des römischen Reiches immer wieder aufflammenden Repressalien und Verfolgungen gefördert. Besonders radikal gestalteten sich die weltflüchtigen Tendenzen des frühen Christentums innerhalb jener Bewegungen, die der christlichen Gnosis und dem Manichäismus (dem auch Augustinus ursprünglich angehörte) zugerechnet werden. Hier wurde der Teufel als Herrscher über die böse Welt zu einer, wenn auch untergeordneten, Gegengottheit, ja teilweise sogar zum schöpferischen Gestalter, zum Demiurgen der materiellen Welt. Es galt, seinem Machtbereich zu entkommen und den göttlichen Funken in der Seele des Menschen von der Bindung an die materielle Welt zu befreien. Hierzu war es nötig, mit dem Mittel der Erkenntnis das an die Welt kettende Begehren zu überwinden. Nur dann konnte der göttliche Seelenfunke, der nicht zur materiellen Welt gehört, mit dem Tod des Leibes zu seinem wahren göttlichen Ursprung zurückkehren. Gelingt diese Befreiung nicht, so bleibt die Seele nach Auffassung vieler Gnostiker und Platoniker an weitere Reinkarnationen gebunden.[104]

Wie die neuere Gnosis-Forschung gezeigt hat, kann die Gnosis nicht einfach als ein dem Christentum fremdes System begriffen werden, dessen Ideen den christlichen Glauben quasi wie ein Virus befallen und darin gnostische Häresien hervorgebracht hätten. Es gibt vielmehr ein fließendes Kontinuum gnostischer Vorstellungen, das bis in die Mitte einiger neutestamentlicher Traditionen hineinreicht. Oder anders gesagt, zentrale Motive johanneischer und paulinischer Theologie ließen sich mühelos gnostisch interpretieren. Culiano beschreibt daher die Gnosis und Christentum als zwei »Perspektiven auf dasselbe System (und innerhalb desselben).«[105] Gnostische und nicht-gnostische Formen christlicher Spiritualität bewegten sich beide im Rahmen platonischer Denkweisen, die das

104 Couliano 1992: 56-59, 103-109; Hoheisel 1984/85; Brox 1989.



105 Couliano 1992: 18.

unvollkommene, weil materielle Wesen der Welt der vollkommenen geistigen Wirklichkeit Gottes entgegenstellten. Grenzen lassen sich häufig nur schwer ziehen.

*Eine* Grenzmarkierung bestand im monotheistischen Erbe, genauer gesagt, im Glauben an den einen göttlichen Ursprung der Welt,[106] auch wenn es bereits so etwas wie eine vorchristliche jüdische Proto-Gnosis gab, die ebenfalls eine untergöttliche Schöpfergestalt annahm.[107] Die gnostische Vorstellung einer bösen oder unvollkommenen Gegengottheit, die für die Erschaffung oder Gestaltung der materiellen Welt verantwortlich ist, überschritt diese Grenze, was sich an der Auseinandersetzung um Marcion (2. Jhd.) und die sich auf ihn berufenden christlichen Gemeinden zeigte. Auch wenn Marcion selbst nicht unmittelbar der Gnosis zuzurechnen ist, so vertrat doch auch er, dass der in der Hebräischen Bibel beschriebene Gott ein unvollkommener, ja böser Schöpfer sei, der mit dem Erlösergott Jesu nicht identisch sei. Nach den Lehren des Mani (3. Jhd.) und des Manichäismus ist die Welt zwar nicht die Schöpfung eines bösen Gegengottes, beinhaltet aber sowohl Anteile der guten Gottheit des Lichtes als auch des bösen Herrschers der Finsternis. Trotz monotheistischer Grenzziehungen darf nicht übersehen werden, dass sich sowohl Marcion und seine Anhänger als auch die große Mehrheit der Gnostiker als Christen verstanden. Mani sah sich selbst als »Apostel Christi«. Religionsgeschichtlich gesehen, haben wir es bei der Gnosis und Marcion mit innerchristlichen Entwicklungen und Verzweigungen zu tun. Und natürlich auch mit synkretistischen Entwicklungen, wie es besonders beim Manichäismus mit seinen zoroastrischen und teilweise buddhistischen[108] Anklängen deutlich ist. Doch Synkretismus ist ein Merkmal aller großen religiösen Traditionen.[109] Ebenso wenig sollte vergessen werden, dass die Figur des Teufels in weiten Teilen des Christentums, bis hinein in die Gegenwart, den Charakter einer bösen, wenn auch untergeordneten Gegengottheit beibehalten

106 Ebd. 24.

107 Ebd. 54.

108 Nach Franz Winter (2008: 208f) sind die buddhistischen Elemente nur im asiatischen Manichäismus stark, in seinen westlichen Formen hingegen eher gering.

109 Vgl. Schmidt-Leukel 2013.

hat, einer Gottheit, die vor allem mit weltlicher Verhaftung assoziiert wird. Nicht nur in dieser Hinsicht erwies sich die monotheistische Grenze als porös. Auch die christliche Explikation des *einen* Gottes als ein Gott in drei Personen wirft bis heute berechtigte Fragen nach dem monotheistischen Charakter des Christentums auf, ganz zu schweigen von der Vervielfältigung untergeordneter übernatürlicher Wesen in der christlichen Theologie und Volksfrömmigkeit in Gestalt der Gottesmutter, der Heiligen, der Engel oder auch der Dämonen.

### *Staatliche Verweltlichung und monastische Gegenbewegung*

Nach der offiziellen Anerkennung und sogar Förderung des Christentums durch das römische Reich vermochte sich das Christentum in der Welt einzurichten. Nun konnte es das jüdische Erbe einer intensiven Weltzuwendung sehr viel stärker entfalten und dabei das staatliche Gemeinwesen in einem theokratischen Sinn prägen. Dies schloss allerdings nicht nur die deutlich verbesserten Möglichkeiten karitativer Dienste an der Welt ein, sondern auch den Einsatz staatlicher Macht in der Bekämpfung theologischer Gegner (die sich wechselseitig als Häretiker bezichtigten) und anderer Religionen (das heißt römisch-hellenistischer Kulte und zunehmend auch des Judentums). Das Bild des Christentums als einer primär weltzugewandten Religion verdankt sich neben seinen jüdischen Wurzeln vor allem der seit Kaiser Konstantin und seinen Nachfolgern engen Verbindung zwischen Christentum und staatlicher Macht, die allein es den Kirchen ermöglichte, ihre Vorstellung von Weltgestaltung auch politisch umzusetzen.

Eine Gegenbewegung gegen diese seit dem vierten Jahrhundert einsetzende Verweltlichung des Christentums bildeten die zeitgleichen Anfänge des christlichen Mönchtums. Die frühen christlichen Asketen und Eremiten sahen sich vielfach als die spirituellen Erben der christlichen Märtyrer. In einer gesellschaftlichen Situation, in der es nicht länger der Bereitschaft zum Martyrium bedurfte, hielten sie den Geist einer radikalen Loslösung von der Welt lebendig, indem sie diese Loslösung konkret durch die reale Verabschiedung vom weltlichen Leben verwirklichten. Im Unterschied zum »roten Martyrium« christlicher Blutzeugen, vollzogen sie nach ihrem eigenen Verständnis ein »weißes Martyrium« durch ein Leben der Entsagung jenseits der Welt. *Fuga mundi* (Weltflucht) und *contemptus mundi* (Weltverachtung) wurden zu Schlüsselbegriffen monastischer Spiritualität, die bis heute fortwirken. Bereits in den markionitischen Gemeinden und in den gnostisch geprägten Gemeinschaften wurden verschiedene Formen der Askese und insbesondere sexuelle Enthaltsamkeit besonders geschätzt oder sogar, wie bei Marcion, vorgeschrieben. Mani teilte seine Anhängerschaft in zwei Gruppen ein, die »Hörer« und die «Erwählten«, wobei sich Letztere bestimmter Speisen und Getränke, der manuellen Arbeit und des Geschlechtsverkehrs zu enthalten hatten. Ähnliche Regeln legten sich auch die ersten christlichen Eremiten und Mönchsgemeinschaften auf. Theologisch zeigten sie nicht selten eine deutliche Nähe zu beziehungsweise Überschneidungen mit gnostischen Formen des Christentums und neuplatonischer Philosophie. Die daraus resultierende spirituelle Theologie wurde vor allem in der Ostkirche einflussreich. Doch mit dem Einfluss, den das Mönchtum und seine Ideen gewannen, wurde es zugleich verweltlicht. Die Zahl der Mönche stieg enorm an. Im byzantinischen Reich waren Mönche vielfach als Berater in weltlichen und geistlichen Angelegenheiten präsent. Die Klöster wurden reich, »Missbräuche und Missstände stellten sich ein.«[110] In der lateinischen Kirche des Westens dominierte der auf Benedikt von Nursia († 547) zurückgehende Benediktinerorden. Im benediktinischen Prinzip des *ora et labora* (bete und arbeite) verbanden sich von Anfang an weltabgewandte Tendenzen (bete) mit gestaltender und bildender Tätigkeit (arbeite).

Trotz ihrer Zunahme an Besitz, Macht und Einfluss wirkten die Ordensgemeinschaften innerhalb des Christentums als die stärkste Erinnerung daran, dass das Engagement der Kirchen in der Welt und für die Welt von einer inneren Loslösung begleitet sein sollte. Das Aufkommen der Bettelorden im 13. Jahrhundert belegte zudem, dass

110 Küng 1994: 280.

auch das Mönchtum selbst dieser Erinnerung bedurfte, hierzu aber auch in der Lage war. Erst mit der Krise monastischer Lebensformen in der Moderne und ihrem Niedergang nach der Aufklärung wurde die weltflüchtige Dimension christlicher Spiritualität zunehmend in den Hintergrund gedrängt. Daher ist es nicht verwunderlich, dass die gegenwärtige Begegnung von Buddhisten und Christen bei vielen Christen auch die Hoffnung auf eine Revitalisierung der monastischen Form christlichen Lebens nährt. Beispielhaft hierfür ist der Trappisten-Mönch Thomas Merton (1915-1968). Er gehörte nicht nur zu den Pionieren des christlich-buddhistischen Dialogs, sondern engagierte sich zugleich für die innere Erneuerung monastischen Lebens.[111] Der Dialog zwischen buddhistischen und christlichen Mönchen gehört spätestens seit Mitte der 1970er-Jahre zu den besonders intensiven Feldern der interreligiösen Begegnung.[112] Schriften gelehrter Mönche unter den frühen Asketen, wie etwa die des Evagrius Ponticus († 399) oder Johannes Cassian († 435), werden innerhalb des christlich-buddhistischen Dialogs wiederentdeckt und gewinnen ein neues Interesse.[113] Elaine Pagels, eine Expertin für christliche Gnosis, verweist, wie zuvor bereits Edward Conze,[114] auf die erstaunlichen Gemeinsamkeiten zwischen Gnosis und Buddhismus.[115] Die Frage, ob hierbei direkte oder indirekte Entlehnungen eine Rolle spielen, lässt sich nach Franz Winter angesichts der Quellenlage nicht klären. Eindeutige Belege gibt es weder hierfür,[116] noch für buddhistische Einflüsse auf die Entstehung des christlichen Mönchtums.[117] So könnte es sich schlicht um parallele Entwicklungen aufgrund ähnlicher existenzieller Haltungen handeln.[118]

111 Siehe Cunningham 1999; Thurston 2007; Sawicki 2020.

112 Zur Übersicht vgl. Blée 2011 sowie die offizielle Website von DIMMID (Dialogue Interreligieux Monastique / Monastic Interreligious Dialogue): https://dimmid.org/

113 Zu den zahlreichen Parallelen zwischen dem buddhistischen Dhammapada und der frühen monastischen Theologie siehe Lefebure & Feldmeier 2011.

114 Conze 1966.

115 Pagels 1996.

116 Winter 2008: 206f.

117 Ebd. 275f.



118 Vgl. hierzu auch Klimkeit 1986: 23-27.

## 3.4 Nicht-Anhaften und liebende Zuwendung

Die zuletzt geäußerte Vermutung wirft eine Reihe weitergehender Fragen auf: Wie lässt sich der Umstand deuten, dass sich in Buddhismus und Christentum sowohl weltflüchtige als auch weltzugewandte Haltungen herausgebildet haben? Stellt diese Entwicklung paralleler intrareligiöser Unterschiede allein ein Phänomen systemimmanenter Logik dar? Bilden sich in verschiedenen Systemen solche mehr oder weniger gleichen logischen Alternativen heraus, ohne dass es hierzu, wie Culiano nahelegt, eines besonderen Bezugs zu existenziellen Erfahrungen bedürfe?[119] Und handelt es sich bei den weltflüchtigen und weltzugewandten Tendenzen um einander ausschließende Alternativen, die sich allein deshalb in beiden Traditionen entwickelt haben, weil sie vom jeweiligen System und seinen systemimmanenten Voraussetzungen her logisch möglich sind? Oder lassen sich zumindest einige Aspekte dieser Entwicklung doch als Reflex bestimmter existenzieller Erfahrungen verstehen, in denen sich die beiden Alternativen komplementär zueinander verhalten? Gibt es inhaltliche Gründe dafür, dass sich weltflüchtige und weltzugewandte Motive nicht nur als einander ausschließende Alternativen bedingen, sondern dass sie in einem gewissen Sinn aufeinander angewiesen sind? Dass sie einander ergänzen und sich in einer dynamischen Spannung wechselseitig vor einseitigen Extremen bewahren?

### *Kompatibilität und Komplementarität von Nicht-Anhaftung und Liebe*

Meines Erachtens deuten die sowohl im Buddhismus als auch im Christentum immer wieder feststellbaren Versuche der Synthetisierung von Weltflucht und Weltzuwendung darauf hin, dass es solche Gründe tatsächlich gibt und sie primär im Bereich existenzieller Erfahrung liegen. Der buddhistische Wert des Nicht-Anhaftens

119 Vgl. Couliano 1992: 74. Vgl. auch oben Kap. 2, S. 61-64).

gründet in der Erfahrung von Vergänglichkeit, der christliche Wert liebender Zuwendung in der Erfahrung interpersonaler Bezogenheit. Vergänglichkeit und interpersonale Bezogenheit sind jedoch Erfahrungsbestandteile aller Menschen. Christen wie Buddhisten leben mit beiden Dimensionen menschlicher Existenz. Die Kompatibilität und sogar Komplementarität des Nicht-Anhaftens an der Welt einerseits und einer liebevollen Weltzuwendung andererseits hängen an der existenziellen Verbundenheit von Sterblichkeit und interpersonaler Bezogenheit.

Im Buddhismus wie auch im Christentum spielt die Erfahrung von Vergänglichkeit eine wichtige Rolle. Im Kontext der Vier Edlen Wahrheiten bildet sie den Ausgangspunkt für die Analyse des leidhaften und unbefriedigenden Charakters menschlicher Existenz. »Geburt ist Leid, Alter ist Leid, Krankheit ist Leid, Tod ist Leid«, heißt es in der Ersten Edlen Wahrheit, wobei die Geburt den Anfang der vergänglichen Existenz markiert.[120] Vergänglichkeit beinhaltet immer auch schmerzhaften Verlust: die Trennung von dem, woran man hängt, sei es der Besitz, seien es Menschen, sei es das eigene Leben. Angesichts der Leidhaftigkeit von Verlust hat es zweifellos eine gewisse psychologische Plausibilität, sich nicht zu sehr an das zu klammern, was man ohnehin nicht dauerhaft festhalten kann. Doch dem Buddhismus geht es um mehr. Gerade der Gedanke einer potenziell endlosen Wiederholung vergänglichen Daseins entlarvt nach buddhistischer Überzeugung den unbefriedigenden Charakter alles Vergänglichen. Die eigentliche Loslösung geschieht daher erst durch die Erkenntnis, dass Vergängliches dem Menschen keine echte Erfüllung bieten kann, weil sein tiefstes Streben auf eine unvergängliche Wirklichkeit gerichtet ist.[121] »Kein Ding ist es wert, dass man daran haftet«[122] – diese Einsicht muss begleitet werden von der Erfahrung von Frieden und Glück, die nicht aus Macht, Reichtum und Sinnesfreuden (*artha* und *kāma*) entspringen, sondern aus dem in der Meditation erlebten Vorgeschmack letzter

120 Vgl. oben S. 90, Anm. 5.

121 Vgl. *Majjhima Nikāya* 26; vgl. hierzu Schmidt-Leukel 2020a: 75-80.

122 *Aṅguttara Nikāya* 7,58. Nyanaponika 1984, Bd. 4: 49.

Wirklichkeit. Seit er diese Glückseligkeit kenne, so der Buddha, verlange es ihn nicht mehr nach den Sinnesfreuden.[123]

Im Christentum ist es zunächst die Erwartung des nahen Weltendes, die die Haltung eines Nicht-Anhaftens an der vergänglichen Welt bedingt. Doch bereits Paulus bringt einen neuen Aspekt ein. Aus seiner Sicht besagt der biblische Schöpfungsbericht, dass der Tod der Lohn der Sünde und als solcher Teil des menschlichen Verhängnisses ist (Röm 6,23).[124] Die Vergänglichkeit der eigenen Existenz rückt mit dem Ausbleiben der apokalyptischen Ereignisse auch im Christentum ins Zentrum seiner Betrachtung des Weltverhältnisses. In Verbindung mit der Naherwartung, aber auch über sie hinaus, entwickelte sich zugleich ein Vertrauen in die Barmherzigkeit und Liebe Gottes als einer Macht, die den Tod überwindet. Wenn Gottes Barmherzigkeit, wie Jesus sie gelehrt und vorgelebt hat, größer und stärker ist als Sünde und Schuld, dann überwindet sie auch den Tod als Folge der Sünde. Nach Paulus gilt Gottes Liebe dem Menschen selbst dann, ja gerade dann, wenn dieser noch in Feindschaft gegen Gott lebt (Röm 5,10). Daher vermag auch der Tod den Menschen nicht von der Liebe Gottes zu trennen (Röm 8,38f). So kann sich der Mensch im Vertrauen auf Gottes Barmherzigkeit aus der Verhaftung an die vergängliche Welt lösen.

Die Barmherzigkeit Gottes drängt und inspiriert zur Nachahmung (Lk 6,36; 1 Joh 4,16.19). Die Liebe zum Nächsten geht dabei eine Synthese mit der Loslösung von weltlicher Verhaftung ein, insofern sie nicht eigene, selbstbezogene Interessen verfolgt: »Die Liebe sucht nicht das ihre« (1 Kor 13,5). Das zeigt sich einerseits darin, dass sie Freund wie Feind gleichermaßen gilt (Mt 5,43-48) und andererseits im Extremfall bereit ist, um des anderen willen das eigene Leben zu opfern (Joh 15,13). Beide Kriterien finden sich auch im Buddhismus. Hier erweisen sich Güte und Mitleid ebenfalls dadurch als mit Anhaftungslosigkeit vereinbar, dass sie einerseits

123 Vgl. Majjhima Nikāya 75; Ñāṇamoli & Bodhi 2001: 611.

124 Wie James Barr (1992: 1-20) gezeigt hat, lässt sich der Schöpfungsbericht jedoch auch so verstehen, dass der Tod ein natürliches Phänomen ist. Paulus steht mit seiner Deutung in der Tradition von Weisheit 2,23 (vgl. ebd. 16f).

allen Wesen gegenüber, ob Freund oder Feind, unterschiedslos gelten und andererseits die Bereitschaft einschließen, das eigene Leben für den anderen hinzugeben.[125] Letzteres hatte der Buddha in seinen vorhergehenden Leben als Bodhisattva wiederholt praktiziert.[126] Besonders in der Selbstlosigkeit zeigt sich auch nach buddhistischer Überzeugung das Element des Nicht-Anhaftens.

Doch warum bedarf es nach buddhistischer Auffassung überhaupt der liebenden Weltzuwendung? Ist es allein das Vorbild des Buddhas, das hierzu motiviert? *Eine* Antwort auf diese Frage findet sich in der bereits erwähnten Mahāyāna-Schrift *Bodhicaryāvatāra*. Dort heißt es: »Das Erlöschen (*nirvāṇa*) ist das Aufgeben von allem und mein Geist strebt nach dem Erlöschen. Wenn ich alles aufgeben soll, ist es besser, es den Wesen hinzugeben« (3,11).[127] Warum aber sollte es »besser« sein, »alles« und – wie der Text in den weiteren Versen verdeutlicht – vor allem sich selbst »den Wesen hinzugeben«? Die Antwort hierauf findet sich im achten Kapitel derselben Schrift: Leid ist allein deshalb zu bekämpfen, weil es leidhaft ist, ohne Einschränkung auf eigenes oder fremdes Leid (8,102). Nur nach der Überwindung des eigenen Leids zu streben wäre nach wie vor selbstbezogen. Genau diese Selbstbezogenheit ist jedoch der Nukleus leidbringender Anhaftung. Die Überwindung der Selbstbezogenheit besteht darin, alle Wesen wie beziehungsweise *als* das eigene Selbst zu betrachten. Das Streben nach ihrer Befreiung fällt daher mit dem Streben nach eigener Befreiung in eins (8,111-139).

In eine ähnliche Richtung zielen auch die Ausführungen des *Visuddhi-Magga*, des zweifellos bedeutendsten unter den klassischen spirituellen Handbüchern des Theravāda. Nach dieser Schrift aus dem fünften Jahrhundert qualifizieren sich Nicht-Anhaftung und liebevolle Zuwendung wechselseitig. Der nicht-anhaftende Gleichmut bewahrt die Güte vor ihrem »nahen Feind«, der Gier. Das heißt, hinter dem, was wie Güte aussieht, verbergen sich nur allzu leicht

125 Das populäre *Metta-Sutta* betont daher beides: die Bereitschaft einer Mutter, ihr Kind mit dem eigenen Leben zu schützen, und die Anweisung, diese Liebe allen Wesen in gleicher Weise entgegenzubringen. Vgl. oben S. 105, Anm. 62.

126 Zum Motiv des Lebensopfers im Buddhismus siehe Ohnuma 2007.

127 Śāntideva 1981: 38.

in Wahrheit selbstbezogene Motive. Umgekehrt bewahrt die Güte den Gleichmut vor seinem »nahen Feind«, nämlich der »weltlichen, unwissenden Gleichgültigkeit«. Dies geschieht dadurch, dass die Güte den beiden »fernen Feinden« des Gleichmuts, der Gier und dem Hass, entgegenwirkt und sich dadurch mit ihm verbindet.[128] Die »Großen Wesen«, das heißt die Bodhisattvas, wirken »mit unerschütterlichem Entschlusse (*adhiṭṭhāna*) zum Heile und Wohle der Wesen. Mit unerschütterlicher Güte (*mettā*) geben sie ihnen den Vorrang. In ihrem Gleichmute (*upekkhā*) erwarten sie keine Gegendienste.«[129] Ein ausschließlich auf das eigene Heil gerichtetes Streben, wie es der Anhaftungslosigkeit ohne liebevolle Zuwendung entspräche, wird auch im Theravāda getadelt.[130]

Einer der einflussreichsten Klassiker christlicher Spiritualität, die *Imitatio Christi* (Nachfolge Christi) des Thomas von Kempen († 1471), legt einen ähnlich großen Wert darauf, dass wahre Liebe frei von Anhaftung und Selbstbezogenheit ist.[131] »Oft scheint Liebe zu sein, was doch eitel Fleisch und Blut ist. [...] Wer die wahre, vollkommene Liebe hat, der sucht in keiner einzigen Sache sich selbst« (I 15,2-3). »Denn wo einer sich selbst sucht, da hat er die Liebe schon verloren« (III 5,7). »Natur [...] liebt das Eigene«, die Gnade hingegen ist »voll Güte und Gemeinsinn« und »klebt nicht am Vergänglichen« (III 54,3-4). Wer »große Liebe« hat, der (so in Anspielung auf Phil 3,8) hält die vergängliche Herrlichkeit der Welt für »Auskehricht« (I 3,6). »Geben ist seliger als nehmen« (Apg 20,35), in dieser Haltung zeigt sich nach Thomas von Kempen die Verbindung von wahrer Liebe und Anhaftungslosigkeit (III 54,5) und er stimmt darin, ohne es zu wissen, mit dem *Bodhicaryāvatāra* überein.[132]

128 Vgl. Schmidt-Leukel 2020a: 245f.

129 Buddhaghosa 1975: 371.

130 Vgl. *Aṅguttara Nikāya* 7,64: »Wer zum eigenen Heil, aber nicht zum Heile der anderen wirkt, der ist darum zu tadeln; wer aber sowohl zum eigenen Heile als auch zum Heile der anderen wirkt, der ist darum zu loben.« Nyanaponika 1984, Bd. 4: 67.

131 Alle nachfolgenden Zitate aus Thomas von Kempen 1976.

132 Vgl. *Bodhicaryāvatāra* 8,125: »Wer denkt, ›Wenn ich gebe, was werde ich essen?‹, wird um des Selbst willen zu einem menschenfressenden Dämon. Wer denkt, ›Wenn ich esse, was will ich geben?‹, wird um des anderen willen zu einem Götterkönig.« Śāntideva 1981: 106.

Besonders in den Reflexionen von Menschen, deren Spiritualität sich sowohl aus buddhistischen als auch aus christlichen Wurzeln speist, finden wir persönliche Zeugnisse einer Komplementarität von Nicht-Anhaftung und Liebe.

Thich Nhat Hanh (1926-2022) erlangte internationale Berühmtheit zunächst durch sein pazifistisches Engagement während des Vietnam-Kriegs, später vor allem durch den von ihm 1964 gegründeten, inzwischen primär im Westen wirkenden Tiep-Hien-Orden[133] (»Order of Interbeing«, »Inter-Sein Orden«) und das einflussreiche Zentrum Plum Village in Frankreich.[134] Als Sechzehnjähriger wurde Thich Nhat Hanh in einem vietnamesischen, der Zen (*Thiền*)-Tradition zugehörigen Orden ordiniert. Durch seine Begegnungen mit Christen wie Martin Luther King, Thomas Merton und Daniel Berrigan gewann für ihn jedoch auch das Christentum zunehmend an Bedeutung.[135] Als Buddhist sei der Buddha sein spiritueller Ahn; doch nun habe er auch Jesus Christus als spirituellen Ahn adoptiert, formulierte es einmal Thich Nhat Hanh.[136] Das buddhistische Mitleid gebiete es, dass ein Mönch »helfend und sorgend aktiv werden« muss, wo Leid geschieht. »Wenn Krieg herrscht, kann ein Mönch nicht einfach im Meditationsraum sitzen, während ringsum die Bomben fallen.«[137] Die eigentliche Bedeutung von Liebe sei, Leiden zu lindern.[138] Daher stelle sich nicht die Frage, »ob man sich engagieren soll oder nicht«, sondern »vielmehr, wie man sich engagiert, ohne auf das kontemplative Leben verzichten zu müssen.«[139]

Nach Thich Nhat Hanh liegt die Antwort in der Praxis der Achtsamkeit. Die Achtsamkeitsübung führe zur Erfahrung der Unbeständigkeit aller Dinge. Diese haben keinen unveränder-

133 Vgl. die offizielle Website: https://orderofinterbeing.org/

134 Vgl. https://plumvillage.org/de/

135 Hanh 1996: 28ff. Zur Biographie Thich Nhat Hanhs siehe von Brück & Lai 1997: 560-568.

136 Hanh 2005: 41.

137 Hanh 1996: 199.

138 Hanh 2016: 36.

139 Hanh 1996: 199.

lichen Wesenskern, sondern existieren vielmehr allein als Teil der Verwobenheit von allem mit allem. Die Wahrnehmung der Unbeständigkeit werde daher zur Erfahrung der »Seinsverbundenheit«, des *interbeing*.[140] Aus dieser Erfahrung erwachse das Mitleid. »Wenn wir achtsam sind, bemerken wir, wenn ein anderer Mensch leidet. [...] In dem Augenblick, wo wir anfangen, das Leiden in diesem anderen Menschen wahrzunehmen, entsteht Mitgefühl in uns [...].«[141] Das heißt, es kommt zu einer empathischen und verstehenden Identifikation mit dem anderen, selbst mit dem Feind.[142] Diese Form des Verstehens ist nach Thich Nhat Hanh »das eigentliche Fundament der Liebe«.[143] Nach Thich Nhat Hanh gibt es jedoch Buddhisten, die sich in der Lehre von der Nicht-Substanzialität der Dinge verfangen, ohne zur Einsicht in die Seinsverbundenheit vorzudringen.[144] Anstatt der Lehre vom Nicht-Selbst verhaftet zu bleiben, komme es darauf an, durch die Sensibilität für das Leid aller von sich selbst frei zu werden.[145] Eine in diesem Sinn anhaftungslose Liebe transzendiere das Selbst[146] und sei nicht besitzergreifend: »Du liebst, aber dennoch bleibst Du frei, und auch der andere bleibt frei.«[147] Im äußersten Fall sei man bereit, sich aus Mitleid für den anderen aufzuopfern – so wie es bei den vietnamesischen Mönchen und Nonnen geschehen sei, die sich während des Vietnam-Kriegs selbst verbrannten, oder eben auch bei Jesus.[148]

Sallie B. King ist eine amerikanische, seit 2015 emeritierte Professorin für Religionswissenschaft und zugleich praktizierende Buddhistin (Zen) und Christin (Quäker).[149] In einem autobiographischen Essay schildert King anhand ihrer Erfahrungen als Mutter

140 Ebd. 207-210.
141 Hanh 2016: 37f.
142 Ebd. 38; Hanh 1996: 101, 107f.
143 Hanh 2016: 39.
144 Vgl. ebd. 28f, 32f.
145 Ebd. 40.
146 Hanh 1996: 209.
147 Hanh 2016: 62.
148 Hanh 1996: 104f; 2010: 87.
149 Vgl. die biographischen Informationen in Drew 2011: 31-35.

die spannungsvolle Beziehung zwischen der liebenden Zuwendung zu den eigenen Kindern und der buddhistischen Lehre vom Nicht-Anhaften. King stellt innerhalb des Buddhismus unterschiedliche Tendenzen fest. Einerseits gebe es Formen von Spiritualität im Buddhismus, die sich so artikulieren, dass sie mit der liebenden Zuwendung einer Mutter zu ihrem Kind als völlig unvereinbar erscheinen. Andererseits verweist sie auf jene Texte wie das *Metta-Sutta*, in denen die Mutterliebe zum Urbild des buddhistischen Verständnisses von Güte und Mitleid erhoben wird.[150] Doch auch im Christentum nimmt King Ambivalenzen wahr: Bilder von einem angsteinflößenden Gott auf der einen Seite und die Vorstellung von der Liebe als der vornehmsten Frucht des Heiligen Geistes auf der anderen.[151]

King schildert, wie sie die Liebe zu ihren Kindern als eine Form der Anhaftung erfahren hat, und steht dazu. Es sei eine Anhaftung, die mit Leid einhergeht, und doch sei es genau das, wozu die Liebe sie drängt. Aber in dieser Liebe erfahre sie auch eine radikale Form der Selbstlosigkeit, das Zurückstellen und Aufgeben aller selbstbezogenen Interessen zugunsten der Sorge für das Kind. Und wenn Kinder erwachsen werden, um ihre eigenen Wege zu gehen, komme es darauf an, sie gehen und loszulassen. Loslassen, so King, ist Teil der Liebe, sogar einer anhaftenden Liebe.[152] Auch wenn buddhistische Nicht-Anhaftung und christliche Liebe nicht so leicht miteinander versöhnbar seien, so habe sie doch gerade aus ihrer Erfahrung als Mutter gelernt, dass sie beides brauche.[153] Es gebe Situationen, in denen mehr die eine, und solche, in denen eher die andere Haltung gefragt sei. Darin, so King, reflektierten sich nicht zuletzt auch die unterschiedlichen Kontexte eines monastischen Lebens einerseits und des Lebens der Laien andererseits.[154]

150 Vgl. King, S. 2003: 164f, 167f.

151 Vgl. ebd. 160, 163f.

152 Ebd. 169.

153 Ebd. 170.

154 So im Interview mit Rose Drew, vgl. Drew 2011a: 142f.

In der Tat lässt sich die spannungsvolle Komplementarität von Nicht-Anhaftung und liebevoller Zuwendung auch als wechselseitige Integration von monastischer und nicht-monastischer Spiritualität beschreiben. Raimon Panikkar (1918-2010), der sich als Katholik, Hindu und Buddhist verstand, beschrieb den Mönch als jemanden, der etwas lebe, »das zu leben und mit Wirklichkeit zu füllen auch wir [d.h. Nicht-Mönche; PSL] berufen sind – aber anders [...].«[155] Nach Panikkar ist das Mönchtum quasi die institutionalisierte Form des Bewusstseins der Vergänglichkeit dieser Welt und zugleich der Gegenwart einer absoluten Wirklichkeit.[156] Doch bestehe die Gefahr, zu verkennen, dass das Absolute auch im Vergänglichen selbst gegenwärtig sei. »Wir haben schon immer gewusst, dass Gott lieben heißt, seinen Nächsten zu lieben; dass die Suche nach *nirvāṇa* in Wirklichkeit bedeutet, sich im Bereich des *saṃsāra* zu engagieren [...]. Die alten Meister wussten sehr wohl, dass es darum geht, Tod und Leben zu integrieren [...].«[157]

Diese Anspielung Panikkars auf das Bodhisattva-Ideal findet sich auch bei Sallie King: Die Liebe der Mutter zu ihrem Kind entspreche der Bereitschaft des Bodhisattvas, nicht die Welt zu verlassen, sondern zum Wohl aller Wesen im *saṃsāra* zu verbleiben.[158] Der Rekurs auf das Bodhisattva-Ideal verwundert nicht. Denn innerhalb des Mahāyāna-Buddhismus hat das Bodhisattva-Ideal ja tatsächlich zur Relativierung einer strengen Unterscheidung von Mönchs- und Laienstand beigetragen.[159] Existenziell, so Panikkar, gehe es bei der Spannung zwischen Weltflucht und Weltzuwendung letztlich um die Frage nach dem Verhältnis von Freiheit und Bindung, was sich besonders an der Frage von zölibatärem oder nicht-zölibatärem Leben zeige.[160] Doch behalte die Weltflucht des Mönchs gerade für die Welt ihre eigene besondere Bedeutung. Denn sie mache aus dem Mönch den »Nonkonformist schlechthin«. Ein

155 Panikkar 1989: 14.
156 Ebd. 134.
157 Ebd. 137.
158 King, S. 2003: 167
159 Vgl. oben S. 111.
160 Panikkar 1989: 141.

Mönch schwimme gegen den Strom der Welt, indem er sich nicht an ihren Spielregeln orientiere.[161] Allein durch seine Lebensweise stelle er somit »die Art, wie die Probleme gesehen werden«, infrage. Darin liegt nach Panikkar nicht zuletzt auch ein wichtiges kritisches Potenzial gegen die Spielregeln der Mächtigen.[162]

### *Politische Implikationen*

Die zuletzt genannte Überlegung Panikkars bringt uns nach diesem Blick auf die Mikro-Ebene religiöser Vielfalt nochmals zurück zu den gesellschaftlichen Implikationen des Verhältnisses von Weltflucht und Weltzuwendung. Im Buddhismus wie im Christentum begegnet man der ganzen Bandbreite des Spektrums: von der religiös motivierten völligen Abkehr vom gesellschaftlichen Leben bis hin zur nahezu vollständigen Identifikation zwischen Staat und Religion. Und doch hat gerade die komplementäre Spannung der beiden entgegengesetzten Tendenzen nicht selten zu Haltungen geführt, die solchen Einseitigkeiten auf fruchtbare Art entgegengewirkt haben.

Als Beispiele für ein von beiden Tendenzen geprägtes Verständnis politischer Herrschaft hat James Fredericks Augustinus' Schrift *Vom Gottesstaat / De Civitate Dei* (5. Jhd.) mit den *Großtaten des Aśoka / Aśokāvadāna* (2. Jhd. n. Chr.) verglichen. In beiden Werken erkennt Fredericks eine tiefe Infragestellung des Konzepts, im Staat die Manifestation einer kosmologischen Wahrheit zu sehen.[163] Bei Augustinus seien es die Einsicht in die Endlichkeit dieser Welt und die Erwartung der göttlichen Zukunft, die jede Verabsolutierung des Staates verbieten. Christen, so Augustinus, haben in dieser Welt keine »bleibende Stadt« (Hebr 13,14). Auch der christlich geprägte Staat könne nie das eschatologische Ziel des Menschen replizieren oder gar ersetzen. Der irdische Friede, den der Staat im

161 Ebd. 50, 139f.
162 Ebd. 139-141.
163 Fredericks 2015: 76.

günstigsten Fall gewährleiste, sei nach Augustinus nicht identisch mit dem ewigen Frieden.[164] Das *Aśokāvadāna* schildert das Leben und die Persönlichkeit Kaiser Aśokas (reg. ca. 268–232 v. Chr.), des ersten großen Protektionisten des Buddhismus in Indien, auf eine Weise, die in einigen Aspekten erheblich von dem gängigen buddhistischen Klischee abweicht, Aśoka als den idealen Herrscher zu glorifizieren. Nach dem *Aśokāvadāna* entspreche Aśoka dem Ideal des buddhistischen Weltherrschers (*cacravartin*) nur partiell. Denn auch als Förderer des Buddhismus behalte er in diesem Text nach wie vor außerordentlich gewalttätige Züge. Von besonderem Interesse ist nach Fredericks, dass das *Aśokāvadāna* mit der Erzählung von Puṣyamitra endet. Dieser wird hier als der letzte Nachfahre der Maurya-Dynastie Aśokas dargestellt.[165] Anders als seine Vorgänger wird er zu einem Feind und Verfolger des Buddhismus und zerstört das Werk Aśokas. Fredericks sieht hierin ein Stilmittel, um die buddhistische Lehre von der Vergänglichkeit aller Dinge auszudrücken.

Aus der Perspektive des *Aśokāvadāna* verbiete es sich dem Saṅgha, sich an einen buddhistischen Staat zu klammern. Auch dieser wird vergehen.[166] Und bei Augustinus ist es nach Fredericks eine zentrale Botschaft, dass das imperiale »Rom«, selbst in seiner christlichen Gestalt, keineswegs »ewig« ist.[167] »Sowohl Buddhismus als auch Christentum teilen [...] ein existenzielles Gefühl von der Zerbrechlichkeit des Daseins und dem illusorischen Vertrauen, das wir in vergängliche Dinge setzen.«[168] Fredericks macht allerdings ebenfalls deutlich, dass sich in beiden Religionen auch noch ganz andere Konzepte von Religion und Politik als wirkmächtig erwiesen haben: Konzepte, die deutlich weniger auf eine bleibende Distanz zur staatlichen Herrschaft gingen, sondern in dieser ein irdisches Ebenbild der Gottesherrschaft beziehungsweise einen in-

164 So Fredericks mit Bezug auf *De Civitate Dei* 19. Vgl. ebd. 77f, 86.

165 Nach brahmanischen Quellen entstammte Puṣyamitra allerdings nicht der Maurya-Dynastie, sondern usurpierte den Thron, nachdem er zuvor den letzten Maurya-Herrscher Bṛhadratha ermordet hatte. Vgl. Strong 2016a: 292; Hazra 1995: 46f.

166 Fredericks 2015: 82f, 86f.

167 Ebd. 83f.

168 Ebd. 84.

tegrativen Teil des kosmischen Dharmas erblickt haben. Insofern bleibe die Warnung vor dem illusorischen Vertrauen in den religiös geprägten Staat bis in die Gegenwart hinein aktuell.[169]

Eine grundsätzliche spirituelle Distanz gegenüber dem, was der Staat zu leisten vermag und was nicht, steht nach Fredericks jedoch in beiden Traditionen nicht einem sozialen Engagement entgegen, sondern gibt diesem vielmehr seinen Spielraum.[170] Dies deckt sich mit dem Befund eines Vergleichs, den Robin W. Lovin zwischen sozialethischen Aspekten des Mönchtums im westlichen Christentum und im Theravāda vorgenommen hat: »[...] das Insistieren darauf, dass das eigentliche Ziel des Menschen jede mögliche soziale Errungenschaft transzendiert, liefert in beiden Traditionen die Grundlage für eine flexible Sozialethik, die die sozialen Beziehungen ernst nimmt, aber nicht die Erschaffung einer bestimmten Sozialordnung zum obersten Ziel des religiösen Lebens erklärt.«[171] So zeigt sich auch hinsichtlich der sozialen Wirklichkeit, dass die weltflüchtigen und weltzugewandten Tendenzen in Buddhismus und Christentum das Potenzial haben, einander zu ergänzen und sich vor einseitigen Konzeptionen einer entweder radikalen Abkehr der Religion von der Politik oder ihrer völligen Angleichung zu bewahren – auch wenn es diese Extreme in beiden Traditionen zweifellos immer wieder gab und noch gibt.

Einen deutlichen Unterschied zwischen Christentum und Buddhismus sehen sowohl Fredericks als auch Lovin in der apokalyptischen beziehungsweise eschatologischen Ausrichtung des Christentums. Die Vergänglichkeit der Welt, von der das Christentum spricht, ist nach Fredericks und Lovin die Vergänglichkeit einer Geschichte, die nichtsdestoweniger ein *telos*, ein letztes Ziel, besitzt, das Gott herbeibringen wird.[172] Demgegenüber sei der buddhistischen Lehre vom *saṃsāra* eine solche Erfüllung der Geschichte fremd. Es bleibe vielmehr bei einem beständigen zyklischen Auf und Ab gerade auch hinsichtlich des Zustands der gesellschaftli-

169 Ebd. 87-89.
170 Ebd. 89.
171 Lovin 1992: 204.
172 Ebd. 191, 201, 204; Fredericks 2015: 84f.

chen Verhältnisse.[173] Doch wie trennscharf ist dieser Unterschied? Lovin räumt ein, dass milleniaristische Zukunftshoffnungen, das heißt die Hoffnung auf bahnbrechende Veränderungen durch das Erscheinen des zukünftigen Buddhas, Maitreya, auch dem Buddhismus nicht fremd sind.[174] Andererseits wird jedoch auch dessen neues Zeitalter wieder vergehen. Unvergänglich bleibt allein das Nirvāṇa. Umgekehrt ist auf christlicher Seite Gott nicht nur als zukünftiger Vollender der Geschichte gedacht, sondern auch als ihr Urheber und Lenker. Solche Fragen nach dem Verhältnis zwischen der vergänglichen Welt und dem unvergänglichen Absoluten verweisen auf die Unterschiede im Verständnis letzter Wirklichkeit, wie wir sie zwischen, aber auch innerhalb von Buddhismus und Christentum finden.

173 Lovin 1992: 205; Fredericks 2015: 85. Zur Bedeutung der Maitreya-Erwartung siehe unten Kap. 8, S. 310-312.

174 Lovin 1992: 272, Anm. 3.

# 4. Kapitel

# Letzte Wirklichkeit

## 4.1 Impersonales Absolutum oder personaler Gott?

In zahlreichen Vergleichen von Buddhismus und Christentum wurde und wird der zentrale Unterschied zwischen beiden Religionen als der Gegensatz zwischen einer theistischen (Christentum) und einer atheistischen Religion (Buddhismus) dargestellt. Im Westen versteht sich »Atheismus« jedoch nicht als Religion, sondern als eine geradezu anti-religiöse Weltanschauung. So deutet bereits die ungewöhnliche Wortkombination einer »atheistischen Religion« auf eine gewisse Unklarheit in der Verwendung des Prädikats »atheistisch« (oder eben auch in der Bezeichnung des Buddhismus als »Religion«) hin. Die Problematik lässt sich paradigmatisch anhand des Buchs *Der Buddhismus – eine atheistische Religion* des Indologen und Religionswissenschaftlers Helmuth von Glasenapp (1891-1963) verdeutlichen. Unter diesem Titel erschien das Buch 1966 in zweiter Auflage im Szczesny Verlag, der zwischen 1961 und 1968 ein im westlichen Sinn »atheistisches« Programm verfolgte.[1] Der Titel der Erstauflage (1954) lautete sehr viel nüchterner und sachgemäßer *Buddhismus und Gottesidee. Die buddhistischen Lehren von den überweltlichen Wesen und Mächten und ihre religionsgeschichtlichen Parallelen*. Im Buch selber behandelt von Glasenapp sowohl »die buddhistischen Argumente gegen den Theismus« als auch »die buddhistischen Lehren über das Absolute«. Unmissverständlich und auf der Basis zahlreicher Textbelege macht von Glasenapp deutlich, dass sowohl der ältere Buddhismus als auch das Mahāyāna durch-

1 Vgl. hierzu den Spiegel-Artikel »So traurig« vom 01.07.1968. Online unter: https://www.spiegel.de/spiegel/print/d-45997607.html (März 2021).

aus von der Vorstellung einer die Welt transzendierenden, absoluten Wirklichkeit geleitet sind, die sie in unterschiedlichen Formen zum Ausdruck bringen.[2] Das ist jedoch mit dem westlichen Konzept einer atheistischen Weltanschauung nicht vereinbar. Dementsprechend änderte man in der englischen Übersetzung des Buchs den Titel erneut, insofern hier der Buddhismus nicht mehr eine »atheistische«, sondern eine »nicht-theistische Religion« genannt wurde.[3] Die buddhistische Bestreitung eines personalen Schöpfergottes ist eben nicht identisch mit der Bestreitung jeglicher Form von überweltlicher oder transzendenter Wirklichkeit. Für den Vergleich von Buddhismus und Christentum ist diese Differenzierung jedoch ausgesprochen wichtig. Denn sie zeigt, dass es letztlich um unterschiedliche Vorstellungen von Transzendenz geht.

### *Atheismus oder Nicht-Theismus?*

Christliche Missionare, die in der Neuzeit in einen ersten direkten Kontakt mit dem Buddhismus kamen, beurteilten diesen nicht selten als atheistisch. Beispielsweise beschrieb der Jesuitenmissionar Matteo Ricci (1552-1610), der den Buddhismus in China kennenlernte, den »großen Unterschied« zwischen Buddhismus und Christentum folgendermaßen: »Er lehnt sich [gegen den Himmelherrn] auf und verleumdet [ihn], wir gehorchen und dienen [dem Himmelherrn].«[4] Ricci begründet dieses Urteil vor allem durch seine Interpretation des mahāyāna-buddhistischen Begriffs der Leerheit (*śūnyatā*) als ein bloßes Nichts. Zwar macht er sich selbst kurz den Einwand, ob diese Interpretation möglicherweise falsch sein könnte, verwirft ihn jedoch.[5] Wenn der Buddha, so Riccis Schluss, die Existenz des Schöpfers nicht erkannt habe, dann war er unwissend. Wenn er ihn jedoch erkannt, aber nicht explizit anerkannt habe, dann war dies Auflehnung gegen Gott. Dieses Urteil entspricht einem Grundge-

2 Von Glasenapp 1966: 141-163.

3 *Buddhism – A Non-Theistic Religion*. Vgl. von Glasenapp 1970.

4 Kern, I. 1984/5: 79f.

5 Ebd. 81.

danken neuzeitlicher christlicher Apologetik. Demnach sind die rationalen Argumente für die Existenz Gottes so stark und einsichtig, dass jeder, der Gott leugnet, entweder dumm oder böse sein müsse. »Buddha«, so Riccis Schluss, »verehrt seine Geistesnatur (心性) und möchte die Allmacht des Herrn verdunkeln.«[6] Das heißt, nach Ricci stellte sich Buddha selbst an die Stelle Gottes.

Vorsichtiger fiel das Urteil des Jesuitenmissionars Ippolito Desideri (1684-1733) aus, der zwischen 1715 und 1721 dem Buddhismus Tibets begegnet war. Zwar unterstrich auch Desideri, dass Buddhisten auf der Basis der Lehre von der Leerheit die Existenz des »wahren Gottes« oder auch irgendeiner anderen Gottheit leugnen. In diesem Sinn könne man sie als Atheisten bezeichnen. Sie seien jedoch keine Atheisten, wenn man damit Menschen meine, die jegliche Göttlichkeit, jegliches Weiterleben nach dem Tod und jegliche Moral leugnen. Nach Desideri bekennen und verehren die Buddhisten Tibets in Gestalt ihrer »Heiligen« (die übernatürlichen Buddhas und Bodhisattvas) eine Wirklichkeit, die frei von allen Übeln, allwissend, bereit, jedem zu helfen, und vollkommen an Mitleid ist. Zudem glaubten sie an ein höchstes, glückseliges, ewig bestehendes und unveränderliches Ziel für alle bewussten Wesen. Daher, so Desideri, akzeptieren sie Gott der Sache nach, wenn auch auf verblendete und unbewusste Weise.[7]

Im 19. Jahrhundert studierten die beiden methodistischen Missionare und Gelehrten Daniel Gogerly (1792-1862) und Robert Spence Hardy (1803-1868) den Theravāda-Buddhismus Sri Lankas. Beide vertraten die Ansicht, dass Buddhisten nicht an Gott glauben, und dass das Ziel des buddhistischen Wegs in der völligen Vernichtung der eigenen Existenz besteht.[8] Spence Hardy wusste zwar, dass es im Mahāyāna den Glauben an übernatürliche Buddhas und Bodhisattvas, ja sogar Schöpfungsvorstellungen gibt. Er hielt dies jedoch für ein regional begrenztes Phänomen, das den eigentlichen Lehren des Buddhismus widerspreche.[9] Auffassungen wie die von Gogerly

6 Ebd. 96.

7 Desideri 2010: 374-377.

8 Harris, E.J. 2006: 69.

9 Spence Hardy, R. 1874: 17f.

und Spence Hardy übten starken Einfluss auf die beginnende westliche Buddhismus-Forschung aus. Unter ihren Pionieren vertrat vor allem Jules Barthélemy Saint-Hilaire (1805-1895) die Ansicht eines atheistischen und nihilistischen Charakters des Buddhismus, wobei er sich unter anderem auf Spence Hardy stützte.[10] Auch Monier Monier-Williams (1819-1899) folgte diesem Urteil, modifizierte es aber im Hinblick auf das Mahāyāna. In einer vergleichenden Studie aus dem Jahr 1889 vertrat er, dass der Buddhismus zumindest in seiner ursprünglichen Gestalt »es ablehnte, die Existenz eines personalen Schöpfers oder die Abhängigkeit des Menschen von einer höheren Macht einzuräumen.«[11] In den späteren Entwicklungen des Buddhismus, das heißt im Mahāyāna, könne man jedoch »das allmähliche Abgleiten seines Atheismus und Agnostizismus in Theismus und Polytheismus« beobachten.[12]

Zu Beginn des 20. Jahrhunderts wurde die kontrastierende Gegenüberstellung von buddhistischem Atheismus und christlichem Theismus zu einem verbreiteten Motiv religionsvergleichender Arbeiten. Mehreren Autoren erschien durch die Leugnung eines personalen Schöpfers und einer unsterblichen Seele der atheistische und nihilistische Charakter zumindest des ursprünglichen Buddhismus verbürgt.[13] Wie sehr sich die Überzeugung vom Atheismus des älteren Buddhismus verfestigte, zeigt die folgende Bemerkung von Hilko Wiardo Schomerus. Schomerus wusste, dass sich gerade in den älteren buddhistischen Texten keine explizite Leugnung Gottes findet. Das, so Schomerus, offenbare allerdings umso mehr den atheistischen Charakter. Denn für Buddha sei »Gott [...] so sehr ein Nichts, dass er sich nicht einmal die Mühe gibt, sich irgendwie mit ihm zu befassen, seine Existenz zu bestreiten oder sein Nichtdasein zu beweisen. Einen konsequenteren Atheisten als ihn kann man sich eigentlich gar nicht denken.«[14]

10 Welbon 1968: 67-79, 90.

11 Monier-Williams 1889: 539.

12 Ebd. 541.

13 Vgl. beispielsweise Bertholet 1909: 18-22; Wecker & Koch 1910: 29; Hardy 1919: 195-197.

14 Vgl. Schomerus 1931: 25. Allerdings wollte Schomerus das Nirvāṇa nicht völlig nihilistisch deuten, auch wenn er dieser Position nahesteht. Vgl. hierzu Kap. 8, S. 290f.

Eine größere Anzahl von Autoren verstand den buddhistischen Atheismus somit in einem radikalen, das heißt materialistischen und nihilistischen Sinn. Nach ihrer Auffassung leugnet der Buddhismus jegliche Form von letzter Wirklichkeit, sofern damit eine Wirklichkeit gemeint ist, die die Grenzen von Raum und Zeit und damit die Grenzen bedingter und vergänglicher Existenz transzendiert.[15] Insofern sei der Buddhismus eigentlich auch keine Religion, sondern eine pessimistische Philosophie. Auch heute noch wird diese Position sowohl von einigen westlichen Buddhismus-Wissenschaftlern als auch vor allem von westlich beeinflussten Buddhisten vertreten.[16] Demgegenüber interpretierten andere Autoren den Buddhismus als eine nicht-theistische Religion. Der Buddhismus sei atheistisch nur in dem Sinn, dass er den Glauben an einen personalen Schöpfergott bestreite. Er leugne jedoch nicht die Existenz einer letzten, transzendenten Wirklichkeit schlechthin. Insofern sei er am besten der Mystik zuzurechnen. Und dies gelte keineswegs nur für die späteren Entwicklungen innerhalb des Mahāyāna.

Bereits 1855 widersprach der französische Indologe Jules Mohl der atheistischen beziehungsweise nihilistischen Buddhismus-Deutung durch Barthélemy Saint-Hilaire. Nach Mohl besage das Nirvāṇa keineswegs eine völlige Auslöschung. Es repräsentiere vielmehr »nichts anderes als das allgemeine Ziel aller Mystik: die Wiedervereinigung der Seele mit Gott.« Von diesem Ziel, so Mohl weiter, sprächen die Mystiker aller Religionen immer

15 Der Terminus »letzte Wirklichkeit« bleibt unvermeidlich vage, ist jedoch hinreichend abgegrenzt. Nach Wesley Wildman (2017: 6-8) ist letzte Wirklichkeit nicht durch anderes bedingt; alles andere ist von ihr abhängig; sie bildet den Kontext von allem, ist aber selbst nicht Teil eines noch größeren Kontextes. Einfacher und vielleicht treffender formuliert John Hick (1993: 164), dass es eine Wirklichkeit ist, »die alles andere transzendiert, aber selbst nicht von etwas anderem transzendiert wird.«

16 Im Theravāda beispielsweise von Asanga Tilakaratne (2016), im Mahāyāna von Stephen Batchelor (1998, 2011). Aus der westlichen Buddhismus-Wissenschaft lassen sich Mark Siderits und Jay Garfield nennen. Beide vertreten den Standpunkt, dass zumindest gemäß der Philosophie Nāgārjunas gilt: »Die einzige absolute Wahrheit ist, dass es keine absolute Wahrheit gibt« (Garfield 2002: 99; Siderits 2007: 182; zur philologischen Kritik siehe z.B. Ferraro 2013). Tilakaratne (2016: 92-94) räumt jedoch ein, dass auch andere Interpretationen möglich sind und in der Tradition vertreten wurden und werden. Auch Batchelor ist sich dessen bewusst, dass er sich von traditionellen buddhistischen Positionen abwendet, behauptet aber, damit zumindest partiell der ursprünglichen Position des Buddhas näher zu stehen (Batchelor 1998: 4f, 34-38, 114f; 2011: 38f, 130f, 174-183).

nur in Bildern und Vergleichen.[17] Andere Autoren, wie die Philosophen Adolphe Franck und Adolphe Garnier verwiesen darauf, dass sich die mystischen Traditionen innerhalb der Religionen häufig einer negativen Ausdrucksweise bedienten, um auf die Unbeschreibbarkeit der letzten Wirklichkeit hinzuweisen. Solche negativen Formulierungen dürften nicht als Atheismus oder Nihilismus missdeutet werden.[18] Die Deutung des Buddhismus als eine Form der Mystik setzte sich ebenfalls bis ins 20. Jahrhundert fort und fand prominente Unterstützung durch die deutschen Religionswissenschaftler Rudolf Otto, Friedrich Heiler und Gustav Mensching. Der Buddhismus, so Mensching, ist »eine echte Mystik [...] und damit eben auch Religion, die stets mit einem Numinosen verbunden ist, und nicht Atheismus. Das ist in beiden Grundformen des Buddhismus der Fall, im Theravada- und im Mahayana-Buddhismus.«[19]

Nach Bhikkhu Bodhi, Theravāda-Mönch und international anerkannter Übersetzer zahlreicher kanonischer Werke, ist aus Sicht vieler Buddhisten die Bezeichnung »nicht-theistisch« vorzuziehen, da »atheistisch« eine rein materialistische Weltanschauung suggeriere.[20] Doch auch unter jenen Buddhisten, die den atheistischen Charakter des Buddhismus betonen, gibt es Anzeichen dafür, dass sie diesen bei genauerem Hinsehen in einem nicht-theistischen statt nihilistischen Sinn auslegen. Der theravāda-buddhistische Reformer Anagarika Dharmapala (1864-1933) bekräftigte durchgängig die buddhistische Ablehnung eines Schöpfergottes, doch sei der Buddhismus weder monotheistisch, noch atheistisch, materialistisch oder gar nihilistisch.[21] Vielmehr beinhalte der Buddhismus eine »transzendental mystische« Psychologie,[22] die auf einer »transzendentalen Metaphysik« beruhe.[23] Das Nirvāṇa stehe

17 Zitiert nach Welbon 1968: 70.

18 Ebd. 77-79.

19 Mensching 1978: 244.

20 Bodhi 1995: 24.

21 Guruge 1965: 33.

22 Ebd. 80.

23 Ebd. 8.

außerhalb der Gesetze des kosmischen Prozesses.[24] Es sei »unbeschreibbar«, »unaussprechlich«, »ewig« und »unbedingt«. Nur wer es erfahre, wisse, was es ist.[25] Seine nihilistische Deutung als Auslöschung lehnte Dharmapala explizit ab.[26]

In jüngerer Zeit hat in Sri Lanka Gunapala Dharmasiri († 2015) den atheistischen Charakter des Buddhismus nachdrücklich hervorgehoben und mit einer detaillierten Kritik des christlichen Gottesbegriffs verknüpft.[27] Dharmasiri scheute zunächst auch nicht davor zurück, vom Nirvāṇa als »absoluter Auslöschung« (»absolute extinction«) zu sprechen und die Interpretation des Nirvāṇas im Sinn einer mystischen Wirklichkeit zu verwerfen.[28] In einem späteren »Postskriptum«[29] räumte Dharmasiri jedoch eine gewisse Nähe des Buddhismus zum hinduistischen Advaita-Vedānta ein. Das Anliegen des Buddhas habe darin bestanden, »das letzte Prinzip vor seinem Rückfall auf die begriffliche Ebene zu retten.« Daher habe sich der Buddha nur verneinend über das Nirvāṇa geäußert, auch wenn sich an einigen Stellen, wie etwa in *Udāna* 8:3,[30] andeute, dass er die positive Existenz eines solchen letzten Prinzips akzeptierte.[31] In diesem Sinn habe er, Dharmasiri, den christlichen Gottesbegriff als »eine primitive und unterentwickelte Vorstellung der vollkommenen und letzten Wirklichkeit« kritisiert.[32]

In China hob der buddhistische Reformer Taixu (1890-1974) den atheistischen Charakter des Buddhismus hervor und verwarf theistische Gottesvorstellungen als in sich widersprüchlich und mit moderner Wissenschaft unvereinbar.[33] Wie jedoch nicht zuletzt an

24 Ebd. 288.

25 Ebd. 80. Vgl. auch ebd. 190.

26 Ebd. 355.

27 Dharmasiri 1988.

28 Ebd. 152-183.

29 In der Erstausgabe seines Werks *A Buddhist Critique of the Christian Concept of God* (Dharmasiri 1974) war dieses Postscript noch nicht vorhanden. In eine ähnliche Richtung verweisen aber schon die Bemerkungen in Dharmasiri 1976.

30 Siehe oben Kap. 3, S. 102.

31 Dharmasiri 1988: 269.

32 Ebd. 258.



33 Vgl. Pittman 2001: 243-249.

Taixus Auseinandersetzung mit seinem buddhistischen Zeitgenossen Ouyang Jingwu deutlich wurde, ging es ihm dabei vor allem um eine Abwehr dualistischer Transzendenzvorstellungen. Die im Mahāyāna bekräftigte »Soheit« (*zhenru, tathatā*) der letzten Wirklichkeit müsse, so Taixu, sowohl als transzendent wie auch als immanent gedacht werden.[34] Alle Menschen hätten Teil an der absoluten Wirklichkeit, die ihre Buddha-Natur bildet und nicht etwa, wie im Christentum, allein Jesus.[35] Gelegentlich konnte Taixu sogar den Gottesbegriff als eine falsche beziehungsweise unzureichende Konzeptualisierung dieser absoluten Wirklichkeit bezeichnen.[36]

Eine der Sache nach recht ähnliche Position nahm in Japan Taixus Zeitgenosse Daisetz Teitaro Suzuki (1870-1966) ein. Auch Suzuki lehnte den Glauben an einen Schöpfergott explizit ab. Doch im Unterschied zu Taixu hielt Suzuki die Bezeichnung des Buddhismus als »atheistisch« für irreführend, da sie den Eindruck erwecke, der Buddhismus verträte eine agnostische und materialistische Weltauffassung.[37] In seinem einflussreichen Werk *Outlines of Mahāyāna Buddhism* (Grundzüge des Mahāyāna-Buddhismus) aus dem Jahr 1907 schrieb Suzuki: »Der Buddhismus erkennt offen die Gegenwart einer Wirklichkeit an, die die Begrenzungen des Phänomenalen transzendiert, die aber dennoch überall immanent ist und sich in ihrer vollen Herrlichkeit manifestiert und in der wir leben, uns bewegen und unser Sein haben.«[38] Mit dieser Anspielung auf Apg 17,28 deutet Suzuki bereits seinen Standpunkt an, wonach das mahāyāna-buddhistische Konzept des Dharmakörpers (*dharmakāya*) das buddhistische Äquivalent zum Gottesbegriff sei. Zugleich identifiziert er den Dharmakörper mit der aller phänomenalen Wirklichkeit immanenten Buddha-Natur.[39] Fünfzig Jahre später stellte Suzuki den Zen-Buddhismus explizit als eine Form der Mystik dar und zeigte maßgebliche Parallelen zwischen Zen und

34 Ebd. 247. Vgl. auch Yu, X. 2003: 174.

35 Pittman 2001, 119, 248.

36 Yu, X. 2003: 183.

37 Suzuki 1977: 219.

38 Ebd. 219.

39 Ebd. 217-241.

der christlichen Mystik Meister Eckharts auf.[40] Acht Jahre danach zog Suzuki die Einstufung des Zen als »mystisch« jedoch mit der Begründung zurück, dass dieser Begriff Konnotationen wie »obskur«, »verborgen«, »geheim« usw. besitze, was auf die Spiritualität des Zen in keiner Weise zutreffe.[41] Hier zeigt sich, ähnlich wie beim Begriff »atheistisch«, dass die Begriffe »Mystik« und »mystisch« zahlreiche Konnotationen umfassen und ihre Verwendung daher nur in einer sehr differenzierten Weise möglich beziehungsweise sinnvoll ist.

Als ein letztes Beispiel buddhistischer Autoren sei noch kurz der zen-buddhistische Philosoph Keiji Nishitani (1900-1990) genannt. Auch er scheute sich nicht, eine starke inhaltliche Parallele zwischen Zen und der Mystik Meister Eckharts zu ziehen. Eine Gleichsetzung von Mahāyāna-Buddhismus mit einem nihilistischen oder materialistischen Atheismus lehnte auch Nishitani explizit ab.[42] Der buddhistische Standpunkt liege jenseits von Atheismus und Theismus. »Selbstverständlich«, so Nishitani, sei auch im Buddhismus »von einer Transzendenz zum Jenseitigen, zum ›anderen Ufer‹ die Rede. Aber hier wird die Transzendenz als ein Sich-Auftun eines Horizonts realisiert, der absolut diesseitig genannt werden kann, weil er die Gegenüberstellung von Jenseits und Diesseits transzendiert.«[43] Eckharts Vorstellung vom »Nichts« oder der »Gottheit« als dem Grund der Beziehung zwischen der Seele und Gott komme einem solchen Verständnis von Transzendenz sehr nahe.[44]

Im Kontext des Dialogs zwischen Christen und Zen-Buddhisten wird der Buddhismus nach wie vor nicht selten als eine Form der Mystik charakterisiert oder zumindest in einen engen Bezug zur christlichen Mystik gesetzt. Allerdings geschieht dies inzwischen mit einer stärkeren Sensibilität für die hermeneutischen Probleme

40 So in seinem 1957 erschienenen Buch *Mysticism: Christian and Buddhist* (Suzuki 2007). Zur deutschen Übersetzung siehe Suzuki 1980. Vgl. hierzu auch Reichl 2021.

41 Suzuki 1965.

42 Nishitani 1982: 172f.

43 Ebd. 173f. Das »andere« oder »jenseitige Ufer« gehört zu den klassischen buddhistischen Metaphern für das Nirvāṇa. Vgl. Collins, S. 1998: 222-224.

44 Nishitani 1982: 161, 174, 195.

der Übertragbarkeit der Kategorie »Mystik« auf den Buddhismus. Doch auch hermeneutisch sensible und vorsichtige Experten wie Jan van Bragt und Paul Mommaers urteilen mit guten Gründen, dass viele Fragen und Erfahrungen, die innerhalb des Christentums der »mystischen Theologie« zugeordnet werden, im Buddhismus einen zentralen Platz einnehmen. Insbesondere gelte dies für die apophatische Tradition der christlichen Theologie, wonach man von Gott nur sagen könne, was Gott nicht ist. Diese Tradition, so van Bragt und Mommaers, »hat viele Gemeinsamkeiten mit jenem ›beharrlichen Prozess der Verneinung‹, der den gesamten Buddhismus, vor allem aber den Mahāyāna-Buddhismus durchzieht.«[45] Christian Steineck spricht von einer »Pluralität mystischer Ansätze«, scheut sich aber nicht, Zen-Buddhismus als eine Form der Mystik zu verstehen.[46] Janett Williams vermeidet die Einstufung des Buddhismus oder Zen-Buddhismus als Mystik. Sie kommt jedoch auf der Basis ihrer vergleichenden Untersuchung von Dōgen (1200-1253) auf der einen und Pseudo-Dionysius Areopagita sowie Maximus Confessor auf der anderen Seite zu einem ganz ähnlichen Urteil wie van Bragt und Mommaers, nämlich einem erstaunlichen Gleichklang in der apophatischen Haltung gegenüber letzter Wirklichkeit.[47]

### *Impersonales versus personales Transzendenzverständnis*

Wie immer es um die Angemessenheit der Kategorie »Mystik« im Hinblick auf den Buddhismus oder bestimmte Formen des Buddhismus bestellt sein mag, so stimmen doch viele Christen, die sich im Dialog mit Buddhisten engagieren, inzwischen darin überein, dass der Buddhismus nicht als »Atheismus« charakterisiert werden kann, wenn damit die Leugnung jeglicher Form einer transzendenten oder

45 Mommaers & Van Bragt 1995: 33.

46 Vgl. Steineck 2000: 10-12, 259-267.

47 Williams, J. P. 2000: 185. Katharina Ceming (2004) ordnet große Teile der buddhistischen Tradition der Mystik zu und sieht, wie Janett Williams, den Hauptgrund hierfür in den jeweiligen Formen der Apophatik.

letzten Wirklichkeit gemeint ist.[48] Der neuzeitliche westliche Atheismus leugnete in der Regel nicht nur die Existenz eines personalen Schöpfergottes, sondern jeder unbedingten, Raum und Zeit übersteigenden Wirklichkeit.[49] Allerdings ist es auch unbestreitbar, dass es heute Buddhisten gibt, die ihre Weltanschauung in genau diesem westlichen Sinn als atheistisch verstehen – so wie es heute auch Christen gibt, die jegliche Vorstellung einer metaphysischen Realität verabschieden und im Sinne Ludwig Feuerbachs den Begriff »Gott« lediglich als eine symbolische Chiffre für besondere menschliche Werte betrachten.[50]

Auf den Buddhismus, auch in seinen frühen Formen, lässt sich eine solche radikale Leugnung von Transzendenz allerdings kaum anwenden.[51] Gerade im frühen Buddhismus wird der überweltliche beziehungsweise transzendente Charakter des Nirvāṇas als einer unbedingten und unvergänglichen Wirklichkeit betont.[52] Auch im Mahāyāna, vor allem in jenen Spielarten, wie sie sich im chinesischen Kulturkreis entwickelt haben, wird Transzendenz nicht geleugnet. Vielmehr bezieht sich die Leugnung auf dualistische Konzeptionen. Transzendenz wird mit radikaler Immanenz verbunden. In China spielte hierbei der Einfluss des Daoismus eine nicht zu unterschätzende Rolle. Die indische Basis bildet vornehmlich die Kritik Nāgārjunas (2. Jhd. n. Chr.) an jeglicher Form eines begrifflichen Weltbilds. Die wahre Wirklichkeit (wörtlich »Dasheit/Soheit«: *tattva*) ist nach Nāgārjuna nicht in Begriffen aussagbar. Daher besitze eben auch die Unterscheidung von Saṃsāra und Nirvāṇa, von diesseitiger und jenseitiger Wirklichkeit, bestenfalls eine nur vorläufige, aber keine absolute Gültigkeit.[53]

48 Vgl. hierzu auch den Überblick in von Brück & Lai 1997: 349-478.

49 Vgl. hierzu auch die von Jeanine Diller vorgeschlagene Unterscheidung zwischen »global atheism«, d.h. der Bestreitung jeglicher Form von göttlicher oder transzendenter Wirklichkeit, und »local atheism« als der Bestreitung einer bestimmten Vorstellung von transzendenter Wirklichkeit (Diller 2016).

50 Vgl. beispielsweise Hasenhüttl 1979: 115-135; Cupitt 2003: 276f.

51 Selbst für die Position der Sautrantikas, denen häufig die Vorstellung der endgültigen Vernichtung unterstellt wird, erscheint dies fraglich. Vgl. die Übersichten in Pandit 1993: 312-339; Pande 1999: 443-451.

52 Schmidt-Leukel 2016c.



53 *Mūlamadhyamakakārikā* 18,7-11. Vgl. Schmidt-Leukel 2020a: 232-243.

Insofern nun aber der buddhistische »Atheismus« keine Leugnung einer transzendenten Wirklichkeit an sich beinhaltet, muss der Unterschied zwischen buddhistischem Nicht-Theismus und christlichem Theismus als Unterschied zwischen verschiedenen Verständnissen und Konzeptionen transzendenter Wirklichkeit gesehen werden. Nicht wenige Christen und Buddhisten betrachten jedoch auch diesen Unterschied als unüberwindlichen Gegensatz. Beispielsweise nehmen Keith Yandell und Harold Netland in ihrem Vergleich von Buddhismus und Christentum ausdrücklich zur Kenntnis, dass das Nirvāṇa nach traditionellem buddhistischen Verständnis eine unbedingte, aller Vergänglichkeit enthobene Wirklichkeit bezeichnet.[54] Da das Nirvāṇa jedoch »nicht als personal oder handlungsfähig vorgestellt« werde, habe es mit dem christlichen Gottesverständnis nichts gemein.[55] Ganz ähnlich urteilt Paul Williams, der zunächst zum Buddhismus und später zum Katholizismus konvertierte, dass die Auffassung vom Nirvāṇa als einer unbedingten Wirklichkeit es nicht zulasse, darin eine andere Version dessen zu sehen, was Christen als »Gott« verstehen. Denn zum Nirvāṇa sei weder eine personale Beziehung möglich, noch sei das Nirvāṇa in irgendeiner Weise schöpferisch.[56] In der bisher ausführlichsten Untersuchung zum Verständnis des Nirvāṇas in den kanonischen Texten des Theravāda-Buddhismus zeigt Steven Collins anhand zahlreicher Belege, dass das Nirvāṇa hier als unbedingte, zeitlose und unbeschreibbare Wirklichkeit verstanden wird, die zugleich das eigentliche und letzte Ziel des menschlichen Strebens bildet. Dennoch verbiete sich ein Vergleich mit der Gottesvorstellung, da das Nirvāṇa (Pāli: *nibbāna*) nirgendwo als »Ursprung oder Grund des Universums« bezeichnet werde.[57] Ähnlich sehen dies auch Peter Harvey[58] und Christopher Gowans. In seiner Studie zur Philosophie des Theravāda-Buddhismus kommt Gowans zu dem Schluss:

54 Yandell & Netland 2009: 22-26.

55 Ebd. 183.

56 Williams, P. 2011: 161.

57 Collins, S. 1998: 176f; ähnlich Collins, S. 2010: 53f.

58 Harvey 2019: 1f, 35-37.

> [...] sofern *Nibbāna* als eine letzte Wirklichkeit, jenseits von Veränderung und Bedingtheit, dargestellt wird, und die, wenn sie erreicht wird, uns befähigt, vom Leid frei zu werden, könnte sie zu einem Vergleich mit dem Gott der theistischen Traditionen von Judentum, Christentum und Islam einladen. Es gibt Ähnlichkeiten. [...] In einem weiten Sinn des Wortes ist *Nibbāna* eine transzendente Wirklichkeit [...]. Doch die Unterschiede sind erheblich. Die wichtigsten Unterschiede bestehen darin, dass *Nibbāṇa*, im Unterschied zu Gott, nicht die letzte Ursache des Universums ist, und es ist kein personales Wesen, das allmächtig, allwissend und allgütig wäre.[59]

Sind diese Unterschiede im buddhistischen und christlichen Verständnis von Transzendenz allerdings tatsächlich so unüberbrückbar? Auch an diesem Punkt kann die Feststellung weiterhelfen, dass sich der Unterschied zwischen einem impersonalen und einem personalen Verständnis von Transzendenz nicht nur zwischen Buddhismus und Christentum findet, sondern auch innerhalb beider Traditionen. Wenn sich aber innerhalb beider Traditionen Wege herausgebildet haben, die von einer Komplementarität zwischen personalen und impersonalen Transzendenzvorstellungen ausgehen, lässt sich dann eine solche Komplementarität nicht auch für das Verhältnis zwischen beiden Religionen veranschlagen? Auch hinsichtlich der Frage nach dem schöpferischen Charakter letzter Wirklichkeit stellt sich die Situation komplexer dar, als bisher zumeist angenommen wurde. Denn weder im Buddhismus noch im Christentum ist das Verständnis dessen, was mit »Schöpfung« gemeint ist, völlig eindeutig oder homogen. Eine differenziertere Berücksichtigung einzelner Komponenten in den jeweiligen Schöpfungsvorstellungen führt auch hier zu neuen Perspektiven.

Wenn von »impersonalen« Transzendenzvorstellungen die Rede ist, so kann das Wort »impersonal« in zwei verschiedenen Bedeutungen verwendet werden: in einer kataphatischen, das heißt, positiv beschreibenden, und in einer apophatischen, rein negativen Bedeutung. Im *ersten*, kataphatischen Sinn kann »im-



59 Gowans 2003: 150f.

personal« bedeuten, dass von transzendenter oder letzter Wirklichkeit in Begriffen, Bildern oder Metaphern gesprochen wird, die nicht der personalen Wirklichkeit des Menschen entlehnt sind, das heißt, die nicht anthropomorph sind. Von der letzten Wirklichkeit als »Vater« oder »Mutter« zu sprechen wäre demgegenüber eine personale, anthropomorphe Redeweise. Ihre Bezeichnung als »jenseitiges Ufer« oder als »sichere Insel« trägt hingegen impersonalen (wenn man so will »physikomorphen«) Charakter. Im Hinblick auf die Auswirkung und Bedeutung der letzten Wirklichkeit von »göttlichem Willen« zu sprechen ist eine personale, ihre Bezeichnung als »kosmisches Gesetz« dagegen eine impersonale (in diesem Fall quasi »nomomorphe«) Redeweise. Neben einer solchen kataphatischen Verwendung konkreter und anschaulicher, aber eben nicht-personaler Ausdrücke kann mit »impersonaler Transzendenzvorstellung« jedoch *zweitens* auch etwas ganz anderes gemeint sein, nämlich eine rein negative beziehungsweise apophatische Redeweise. Auf diesem Weg wird der Überzeugung Ausdruck verliehen, dass sich letzte Wirklichkeit überhaupt nicht adäquat in menschlichen Begriffen und Bildern aussagen lässt, weder in solchen, die der personalen, noch in solchen, die der nicht-personalen Erfahrungswelt entlehnt sind. In diesem Fall wird also nicht betont, wie oder was die letzte Wirklichkeit ist. Hier wird vielmehr artikuliert, dass alle Begriffe und Bilder – personal wie impersonal – nicht in einem wörtlichen Sinn auf die letzte Wirklichkeit zutreffen.

In diesem zweiten, apophatischen Sinn finden wir impersonale Redeweisen sowohl im Buddhismus als auch im Christentum, und zwar zusammen mit der Bekräftigung, dass dies unter dem Strich die adäquatere Form der Rede über transzendente Wirklichkeit ist – sofern diese überhaupt irgendeine Redeweise zulässt.[60] Doch in beiden Traditionen finden wir personale und impersonale Ausdrucksformen auch im ersten Sinn, also in der Verwendung anschaulicher

60 Siehe auch die vergleichende Übersicht zu den apophatischen Traditionen in Buddhismus und Christentum bei C.D. Sebastian (2016: 19-50). Allerdings wird hier der Buddhismus leider einseitig aus der reduktionistischen Lesart von Autoren wie Mark Siderits, Jay Garfield und anderen dargestellt.

Vorstellungen aus der personalen sowie der nicht-personalen Welt. Was diese kataphatische Redeweise betrifft, so kann man wohl sagen, dass im Christentum eine personale und im Buddhismus eine impersonale Redeweise dominiert. Auch wenn in vielen Formen des Mahāyāna-Buddhismus der Gebrauch von personalen und impersonalen Ausdrucksformen auf der kataphatischen Ebene stärker ausbalanciert ist und teilweise sogar eine personale Bildlichkeit zu dominieren scheint, so bleiben die personalen Bilder (vermittelt durch die Vorstellungen von Buddhas und Bodhisattvas) doch insgesamt rückbezogen auf die grundlegenderen impersonalen Metaphern und Begrifflichkeiten.

## 4.2 Impersonale und personale Transzendenzvorstellungen im Buddhismus

### *Älterer Buddhismus und Theravāda*

Im frühen Buddhismus wird das Nirvāṇa häufig als »das Todlose« bezeichnet (*amṛta, amata*). In dieser Bezeichnung spiegelt sich die Natur des Nirvāṇas als Befreiung von dem ansonsten endlosen »Wiedertod« (*punarmṛtyu* – dies ist der ursprüngliche Begriff für das, was später »Wiedergeburt« genannt wird) im Kreislauf des *saṃsāra*. Zum einen könnte man sagen, dass es sich bei der Bezeichnung »das Todlose« um eine rein negative, apophatische Redeweise handelt. Sie bestreitet einfach, dass auf das Nirvāṇa irgendeine Form von Tod und Sterblichkeit zutrifft. Zum anderen ist mit dieser Bezeichnung aber auch die Metapher eines *todlosen Ortes* oder *Bereichs* verbunden[61] oder auch eines Sees oder Ozeans des Todlosen, in den man »eintauchen« kann.[62] Außerdem wird das Nirvāṇa, wie wir bereits gesehen haben, als das »jenseitige

61 Vgl. Collins, S. 1998: 146f.

62 Vgl. ebd. 221f.

Ufer« bezeichnet, das man sicher erreicht, wenn man den Strom des Saṃsāras durchquert hat. Oder als die »sichere Insel«, ein »fester Grund«, der Schutz bietet vor der »großen Flut« des Saṃsāras. Das Nirvāṇa wird zudem mit einer »sicheren« oder »glücklichen Stadt« verglichen, die Freiheit von Furcht bietet, oder mit einem lieblichen »kühlen Ort«, wo man Erholung von unerträglicher Hitze findet. Tatsächlich werden in den kanonischen und nach-kanonischen Schriften zahlreiche unterschiedliche impersonale Bilder für das Nirvāṇa verwendet, die alle das Motiv der Befreiung von der vergänglichen und unbefriedigenden Welt samsarischer Existenz unterstreichen.[63]

Dieses Motiv ist zugleich der wichtigste Grund, warum besonders prominente und einflussreiche traditionelle buddhistische Abhandlungen wie der *Milindapañha* (4.- 5. Jhd. n. Chr. mit deutlich älteren Schichten) und der *Visuddhimagga* (5. Jhd. n. Chr.) darauf bestehen, dass das Nirvāṇa eine »nicht-bedingte« beziehungsweise »unbedingte« (*asaṃskṛta, asaṅkhata*) Wirklichkeit sein muss. Nach traditioneller buddhistischer Lehre ist nämlich alles, was dem Prinzip der bedingten Entstehung (*pratītyasamutpāda*) – also der Entstehung aus Ursachen – unterliegt, auch dem Vergehen unterworfen. Um also tatsächlich eine todlose Wirklichkeit zu sein, muss das Nirvāṇa – so argumentieren übereinstimmend beide Texte – eine unbedingte Wirklichkeit sein.[64] Das impliziert nach Aussage dieser beiden Texte, dass das Nirvāṇa nicht als der geistige Zustand einer erwachten (erleuchteten) Person definiert werden darf. Denn ein solcher Zustand wäre eine bedingt entstandene Realität, entsteht er doch durch die Vollendung des Edlen Achtfachen Pfads. Insofern das Nirvāṇa aber eine »unbedingte« Wirklichkeit ist, existiert es unabhängig davon, ob es jemand erreicht oder nicht. Auch diese Argumentation traditioneller theravāda-buddhistischer Dogmatik verbleibt jedoch auf der Ebene rein negativer Aussagen. Sie sagt nur, was das Nirvāṇa nicht sein kann, nämlich nicht bedingt

63 Übersichten über sämtliche Bezeichnungen des Nirvāṇas in den kanonischen Schriften des Theravāda bieten Chandrkaew 1982: 20-44 und Collins, S. 1998: 135-233.

64 *Milindapañha* 4,7,13-17, *Visuddhimagga* 16,67-74.

oder verursacht. Auch die anderen kanonischen Attribute – das »Nicht-Geborene«, »Nicht-Gewordene«, »Nicht-Gemachte« – sind ebenso wie das »Nicht-Bedingte« alle rein negativer Natur.[65] Tatsächlich wird schon recht früh bekräftigt, dass das Nirvāṇa nur metaphorisch ausgedrückt werden könne, im strengen Sinn somit unaussprechlich und in Begriffen nicht adäquat beschreibbar sei.[66] Letztlich, so das frühe kanonische *Sutta Nipāta* (1149), bleibe es sogar unvergleichlich.

»Nirvāṇa« ist nicht das einzige Konzept, durch das der frühe Buddhismus auf eine letzte Wirklichkeit verweist. Ein weiteres Konzept ist »Dharma« (*dharma, dhamma*), das ewige kosmische Gesetz beziehungsweise die Lehre, in der der Buddha dieses Gesetz enthüllt. Ein »Buddha«, das heißt, ein vollkommen Erwachter, ist nach traditioneller buddhistischer Auffassung nicht jemand, der sich seine Lehre ausdenkt oder diese erfindet. Die Vorstellung ist vielmehr, dass ein Buddha in seinem Erwachen nicht nur das Nirvāṇa erfährt, sondern zugleich den Dharma erkennt. Genauer gesagt, gilt als ein »Buddha« jemand, der den Dharma wiederentdeckt zu einer Zeit, in der der Dharma schon lange in Vergessenheit geraten ist, und der zugleich in der Lage ist, den Dharma so in seiner Lehre zu verkünden, dass dadurch auch andere Menschen den Weg zum Erwachen finden. Nach buddhistischem Verständnis enthält der Dharma also jene Gesetzmäßigkeiten oder Wahrheiten, deren Kenntnis und praktische Umsetzung es den Menschen ermöglicht, den Weg zum Nirvāṇa zu gehen. Dieser Weg, ebenso wie sein Ziel, ist selbst Teil des Dharmas. Auch bei »Gesetz« (*dharma*) handelt es sich um eine impersonale Vorstellung. Doch ähnlich wie für das Nirvāṇa gilt auch für den Dharma, dass er »subtil« ist und »bloßes Denken übersteigt« (*Majjhima Nikāya* 26,19). Der Dharma ist somit nahezu unaussprechlich, wenn auch nicht völlig. Denn ein Buddha besitzt eben die Fähigkeit, ihn so in Worte zu fassen, dass er damit den Menschen den Weg zum im strengen Sinn unsagbaren Nirvāṇa weist.

65 Vgl. oben Kap. 3, S. 102.



66 Vgl. Collins, S. 1998: 97, 162f.

Von der engen Beziehung zwischen Nirvāṇa und Dharma als zwei Aspekten der letzten Wirklichkeit leitet sich im traditionellen Buddhismus ein drittes Konzept her, mittels dessen auf die Immanenz transzendenter Wirklichkeit verwiesen wird, nämlich das Konzept beziehungsweise die Gestalt eines »Buddhas« – mit weitreichenden Folgen, die sich dann vor allem im Mahāyāna entfalten. Schon in den kanonischen Schriften des Theravāda wird ein Buddha als eine Verkörperung von Dharma und Nirvāṇa vorgestellt: »Wer den Dharma sieht, sieht mich; wer mich sieht, sieht den Dharma« – spricht der Buddha. Der Kontext macht völlig klar, dass es dabei nicht um die körperliche Erscheinung des Buddhas geht, sondern um das, was er durch die spirituellen Qualitäten eines Buddhas verkörpert.[67] Dies wird weiter durch die Buddha-Legende unterstrichen, wonach das Leben eines jeden Buddhas immer demselben Grundmuster folgt und dadurch nichts anderes als die Grundzüge der buddhistischen Lehre beziehungsweise des Dharmas illustriert. Ganz ähnlich heißt es, dass jede erleuchtete Person den Dharma und das Nirvāṇa verkörpert.[68] Auf die Frage, inwiefern das Nibbāna (= Nirvāṇa) »klar sichtbar, unmittelbar wirksam« sei, antwortet der Buddha:

> Ist [...] die Gier aufgehoben – ist der Hass aufgehoben – ist die Verblendung aufgehoben, so trachtet man weder nach eigenem Schaden, noch nach dem Schaden anderer, noch nach beiderseitigem Schaden, erleidet man keinen geistigen Schmerz und Kummer. Derart, o Brahmane, ist das Nibbāna klar sichtbar.[69]

Dasselbe wird zuvor über die Sichtbarkeit des Dharmas gesagt. In der Gestalt des Buddhas, ja, in jedem erleuchteten Menschen, gewinnt die letzte Wirklichkeit somit ein personales Antlitz. Ihre Erfahrung verwandelt das Leben der Menschen in ein Leben erfüllt von Weisheit und Mitleid, befreit von Gier, Hass und Verblendung.

67 *Saṃyutta Nikāya* 22,87.

68 *Aṅguttara Nikāya* 3,55-56.

69 *Aṅguttara Nikāya* 3,56. Nynaponika 1984, Bd. 1: 145.

Gerade darin wird die letzte Wirklichkeit sichtbar: Sie zeigt sich in Gestalt vollendeter Menschen. Der Buddha und der Erwachte werden somit zu personalen Repräsentationen letzter Wirklichkeit, wenn auch in Abhängigkeit von den primär impersonalen Konzepten wie Nirvāṇa und Dharma.

### *Mahāyāna*

Solche Ideen hatten erhebliche Auswirkungen innerhalb des Mahāyāna-Buddhismus.[70] In dem einflussreichen *Lotos-Sūtra* werden die Zeitlosigkeit des Nirvāṇas und die Ewigkeit des Dharmas auf die Gestalt des Buddhas projiziert. Seine Erscheinung als ein sterbliches menschliches Wesen war gemäß dem *Lotos-Sūtra* nur ein magischer Trick, ein geschicktes pädagogisches Mittel zur Verbreitung seiner Lehren. Zudem sollte hierdurch die Beziehung einer liebenden Verehrung des Buddhas gestiftet werden: Denn seine Nachfolger vermissten ihn schmerzlich, nachdem sie fälschlich glaubten, er sei erloschen und ihnen für immer entzogen:

> Aber in Wahrheit bin ich nicht erloschen und hinübergegangen.
> Beständig bin ich hier und predige das Gesetz.
> Ich bin beständig hier,
> Und mit meiner überirdisch durchdringenden Kraft
> Bewirke ich, dass die Lebewesen, die verwirrt sind,
> Mich, obwohl ich nahe bin, nicht sehen.
> Wenn alle sehen, dass ich erloschen und hinübergegangen,
> Werden sie weithin meine Reliquien (Asche) verehren.
> Alle zusammen werden Liebe und Sehnsucht im Busen hegen;
> Und sie werden dürsten und aufschauen im Herzen.
> Wenn dann alle sich willig im Glauben hingegeben haben,
> Ihre Natur unbefangen und ihre Gesinnung nachgiebig,
> Und sie mit ganzem Herzen wünschen, den Buddha zu sehen,
> Und sich nicht um den eigenen Körper kümmern,
> Dann werde ich mit der ganzen Mönchsgemeinde



70 Vgl. Schmidt-Leukel 2020a: 207-224.

Auf dem Geierspitzberg erscheinen.
Ich werde zu der Zeit zu den Lebewesen sprechen,
Dass ich beständig hier sei und nicht erlösche.[71]

Die Botschaft des *Lotos-Sūtras* lautet, dass der Buddha im Grunde eine übernatürliche Wirklichkeit jenseits aller Zeit sei. Auch wenn noch die Rede davon ist, dass sein Erwachen in einer unvordenklichen Vergangenheit stattfand, so wird der Buddha doch de facto als eine zeitenthobene Wirklichkeit präsentiert – zumindest ist dies der Tenor in der chinesisch-buddhistischen Rezeption des Textes.[72] Nicht erst im irdischen Buddha, sondern bereits im überweltlichen Buddha trägt die letzte Wirklichkeit somit personale Züge. Das *Lotos-Sūtra* bezeichnet ihn als den »Vater der Welt«.[73] Wann immer es nötig ist, nimmt er menschliche Gestalt an, um Menschen auf den rechten Weg zu leiten. Mit diesen Ideen nimmt das *Lotos-Sūtra* eine ähnliche Position ein wie die in etwa zeitgleich entstehende hinduistische *Bhagavadgītā*. Auch dort ist das Göttliche eine zeitenthobene Wirklichkeit, die sich immer dann inkarniert, wenn der Dharma in Verfall gerät. Und auch hier wird diese Wirklichkeit »Vater der Welt« genannt.[74]

Eine weitere Entwicklung stellt die mahāyāna-buddhistische Lehre von den »Drei Buddhakörpern« (*trikāya*) dar. Nach dieser Lehre lassen sich drei »Körper« beziehungsweise drei Wirklichkeitsformen des Buddhas unterscheiden. Da sind zum einen die zahlreichen Buddhas, die in einem wandelbaren »Transformationskörper« (*nirmāṇakāya*), sprich in menschlicher Form erscheinen. In ihnen manifestieren oder inkarnieren sich zweitens überweltliche Buddhas. Diese überweltlichen Buddhas stellen die eigentlichen Buddhas dar, also jene höchste Form der Vollendung, die ein Wesen

71 Von Borsig 1992: 287f. Von Borsig folgt hier der klassischen chinesischen Übersetzung des *Lotos-Sūtras* durch Kumārajīva. Für eine englische Übersetzung des Sanskrit-Textes dieser Stelle siehe Kern, H. 1884: 307f. Das entsprechende 15. Kapitel des Sanskrit-Textes erscheint in den chinesischen Übersetzungen als 16. Kapitel.

72 Vgl. Williams, P. 2009: 157f.

73 *Saddharmapuṇḍarīka-Sūtra* 15,21.

74 *Bhagavadgītā* 9,17; 11,43. Zu weiteren auffälligen Parallelen zwischen dem *Lotos-Sūtra* und der *Gītā* siehe Kern, H. 1884: xxv-xxxi.

auf dem Weg zur Buddhaschaft, das heißt ein Bodhisattva, einst erreichen kann. Ihre Wirklichkeitsform wird daher als »Genusskörper« (*sambhogakāya*) bezeichnet: Der Bodhisattva »genießt« quasi das, wonach er strebte. Doch es gibt noch eine dritte Wirklichkeitsform, den »Dharmakörper« (*dharmakāya*). Ursprünglich bezeichnete der Dharmakörper vor allem die Eigenschaften, die einen Buddha ausmachen, seine spirituelle Verkörperung des Dharmas. Allmählich wurde der Begriff *dharmakāya* jedoch zu einem Konzept, das auf die höchste, unfassbare Wirklichkeit verweist, die sich in den Buddhas, seien es die irdischen oder die überweltlichen Buddhas, verkörpert. Im Mahāyāna drückte sich dies dadurch aus, dass man den Transformationskörper und den Genusskörper beide als »formhafte« Körper bezeichnete, während der Dharmakörper als »formlos« galt. »Formlos« bedeutet in diesem Kontext, dass die damit angedeutete Wirklichkeit jede begriffliche und begreifbare Form übersteigt. Es handelt sich hier um den negativen oder apophatischen Verweis auf die letzte Wirklichkeit, die für uns nur zugänglich ist in der Form der überweltlichen Buddhas und ihrer irdischen Erscheinungen.

In der Lehre von den »Drei Buddhakörpern« finden wir somit eine weitere stark personal geprägte Repräsentation letzter Wirklichkeit, allerdings in enger Verbindung mit einem impersonalen, apophatischen Element, dem Dharmakörper. In der religiösen Praxis sind die irdischen und überweltlichen Buddhas Gegenstand intensiver Andacht, ritueller Verehrung und bildlicher Meditation, gemeinsam mit einigen hochentwickelten Bodhisattvas, die ebenfalls als überweltliche Wesen gelten und oft an Bedeutung den Buddhas in nichts nachstehen. Was in all diesen Gestalten besonders verehrt und gepriesen wird, sind die Weisheit und das Mitleid, das sie verkörpern. Mit anderen Worten, die letzte Wirklichkeit, die an sich unausdrücklich und unbegreifbar ist, erschließt sich dem Menschen in der Form irdischer und überirdischer Personen voller Einsicht und Erbarmen. Herausragende Beispiele hierfür sind der Bodhisattva Avalokiteśvara und der überweltliche Buddha Amitābha (= unendliches Licht; auch bekannt als Amitayus = unendliches Leben). Avalokiteśvara gilt in ganz besonderer Weise als

Verkörperung des universalen Mitgefühls. Schon im *Lotos-Sūtra* wird er als Helfer und Zuflucht für alle Notlagen vorgestellt. In einem indischen buddhistischen Text aus dem 4. oder 5. Jhd. nach Christus wird Avalokiteśvara als der eigentliche Ursprung des Kosmos dargestellt.[75] In China erlangte dieser Bodhisattva in seiner weiblichen Gestalt als Guanyin (japanisch: Kannon oder Kwanon) eine überragende Popularität. Dies gilt nicht weniger für Buddha Amitābha (chinesisch: Amituo, japanisch: Amida). Er hat aus seinem allumfassenden Mitgefühl heraus einen Weg geschaffen, wie ausnahmslos alle Menschen, allein durch das Vertrauen auf ihn die Erlösung erreichen können. Nach dem chinesischen Gelehrten Tan-luan (6. Jhd.) zeigt sich an Buddha Amituo, dass von der unsagbaren letzten Wirklichkeit des Dharmakörpers eine Kraft ausgeht, die nach unserer Errettung strebt. Durch Gestalten wie Guanyin und Amituo/Amida brachte der Buddhismus einen besonders starken personalen Zug in die Religionswelt Chinas ein – ganz im Gegenteil zu der verbreiteten westlichen Annahme, der Buddhismus sei primär oder gar ausschließlich mit impersonalen Transzendenzkonzepten verknüpft. Im mittelalterlichen Japan konnte Shinran, der Śākyamuni (das heißt, Buddha Gautama) als Inkarnation Amidas betrachtete,[76] von Gautama und Amida als »unserem Vater und unserer Mutter« sprechen, »die voller Liebe und Mitleid für uns sind«.[77] In einem seiner Briefe schreibt Shinran, dass »sich Śākyamuni an Menschen des Vertrauens (*shinjin*) erfreut« und sie als seine Freunde betrachtet.[78] Doch auch bei einer so intensiv personalen Redeweise bleibt das Bewusstsein bestehen, dass sich die letzte Wirklichkeit eigentlich jeder Vorstellbarkeit entzieht.

75 *Kāraṇḍavyūha-Sūtra*, Kap. 4. Vgl. Studholme 2002: 37-59, 123f. Nach Studholme stellt die ältere Version des Textes Avalokiteśvara (in Nachahmung des vedischen Puruṣa-Mythos) lediglich als Schöpfer der Götter und nicht der materiellen Ordnung vor (vgl. ebd. 44). Doch sind die genannten Götter weder im *Ṛg-Veda* noch im *Kāraṇḍavyūha-Sūtra* von den mit ihnen assoziierten »materiellen« Realitäten (Sonne, Mond, Wind, Erde, Himmel) in der Weise getrennt, als ob sie lediglich deren Namen trügen.

76 Hirota 1997: 349

77 Ebd. 380.

78 Ebd. 526.

Im Hinblick auf unsere Frage nach personalen und impersonalen Transzendenzvorstellungen im Buddhismus sind zwei weitere Entwicklungen des Mahāyāna von besonderer Bedeutung, auf die hier noch kurz einzugehen ist: die Vorstellung von der allgemeinen Buddha-Natur und der Gedanke der Ununterscheidbarkeit von Nirvāṇa und Saṃsāra. Mit dem Bodhisattva-Ideal[79] verbindet sich im Mahāyāna die Vorstellung, dass jedes Wesen im Wiedergeburtenkreislauf das Potenzial in sich trägt, einst zu einem Buddha zu werden. Dieses Potenzial wird als »Buddha-Keim« oder »Buddha-Embryo« bezeichnet (*tathāgatagarbha*). Es ist die verborgene Buddha-Natur, die jedes bewusste Wesen in sich trägt. Eine Wurzel dieser Idee liegt vermutlich in der kanonischen Lehre, dass der Geist des Menschen von Natur aus eigentlich leuchtend und rein sei.[80] Die Grundübel von Gier, Hass und Verblendung sind daher nur »Befleckungen« des Geistes; sie entsprechen nicht seiner wahren Natur. In einer späteren Entwicklungsstufe des Mahāyāna wurde diese wahre Natur des Geistes einerseits mit der Buddha-Natur identifiziert und andererseits mit dem Dharmakörper, also der höchsten Wirklichkeitsform eines Buddhas. Das bedeutet nun aber nichts anderes, als dass jedes Wesen im Saṃsāra durch den eigentlichen Grund seines Geistes an der höchsten Wirklichkeit teilhat – eine Lehre, die sehr stark an die Brahman-Ātman-Lehre der hinduistischen Upanischaden erinnert: an die Lehre von der untrennbaren Einheit zwischen dem Grund des Selbst (*ātman*) und dem Grund der Welt (*brahman*).

Durch den Gedanken, dass der Dharmakörper zugleich die verborgene Natur aller Wirklichkeit bildet, entwickelte sich der Glaube, dass nicht allein der Geist die Buddha-Natur besitzt, sondern jegliche Wirklichkeit. Obwohl in Indien entstanden, wurde dieser Gedanke im chinesischen Buddhismus besonders einflussreich, wozu zweifellos auch daoistischer Einfluss beigetragen hat. Denn auch das Dao gilt als eine transzendente Wirklichkeit, die allem, was existiert, zutiefst immanent ist. Das Ergebnis dieses Prozesses

79 Siehe oben Kap. 3, 107f.

80 Harvey 1995.

hat David Eckel treffend zusammengefasst: »›Natur‹ bezeichnet in der indischen Tradition eine Welt, die man transzendieren musste, während sie in Ostasien selbst zu einem Symbol von Transzendenz werden konnte.«[81] Doch als Symbol von Transzendenz umfasst die Natur sowohl impersonale als auch personale Phänomene, die Schönheit unberührter Natur ebenso wie die Schönheit des mit ihr im Einklang lebenden Menschen – ein Motiv, das in daoistischer und der von ihr beeinflussten buddhistischen Kunst immer wieder anzutreffen ist.

Wie oben bereits kurz erwähnt, lehrte der einflussreiche buddhistische Philosoph Nāgārjuna, dass alle begrifflichen Unterscheidungen das wahre Wesen der Wirklichkeit verfehlen. Ein Begriff legt einem Phänomen ein Wesen, eine »Eigennatur« bei sowie bestimmte Eigenschaften und Relationen. Doch nach Nāgarjuna zeigt die nähere Analyse, dass alles »leer« (*śūnya*) ist, das heißt, leer von einem begrifflich bestimmbaren Wesen und den diesem zukommenden weiteren Bestimmungen. Daher sei auch die Unterscheidung von Nirvāṇa und Saṃsāra nur vorläufig gültig. Vom Standpunkt höchster Wahrheit aus gesehen, gelte diese Unterscheidung nicht. Die Interpretation dieser Ununterscheidbarkeit von Nirvāṇa und Saṃsāra ist innerhalb wie außerhalb des Buddhismus bis heute Gegenstand zahlreicher Debatten. Historisch gesehen, unterstützte sie jedoch den Prozess, die bedingte und vergängliche Wirklichkeit des Saṃsāras als eine Erscheinungsform der höchsten Wirklichkeit des Nirvāṇas zu betrachten. Die Wirklichkeit jenseits unserer begrifflich strukturierten Wahrnehmung bezeichnet Nāgārjuna als »Dasheit/Soheit« (*tattva*) oder auch als »höchste Wirklichkeit« (*paramārthasatya*) im Unterschied zu ihrer »weltlich verhüllten« Gestalt (*lokasaṃvṛtisatya*). Die Erkenntnis der höchsten Wirklichkeit setzt er mit dem Erreichen des Nirvāṇas gleich.

In der weiteren Entwicklung des Mahāyāna wurde die Leerheit (*śūnyatā*) aller Dinge von einem begrifflich erfassbaren, eigenen Wesen, also die Soheit der Wirklichkeit, mit dem Dharmakörper und der Buddha-Natur identifiziert, die sich ihrerseits sowohl in

81 Eckel 1997: 339.

der Natur als auch in den Buddhas manifestiert. Ein typisches Beispiel hierfür ist der japanische Buddhist Shinran Shonin (1173-1263). Nach ihm hat das Nirvāṇa »unzählige Namen«: »Verlöschen der Leidenschaften, das Ungeschaffene, friedvolles Glück, ewige Seligkeit, wahre Wirklichkeit, Dharmakörper, Dharma-Natur, Soheit, Einheit und Buddha-Natur.« Die Buddha-Natur aber sei nichts anderes als Amida Buddha. Dieser »durchdringt die unzähligen Welten; er füllt Herz und Geist des Ozeans aller Wesen. Daher erreichen alle, Pflanzen, Bäume und Erde, die Buddhaschaft.«[82] Für Shinran ist Amida die sichtbare Form, die der an sich formlose und unbeschreibbare Dharmakörper annimmt, um sich als umfassendes Mitgefühl zu offenbaren.[83] Auch hier zeigt sich eine dichte Symbiose von personalen und impersonalen Transzendenzvorstellungen, die sowohl dem kataphatischen als auch dem apophatischen Aspekt Rechnung tragen.

## 4.3 Personale und impersonale Transzendenzvorstellungen im Christentum

Wie im vorangegangenen Kapitel erwähnt, entstand das Christentum als eine apokalyptisch ausgerichtete jüdische Gruppierung. Seine Transzendenzvorstellungen sind daher durch seine jüdischen Wurzeln beeinflusst. Ursprünglich ging man auch in Israel zunächst von der Existenz zahlreicher Gottheiten aus. Im Laufe der Zeit verschmolzen mehrere Götter, darunter besonders Baal, El und JHWH (»Jahwe«), zu einer einzigen Gestalt: Jahwe, der in sich Züge anderer Gottheiten aufnahm (in »Isra-El« ist der Name »El« noch erhalten). Angesichts einer verbreiteten polytheistischen Praxis, die noch recht lange erhalten blieb, forderten einige Anhänger Jahwes dessen alleinige Verehrung. Jahwe habe mit seinem

82 Hirota 1997: 461. Shinran spricht an dieser Stelle vom *tathāgata*, bezeichnet mit diesem Titel aber Buddha Amida (ebd.).

83 Ebd.

Volk einen Bund geschlossen. Sofern sich das Volk an die mit dem Bund verknüpften Gebote halte und keine anderen Götter neben ihm verehre, werde er seinem Volk die Treue halten, es behüten und durch die Geschicke der Zeit führen. Erst seit der Zeit des Babylonischen Exils (6. Jhd. v. Chr.) veränderte sich das jüdische Gottesbild allmählich hin zu einer monotheistischen Vorstellung: Der Gott Israels sei in Wahrheit der einzige Gott, der Schöpfer der Welt, der das Schicksal aller Völker kontrolliert und den irgendwann in der Zukunft einmal alle Menschen als den allein wahren Gott anerkennen und verehren werden.[84]

Mit der Hellenisierung der jüdischen Welt wurde die platonische Philosophie zu einer einflussreichen Quelle für die gedankliche Weiterentwicklung der Vorstellung von Gott als der letzten und alleinigen Quelle der Wirklichkeit.[85] Dies betrifft sowohl das Judentum als auch das Christentum – wie später auch den Islam. Was das Christentum angeht, so war es vor allem der Neuplatonismus, der seit etwa dem vierten Jahrhundert die Entwicklung zentraler dogmatischer Lehren mitbestimmte. Christliche Praxis und religiöses Leben waren gewiss weiterhin von einem personalen Gottesbild dominiert, was insbesondere auch darauf zurückzuführen sein dürfte, dass Jesus selbst Gott als »Vater« ansprach oder, wie es im Johannesevangelium heißt, als »mein und euer Vater« (Joh 20,17). Es war ein zentraler Zug der Botschaft Jesu, dass Gottes Haltung gegenüber dem Menschen der Haltung eines barmherzigen Vaters gleicht, dem man sich anvertrauen kann und dessen Liebe und Güte sich im eigenen Verhalten gegenüber dem Mitmenschen widerspiegeln sollten.

In der sich allmählich formierenden christlichen Theologie wurde dieses personale Gottesbild unter platonischem Einfluss ergänzt und modifiziert. Seit Ende des zweiten Jahrhunderts, besonders aber im dritten und vierten Jahrhundert, entwickelte sich die Vorstellung eines trinitarischen Gottes, bestehend aus Vater,

84 Vgl. zur Entwicklung der Gottesvorstellungen im alten Israel: Römer 2018. Zur kurzen Übersicht siehe Bauks 2011.

85 Vgl. Kelly 1977: 3-28.

Sohn/Logos und Geist. Zunehmend betrachtete man Jesus nun als die Inkarnation des ewigen Wortes beziehungsweise *logos* Gottes und in diesem Sinn als Gottes ewigen »Sohn«. Zugleich wurde Jesus als jemand verstanden, der vom göttlichen »Geist« erfüllt war – jenem Geist, der die Propheten inspiriert und der göttlichen Schöpfung Leben eingehaucht hatte. Unter neuplatonischem Einfluss deutete man den göttlichen *logos* im Sinn des platonischen *nous* (griechisch für »Geist« / »Verstand«), das heißt als die ewige Wahrheit der göttlichen Ideen. Den göttlichen Geist setzte man in Parallele zur neuplatonischen *psyche* (griechisch für »Seele«), das heißt zur lebensspendenden Kraft, die vom *logos/nous* ausgeht und die gesamte Schöpfung durchdringt.

Vor allem verstärkte der Neuplatonismus jedoch die apophatischen Tendenzen der sich entwickelnden christlichen Theologie. In der neuplatonischen Philosophie Plotins (205-270) stand über *psyche* und *nous* das *hen* (das »Eine«) als der Ursprung von beidem. Da es jenseits aller Vielfalt und gedanklichen Formen liegt, ist das Eine unbegreifbar und unbeschreibbar. Die christliche Theologie identifizierte es mit dem göttlichen Ursprung (»Vater«), dessen eigentliches Wesen nun gleichermaßen als alle Begriffe und Worte übersteigend bezeichnet wurde. Seither wurde in weiten Strängen der klassischen und mittelalterlichen Theologie des Christentums – und keineswegs, wie manchmal behauptet, etwa nur in seinen mystischen Seitenlinien – eine impersonale, im Sinne von apophatischer, Transzendenzvorstellung zum Standard: Gottes Wesen könne nur durch die Verneinung aller begrifflichen (kataphatischen) Zuschreibungen, seien diese nun personaler oder impersonaler Art, zutreffend benannt werden. Ein Gott, der sich begreifen lässt, ist nicht Gott – heißt es bei Augustinus (354-430).[86] Nach Thomas von Aquin (1225-1274) besteht die höchste Gotteserkenntnis darin, zu erkennen, dass Gott alle Erkenntnis notwendig übersteigt.[87] Und in der Theologie der Gegenwart hat insbesondere Karl Rahner (1904-1984) von Gott als »heiligem Geheimnis« gesprochen, als einer

86 »Si enim comprehendis, non est Deus.« Augustinus, *Sermo* 117 (3.5). Vgl. oben Kap. 2, S. 73.

87 Thomas von Aquin, *De potentia*, q. 7, a. 5.

Wirklichkeit, die sich wesenhaft jeder begrifflichen Einordnung entzieht und auf die das Wort »Gott« nur dadurch verweist, dass es sich letztlich selbst aufhebt.[88]

Solche Urteile verdanken sich allerdings nicht allein platonischem Einfluss. Platonische Gedanken konnten in dieser Hinsicht vermutlich gerade deshalb so starken Einfluss gewinnen, weil sie quasi auf fruchtbaren Boden fielen. In der Hebräischen Bibel steht das Verbot, sich ein Kultbild zu machen (ein »Schnitzbild«, dem man »dient«) – das zweite der sogenannten »zehn Gebote« (Ex 20,4) – in enger Verbindung zu dem ersten Gebot, neben Jahwe keine anderen Götter zu verehren. Obwohl es hier vermutlich zunächst darum ging, neben dem Kultbild Jahwes nicht auch noch die Bilder anderer Götter zu verehren, wurde daraus im Zuge des entstehenden Monotheismus ein generelles Verbot von Kultbildern,[89] mit anderen Worten, keine Art von menschengemachtem Bild zu verehren und so in göttlichen Rang zu erheben. Die Septuaginta, die ab dem dritten Jahrhundert v. Chr. entstehende griechische Übersetzung der Hebräischen Bibel, verwendet den Begriff *eidolon* (»Bild«) mit der Konnotation von »Trugbild« oder »Phantom«.[90] Alles, was abbildbar ist, alles, was Gestalt besitzt, kann nicht dem entsprechen, der selbst Urheber von allem ist. Im frühen rabbinischen Judentum bestand das entscheidende Kriterium für die Zulassung oder das Verbot von Abbildungen jeglicher Art darin, ob diese Bilder als Gegenstand kultischer Verehrung gedacht waren und damit an die Stelle des unabbildbaren Gottes traten.[91] Für den platonisch beeinflussten jüdischen Gelehrten Philo von Alexandrien (1. Jhd. n. Chr.) ist Gott »reines Sein« und ohne jede bestimmbare Qualität (*ápoios*).[92] Die griechische Tradition, den Ursprung aller Wirklichkeit einerseits als ein Eines zu denken und andererseits als das, was alle einzelnen Bestimmungen der in sich vielfältigen Wirklichkeit übersteigt, konnte sich gut mit

88 Z.B. Rahner 1976: 54-61, 67-75, 82, 125f, 137 und öfter.

89 Vgl. hierzu Römer 2018: 157-176, 260f.

90 Doering 2020: 21-23.

91 Ebd. 47.

92 Kelly 1977: 9.

der innerjüdischen Tendenz zum Monotheismus und dem Verbot verbinden, Geschöpfliches als Bild Gottes beziehungsweise als Gott zu verehren.

Im Neuen Testament findet der Gedanke der Unabbildbarkeit Gottes eine paradoxe Aufnahme. Jesus wird in 2 Kor 4,4 und Kol 1,15 als »Ebenbild« (*eikōn*) Gottes beschrieben, aber – so im Kolosser-Brief – als Ebenbild des »unsichtbaren« und damit im eigentlichen Sinn unabbildbaren Gottes. Diese paradoxe Bezeichnung dürfte vermittelt sein durch den biblischen Gedanken, dass Gott den Menschen nach seinem »Bild« (*eikōn* in der Septuaginta) erschaffen hat (Gen 1,26f). Insofern Jesus im Neuen Testament häufig als der »neue Adam« verstanden wird, das heißt als der Mensch, der so ist, wie Gott ihn ursprünglich gewollt hatte, entspricht Jesus dieser geschöpflichen Ebenbildlichkeit weit besser als der erste Adam.

Doch ist bei aller so verstandenen Ebenbildlichkeit die Unabbildbarkeit Gottes nicht aufgehoben. Daher verwundert es nicht, dass neben aller personalen, ja, anthropomorphen Redeweise von Jesus als dem »Sohn« Gottes und von Gott als dem »Vater Jesu Christi« im Christentum auch eine kontinuierliche Tradition gibt, die solche Anthropomorphismen verwirft. Impersonale Bilder, Metaphern und Konzepte können dabei eine Doppelfunktion einnehmen: Zum einen gibt es Bilder, die an die primäre personale Redeweise rückgebunden bleiben. Beispielsweise dann, wenn, wie häufig in der Hebräischen Bibel, von Gott als »Fels« die Rede ist und damit auf die Beständigkeit und Verlässlichkeit Gottes verwiesen wird[93] – oder wie in der Bildrede von Gott als »Felsenburg« (Ps 18,3; 31,3f), die die Vertrauenswürdigkeit Gottes als eine sichere Zuflucht ausdrückt und durch Martin Luthers Paraphrase von Gott als »ein feste Burg« populär gemacht wurde. Auch wenn solche Metaphern an die buddhistischen Bildworte vom Nirvāṇa als »festem Grund« und »sicherer Stadt« erinnern, so ist doch im Falle des biblischen Sprachgebrauchs die personale Konnotation unübersehbar. Zum anderen gibt es allerdings auch Bilder, bei denen der personale Bezug schwächer ist oder die gar von diesem wegführen. So bei-



93 Vgl. Steinberg 2010.

spielsweise die Lichthaftigkeit Gottes (Ps 104,2; Jes 60,19f), vor der Finsternis keinen Bestand hat (Ps 139,12; Dan 2,22). Sie kann Ausdruck der Hoffnung auf Gott sein (Jes 9,1).[94] Sie kann aber auch auf die Unsichtbarkeit beziehungsweise Unerkennbarkeit Gottes verweisen, wie etwa im Ersten Timotheusbrief (6,16), wo es von Gott heißt, dass er »in unzugänglichem Licht wohnt« und ihn »kein Mensch gesehen hat noch je zu sehen vermag.« Wenn im Neuen Testament gesagt wird: »Gott ist Liebe« (1 Joh 4,16), so changiert auch diese Aussage zwischen einer personalen Lesart, wonach eben Gott liebt oder »Liebe hat«, und einer impersonalen Lesart, wonach in der Liebe an sich Gott erkannt beziehungsweise erfahren wird (beides im selben Vers). Auch hier wird dieses Liebe-Sein Gottes mit dem Hinweis auf die Unsichtbarkeit Gottes verbunden (1 Joh 4,12). Die Aussage »wer in der Liebe bleibt, der bleibt in Gott und Gott in ihm« (1 Joh 4,16) greift zudem auf räumliche Metaphorik zurück. Nach Psalm 139 ist Gott eine Wirklichkeit, die uns umgibt und durchdringt und für uns unbegreiflich bleibt. Und in Apostelgeschichte 17,8 heißt es von Gott, dass »wir in ihm leben, uns bewegen und sind.« In der zeitgenössischen Theologie wirkt eine solche räumliche Metaphorik besonders in der Rede von Gott als dem nicht mehr weiter überschreitbaren Horizont allen Seins und Denkens nach – eine Ausdrucksweise, der sich vor allem Karl Rahner gern bediente.[95] Paul Tillich (1886-1965) spricht von Gott als der Tiefe allen Seins, was gleichfalls zu den räumlichen Metaphern gehört.[96] Tillich führt damit die Tradition fort, von Gott als dem Grund des Seins zu sprechen beziehungsweise – wie etwa bei Meister Eckhart – von einem »Gottesgrund«, der jenseits der Vorstellung eines personalen Gottes liegt. So geht es auch Tillich darum, den »Gott des Theismus« zu überwinden. Das betrifft bei Tillich nicht allein die personalen und anthropomorphen Gottesvorstellungen. Vielmehr geht es ihm darum, Gott nicht als Teil einer größeren Gesamtwirklichkeit zu denken, also nicht als ein höchstes Seiendes

94 Vgl. Wilke 2016.
95 Z.B. Rahner 1976: 70-73.
96 Tillich 1987: 55.

neben und unter anderen Seienden. Vielmehr ist nach Tillich eine solche dualistische Vorstellung aufzugeben. Der Gott jenseits des Theismus, der »Gott über Gott«, transzendiert nach Tillich jede Form der Beschreibbarkeit, auch die der Mystik.[97]

Tillichs Ansinnen ist weniger modern, als es erscheinen mag. Sowohl die Theologie des ersten Jahrtausends als auch die Theologie des Mittelalters war vielfach darum bemüht, Gott nicht als ein Seiendes unter anderen zu denken, sondern als das »Sein selbst« (*ipsum esse*) oder das »Sein als solches« (*esse tantum*). Thomas von Aquin vertrat, wie bereits gesagt, dass sich das Wort »Gott« auf eine Wirklichkeit bezieht, die streng genommen alle Begriffe und alle positive Benennung übersteigt. Daher können wir nach Thomas über Gott zwar letztlich nur verneinend sprechen, aber auch in Analogien, sofern wir uns dabei des unzureichenden Charakters einer solchen analogen Redeweise bewusst bleiben. In philosophisch reflektierter Sprache ist für Thomas die Rede von Gott als dem »Sein als solchem« die beste analoge Redeweise. Alles, was ist, hat seine Existenz durch dieses Sein. Nach Thomas impliziert dies, dass die göttliche Wirklichkeit einerseits jedes konkrete Seiende übersteigt – und somit auch selbst kein Seiendes ist –, und andererseits doch jedem Seienden zutiefst immanent ist als der letzte Grund seiner Wirklichkeit.[98]

Diese wenigen Beispiele mögen reichen, um zu zeigen, dass der Gebrauch impersonaler Sprache im Hinblick auf die letzte Wirklichkeit dem Christentum nicht minder vertraut ist als dem Buddhismus. Dies trifft besonders auf die impersonale Redeweise im Sinne einer Apophatik zu. Doch auch auf der kataphatischen Ebene finden wir im Christentum trotz der Dominanz personaler Ausdrucksweise mehrere bedeutende Bilder und Konzepte von impersonaler oder abstrakter Natur. Dies bestätigt sich nicht allein theologiegeschichtlich. Nach jüngeren Erhebungen glauben in Deutschland deutlich mehr Menschen an die Existenz einer impersonalen göttlichen

97 Tillich 2015: 124-129.



98 Thomas von Aquin, *Summa theologiae* I, q. 8, 1, ad 1.

Wirklichkeit oder Macht als an einen personalen Gott.[99] Gleichzeitig ergab der Religionsmonitor von 2008, dass im buddhistisch geprägten Thailand 37 % religiöse Erfahrungen mit einem personalen »Du« bezeugen und 89 % insgesamt ein theistisches Spiritualitätsmuster aufweisen.[100] Auch solche Befunde werfen ein Schlaglicht darauf, dass die vermeintlich entscheidenden und charakteristischen Unterschiede zwischen religiösen Traditionen innerhalb derselben nicht minder deutlich in Erscheinung treten.

Wenden wir uns nun der Frage zu, inwieweit sich der Unterschied zwischen personalen und impersonalen Transzendenzvorstellungen als komplementär verstehen lässt.

## 4.4 Sprechen vom Unaussprechlichen

### *Bild und Erfahrung*

Man kann personale und impersonale Vorstellungen von letzter Wirklichkeit als unvereinbar betrachten. Daraus lässt sich dann der Schluss ziehen, dass entweder nur eine dieser Vorstellungen zutreffend ist oder keine von ihnen. Letzteres ist bekanntlich die Position der atheistischen Religionskritik: Sie geht davon aus, dass es keine Wirklichkeit gibt, die die Bedingtheiten der raum-zeitlichen Wirklichkeit transzendiert. Daher kann dann auch keine Vorstellung von letzter Wirklichkeit zutreffend sein. Die Position, dass nur eine Vorstellung zutrifft, setzt einer möglichen Kompatibilität von personaler und impersonaler Rede recht enge Grenzen. In diesem Fall lassen sich etwa personale Redeweisen als vorläufige oder poetische Artikulationen einer im strengen Sinn impersonalen Wirklichkeit interpretieren oder auch umgekehrt.[101] Es bieten sich allerdings noch zwei

99 Pollack & Rosta 2015: 133-137.

100 Bertelsmann Stiftung 2007: 236.

101 Vgl. hierzu auch Wildman 2017: 17f.

weitere Alternativen an. Die erste Alternative besteht darin, die letzte Wirklichkeit als eine in sich komplexe Wirklichkeit zu denken, deren Wesen sowohl personale als auch impersonale Aspekte umfasst. In diesem Fall wäre die apophatische Option ausgeschlossen oder zumindest erheblich marginalisiert. Man könnte etwa argumentieren, dass sich lediglich das genauere Verständnis der Zuordnung der unterschiedlichen Aspekte letzter Wirklichkeit unserem Begreifen und damit unseren begrifflichen Ausdrucksmöglichkeiten entziehe. In ihren wesentlichen Grundzügen sei die letzte Wirklichkeit für uns jedoch durchaus erkennbar und verstehbar. Die zweite Alternative erhebt demgegenüber die apophatische Option zum eigentlichen Ausgangspunkt. Anders als der Atheismus bestreitet sie nicht die Existenz einer letzten Wirklichkeit. Doch bezieht sie die personalen und impersonalen Aussagen nicht unmittelbar auf die letzte Wirklichkeit selbst. Vielmehr reflektieren diese Aussagen unterschiedliche menschliche Eindrücke und Erfahrungen von einer ihrem Wesen nach unbegreiflichen und unausdrücklichen Wirklichkeit. Die erste Alternative wird vor allem in der Prozesstheologie John Cobbs verfolgt, aber auch bei Autoren wie Mark Heim und John Thatamanil, worauf im zweiten Kapitel bereits näher eingegangen wurde.[102] Für die zweite Alternative steht in der jüngeren Diskussion insbesondere der Ansatz von John Hick. Um sein häufig missverstandenes und verzerrt dargestelltes Konzept besser verstehen zu können, ist es hilfreich, sich zunächst nochmals mit der Unterscheidung von Kataphatik und Apophatik zu befassen, und zwar im Hinblick auf ihre Implikationen für den interreligiösen Vergleich beziehungsweise für eine interreligiöse Theologie.

Die apophatische Position stellt keine eigene, besondere Vorstellung von letzter Wirklichkeit dar. Durch die Negation ihrer kategorialen Bestimmbarbeit unterstreicht sie aber dennoch den besonderen Charakter letzter Wirklichkeit.[103] Insofern wird das Anliegen der Apophatik verfehlt, wenn die Negation als bloßer Zusatz zu einer bestimmten Form von kataphatischer Redeweise betrachtet

102 Vgl. oben Kap. 2, S. 66-71.



103 So zutreffend auch Wildmann 2017: 41, 79.

wird, durch die die Natur der letzten Wirklichkeit bereits hinreichend bestimmt wäre. Zwar trifft es zu, dass die Apophatik quasi einen kataphatischen Unterbau benötigt, also eine sprachliche und begriffliche Verständigung darüber, von welcher Art Wirklichkeit eine solche Transkategorialität behauptet wird und aus welchen Gründen. Aber der apophatische Vorbehalt beinhaltet zugleich eine Relativierung des jeweiligen kataphatischen Ausgangspunkts: Dieser kann nicht als umfassend und exklusiv gültig verstanden werden, da sonst die apophatische Verneinung völlig überflüssig, ja geradezu unsinnig wäre.[104] Daher schließt die apophatische Option die Möglichkeit ein, dass unterschiedliche kataphatische Ausgangspunkte trotz ihrer Verschiedenheit dennoch auf dieselbe letzte Wirklichkeit verweisen. Oder anders gesagt: Die apophatische Option verbietet es, allein aus der Unterschiedlichkeit der kataphatischen Ausgangspunkte zwingend den Schluss abzuleiten, dass sie nicht indirekt auf dieselbe letzte Wirklichkeit verweisen.

Dies betrifft zum Beispiel den Vergleich, den C.D. Sebastian zwischen der Apophatik bei Nāgārjuna und Johannes vom Kreuz durchgeführt hat. Trotz aller Ähnlichkeit in ihrer apophatischen Kritik »sprechen« nach Sebastian »beide Denker von verschiedenen Dingen«, insofern sich Johannes vom Kreuz auf die Unsagbarkeit Gottes beziehe, wohingegen Nāgārjuna von der Wesenlosigkeit aller Dinge und ihrer bloß konventionellen Konstruktion spreche.[105] »Nāgārjuna ist ein buddhistischer Mādhyamika und Gott *bedeutet nichts* für sein philosophisch-religiöses Schema. Johannes vom Kreuz ist ein theistischer Christ und Gott *bedeutet alles* für ihn.«[106] Man könnte freilich ebenso gut festhalten, dass für Johannes vom Kreuz das Nirvāṇa nichts, während es für Nāgārjuna alles bedeutet – macht Nāgārjuna doch explizit klar, dass seine apophatische

104 Vgl. hierzu auch Schmidt-Leukel 2005: 228-233.

105 Sebastian 2016: 110.

106 Ebd. 108, ähnlich 6f. Hervorhebung im Original.

Kritik dem Erreichen des Nirvāṇas dient.[107] Nāgārjuna führt zwar tatsächlich eine umfassende Sprachkritik durch, mit der er die Aporetik und Vorläufigkeit aller begrifflichen Wirklichkeitsrepräsentation erweisen will. Doch genau darin verankert er zugleich die Unausdrückbarkeit des Nirvāṇas. Können dann »Nirvāṇa« und »Gott« nicht als begrifflich und konzeptionell unterschiedliche Ausgangspunkte angesehen werden, die aus je unterschiedlichen religiösen Zusammenhängen heraus auf dieselbe unfassbare Wirklichkeit verweisen? Gerade aufgrund der Apophatik bei Nāgārjuna und Johannes vom Kreuz ist es, entgegen der Ansicht Sebastians, keineswegs zwingend, diese Frage aufgrund der unterschiedlichen Ausgangspunkte nur mit einem »Nein« zu beantworten.

Die apophatische Option macht allerdings auch eine bejahende Antwort nicht zwingend, sondern lediglich möglich. Eine Bejahung wird von weiteren Kriterien abhängen, die vor allem damit zu tun haben, inwieweit die kataphatischen Vorstellungen mit einem existenziellen Vollzug verknüpft sind, der aus der Sicht der beiden Religionen tatsächlich als heilshaft einzustufen wäre. Doch auch dann bleibt eine bejahende Antwort hypothetisch. Vertritt man diese Hypothese, so bedarf das Verhältnis zwischen den unterschiedlichen kataphatischen Ausgangspunkten einerseits und der unvorstellbaren letzten Wirklichkeit andererseits einer näheren Bestimmung. Im Zusammenhang einer solchen Bestimmung kann dann sinnvollerweise nach einer Komplementarität der unterschiedlichen Vorstellungen in ihrem Verhältnis zueinander gefragt werden. Genau das ist es, was John Hick in seinem Ansatz tut.

Hick unterscheidet zwischen der letzten Wirklichkeit an sich (»the Real *an sich*«), das heißt, der letzten Wirklichkeit in ihrem alle menschlichen Kategorien sprengenden Sosein, und der letzten Wirklichkeit, wie sie vom Menschen erfahren und gedacht wird (»the Real as humanly thought of and experienced«). Die unbegrenzte

107 Vgl. *Mūlamadhyamakakārikā* 24,9. Obwohl Sebastian (2016: 30) durch ein Zitat von Paul Numrich auf Nirvāṇa als den Ausgangspunkt von Nāgārjunas Sprachkritik hinweist, bleibt dieser Hinweis für seine Deutung Nāgārjunas und mehr noch für den Vergleich mit Johannes vom Kreuz folgenlos, was wohl auch mit seiner Nähe zu den Positionen von Siderits und Garfield zusammenhängen dürfte.

Natur der letzten Wirklichkeit kann von den begrenzten und vielfach bedingten (biologisch, geschichtlich, kulturell und psychologisch, usw.) kognitiven Fähigkeiten des Menschen nicht adäquat erfasst und begrifflich repräsentiert werden. Insofern ist die letzte Wirklichkeit in ihrem Wesen (»an sich«) »transkategorial« und »unsagbar«. Die konkreten Bilder, Erzählungen und Vorstellungen von letzter Wirklichkeit, die wir in der Welt der Religionen finden, sind somit nicht als Wesensbeschreibungen der letzten Wirklichkeit zu deuten. Sie spiegeln vielmehr verschiedene Formen oder Modi wider, in denen Menschen die Gegenwart dieser Wirklichkeit erfahren und dementsprechend gedacht haben. Nach Hicks Hypothese wird die eine letzte Wirklichkeit von Menschen authentisch erfahren. Jedoch geschieht diese Erfahrung immer nach Maßgabe der menschlichen Erfahrungsmöglichkeiten. Es handelt sich quasi um begrenzte Erfahrungseindrücke von einer unbegrenzten Realität.

Das »an sich« in Hicks Terminus »the Real *an sich*« bezieht sich auf das über die menschlichen Erfahrungsmöglichkeiten hinausgehende transkategoriale Wesen letzter Wirklichkeit. Es besagt jedoch nicht, dass die letzte Wirklichkeit überhaupt nicht erfahren werden kann. Hick zieht für diese Unterscheidung als Analogie Immanuel Kants Unterscheidung von Noumenon und Phänomenon heran, also die Unterscheidung zwischen den Dingen, wie sie »an sich«, jenseits unserer kognitiven Möglichkeiten sind, und den Dingen, wie sie von uns wahrgenommen werden. Hick verwendet diese Analogie in dem Sinn, dass »die noumenale Welt unabhängig von ihrer Wahrnehmung durch uns existiert und die phänomenale Welt diese selbe Welt ist, so wie sie unserem menschlichen Bewusstsein erscheint.«[108] Zugleich betont Hick, dass er diese Unterscheidung nur analog verwendet, da Kant selbst sie nicht auf die Gotteserfahrung bezieht, deren Möglichkeit Kant bestreitet.[109] In genau diese Richtung zielt jedoch ein Großteil der missverständlichen Darstellungen Hicks, so, als wolle Hick mittels kantischer Epistemologie die Unerkennbarkeit und Unerfahrbarkeit letzter Wirklichkeit begründen.

108 Hick 1989: 241 (meine Übersetzung). Vgl. die deutsche Ausgabe Hick 1996: 264.

109 Hick 1989: 242.

Das Gegenteil ist der Fall. Es geht Hick darum zu zeigen, dass trotz der in allen großen religiösen Traditionen verbreiteten Behauptung der Unbegreiflichkeit und Unbeschreibbarkeit letzter Wirklichkeit dennoch echte Erfahrungen letzter Wirklichkeit denkbar bleiben. Zugleich will er den positiven Aussagen über die letzte Wirklichkeit ihren eigentlichen Stellenwert und damit ihre Gültigkeit einräumen, indem er sie nicht unmittelbar auf die letzte Wirklichkeit bezieht (auf »the Real *an sich*«), sondern auf die unterschiedlichen menschlichen Erfahrungen mit der letzten Wirklichkeit. Er zieht Kant nicht etwa heran, um damit die Apophatik zu fundieren. Vielmehr zieht er Kant heran, um trotz der in allen großen Religionen starken apophatischen Tradition der kataphatischen Rede dennoch einen Sinn abzugewinnen.[110]

Dieser kataphatische Raum, das heißt die letzte Wirklichkeit, wie sie vom Menschen erfahren und gedacht wird, unterteilt sich nach Hick in zwei große Formenwelten: personale und impersonale. Hick bezeichnet die diversen personalen Götter beziehungsweise Gottesvorstellungen und die diversen impersonalen Absolutheiten als »*personae*« und »*impersonae*« der letzten Wirklichkeit. In diesen *personae* und *impersonae* verdichten, konkretisieren und überliefern sich in Form eines kollektiven Gedächtnisses zahleiche Erfahrungen und Vorstellungen der Menschheit hinsichtlich letzter Wirklichkeit. Sie bilden den direkten Bezugspunkt aller konkreten, positiven Redeweise von letzter Wirklichkeit und unterliegen zugleich dem historischen Wandel. Wären all diese Aussagen über die letzte Wirklichkeit unmittelbar auf diese selbst bezogen, dann würden sie einander unausweichlich widersprechen. Insofern sie sich jedoch auf unterschiedliche Manifestationen menschlicher Er-

110 Vgl. hierzu auch Schmidt-Leukel 2022a. In der ausführlichen neuen Einleitung zur zweiten Auflage von *An Interpretation of Religion* (Hick 2004: xvii-xlii) grenzt Hick sein Verständnis von Transkategorialität von einer »negativen (apophatischen) ... Lehre« ab (ebd. xx). »Transkategorialität« schließe sowohl die negative als auch positive Zuordnung von Eigenschaften aus. Genau dies, so Hick, sei von nahezu allen großen Denkern in den verschiedenen Religionen gelehrt worden (ebd.). Gerade diese Lehre, dass die letzte Wirklichkeit alle Kategorien übersteigt, entspricht jedoch dem traditionellen Verständnis radikaler Apophatik, die sich nicht allein auf die Negation bestimmter Eigenschaften innerhalb einer Kategorie reduziert. Vgl. hierzu auch die positive Rezeption der apophatischen Tradition in Hick 1999: 79-90.

fahrungen mit letzter Wirklichkeit beziehen, sind sie nicht zwangsläufig als widersprüchlich anzusehen.[111]

Hick geht jedoch noch weiter. Er nimmt darüber hinaus auch eine grundsätzliche Komplementarität personaler und impersonaler Redeweisen an, die durch unterschiedliche Erfahrungsmodi vermittelt sei:

> Die Beziehung zwischen diesen beiden ganz unterschiedlichen Arten der Vorstellung und Wahrnehmung der letzten Wirklichkeit [»the Real«] als personal und nicht-personal ist vielleicht die einer Komplementarität [...], ähnlich wie die zwischen den beiden Möglichkeiten, das Licht als Welle und als Teilchen zu denken und zu beobachten. Das heißt, die rein physikalische Struktur des Lichts ist nicht direkt beobachtbar; aber unter verschiedenen Versuchsbedingungen zeigt es, je nachdem, Eigenschaften nach Art einer Welle oder nach der Art von Teilchen. Wenn wir in einer Weise auf es einwirken, scheint es sich wie ein Schauer von Teilchen zu verhalten, wenn in einer anderen Weise, dann wie aufeinanderfolgende Wellen. Die Realität selbst ist so geartet, dass sie sich gültig auf beide Arten vorstellen und beobachten lässt. Ähnlich wird die göttliche Wirklichkeit nicht direkt *an sich* erkannt. Aber wenn sich Menschen auf sie im Modus der Ich-Du-Begegnung beziehen, erfahren sie diese als personal. Ja, im Kontext dieser Form von Bezogenheit *ist* sie personal: kein Es, sondern Er oder Sie. Wenn sich Menschen auf die letzte Wirklichkeit im Modus einer nicht-personalen Wahrnehmung beziehen, dann erfahren sie diese als nicht-personal, und im Kontext dieser Form von Bezogenheit *ist* sie nicht-personal.[112]

Wie Hick an anderer Stelle verdeutlicht, spricht er hier von Gebet und Meditation als zwei grundlegenden Formen, sich auf die letzte Wirklichkeit zu beziehen.[113] Sie entsprechen jeweils einer personalen oder impersonalen Vorstellung letzter Wirklichkeit und rufen ihrerseits solche Vorstellungen hervor. Gebet und Meditation sind freilich in umfassendere religiöse Strukturen eingebettet, die

111 Vgl. Hick 1995: 43.

112 Hick 1989: 245. Vgl. Hick 1996: 268.

113 Hick 1999: 41.

solche Formen spiritueller Praxis begründen und ihnen konkreten Sinn verleihen. Wie ich zuvor bereits ausgeführt habe, geht es darin meines Erachtens nicht isoliert um die Erfahrung letzter Wirklichkeit und ihr dementsprechendes Verständnis, sondern um die Erfahrung menschlicher Existenz im Licht von Transzendenz.[114] Menschliche Existenz besitzt unterschiedliche Facetten, zu denen grundlegend die Erfahrung ihrer Vergänglichkeit wie auch die Erfahrung interpersonaler Bezogenheit gehören. Einige impersonale Transzendenzvorstellungen, wie zum Beispiel die vom Nirvāna als dem »Todlosen«, weisen auf eine Dominanz der Erfahrung von Vergänglichkeit im Verständnis der menschlichen Unheilssituation und der konkreten Heilsverheißung hin. Umgekehrt verweisen personale Transzendenzvorstellungen, wie die von einem barmherzigen Vater, auf eine Dominanz der Erfahrung interpersonaler Bezogenheit. Da sich das Leben nie allein von nur einer Erfahrungsdimension her in den Blick nehmen lässt, ist es nicht verwunderlich, dass in Buddhismus und Christentum beide Typen von Transzendenzvorstellungen auftreten. So beziehen sich zahlreiche Buddhisten auf letzte Wirklichkeit in einem personalen Modus und suchen in Gebet und Verehrung ihre Zuflucht beim Mitleid überweltlicher Bodhisattvas und Buddhas. Und nicht wenige Christen beziehen sich auf letzte Wirklichkeit in einem kontemplativen Modus, indem sie sich in das Sein selbst oder den Grund des Seins als das versenken, was aller Vergänglichkeit enthoben ist.

Wesley Wildman hat vorgeschlagen, den apophatischen Vorbehalt vor allem als Gegenpol zu personalen, sprich anthropomorphen Transzendenzvorstellungen zu sehen. Je weiter man sich von anthropomorphen Gottesvorstellungen wegbewege, desto mehr entspreche man dem apophatischen Impuls. Für Wildman sind daher impersonale Transzendenzvorstellungen insgesamt zutreffender als personale.[115] Indem er somit auf der kataphatischen Ebene die impersonalen Vorstellungen favorisiert, gerät der apophatische Impuls jedoch in eine Schräglage. Für Hick sind demgegenüber personale

114 Siehe oben Kap. 2, S. 77f; Kap. 3, S. 125-127.



115 Vgl. Wildman 2017: 75-81.

und impersonale Manifestationen von Transzendenzerfahrung prinzipiell gleichermaßen gültig und fallen beide unter den apophatischen Vorbehalt. Keine der beiden Formen ist von sich aus der anderen überlegen, weil die Transkategorialität der letzten Wirklichkeit personale und impersonale Kategorien in gleicher Weise übersteigt. Die Beurteilung ihrer kataphatischen oder relativen Gültigkeit muss sich nach Hick von ihren Auswirkungen in der existenziellen Praxis herleiten.[116] Allerdings ist sich Hick durchaus dessen bewusst, dass einige impersonale Konzepte eine kataphatische und apophatische Doppelfunktion erfüllen. Als Beispiele benennt Hick das Konzept des göttlichen *brahman* im Advaita-Vedānta und das Konzept der Leerheit (*śūnyatā*) im Mahāyāna-Buddhismus. Das »Brahman mit Eigenschaften« (*saguṇa brahman*), beispielsweise als »Sein-Geist-Glückseligkeit« (*satchitānanda*), entspreche einer impersonalen Repräsentation und falle insofern unter die *impersonae* der letzten Wirklichkeit. Als »Brahman ohne Eigenschaften« (*nirguṇa brahman*) verweise *brahman* jedoch auf die Unbeschreibbarkeit letzter Wirklichkeit und entspreche daher dem, was Hick »the Real *an sich*« nennt.[117] Ganz ähnlich verhält es sich nach Hick mit der »Leerheit«. Auch dieses Konzept werde teilweise als eine impersonale Repräsentation letzter Wirklichkeit verwendet, etwa dann, wenn es auf eine neue, von aller Egozentrik befreite Form der Welterfahrung verweise. Doch kann und wird, so Hick, mit »Leerheit« auch darauf verwiesen, dass sich die Wirklichkeit in keiner Form begreifen und zur Sprache bringen lässt.[118]

Ist aber damit letztlich die impersonale Redeweise von Transzendenz nicht doch gegenüber der personalen Redeweise im Vorteil, weil die impersonale Redeweise im Unterschied zur personalen Rede über die kataphatische Ebene hinaus auf die Unsagbarkeit letzter Wirklichkeit verweist? Nach Lynn de Silva (1919-1982) zeigt sich auch in dieser Hinsicht eine Komplementarität beider Redeweisen. De Silva, ein sri-lankischer Methodist, gehört zu den

116 Vgl. Hick 1989: 299-342.

117 Ebd. 282f.

118 Ebd. 287-292.

bedeutendsten Pionieren des buddhistisch-christlichen Dialogs.[119] In einem seiner letzten, posthum erschienenen Essays ordnet de Silva personale und impersonale Redeweisen unterschiedlichen Aspekten[120] der Transzendenzerfahrung zu: »Das Personale [...] *erweckt* ein Gefühl der Vertrautheit (»intimacy«) und das Impersonale ein Gefühl der Unbedingtheit (»ultimacy«).«[121] Die impersonale Redeweise verstärkt nach de Silva in der Tat den Sinn für die eigentliche Unsagbarkeit der letzten Wirklichkeit. De Silva verwendet hier für die letzte Wirklichkeit den buddhistischen Begriff des »Ungeborenen« und schreibt: »Das Impersonale verweist auf die Unbedingtheit des Ungeborenen, das nicht definiert werden kann.«[122] Die personale Redeweise hingegen verweist auf die Vertrautheit oder Nähe in der Erfahrung letzter Wirklichkeit. Darin liegen die Besonderheit und Stärke der personalen Redeweise. Nach de Silva herrscht zwischen den beiden Aspekten der Unbedingtheit und der Vertrautheit eine Koinzidenz. Beide greifen ineinander über: In der Erfahrung letzter Wirklichkeit ziehe uns die liebende Vertrautheit immer tiefer in das göttliche Geheimnis. Und die Erfahrung unbedingter Geheimnishaftigkeit dränge nach personaler Vergegenwärtigung: »Die Personifizierung des Unbedingten ist unvermeidlich: Der Mensch wird hierzu von einer psychologischen Notwendigkeit getrieben.«[123] Das Bild des Buddhas erweckt in seinem Verehrer »ein tiefes Gefühl der Vertrautheit mit dem Transzendenten.«[124] So sind nach de Silva beide Aspekte notwendig und balancieren einander aus: »Unbedingtheit verleiht der Vertrautheit Tiefe und Vertrautheit verleiht der Unbedingtheit Lebendigkeit.«[125]

Auch wenn im Buddhismus impersonale und im Christentum personale Redeweisen von letzter Wirklichkeit dominieren, sind nach de Silva doch beide Formen in beiden Traditionen präsent. Für

119 Vgl. Harris & Schmidt-Leukel 2021.

120 De Silva 1982: 49. Dieser wichtige Aufsatz wurde auch ins Deutsche übersetzt (siehe De Silva 1998: 148-184). Meine Wiedergabe der Zitate folgt jedoch dem englischen Original.

121 De Silva 1982: 50.

122 Ebd. 49.

123 Ebd.

124 Ebd. 53.



125 Ebd. 51.

de Silva erklärt sich das aus der notwendigen Koinzidenz und Komplementarität der unterschiedlichen Erfahrungsaspekte, die diesen Redeweisen entsprechen. Und weil diese intrareligiöse Diversität der Transzendenzvorstellungen nach de Silva in der religiösen Erfahrung selbst wurzelt, zeige sie sich auch auf der Mikro-Ebene des einzelnen religiösen Menschen: »Unbedingtheit und Vertrautheit sind koinzidierende Aspekte im religiösen Leben eines jeden Menschen.«[126] Ein gutes Beispiel hierfür aus der Perspektive einer gelebten christlich und zugleich buddhistisch geprägten Spiritualität bieten die autobiographischen Schilderungen von Paul Knitter.[127] Für ihn rechtfertigt sich die personale Rede von Gott in dem Sinn, dass sie uns die letzte Wirklichkeit als »vertrauenswürdig« vermittle.[128] Der Buddhismus bekräftige ihn aber in der Überzeugung, dass »das ›Geheimnis‹ immer Vorrang vor den Worten« habe.[129]

De Silva sah sich in seinen Überlegungen nicht zuletzt durch die Arbeiten der beiden westlichen Buddhisten Marco Pallis (1895-1989) und Maurice O'Connell Walshe (1911-1998) bestärkt. So übernimmt er von Walshe insbesondere das an Hick erinnernde Grundschema, das zwischen der einen transzendenten Wirklichkeit und ihren beiden komplementären Repräsentationen in impersonaler und personaler Redeweise unterscheidet.[130] Walshe selbst beruft sich hierbei unter anderem auf die mystischen Traditionen des Christentums, mit denen er bestens vertraut war. Denn Walshe war Professor für Mittelhochdeutsch und anerkannter Spezialist für Meister Eckhart. Zugleich war er Vize-Präsident der Buddhistischen Gesellschaft des Vereinigten Königreichs und wurde insbesondere durch seine englische Übersetzung des *Dīgha Nikāya* bekannt.[131]

Die Versuche von Hick und de Silva, personale und impersonale Vorstellungen von letzter Wirklichkeit als komplementär zu denken, beruhen, wie gezeigt, auf der Unterscheidung zwischen

126 Ebd. 53.
127 Knitter 2012.
128 Ebd. 81.
129 Ebd. 106.
130 Vgl. Walshe 1982: 5f.
131 https://obo.genaud.net/backmatter/gallery/walshe.htm (März 2021).

der Transkategorialität und Unausdrücklichkeit letzter Wirklichkeit einerseits sowie den unterschiedlichen Formen und Aspekten menschlicher Transzendenzerfahrung andererseits. Ihre Ansätze unterscheiden sich darin grundsätzlich von den zuvor genannten Versuchen, impersonale und personale Vorstellungen auf objektive impersonale und personale Eigenschaften einer in sich komplexen letzten Wirklichkeit zurückzuführen.[132] Während solche Ansätze eine starke Korrespondenz zwischen menschlichen Vorstellungen und letzter Wirklichkeit annehmen, betonen Hick und de Silva eine unumgehbare Differenz. Eine Komplementarität personaler und impersonaler Vorstellungen kann demnach allein über die subjektive Seite, die Erfahrungsdimension aufgezeigt werden. Wieweit sich die von Hick und de Silva vorgeschlagenen Zuordnungen zu unterschiedlichen Formen und Aspekten menschlicher Transzendenzerfahrung erhärten lassen, bedarf freilich noch einer eingehenderen Erforschung. Dabei dürften nicht nur religionspsychologische Untersuchungen relevant sein, sondern auch transzendentalphilosophische Überlegungen wie etwa die von Bernhardt Nitsche[133] und Fabian Völker.[134] Auch von kognitionswissenschaftlichen und neurophysiologischen Untersuchungen wären diesbezüglich noch weitere Aufschlüsse zu erwarten. Neurophysiologische Befunde könnten möglicherweise einen Zusammenhang zwischen bestimmten Formen kontemplativer Praxis und personalen wie impersonalen Vorstellungen auf der kataphatischen Ebene belegen. Zudem könnten meditative Erfahrungen einer gegenstandslosen, reinen Bewusstheit im Zusammenhang mit der apophatischen Option stehen.[135] All dies könnte die Verbreitung von sowohl personalen als auch impersonalen Vorstellungen innerhalb der unterschiedlichen großen religiösen Traditionen erklären.

Hinzu kommen aber zweifellos auch philosophische beziehungs-

132 Siehe oben S. 169f.

133 Siehe oben, Kap. 2, S. 71-74.

134 Vgl. Völker 2016; 2018a; 2018b; 2019; 2020.

135 So die Vermutung von Kenneth Rose (2016: 23). Zu empirischen Untersuchungen dieser Bewusstseinszustände und der zu ihnen führenden Praktiken siehe Nash, Newberg & Awasthi 2013: 8.

weise im weiteren Sinn »theologische« Gründe, die im Einzelfall jeweils den Ausschlag zugunsten einer bestimmten Vorstellung geben. So hat etwa Nishitani die bemerkenswerte Überlegung vorgetragen, dass gerade der Gedanke der Vollkommenheit der Liebe Gottes notwendig einen impersonalen Aspekt in die Vorstellung der Personalität Gottes eintrage. Denn vollkommene Liebe sei indifferent – nicht im Sinne einer kalten Indifferenz, sondern so, dass sie allen in gleicher Weise gegenüberstehe und nicht nach eigenen Interessen willkürlich auswähle. In diesem indifferenten »Gleichmaß« göttlicher Zuwendung stecke ein quasi gesetzmäßiger und somit impersonaler Zug.[136] Nicht selten wird allerdings auch das gerade hierdurch hervortretende Theodizee-Problem als ein Argument ins Feld geführt, das eher für eine impersonale als eine personale Transzendenzvorstellung spreche.[137] So hat bekanntlich der jüdische Theologe Richard Rubenstein angesichts des Holocaust den Glauben an einen personalen Gott, der die Geschicke seines Volkes und die aller Völker leitet, verworfen und sich stattdessen der aus der jüdischen Mystik entlehnten Vorstellung von Gott als *En Sof*, als dem unbestimmbaren und impersonalen Urgrund des Seins, angenähert – ein »heiliges Nichts«, das Rubenstein in Parallele zur buddhistischen Leerheit setzt.[138] Die Verknüpfung einer personalen Vorstellung von letzter Wirklichkeit mit dem Problem von Übel und Leid in der Welt bringt uns nun zurück zu der Frage nach der schöpferischen Dimension letzter Wirklichkeit.

### *Die letzte Wirklichkeit als Grund und Ziel der Welt*

Wie oben erwähnt, haben Buddhismus-Experten wie beispielsweise Steven Collins, Peter Harvey oder Christopher Gowans darauf hingewiesen, dass das Nirvāṇa zwar durchaus als eine transzendente Wirklichkeit verstanden wird, jedoch weder die Züge einer

136 Vgl. Nishitani 1982: 114-120, 130-141.
137 Vgl. z.B. Wildman 2017: 204, 220-227.
138 Rubenstein 1995.

göttlichen Person, noch die eines Schöpfers trägt. Bisher habe ich gezeigt, dass allerdings sowohl im Buddhismus als auch im Christentum letzte Wirklichkeit auf personale wie impersonale Weise vorgestellt wurde und wird. Wie ausgeführt, bedeutet dies nicht etwa, dass das Nirvāṇa oder der Dharmakörper als personaler Gott angesehen würden. Aber sie sind doch so eng mit der Wirklichkeit eines Buddhas verknüpft, dass sie durch die und in der Gestalt des Buddhas auch eine personale Repräsentation gewinnen. Im Folgenden möchte ich dem nun noch einige Streiflichter zu der Frage hinzufügen, inwieweit letzte Wirklichkeit in beiden Traditionen auch als schöpferisch verstanden wird.[139]

Nach Steven Collins wird Nirvāṇa in den kanonischen Texten des Theravāda ausschließlich als Befreiung vom Saṃsāra und damit als Erlösung aus Leid und Vergänglichkeit bestimmt. Es werde jedoch nicht als Ursprung, Grund oder Quelle des Universums betrachtet, denn: »Im Buddhismus gibt es keinen allerersten Anfang der Dinge.«[140] Diese Bemerkung ist in dreifacher Hinsicht interessant. Erstens entspringt sie dem häufig anzutreffenden, aber keineswegs selbstverständlichen Verständnis von Schöpfung im Sinn eines zeitlichen Anfangs des Universums. Zweitens setzt Collins hier die (vermutlich) spätere buddhistische Lehre von einer anfangslosen Kette sukzessiver Welten voraus. Und drittens scheint er anzunehmen, dass jene Wirklichkeit, die die Erlösung aus der Welt garantiert, keine schöpferischen Implikationen besitzt. Sehen wir uns diese drei Annahmen etwas genauer an.

Die Vorstellung, dass Gott die Welt zu einem bestimmten Zeitpunkt – einem Punkt *innerhalb der Zeit* – erschaffen habe, dürfte bei vielen Gläubigen gegeben sein, auch wenn wir keine genaueren Daten darüber besitzen, wie stark diese Vorstellung tatsächlich verbreitet ist. In jedem Fall wirft sie jedoch einige unlösbare theologische Probleme auf: Was tat Gott, bevor Gott die Welt erschuf? Warum erschuf Gott die Welt erst so spät? – eine Frage, die

139 Vgl. hierzu auch meine ausführlichere Behandlung dieser Thematik in Schmidt-Leukel 2006 und 2019a: 312-337.



140 »There is no ultimate beginning of things in Buddhism.« Colllins, S. 1998: 177.

sich immer stellen lässt, wenn man voraussetzt, dass Schöpfung in der Zeit stattfand, sodass immer schon eine anfangslose, unendlich lange Zeit vorausging. Worauf also hätte Gott warten sollen? Im Unterschied zur Vorstellung einer Schöpfung *in der Zeit* lautet spätestens seit Clemens von Alexandrien (2.-3. Jhd.) eine in der Theologie verbreitete Standard-Position, dass die Zeit selbst mit zur Welt gehört und daher ebenfalls erschaffen ist.[141] Schöpfung umfasst demnach die gesamte Welt mit all ihrer Zeit. Aus dieser Perspektive ist es, genau genommen, irreführend zu sagen, dass Gott die Welt erschaffen *hat*, so, als ob es sich dabei um ein Geschehen in der Vergangenheit handle. Vielmehr gilt, dass die Welt eine beständige Schöpfung Gottes *ist*.

Die Lehre, dass Gott die Welt *aus nichts* erschaffen habe (*creatio ex nihilo*), darf daher – so Thomas von Aquin – nicht so verstanden werden, als habe Gott die Welt *nach dem Nichts* (*post nihilum*) erschaffen.[142] Der Gedanke, dass die Zeit selbst erschaffen ist, impliziert nach Thomas, dass die Frage, ob die Welt einen göttlichen Schöpfer besitzt, nicht davon abhängt, ob sie einen zeitlichen Anfang hat oder nicht. Auch eine Welt ohne zeitlichen Anfang könnte dennoch göttliche Schöpfung sein.[143] Zudem, so Thomas, ist Gott nicht die Wirkursache der Welt (*causa efficiens*) in einem Sinn von Wirkursächlichkeit, wie sie innerhalb der Welt und ihres zeitlichen Ablaufs gilt, wonach die Wirkursache der Wirkung zeitlich vorangeht. Vielmehr ist Gott nach Thomas »Ursache« der Welt in einem metaphysischen Sinn unabhängig von der Frage ihres zeitlichen Anfangs. Offensichtlich versteht Thomas eine metaphysische Ursächlichkeit primär in einem teleologischen Sinn.[144] Das heißt, die Welt als Ganze existiert *wegen* Gott, wobei dieses »wegen« im Sinn eines »wozu« gedacht ist. Gott ist das letzte und eigentliche Ziel der Welt. Als dieses Wozu der Welt ist Gott der Grund ihrer Existenz.

141 Vgl. hierzu die Angaben bei Pannenberg 1991: 52-56.

142 Vgl. hierzu die *quaestiones* 44-46 in *Summa theologiae* I.

143 Thomas nimmt aufgrund des biblischen Schöpfungsberichts zwar einen zeitlichen Anfang der Welt als gegeben an, doch hat dies keinen Einfluss auf sein grundsätzliches Verständnis von Schöpfung als ein nicht-zeitliches Abhängigkeitsverhältnis.

144 Vgl. *Summa contra Gentiles* I 13 und I 37. Siehe auch Schmidt-Leukel 2006: 166-168.

Mit dieser Überlegung folgt Thomas der Philosophie des Aristoteles, von der sein Denken maßgeblich geprägt ist. Denn bei Aristoteles ist Gott die »Ursache« der Welt im Sinne des »unbewegten Bewegers«. Wie der Geliebte den Liebenden bisweilen ohne ein Zutun des Geliebten anzieht, so verursacht der ewige Gott (»unbewegt«) die Existenz (»Bewegung«) der Welt. Die Welt existiert – auch wenn sie, wie bei Aristoteles vorausgesetzt, keinen zeitlichen Anfang hat –, weil sie auf Gott als ihre eigentliche Erfüllung zustrebt. Die Ewigkeit ist das Ziel des Zeitlichen, das allein durch dieses Ziel existiert. Der teleologischen Ursächlichkeit, der Ziel-Ursache (*causa finalis*), kommt nach Thomas die Priorität unter allen Ursachen zu. Ohne diese Zielursache würde keine weitere Ursache bestehen.[145] Zieht man solche innerhalb des Christentums sehr einflussreichen Konzeptionen von Schöpfung in Betracht, dann ist es voreilig, *allein* aus der buddhistischen Lehre, wonach das Universum beziehungsweise die Ketten sukzessiver Welten keinen Anfang haben, eine Unverträglichkeit mit dem Gedanken ihrer Geschöpflichkeit abzuleiten.

An mehreren Stellen in den kanonischen Schriften des Theravāda wird die Frage nach der (zeitlichen) Unbegrenztheit oder Begrenztheit (*sassata, asassata*) sowie der (räumlichen?) Begrenztheit oder Unbegrenztheit (*antavā, anantavā*) zu den »unbeantworteten Fragen« (*avyākatā*) gerechnet.[146] Offensichtlich impliziert dies auch die Frage nach einer anfänglichen Begrenztheit oder Unbegrenztheit der Welt. An anderen Stellen wird ausdrücklich gesagt, dass der Saṃsāra ohne »erkennbaren Anfang« (*anamataggo*) sei.[147] Auch dies scheint die Frage nach einem zeitlichen Anfang bewusst unbeantwortet zu lassen. Später jedoch wurde es mehr oder weniger zur buddhistischen Standardposition, dass die Ketten sukzessiver Welten ohne zeitlichen Anfang sind. Dahinter steht das sich herausbildende Konzept karmischer Schöpfung. Demnach entsteht jedes neue Weltsystem aus dem Karma der Wesen einer vorherigen

145 *Summa Theologiae* I-II, 1, a. 2.

146 Siehe beispielsweise *Majjhima Nikāya* 63 & 72. »They relate to the problem of whether the universe is finite or infinite in terms of time (*sassato, asassato*) and space (*antavā, anantavā*).« Karunadasa 2007: 9.

147 *Saṃyutta Nikāya* 2,15,1-20. Vgl. auch Anm. 254 in Bodhi 2000: 795.

untergegangenen Welt – und es gibt zahllose parallele Ketten solch sukzessiver Welten.[148]

Doch was ist der eigentliche Antrieb hinter dieser karmischen Dynamik, die immer wieder neue Welten hervorbringt? Die buddhistische Tradition benennt hierfür »Durst« und »Verblendung«: Beide sind eng miteinander verwoben, insofern der Durst die verblendete Einstellung gegenüber den Dingen dieser Welt ist. Das jedem Wesen innewohnende Streben nach dem Unvergänglichen, nach dem Nirvāṇa, in dem allein alles Streben zur Ruhe kommt, wird fälschlicherweise – eben durch Verblendung – auf das Vergängliche gerichtet, das diesen Durst jedoch nie bleibend zu stillen vermag.[149] So bringt der Durst in seiner Verblendung und mittels der hierdurch ausgelösten Wiedergeburt letztlich selbst die Objekte hervor, die ihn immer neu anstacheln, aber unbefriedigt zurücklassen. In einer bemerkenswerten Passage des Pāli-Kanons heißt es, dass alle Dinge im »Begehren« (*chanda*) wurzeln, doch dass die Befreiung ihr eigentlicher Kern, das Todlose ihr wahres »Ziel« (*gadhā*) und das Nirvāṇa ihre »Erfüllung« beziehungsweise ihr »Ende« (*pariosānā*) ist.[150] Diese Vorstellung wirkt wie eine Variation der Idee, dass die Welt nur um ihres transzendenten Zieles willen besteht, dem sie zustrebt und in dem sie sich schließlich aufhebt. Die Welt perpetuiert sich quasi wegen des Nicht-Erreichens ihres Zieles. Aber sie existiert aus der inneren Dynamik auf dieses Ziel hin. Insofern der Dharma die inneren Gesetzmäßigkeiten beschreibt, die den Weg zu diesem Ziel bestimmen, ist er als solcher nicht nur das Gesetz der Erlösung, sondern auch das Gesetz der Welt.

Im Mahāyāna wird dieses Grundmotiv auf unterschiedliche Weise weiterentwickelt. Dabei stoßen wir auf zwei weitere Variationen des Schöpfungsgedankens. Schon recht früh entwickelt sich im Buddhismus die Idee, dass Buddhas durch ihr Wirken quasi ihre Umgebung, ihr »Feld«, »reinigen«. »Reinheit« ist in den Religionen des alten Indiens ebenso wie in zahlreichen anderen Religionen eine stark

148 Vgl. beispielsweise *Abhidharmakośa* 4,1; *Yogācārabhūmi* 30,21; 36,19.

149 Vgl. Schmidt-Leukel 2020a: 75-80.

150 *Aṅguttara Nikāya* 10,58.

besetzte Metapher für etwas Anzustrebendes. Nicht selten steht sie für die Öffnung des Menschen zum Transzendenten. Innerhalb des Buddhismus bezeichnet sie nicht selten das Ziel der Erlösung, so wie in Buddhaghosas klassischer Abhandlung *Der Weg zur Reinheit* (*Visuddhimagga*) aus dem fünften Jahrhundert n. Chr. Es geht hierbei um die Reinigung des von Natur aus reinen Geistes von seinen »Befleckungen« durch Gier, Hass und Verblendung, um ihn so zur Erfahrung des Nirvāṇas zu führen. Im Mahāyāna entsteht schon bald der Gedanke, dass die Buddhas aus ihrem vollendeten Mitleid heraus und durch die Kraft ihres in zahllosen Existenzen angesammelten guten Karmas jeweils ihr eigenes »reines« Buddha-Land erschaffen. In den so erschaffenen Buddha-Ländern herrschen die optimalen Bedingungen für das Erreichen des Nirvāṇas. Auch dieser Idee liegt somit der Gedanke einer karmischen Schöpfung zugrunde. Doch artikuliert sie hier noch stärker die unmittelbare Ausrichtung der Buddha-Länder auf das Heilsziel und erklärt dieses zum eigentlichen Grund für die Schöpfung dieser Buddha-Länder oder Reinen Länder. In einigen relativ alten und enorm einflussreichen Mahāyāna-Schriften wie dem *Lotos-Sūtra* und dem *Vimalakīrtinirdeśa-Sūtra* wird gelehrt, dass die gegenwärtige Welt – mit all dem in ihr vorhandenen Übel und Leid – in Wahrheit ebenfalls ein reines Buddha-Land sei.[151] Doch aufgrund unserer Verblendung könnten wir dies nicht erkennen. Nach dem *Vimalakīrtinirdeśa-Sūtra* (Kapitel X und XI) bedeutet dies: Wir erkennen nicht, dass nur in einer Welt wie der unsrigen die spirituellen und sittlichen Tugenden eines Bodhisattvas entwickelt werden können. Anders gesagt: Nur in einer Welt, in der Leid möglich ist, können Menschen jene Haltung und Eigenschaften entwickeln, die über das Leid hinausführen. In Wahrheit ist unsere Welt also eine Welt mit optimalen Bedingungen für den Erlösungsweg und als solche die Schöpfung eines Buddhas. Nach José Cabezón, Buddhismus-Experte und praktizierender Buddhist, wäre daher »für Mahāyāna-Buddhisten die Annahme, dass es sich bei allen Universen, überall, um die reinen Felder erleuchteter Wesen handelt, keineswegs unplausibel.« Hier,

151 Vgl. *Saddharmapuṇḍarīka-Sūtra* 15,11-14 (Kern, H. 1884: 308); *Vimalakīrtinirdeśa-Sūtra* 1 (Thurman 1976: 18-19).

so Cabezón weiter, hätten »Buddhisten einen Anhaltspunkt für den Dialog mit Christen und Juden, die die Schöpfung der Welt immer als einen Akt der Liebe verstanden haben.«[152]

Eine andere, aber hierzu durchaus konvergente Linie entwickelte sich aus dem inkarnatorischen Motiv, wonach ein Buddha und letztlich jeder Erwachte den Dharma und das Nirvāṇa verkörpert. Wie bereits gezeigt, führte dies im Mahāyāna zunächst zu der Vorstellung, dass alle saṃsārischen Wesen die Buddha-Natur besitzen und schließlich zu dem Glauben, dass die Buddha-Natur sich in der gesamten Wirklichkeit manifestiert. Im Kontext dieser gedanklichen Schiene konnte dann bisweilen auch auf das Motiv einer quasi göttlichen Schöpfung zurückgegriffen werden. Wie oben erwähnt, nimmt das *Kāraṇḍavyūha-Sūtra* den vedischen Schöpfungsmythos von der Erschaffung der Welt aus dem göttlichen Organismus des Puruṣa auf und identifiziert den Puruṣa mit Avalokiteśvara, der in diesem Text zudem durchgängig als *īśvara* (»Herr« im Sinne von Schöpfergott) bezeichnet wird. Wenn also die gesamte Welt eine Schöpfung oder vielleicht besser Manifestation des Bodhisattvas Avalokiteśvara ist, dann wird damit bildlich zum Ausdruck gebracht, dass die gesamte Welt dem Ziel diene, ihre Wesen zum Erwachen beziehungsweise zur Erlösung zu bringen. Denn genau das ist es, was ein Bodhisattva zu tun gelobt.

In einer späteren Überarbeitung des *Kāraṇḍavyūha-Sūtra* wird Avalokiteśvara selbst als Emanation des *ādibuddha* dargestellt, das heißt jenes Urgrunds (*ādi* = erst- oder ur-), aus dem alle Buddhas entstammen.[153] In später mahāyānistischer Terminologie steht dieser Urgrund für die mit der letzten Wirklichkeit verknüpften höchsten Weisheit. Es liegt auf derselben gedanklichen Linie, wenn etwa das *Hevajra Tantra* (1,5,16), ein indischer Text aus dem achten Jahrhundert, von der höchsten Weisheit (*prajñā*) sagt, sie werde »Mutter genannt, weil sie die Welt gebiert«.[154] Solche Aussagen stehen nicht isoliert da. Vielmehr ist Eva Neumaier zuzustimmen, wenn sie

152 Cabezón 2016: 40.

153 Vgl. Studholme 2002: 45.

154 Snellgrove 1971: 62.

feststellt, »dass gewisse Stränge des Mahāyāna-Buddhismus eine ›Schöpfung‹ als Manifestation der letzten Wirklichkeit bekräftigen, wobei Manifestation und ›Grund‹ zusammen existieren.«[155] Unbeschadet dessen, dass sich mehrere klassische Schriften und philosophische Texte des Mahāyāna mit zahlreichen Argumenten gegen den Glauben an einen personalen Schöpfergott aussprechen,[156] haben sich in dieser Tradition dennoch Vorstellungen entwickelt, die diesem Glauben inhaltlich durchaus nahekommen.[157]

Aus der bisher wohl umfassendsten Zusammenstellung und Analyse unterschiedlicher Vorstellungen von letzter Wirklichkeit[158] zieht Jeanine Diller zwei Schlussfolgerungen: Erstens, keine der großen religiösen Traditionen ist einheitlich. In jeder von ihnen gibt es zahlreiche verschiedene Formen und Modelle letzter Wirklichkeit. Zweitens finden sich bestimmte Typen von Transzendenzvorstellungen gleichzeitig in mehreren religiösen Traditionen. Es gibt also nicht nur eine erstaunliche intrareligiöse Diversität, sondern zudem – so Diller – eine noch erstaunlichere interreligiöse Übereinstimmung hinsichtlich bestimmter Arten, letzte Wirklichkeit zu denken.[159]

Die in diesem Kapitel benannten Streiflichter haben diesen Befund hinsichtlich personaler und impersonaler Vorstellungen von letzter Wirklichkeit untermauert. Beachtet man dabei zugleich eine gewisse Dominanz impersonaler Konzeptionen im Buddhismus und personaler im Christentum, so bestätigt sich hier sehr deutlich ein fraktales Muster bis hinunter zur Mikro-Ebene des religiösen Subjekts. Völlig zu Recht weist Diller jedoch ebenso darauf hin, dass sich die interreligiöse Übereinstimmung auf bestimmte idealtypische Modelle bezieht, nicht auf die konkreten Instantiierungen dieser Modelle. Sie behalten angesichts der enormen Vielfalt an spezifischen religiösen Einzelaspekten zugleich immer auch ihre unverwechselbare Besonderheit.[160]

155 Neumaier 2016: 57. Vgl. auch Neumaier-Dargyay 1992.

156 Zu den antitheistischen Argumenten siehe Schmidt-Leukel 2006: 123-141; 2019a: 316-323.

157 Vgl. zu diesem Urteil auch Jackson, R. 1999: 473f.

158 Diller & Kasher 2013.

159 Diller 2013.

160 Vgl. ebd. 1027.

# 5. Kapitel

# Was stimmt nicht mit uns?

## 5.1 Verblendung oder Sünde?

Eine strukturelle Gemeinsamkeit von Christentum und Buddhismus sahen viele ältere Religionsvergleiche darin, dass beide eine Erlösung beziehungsweise Befreiung verheißen und insofern »Erlösungsreligionen«[1] seien. Doch Erlösung wovon? In dieser Hinsicht konstatierten Religionswissenschaftler große Unterschiede.

Durchschlagend war dabei zumeist die jeweilige Interpretation des christlichen und buddhistischen Weltverhältnisses.[2] Nach Karl Kenntner etwa verkündet der Buddhismus eine »Erlösung *vom* empirischen Leben«, das Christentum hingegen eine »Erlösung *des* empirischen Lebens«.[3] Derart scharfe und einseitige Kontrastierungen übergingen freilich, dass auch im Christentum das endgültige Heilsziel oft als eine neue Wirklichkeit verstanden wurde, die nicht einfach eine Verbesserung oder erlöste Verlängerung der jetzigen Welt darstellt. Pauschalisierend und konfrontativ fielen die Vergleiche allerdings häufig selbst dann aus, wenn sie sich eher mit den einzelnen Phänomenen des »empirischen Lebens« befassten, auf die sich in beiden Religionen der Erlösungsgedanke bezieht – das heißt, mit seiner Vergänglichkeit und Leidhaftigkeit, wobei die Leidhaftigkeit des Lebens auch das moralisch verwerfliche Zufügen von Leid umfasst.

Den entscheidenden Unterschied zwischen beiden Religionen sahen die meisten der frühen Vergleiche in der jeweiligen Analyse der Unheilsursache: Im Christentum, so das einhellige Urteil, gelte

1 Für eine Problematisierung des Begriffs der »Erlösungsreligionen« siehe Colpe 1990.

2 Vgl. oben Kap. 3, S. 89-99.

3 Kenntner 1939: 68.

die Sünde als die eigentliche Wurzel allen Übels, im Buddhismus hingegen seien dies der »Durst« (*taṇhā, tṛṣṇā*) sowie die Unwissenheit (*avijjā, avidyā*) beziehungsweise Verblendung (*moha*).[4] Das Schwanken zwischen Durst und Verblendung in der Frage, was im Buddhismus als die eigentliche Unheilsursache gelte, geht auf die Unterschiede zwischen zwei alten buddhistischen Lehrformeln zurück: Während in den »Vier Edlen Wahrheiten« der Durst als die Ursache des Leids genannt wird, führt die Lehre vom »Abhängigen Entstehen« (*paṭiccasumuppāda, pratītyasamutpāda*) den Durst über einzelne Zwischenglieder auf die Verblendung zurück.[5] Zwischen Durst und Verblendung besteht jedoch ein genuiner Zusammenhang. Denn der Durst bezeichnet eine verblendete Orientierung des menschlichen Lebens auf die vergänglichen Dinge dieser Welt anstatt auf das allein befriedigende Heilsziel.[6]

Nach Gustav Mensching versteht der Buddhismus das »Nichtwissen« nicht als »theoretische Unkenntnis«, sondern bezeichnet damit den »fehlende(n) Kontakt mit der Wirklichkeit des Numinosen«.[7] Diese fehlende Verbindung zum Numinosen artikuliere sich in dem Begehren nach – und der fälschlichen Identifikation mit – individualisierter Existenz.[8] Das Leid oder Unheil, von dem der Buddhismus spreche, bestehe demnach in »der vorgefundenen Trennung des Menschen von der Heilswirklichkeit des Nirvana«.[9] Darin erblickt Mensching eine strukturelle Ähnlichkeit zum Christentum, da nach christlichem Glauben das Unheil ebenfalls durch die »Trennung bzw. Isolierung des Menschen von einer transzendenten Wirklichkeit entsteht«, das heißt, durch die »Sünde«.[10]

4 Im buddhistischen Kontext werden Unwissenheit/Nichtwissen und Verblendung in der Regel synonym verwendet, da sich der Unwissende seines Nichtwissens nicht bewusst ist, sondern dieses fälschlich als Wissen betrachtet und insofern blind oder verblendet ist. Auch ikonographisch wird das Nichtwissen in der klassischen Darstellung des *pratītyasamutpāda* durch eine blinde Frau versinnbildlicht. Siehe Zin & Schlingloff 2007: 127f. Vgl. auch Schmidt-Leukel 1992: 52-56, 73-84.

5 Vgl. Schmidt-Leukel 2020a: 72-74, 99-103.

6 Vgl. ebd. 75-77.

7 Mensching 1978: 126.

8 Ebd. 128-131.

9 Ebd. 138.



10 Ebd.

Allerdings nimmt diese strukturelle Ähnlichkeit zwischen Verblendung und Sünde nach Mensching sehr gegensätzliche Formen an. Nach christlicher Auffassung zeige sich das Unheil vor allem im »erschrockenen Gewissen« und trage den Charakter einer »Schuld«. Dabei, so Mensching, gehe es nicht primär um einzelne Sünden, sondern – wie er mit Luther ausführt – um eine essenzielle Sünde, »eine seinsmäßige Gesamthaltung schuldhafter Art, die als selbstsichere Isolierung von Gott bezeichnet werden kann.« Es handle sich um »die Selbstbehauptung vor Gott, um die ich-süchtige Existenz im Unterschied zur ich-haften Existenz, die im Buddhismus als Unheil angesehen wird.«[11] Im Christentum werde somit die »Ich-Sucht« als die Wurzel des Übels betrachtet, im Buddhismus dagegen die »Ich-Illusion«. Fundamental werde dieser Unterschied insofern, als im Buddhismus jegliches Wollen die Ich-Illusion voraussetze und perpetuiere, wohingegen im Christentum nur die Richtung des Willens (»von Gott weg auf die Welt, und d.h. auf das Ich und seine Gelüste«) als unheilvoll gelte.[12] So sehr Mensching hier wichtige strukturelle Parallelen erkennt und benennt, so sehr muss doch gerade die letztgenannte Zuspitzung in Zweifel gezogen werden. Denn auch der Buddhismus kennt einen rechten, das heißt richtig ausgerichteten Willen. So bezeichnet beispielsweise das Schema der Vier Edlen Wahrheiten die »rechte«, auf das Nirvāṇa gerichtete »Anstrengung« als sechstes Glied des Edlen Achtfachen Pfads zur Erlösung. Das Streben nach dem Nirvāṇa, das zentral den Willen einschließt, wird als das »edle Streben« dem »unedlen Streben« entgegengesetzt, das auf die vergänglichen Dinge der Welt gerichtet ist.[13] Auch im Buddhismus geht es demnach durchaus um die Richtung des Willens beziehungsweise des existenziellen Strebens.

Die Entgegensetzung von Verblendung/Nichtwissen und Sünde als zwei fundamental verschiedene Interpretationen der menschlichen Unheilssituation findet sich nicht nur in älteren, sondern auch

11 Ebd.

12 Ebd. 140-143.

13 Schmidt-Leukel 2020a: 75-77.

in relativ jungen Vergleichen beider Religionen.[14] Nach Ansicht des orthodoxen Theologen Ernest Valea ist im Buddhismus das Nichtwissen das stärkste Äquivalent zum christlichen Begriff der Sünde. Doch diese strukturelle Ähnlichkeit, so Valea, könne nicht über die unversöhnlichen Gegensätze zwischen beiden Konzepten hinwegtäuschen. Sünde sei nach christlichem Verständnis das Fehlen der rechten Beziehung zu Gott und Mitmensch. Da dem Buddhismus jedoch jeder Gottesbegriff fehle, sei aus buddhistischer Sicht der christliche Sündenbegriff inakzeptabel. Umgekehrt könne aus christlicher Sicht das buddhistische Verständnis von Verblendung nicht akzeptiert werden. Denn zumindest im Mahāyāna setze dieses Verständnis voraus, dass es im Menschen eine von der Verblendung überdeckte, verborgene Erkenntnisfähigkeit gebe, die als solche die Basis der Erlösung beziehungsweise Erleuchtung bilde. Das Christentum hingegen nehme keine solche positive Grundlage innerhalb der menschlichen Natur an. Vielmehr sei des Menschen Herz zutiefst von der Sünde bestimmt.[15]

Ähnlich bestimmen auch Keith Yandell und Harold Netland die zentralen Differenzen zwischen dem buddhistischen und christlichen Verständnis der menschlichen Unheilssituation. Zwar stimmten Buddhismus und Christentum darin überein, »dass die Dinge nicht in Ordnung sind«. Ein tiefer Dissens bestehe jedoch hinsichtlich der Frage, in welchem Sinn die Dinge falsch laufen und folglich auch hinsichtlich einer möglichen Heilung. Im Christentum gelte die Sünde als »eine Art Rebellion gegen unsere eigene Natur und gegen Gott. Sünden sind selbstzerstörerisch, verhindern unser Gedeihen und errichten eine Barriere zwischen uns und Gott«.[16] Die Heilung bestehe in Reue und göttlicher Vergebung. Im Buddhismus sei die Verblendung der falsche Glaube an ein Ich und die Verdrängung der Allvergänglichkeit. Das Heilmittel sei demnach

14 Vgl. etwa das pauschale Urteil von Harold Coward (2003: 128): »Es gibt keine Sünde im Sinn eines Ungehorsams gegen Gott oder gegen irgendeine blind geglaubte Schrift. Im Buddhismus gibt es vielmehr das karmische Nichtwissen, das von den zahlreichen falschen Vorstellungen verursacht ist, die von allen Seiten auf uns einstürmen.«

15 Valea 2008: 131-135.

16 Yandell & Netland 2009: 180.

eine Erkenntnis, die mit der Überwindung aller Anhaftung einhergehe.[17] Die Unvereinbarkeit beider Konzeptionen zeige sich zum einen darin, dass nach christlicher Auffassung das eigentliche Übel in der Verderbtheit der inneren Person des Menschen bestehe. Zum anderen sei für den christlichen Sündenbegriff der Gottesbegriff konstitutiv, der dem Buddhismus vollständig fehle.[18]

Yandell und Netland berufen sich in ihrem Urteil unter anderem auch auf die Aussage des buddhistischen Gelehrten Walpola Rahula: »In der Tat gibt es den Begriff Sünde, wie er in einigen anderen Religionen verstanden wird, im Buddhismus nicht. Die Wurzel alles Bösen sind Unwissenheit (*avijja*) und falsche Ansichten (*miccha ditthi*).«[19] Andere buddhistische Gelehrte, wie beispielsweise der japanische Religionswissenschaftler Hajime Nakamura, haben sich jedoch unter Berufung auf die innere Vielgestaltigkeit von Christentum *und* Buddhismus gegen solche vereinfachenden Entgegensetzungen gewehrt. Wenn man eine religiöse Tradition in einem engen, statischen Sinn auf einen bestimmten Typus reduziere, übersehe man jene »Bewegungen des Lebens und Denkens, die nicht auf irgendeine Tradition allein begrenzt sind.«[20] Zwar sieht auch Nakamura einen Unterschied zwischen beiden Religionen darin, dass im Christentum Sünde als Entfremdung vom göttlichen Schöpfer verstanden wird. Aber dieser Unterschied relativiere sich, wenn man bedenke, dass in Teilen des Mahāyāna der Buddha ebenfalls als ein »Ewiges Wesen, als Vater der Welt« vorgestellt werde.[21] Allerdings gebe es im Buddhismus nicht den Gedanken einer göttlichen Sündenstrafe.[22] Die Folgen guter oder böser Taten ergäben sich nach buddhistischer Auffassung vielmehr aus dem Karma-Gesetz, einer selbstständigen moralischen Kausalität.[23] Allerdings, so Nakamura, werde auch im Christentum

17 Ebd. 177-181.

18 Ebd. 201-203; vgl. auch oben Kap. 4, S. 149.

19 Ebd. 203. Zitat aus der deutschen Ausgabe Rahula 1982: 22.

20 Nakamura 1986: 152.

21 Nakamura spielt damit vor allem auf das einflussreiche *Lotos-Sūtra* an.

22 Nakamura 1986: 38.

23 Ebd. 43-46.

Sünde nicht nur unter dem Aspekt von Strafe gesehen. Sie erscheine teilweise auch als eine Art Krankheit, die nicht des Richters, sondern des Arztes bedürfe, was wiederum eher der buddhistischen Analyse des Unheils gleiche.[24] Nichtwissen und Durst bilden laut Nakamura eine innere Einheit. Insofern der Buddhismus Wissen und Willen als eng miteinander verbunden betrachte, setze dieser voraus, dass mit einer echten Erkenntnis immer auch eine tugendhafte Entwicklung einhergehe.[25] Dieser Zusammenhang sei auch im Christentum wahrgenommen worden. In Epheser 4,18 werde die Unwissenheit als Grund der Entfremdung von Gott und somit der Sünde genannt. Und nach Johannes 8,32 sei es die Wahrheit, die den Menschen befreit.

In den religionsvergleichenden Beobachtungen Nakamuras deutet sich bereits so etwas wie eine fraktale Betrachtungsweise an. Das heißt, die unterschiedlichen Konzeptionen der menschlichen Unheilssituation in Buddhismus und Christentum zeigen sich zumindest ansatzweise auch innerhalb einer jeden der beiden Religionen. Am Ende seiner monumentalen vergleichenden Ideengeschichte der Menschheit urteilt Nakamura, es seien »mehr oder weniger dieselben Probleme«, die in den unterschiedlichen religiösen und philosophischen Traditionen der Völker thematisiert werden. Daran werde deutlich, dass trotz aller Unterschiede innerhalb der Menschheit die menschliche Natur und die menschlichen Anliegen weitestgehend ähnlich seien.[26] Nakamuras Beobachtung, dass sich in beiden Traditionen unterschiedliche Konzeptionen der Unheilsursache finden, die jedoch in ihrer Polarität einander strukturell ähnlich sind, gilt es nun skizzenhaft zu verdeutlichen. Anschließend werde ich auf Nakamuras Vermutung zurückkommen, den Grund für diese strukturelle Ähnlichkeit in anthropologischen Gegebenheiten zu sehen.

24 Ebd. 38f.

25 Ebd. 64.

26 Nakamura 1992: 565.

## 5.2 Verblendung und sündhafte Selbstverhaftung im Buddhismus

### *Sünde und Sündenstrafen*

Entgegen dem dominanten Trend, für den Buddhismus die Existenz eines Sündenbegriffs zu bestreiten, haben in den letzten Jahren mehrere Experten darauf hingewiesen, dass gerade im Buddhismus Vorstellungen von Sünde und Sünden sowie den entsprechenden Höllenstrafen weit verbreitet sind. Dieser Sachverhalt, so der Tenor der Kritik, werde in Teilen der Buddhismus-Forschung zu wenig beachtet oder gar ausgeblendet – wohl auch deshalb, weil sich hierdurch das Klischee von einer radikalen Verschiedenheit zwischen Buddhismus und Christentum relativiere. Beispielsweise schreibt Alan Cole: »Auch wenn westliche Erörterungen des Buddhismus dazu tendieren, die Rolle der Sünde in der buddhistischen Kultur zu ignorieren, so sind anscheinend für die meisten Formen des Buddhismus bestimmte Vorstellungen von Sünde zentral.«[27] »Im Hinblick auf den Buddhismus den Begriff der Sünde zu diskutieren«, gilt nach James Robson »einem Großteil zeitgenössischer Buddhismus-Publikationen selbst als eine Sünde.«[28] Es stehe jedoch außer Frage, dass »sich Vorstellungen von Sünde – oder Verfehlung [»transgression«] – und Reue sowohl im Hauptstrom buddhistischer Lehren als auch in späteren Entwicklungen innerhalb des Mahāyāna finden.«[29] Nach Phyllis Granoff gilt für alle traditionellen indischen Religionen, dass die Natur der Sünde und die Folgen der Sünde Themen von zentraler Bedeutung waren und es bis zum Beginn der Neuzeit blieben.[30]

Die Diskrepanz zwischen solchen Aussagen und der Bestreitung eines Sündenbegriffs im Buddhismus beruht zumindest teilweise auf Fragen der Übersetzung: Inwieweit ist es legitim, Sanskrit-Begriffe wie *pāpa* (chin. *zui* 罪: Verstoß, Verbrechen, Schuld, Sünde –

27 Cole 1998: 8.

28 Robson 2012: 74.

29 Ebd. 77.

30 Granoff 2012: 175.

auch als Adverb), *mithyā* (falsch, ungehörig, schlecht, sündig), *akuśala* (übel, schlecht, verderbt, unheilsam) *oder apunya* (unrecht, karmisch schlecht, schuldhaft) mit »Sünde«, »sündig« oder »sündhaft« zu übersetzen? Die Antwort hängt unter anderem davon ab, wie eng oder weit man den Begriff der »Sünde« fasst. Insofern sich »Sünde« auf die Verletzung moralischer oder ritueller Gebote, Verbote, Regeln, Prinzipien, Verpflichtungen usw. in einem religiös konnotierten Kontext bezieht, scheint die Übersetzung durchaus angebracht – gerade, weil sie die religiöse Dimension der Verfehlung zum Ausdruck bringt. Schwieriger ist es freilich, wenn »Sünde« in einem theologisch engeren Sinn oder im Sinn von spezifischen christlichen Konzeptionen wie etwa jener der »Erbsünde« verstanden wird. Hier kann die Übersetzung unter Umständen irreführen. Daher ist es wichtig, jeweils genauer zu klären, welche Aspekte von »Sünde« mit den entsprechenden buddhistischen Begriffen abgedeckt sind und welche nicht.[31]

Im Buddhismus gelten moralische und rituelle Regeln nicht als Gebote eines Schöpfergotts. Sie stellen jedoch einen Teilaspekt des Dharmas und somit Teil eines ewigen kosmischen Gesetzes dar, das die Buddhas erkennen und verkünden. In diesem Sinn handelt es sich zwar nicht um Regeln, die die Buddhas[32] gebieten, wohl aber um solche, die sie offenbaren und deren Gültigkeit nicht von der Zustimmung des Einzelnen abhängt. Im Hinblick auf die ihnen zugesprochene zeitenthobene Gültigkeit und Verbindlichkeit teilen somit die buddhistischen Gesetze und Regeln einen wichtigen Aspekt mit den theistisch verstandenen »Geboten«. Parallelen zum Begriff der »Erbsünde« zeigen sich insofern, als dieser auf eine grundsätzliche existenzielle Verfassung des Menschen verweist. Denn auch nach buddhistischer Überzeugung werden gewöhnliche Wesen im Wiedergeburtenkreislauf bereits im Zustand der Verblendung und

31 Vgl. Robson 2012: 74-76.

32 In diesem Fall schließt dies auch die sogenannten »Einzelbuddhas« (*pratyekabuddha*) mit ein. Denn im Unterschied zu der verbreiteten Fehlinformation, dass Einzelbuddhas überhaupt nicht lehren, lehren diese, laut Aussage zahlreicher klassischer buddhistischer Texte, vor allem die Moralgesetze. Von den Buddhas im vollen Sinn unterscheiden sie sich jedoch darin, dass sie keinen Saṅgha gründen und nicht den vollen Weg zur Erlösung weisen.

des Durstes, also quasi mit einer »sündhaften« Inklination, geboren. Sündhaftes Verhalten – in Gedanken, Worten und Werken (den drei Bereichen des Karmas) – wird im Buddhismus zwar nicht als Auflehnung gegen einen Schöpfergott verstanden. Aber der Aspekt, dass sündhaftes Verhalten auch ein Vergehen gegen die Buddhas ist, ist dem Buddhismus keineswegs fremd. Auf beide Aspekte – den der quasi »erbsündlichen« Inklination und jenen der »Versündigung« am Buddha – werde ich noch zurückkommen. Zunächst jedoch sei kurz auf einen weiteren Aspekt eingegangen.

Wie sich bereits am Beispiel von Hajime Nakamura gezeigt hat, wird bisweilen kritisch vermerkt und als Besonderheit des Buddhismus festgehalten, dass diesem der Gedanke der »Sündenstrafe« fehle: Die negativen Folgen, die die Sünden für den Sünder nach sich ziehen, gelten nicht als Strafe eines Gottes, sondern als Resultat des Karma-Gesetzes. Auch wenn der Hinweis auf den kausalen, quasi gesetzmäßigen Zusammenhang zwischen Tun und Ergehen – im positiven wie negativen Sinn von »verdient haben« – richtig ist, so wird doch gerade das negative »Verdienst« nicht selten auch als »Strafe« verstanden, besonders dann, wenn es um die in klassischen buddhistischen Texten vielfach in detaillierter Grausamkeit ausgemalten Höllenstrafen geht.[33] Nach verbreiteter buddhistischer Überzeugung ist es die Gottheit Yama, die über den Höllenwelten thront. Nach einigen Texten[34] müssen die Verstorbenen zunächst vor Yama erscheinen. Von diesem werden sie über ihre Verfehlungen befragt beziehungsweise darüber, warum sie Warnungen vor deren Folgen und dem gewiss herbeikommenden Tod nicht ernstgenommen haben. Nach dieser Befragung werden sie von den Höllenwächtern den ihren Taten entsprechenden Höllen zugeführt. In anderen Texten nimmt Yama jedoch auch die Rolle eines Richters ein, »der über Missetaten und Verdienste entscheidet« und »die Schuldigen gemäß seinem Gesetz bestraft«.[35] Im chinesischen Buddhismus hat sich diese Idee zur Vorstellung eines Gerichts ausgeweitet. Diesem

33 Zu den buddhistischen Höllen vgl. Matsunaga 1972, Van Put 2015 und Tiefenauer 2017.

34 Z.B. *Majjhima Nikāya* 130.

35 So in dem einflussreichen *Saddharmasmṛtypasthāna*-Sūtra. Siehe Van Put 2015: 36 und 152.

Gericht stehen die »zehn Könige« vor, die die Verstorbenen je nach Verdienst und Vergehen richten und ihnen gemäß dem Gesetz des Karmas die nächste Existenzform zuweisen. Auch hier behält Yama die Rolle des Herrn über die Höllen bei. Das heißt, es ist Yama, der die Verstorbenen zur Hölle verurteilt.[36] Yama fungiert somit quasi als Personifikation des Karma-Gesetzes. So gesehen, erscheinen die karmischen Folgen einerseits als durch das eigene Verhalten zugezogene und andererseits zugleich als von Yama verhängte Strafen. Zieht man diese personalisierte Betrachtungsweise des Karma-Gesetzes in Betracht, so relativiert sich die scharfe Unterscheidung zwischen Sündenstrafe und karmischer Folgewirkung.

### *Reue, Vergebung und Befreiung*

Auch wenn dem Buddhismus der Gedanke einer ewigen, unabwendbaren Höllenstrafe im Prinzip fremd ist,[37] so wird der Aufenthalt in den Höllen doch in unermesslich langen Zeiträumen berechnet. Die Ausmalung der Foltern und Qualen ist zudem von nicht zu überbietender Grausamkeit. Folglich war die Vorstellung von Höllenstrafen im Buddhismus nicht weniger angstbesetzt – und diese Angst nicht weniger weit verbreitet – als im Christentum.[38] Nach Alan Cole »zeigt ein genauerer Blick auf den historischen Sachverhalt, dass Buddhismus ohne Angst kein Buddhismus wäre.«[39] Die Frage nach der Abwendbarkeit der Sündenstrafen beziehungsweise der negativen karmischen Folgen ist daher auch im Buddhismus von eminent hoher existentieller Bedeutung.

Zum einen bietet sich hierzu der Weg an, negatives Karma durch die Ansammlung von gutem Karma zu kompensieren. Doch was, wenn das eigene gute Karma als zu gering erscheint? In die-

36 Van Put 2015: 37.

37 Im *Bodhicaryāvatāra* (4,21-22) deutet Śāntideva eventuell den Gedanken an, dass auch in der Hölle weiterhin negatives Karma produziert werden kann – etwa durch Gedanken des Hasses –, was dann eine potenziell endlose Perpetuierung einschlösse. Vgl. zu diesem Problem Schmidt-Leukel 2019b: 187f, Anm. 14 und 15.

38 Zum Vergleich buddhistischer und christlicher Höllen siehe Schmidt-Leukel 2019b: 331-345.



39 Cole 1998: 9.

ser Hinsicht eröffnete sich ein weiterer Weg. Denn vor allem im Mahāyāna-Buddhismus – aber keineswegs nur dort – entwickelte sich die Vorstellung, man könne aus Mitleid heraus eigene karmische Verdienste auf andere Wesen, denen es an solchen Verdiensten mangelt, übertragen.[40] Demnach kann sich ein Mensch ohne besondere karmische Verdienste an die großen, an Mitleid vollkommenen Bodhisattvas wenden und darauf vertrauen, dass diese an ihren schier unermesslichen Verdiensten Teilhabe gewähren.[41] In ihrem so verstandenen »Schutz« entkommt man dann den drohenden Folgen der eigenen Vergehen[42] – eine Vorstellung, die besonders im Reines-Land-Buddhismus herausgehobene Bedeutung erlangte, insofern dort die karmischen Verdienste des Buddha Amitābha oder Amitāyus (japanisch: Amida) allen Wesen einen Weg zur Erlösung eröffnen.

Zum anderen finden sich in der buddhistischen Tradition jedoch auch Hinweise auf Praktiken, die die Kraft haben, den Menschen unmittelbar von negativem Karma zu reinigen, wie etwa die Rezitation oder auch nur das Hören bestimmter Sūtren oder die Anrufung der Namen von Buddhas.[43] Besonders der Reue über die eigenen sündhaften Vergehen wird nicht selten eine solche reinigende Wirkung zugesprochen. Nach einigen Texten kann sie sogar direkt zur Erleuchtung führen.[44] Im einflussreichen *Abhidharmakośabhāṣya* (2,28) wird allerdings vermerkt, dass es sich um die richtige Reue handeln muss. Das heißt, Reue (*kaukṛtya*) ist nur dann gut, wenn sie sich tatsächlich auf Vergehen bezieht und nicht etwa das Bereuen einer guten Handlung darstellt.[45] Diese Bemerkung ist insofern aufschlussreich, als sie impliziert, dass bei der reinigenden Reue auch Einsicht beziehungsweise Erkenntnis mit im Spiel sein muss.

In buddhistischen Texten ist von »Reue« häufig im Zusammenhang mit Sündenbekenntnissen die Rede.[46] Ritualisierte Sün-

40 Siehe hierzu auch unten Kap. 7, S. 268-271.

41 Dayal 1932: 192-193; Basham 1997: 32-38; Williams P. 2009: 203. Siehe auch die Hinweise in Schlieter 2013: 464.

42 Vgl. Schmidt-Leukel 2019b: 150-152.

43 Vgl. Granoff 2012: 183; Robson 2012: 82.

44 Vgl. Granoff 2012: 186.

45 Vgl. ebd. 189. Vgl. Pruden 1991, Bd. 1: 196-197.

46 Vgl. Granoff 2012: 211; Robson 2012: 80f; Groner 2012: 216.

denbekenntnisse waren und sind in der buddhistischen Welt weit verbreitet, sowohl für Laien als auch vor allem für Mönche und Nonnen.[47] Sie bilden einen festen Bestandteil zahlreicher buddhistischer Rituale.[48] Sündenbekenntnisse schließen nicht selten den Entschluss zur Besserung mit ein wie beispielsweise in dem ausführlichen Bekenntnisformular des mahāyāna-buddhistischen *Goldglanz-Sūtras*.[49] Zudem können sie – wie auch in diesem Fall – die explizite Bitte an die Buddhas und Bodhisattvas um Vergebung enthalten:

> Mögen die Buddhas mit achtsamem Geist über mich wachen. Mögen sie mit ihrem mitleidvollen Geist meine Sünde vergeben. [...] Alle Buddhas sind voll Mitleid. Sie beseitigen die Furcht aller Wesen. Mögen sie meine Sünde vergeben und mich von Furcht befreien. Mögen die Tathāgatas die Befleckung durch Unreinheiten (und) Taten hinwegnehmen. Und mögen die Buddhas mich reinwaschen mit dem anschwellenden Wasser des Mitleids.[50]

Auch im Umfeld des Theravāda-Buddhismus sind solche Bitten um Vergebung anzutreffen. Für Sri Lanka und Thailand berichtet Peter Harvey von Rezitationen, in denen Buddha, Dharma und Saṅgha für alles Unrecht, das man ihnen angetan hat, um Vergebung angerufen werden.[51] Sowohl im Mahāyāna als auch im Theravāda ist die Bereitschaft zur Vergebung Teil der als *kṣānti* bezeichneten spirituellen Tugend. Häufig wird *kṣānti* als »Geduld« übersetzt. Der Begriff umfasst aber auch die starke Konnotation der »Duldung« und damit einhergehend die der »Nachsicht«. Eine solche Nachsicht soll gerade demjenigen entgegengebracht werden, der einem selbst

47 Als Beispiel für den regelmäßigen Gebrauch eines Sündenbekenntnisses für Laien im Kontext des Bodhisattva-Ideals siehe die Hinweise in Nattier 2003: 117-121. Für die Verwendung bei Laien an buddhistischen Feiertagen siehe Groner 2012: 2017.

48 Vgl. Robson 2012: 80-82.

49 *Suvarṇaprabhāsottama-Sūtra* 3,17-53. Siehe Emmerick 1970: 10-12. Auch enthalten im *Śikṣāsamuccaya*, Kapitel 8. Siehe Bendall & Rouse 1922: 159f.

50 *Suvarṇaprabhāsottama*-Sūtra 3,43 und 46-57. Siehe Emmerick 1970: 12.

51 Harvey 2000: 28. Es ist bemerkenswert, dass sich diese Bitte auch an den nicht-personal gedachten Dharma richtet.

Schaden zugefügt hat. Insofern kommt dieser Aspekt von *kṣānti* dem Gedanken der Vergebung nahe.

Doch in welchem Sinn gilt sündhaftes Verhalten als ein Vergehen an den Buddhas, sodass man diese um Vergebung bitten kann? Eine Antwort auf diese Frage gibt der *Bodhicaryāvatāra*.[52] Hier wird der Gedanke entfaltet, dass die Buddhas jede egozentrische Vorstellung eines »Ichs« überwunden und stattdessen in ihrem umfassenden Mitleid alle Wesen zu ihrem »Selbst« gemacht haben. Da sich die Buddhas also mit allen Wesen identifizieren, hat man alles Leid, das man anderen Wesen zufügt, auch den Buddhas angetan:

> Deshalb will ich das Leid, das ich allen [Wesen] von Großem Mitleid zugefügt habe, indem ich den Geschöpfen Leid brachte, heute als Sünde bekennen. Mögen die Weisen das vergeben, wodurch ich ihnen Kummer bereitet habe.[53]

Aus derselben Überlegung heraus folgert Śāntideva (wie die Tradition den Autor dieses Textes nennt) nun aber auch, dass die wahre Verehrung der Buddhas darin besteht, allen Wesen zu dienen und danach zu streben, ihr Leid zu beseitigen.[54] Diese Vorstellung hat übrigens auch im Theravāda-Buddhismus Eingang gefunden. Vermutlich im 13. Jahrhundert verfasst hier der gelehrte Śrī Rāmacandra Bhāratī den Buddha-Hymnus *Bhaktiśataka*. In Vers 33 schreibt er über die Verehrung Buddhas:

> Der Welt wohltun, das heißt allein Dir dienen;
> Der Welt übeltun, das heißt Dich quälen.[55]

Im *Bodhicaryāvatāra* verbindet sich die Bitte um Vergebung mit der gedanklichen Grundlinie, dass *bodhicitta*, der »Geist des Erwa-

52 Zum *Bodhicaryāvatāra* vgl. oben Kap. 3, S. 108,128f.

53 *Bodhicaryāvatāra* 6,124. Übersetzung aus Śāntideva 1981: 78. Vgl. hierzu Schmidt-Leukel 2019b: 295-303.

54 *Bodhicaryāvatāra* 6,125-127.

55 Zitiert nach der deutschen Übersetzung des Textes in Otto 1917: 141-160, hier S. 148. Der Text könnte vom *Bodhicaryāvatāra* beeinflusst sein, da dieses Werk damals auch in Sri Lanka bekannt und populär war. Vgl. Schmidt-Leukel 2019b: 506, Anm. 30.

chens«, das heißt, der von Mitleid erfüllte Wunsch, unterschiedslos nach der Befreiung aller Wesen zu streben, von allem negativen Karma reinigt.[56] Vergebung wird dadurch effektiv, dass *bodhicitta* gefördert wird. Die Vorstellung von *bodhicitta* als dem eigentlichen Gegenmittel gegen die Sünde hängt wiederum mit einem für das buddhistische Sündenverständnis zentralen Gedanken zusammen. Demnach entspringt alles sündhafte Verhalten in Gedanken, Worten und Werken einer im Menschen tief verwurzelten Egozentrik beziehungsweise Selbstverhaftung. Als die drei zentralen »Befleckungen« oder »Verunreinigungen« (*kleśa*) des menschlichen Geistes gelten Gier, Hass und Verblendung. Sie sind untrennbar miteinander verbunden, insofern die Gier als die verblendete Einstellung gegenüber Angenehmem und Hass als die verblendete Einstellung gegenüber Unangenehmem verstanden wird.[57] Die standardisierte buddhistische Darstellung des Wiedergeburtenkreislaufs drückt diese Zusammengehörigkeit dadurch aus, dass sie die drei Befleckungen durch drei Tiere – Taube (Gier), Schlange (Hass) und Schwein (Verblendung) – symbolisiert, die einander in den Schwanz beißen und hierdurch einen Ring bilden. Dieser Ring bildet die Nabe, um die sich das Rad der Wiedergeburten dreht.[58] Gier und Hass entspringen der Selbstbezüglichkeit, denn in ihrem Zentrum steht die Sorge um das eigene Selbst. Sie ist der Grund, aus dem Gier und Hass entspringen. Die Selbstverhaftung gilt daher als die eigentliche Form der Verblendung. Insofern ist *bodhicitta*, der Geist des Erwachens, die gegenteilige Haltung: das Streben nach dem Wohl der anderen, ohne zwischen Freund und Feind zu unterscheiden.

Insofern die Verblendung als Wurzel und Strukturprinzip sündhafter Verfehlungen verstanden wird, gilt das Erwachen als Vollkommenheit der Erkenntnis, die mit einer restlosen Befreiung von Gier, Hass und Verblendung einhergeht. Zudem gilt diese Befreiung als dauerhaft, da die Wurzel der Sünde beseitigt ist. Die große Mehrheit buddhistischer Texte geht davon aus, dass das Übel durch

56 *Bodhicaryāvatāra* 1,11 und 27. Ähnlich auch in dem ebenfalls Śāntideva zugeschriebenen *Śikṣāsamuccaya* 177. Vgl. Bendall & Rouse 1922: 173.

57 *Aṅguttara Nikāya* 3,68.



58 Siehe Zin & Schlingloff 2007: 22f, 115f; Schmidt-Leukel 2020a: 95.

sein Gegenteil bekämpft werden muss. Daher komme es im Kampf gegen die Befleckungen vor allem auf die Entwicklung der Erkenntnis an. Im Kanon des Theravāda wird die Erkenntnis als die Morgenröte aller heilsamen Dinge bezeichnet.[59] Wenn der Mahāyāna-Philosoph Bhāviveka (6. Jhd., auch Bhāvaviveka oder Bhāvya genannt) lapidar formuliert: »Weise verbrennen die Sünde durch Einsicht«, dann weiß er sich damit im Mainstream buddhistischer Grundüberzeugungen.[60] Und doch verhält sich auch im Buddhismus die Sache komplizierter.

Wenn Verblendung die Abwesenheit von Einsicht bezeichnet, wie kann dann die rettende Einsicht überhaupt entstehen? Und was, wenn die Mittel, die zur Einsicht führen sollen – wie etwa die Kenntnis der Buddha-Lehre – nicht den erhofften Erfolg bringen, sondern stattdessen die sündhaften Neigungen unvermindert stark bleiben? Beispielsweise schreibt Śāntideva in seinem zuvor erwähnten Leitfaden für Bodhisattvas:

> Das Wort des allwissenden, alle Schmerzen behebenden Arztes [...] übertrete ich. Schmach über mich in meiner abgründigen Verblendung.
> Zahllose Buddhas auf der Suche nach jeglichem Wesen [um es zu retten] sind vorübergegangen; durch meine eigene Schuld hat sich ihre Heilkunst nicht auf mich gerichtet.
> Wenn ich nicht Gutes tue, obwohl ich zum Guten fähig bin, wie will ich es dann tun, wenn ich durch die Leiden in schlechten Existenzen verstört bin?
> Und wenn ich Gutes nicht tue, das Böse aber vermehre, dann ist für hundert Millionen von Zeitaltern selbst das Wort »gutes Schicksal« [für mich] ausgelöscht.
> Die überaus schwer zu erreichende Stufe des Heils habe ich – ich weiß nicht wie – erlangt, und, obwohl ich es [nun] weiß, werde ich wieder in dieselben Höllen geführt.
> Ich weiß nicht, was ich davon halten soll. Wie von Zaubersprüchen verblendet weiß ich nicht, wer mich blind macht, wer hier in mir steckt.

59 *Aṅguttara Nikāya* 10,121.
60 *Madhyamakahṛdayakārikā* 9,60.

> Die Feinde, Gier und Hass, haben weder Hände noch Füße, sind weder heldenstark noch klug. Wie haben sie mich versklaven können? In mein Denken sind sie eingedrungen und bekämpfen mich aus sicherer Stellung, und ich zürne ihnen nicht einmal. Schmach über diese unangebrachte Duldsamkeit.
> Wohin könnte er gehen, der in meinem Denken sitzt, wenn er verjagt ist? Wo könnte er sich aufhalten und an meinem Verderben arbeiten? Allein – ich strenge mich nicht an, weil mein Geist schwach ist; doch die elenden Laster sind [nur] durch die Schau der Einsicht [*prajñā*] besiegbar.[61]

In Texten wie diesem bezeugt sich ein starkes Bewusstsein von der profunden Macht und dem tiefsitzenden Charakter der Verblendung. Es ist, wie John Makransky schreibt, ein Bewusstsein dafür, »dass sich Menschen in einem Zustand des Gebundenseins an Selbst-Verhaftung und Laster erfahren, der ihre Fähigkeit, das Gute zu wählen und zu tun, massiv einschränkt.«[62] Ganz in diesem Sinn klagt Śāntideva, dass er sich als unfähig erfährt, der Buddha-Lehre zu folgen und das Gute zu tun, obwohl er um den heilsamen Charakter der Lehre weiß und an seine Fähigkeit, das Gute zu tun, glaubt. Er erlebt Verblendung und Sünde als eine personifizierte Macht, die ihn versklavt und seinen Geist durchdringt. Er hält daran fest, dass nur die vollkommene, transzendenzbezogene Weisheit (*prajñā*) ihn befreien kann. Aber es bleibt offen, wie es dieser Weisheit gelingt, den Bann der Verblendung, die ihn verhext und blind macht, zu durchbrechen. Wie kann die Liebe zum Guten, sprich das Mitgefühl für die anderen, so stark werden, dass sie die Liebe zum Selbst besiegt? Nach Śāntideva liegt die Lösung darin, die anderen als das eigene Selbst zu betrachten, sodass der Altruismus zur wahren Form der Selbstliebe wird.[63] Doch das kann wiederum nur durch Einsicht geschehen. So bleibt ihm letztlich keine andere Wahl, als sich so lange, bis ihn diese Einsicht befreit, jenen anzuvertrauen, die diese Einsicht und das ihr entsprechende Mitleid bereits auf

61 *Bodhicaryāvatāra* 2,57; 4,13, 18-19, 26-29, 46. Śāntideva, 1981: 35, 43-45, 47-48.

62 Makransky 2005: 6.

63 Vgl. Schmidt-Leukel 2019b: 391-402.

vollkommene Weise verkörpern: den Buddhas und großen Bodhisattvas. Hier artikuliert sich die Hoffnung, dass das Vertrauen auf ihr selbstloses Mitgefühl auch in ihm den »Geist des Erwachens« hervorruft, erhält und schließlich zur Vollendung führt:[64] »Zu diesen Fundgruben des Glücks nehme ich meine Zuflucht.«[65]

Die Tendenz, angesichts der Verblendung und ihrer sündhaften Manifestationen auf Vertrauen zu setzen, ist besonders ausgeprägt in den Lehren Shinran Shōnins (1173-1263) und in der sich auf ihn berufenden japanischen »Wahren Schule vom Reinen Land« (*Jōdō-Shinshū*). Vertrauen erscheint hier nicht mehr nur als der Weg zur Einsicht, sondern als die der Tiefe menschlicher Verblendung angemessene Form der Einsicht. Nach Shinran ist »das Selbst nicht in der Lage, Richtig von Falsch und Gut von Böse zu unterscheiden, und es kann nicht einmal kleine Werke der Liebe oder des Mitgefühls beanspruchen.«[66] Die verblendete Haltung der Selbstbezogenheit ist für Shinran so durchgängig, dass letztlich alle vermeintlich guten Taten von ihr durchsetzt sind, im Grunde also einer verborgenen egozentrischen Agenda dienen. Zugleich geht damit der Verlust der Erkenntnis der Wahrheit einher. So bekennt Shinran von sich selbst: »Ich weiß überhaupt nicht, was gut und was böse ist [...]. Bei mir gemeinem und blindem Wesen voller Begierde [...] ist doch alles und jedes einfach nichts anderes als Lug und Trug [...]«.[67] Da er zu keinem guten Werk in der Lage sei, könne er der Hölle nicht entgehen. Somit bleibe ihm kein anderer Weg, als sich ganz auf die umfassende Barmherzigkeit des Buddha Amida zu verlassen, auf dessen Versprechen, alle zu erlösen und niemanden auszuschließen.[68] Doch nicht einmal dieses Vertrauen entspringt nach Shinran dem Selbst. Vielmehr handle es sich um das Vertrauen, das Amida, als er noch der Bodhisattva Dharmākara war,

64 Vgl. Schmidt-Leukel 2019b: 130-152.

65 *Bodhicaryāvatāra* 1,36. Śāntideva, 1981: 26.

66 *Shūjishō* 2. Suzuki 1973b: 122f.

67 *Tannishō* Postscriptum. Okochi & Otte 1979: 61.

68 Vgl. *Tannishō* 2 und 3. Den im kanonischen Text überlieferten Ausschluss der großen Übeltäter interpretiert Shinran so um, dass letztlich alle Wesen unter diese Kategorie fallen und folglich in Wahrheit niemand ausgeschlossen sei.

in das Erlangen der Buddhaschaft und damit in die Verwirklichung seines umfassenden Mitleids hatte. Genau diesen Geist des Vertrauens schenke Amida dem verblendeten Menschen. Mit anderen Worten: In demjenigen, der zutiefst in seine Selbstbezogenheit und den damit einhergehenden Neigungen zu Gier und Hass verstrickt ist, kann die transzendente Wirklichkeit der Erlösung nur in Form des Vertrauens zum Durchbruch kommen:

> Sobald in einem gewöhnlichen Menschen voller Verblendung
> und Leidenschaften das Vertrauen erwacht,
> wird er sich augenblicklich bewusst, dass (der Kreislauf von)
> Geburt und Tod ist mit Nirvāna identisch.[69]

Die im Mahāyāna als höchste Erkenntnis geltende Einsicht in die Non-Dualität von Nirvāṇa und Saṃsāra realisiert sich also nach Shinran auf paradoxe Weise genau darin, dass die Ausweglosigkeit der eigenen Verblendung und sündhaften Inklination im Licht des Vertrauens erkannt wird. Insofern ist bei Shinran das Vertrauen die der Verblendung des Menschen angemessene Form der befreienden Erkenntnis.

## 5.3 Sündhafte Selbstverhaftung und Verblendung im Christentum

### *Biblische Perspektiven*

»I once was lost, but now I'm found, was blind, but now I see«[70] – heißt es in *Amazing Grace*, einem der weltweit bekanntesten christlichen Hymnen. Mit diesen Worten beschrieb der ehemalige Sklavenhändler John Henry Newton (1725-1807) seine Errettung aus

69 *Shōshinge* 81-82. Shinran Shōnin 1984: 26. Siehe auch Hirota 1997: 72.

70 »Einst war ich verloren, doch jetzt bin ich gefunden, war blind, doch jetzt sehe ich.«

einem Leben der Sünde. Wie selbstverständlich setzt er hierin einen engen Zusammenhang von Sünde und geistiger Blindheit (Nichtwissen) beziehungsweise Verblendung voraus. Dieser Zusammenhang steht nun allerdings im Schatten eines anderen, dominanteren Verständnisses von Sünde: ihrem Verständnis als Schuld.[71] »Vergib uns unsere Schuld« (wörtlich: »erlasse uns unsere Schulden«) – heißt es im »Vater unser«, dem »Herrengebet«. Dieses Verständnis bringt Sünde weniger mit einem Mangel an Erkenntnis als vielmehr mit einem Defekt des Willens in Zusammenhang, dem mangelnden Willen zum Guten. Allerdings ist im »Vater unser« möglicherweise auch der Aspekt der Verblendung nicht völlig abwesend. In der aramäischen Rekonstruktion geht es in der letzten Bitte (»erlöse uns von dem Bösen«) um die Befreiung von *bīšā* – ein Wort, das sowohl »Fehler« als auch »Irrtum« bedeuten kann.[72]

Die ökonomische Metapher der Schuld (oder Schulden) versteht Sünde als Nichterfüllung dessen, was wir jemand anderem schulden oder schuldig sind. Sie verweist damit auf einen dritten Aspekt, der geistesgeschichtlich den beiden anderen Aspekten vorausgeht und wohl als der im religiösen Sinn umfassendere Gesichtspunkt gesehen werden muss: das Verständnis der Sünde als Bruch einer Beziehung – sowohl im Hinblick auf die Beziehung zu anderen Menschen als auch insbesondere im Hinblick auf die Beziehung zu Gott. Mitmensch und Gott gegenüber bleibt der Mensch etwas Entscheidendes schuldig. In der Hebräischen Bibel – und damit in einer der Wurzeln des Christentums – lässt sich dieser Beziehungsaspekt als das primäre Charakteristikum von Sünde erweisen.[73] Sünde stellt somit das unheilvolle Gegenstück zu dem dar, was Jesus als den Kern eines heilshaften Lebens benennt: die Verbindung von Gottes- und Nächstenliebe. Auch dies wurde wieder in ökonomische Metaphorik gegossen. Man erwirbt sich Verdienst, einen »Schatz im Himmel«, der die Schulden aufwiegt. Ähnlich wie im Buddhismus erscheint dabei auch im Christentum die Freigebigkeit – das

71 Vgl. hierzu besonders den Überblick in Anderson 2009.

72 Vgl. Bubolz 2019: 68 und 651-659.

73 Vgl. Kiefer 2017: 21f.

Spenden von Gaben – als eines der zentralen Mittel zur Erwerbung von Verdienst.[74] Vor allem aber konnte sich im Kontext dieser Metaphorik die Vorstellung entwickeln, dass die Erlösung von Sünde dadurch geschieht, dass Jesus Christus mit seinem Lebensopfer die Schuld(en) der Sünder beglichen hat.[75]

Bei Paulus findet sich ein ausgesprochen vielschichtiger Sündenbegriff. Bedeutsam ist, dass Paulus von der Sünde als einem universalen Phänomen ausgeht.[76] Das heißt, die Sünde darf nicht nur als Verstoß gegen das jüdische Gesetz verstanden werden. Vielmehr stehen alle Menschen, Juden wie Nicht-Juden, unter der Herrschaft der Sünde (Röm 3,9 und 23). Die »Macht der Sünde« (Röm 8,3) besteht in einem inneren Begehren, das Paulus als »Feindschaft gegen Gott« charakterisiert (Röm 8,7). Der »Lohn der Sünde« – wieder eine ökonomische Metapher – ist der Tod (Röm 6,23). So belegt für Paulus gerade die Sterblichkeit aller Menschen, dass alle unter der Sünde stehen (Röm 5,12). Sünde ist also mehr als nur Schuld im Sinne eines Verstoßes gegen das dem jüdischen Volk gegebene Gesetz. Sie ist der Verstoß gegen das jedem Menschen ins Herz geschriebene Gesetz (Röm 2,15). Letztlich ist sie die Weigerung, Gott anzuerkennen: Nicht-Göttliches wird an die Stelle Gottes gesetzt und dem Menschen mangelt es an Einsicht, Liebe und Erbarmen (Röm 1,25-31).

Der Aspekt der Verblendung ist somit als Mangel an Einsicht mit im Spiel. Bei Paulus erscheint die Sünde geradezu als eine personifizierte Macht. Zunächst »täuscht« sie den Menschen (Röm 7,11), um ihn dann zu versklaven, sodass der Mensch nicht mehr anders kann, als zu sündigen (Röm 6 und 7,14-25). Der Unterschied zwischen beiden Stufen ist freilich gravierend. Denn der von der Sünde Getäuschte oder Verblendete handelt sündhaft, weil er es nicht besser weiß. Er handelt im Einklang mit seinem getäuschten Willen. Der von der Sünde Versklavte hingegen handelt sündhaft auch gegen besseres Wissen und unter Umständen gegen den eigenen Willen.[77]

74 Vgl. Anderson 2009: 9-14, 135-151.

75 Ebd. 111-132.

76 Vgl. auch Sanders 2015: 643f.

77 Vgl. auch ebd. 646-657, sowie Dunn 2006: 111-114.

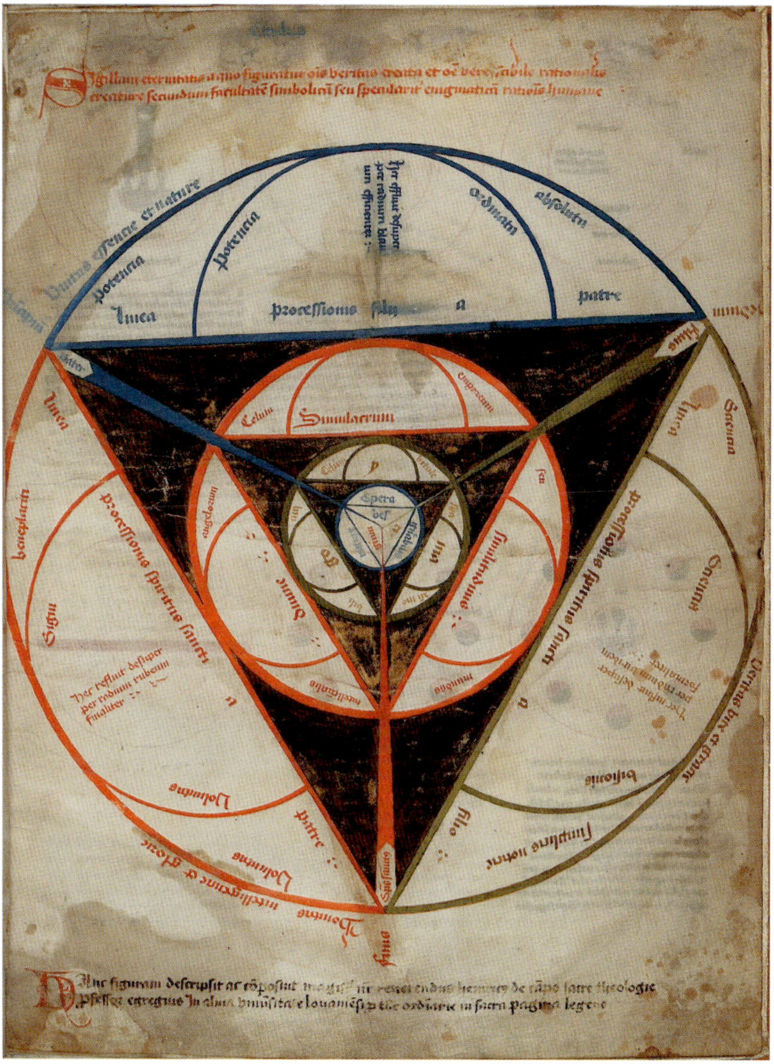

*Sigillum Aeternitatis, © KIK-IRPA, Brüssel, www.kikirpa.be*

*Sri Yantra, Vorlage: © yulianas – iStock.com*

*Pantokrator, Christus-Ikone, Vorlage: © gunthersimmermacher / 38 – pixabay*

*Enso-Zen-Kreis, Vorlage: © Elina Li – shutterstock.com*

*Christ, © Satish Gupta, http://www.satishgupta.com/*

Den Aspekt der Verblendung beziehungsweise Nicht-Erkenntnis macht Paulus sowohl für die Nicht-Juden (»Heiden«) als auch für jene Juden geltend, die sich nicht der Jesus-Bewegung anschlossen. Die ihren Begierden hingegebenen Heiden »kennen Gott nicht« (1 Thess 4,4-5). Die Welt hat »auf dem Weg ihrer Weisheit Gott nicht erkannt« (1 Kor 1,21) und so ist ihre Weisheit in Wahrheit »Torheit vor Gott« (1 Kor 3,19). Die Ablehnung Jesu durch einen Großteil der Juden führt Paulus auf »Verblendung« beziehungsweise »Verstockung« (Röm 11,7) zurück. Ihr »Eifer für Gott ... ist ein Eifer ohne Erkenntnis« (Röm 10,2). Doch letztlich ist es nach Paulus Gott selbst, der ihren Geist betäubt und ihre Augen blind macht (Röm 11,8), sodass die Botschaft des Heils auch zu den Nicht-Juden gelangen konnte (Röm 11,11-12). Schließlich aber werde auch ganz Israel gerettet werden (Röm 11,25-26). Das Denken der Ungläubigen, so Paulus, ist grundsätzlich verblendet (2 Kor 4,4). Auch das Sündigen unter Christen bringt Paulus in Zusammenhang mit einem Nichterkennen (*agnosian*) Gottes (1 Kor 15,34). Umgekehrt beschreibt Paulus das Wachstum im Glauben, das spirituelle Reifen, als einen Prozess, bei dem die »Liebe reicher wird an Einsicht und Verständnis« (Phil 1,9).

Nach dem pseudo-paulinischen Zweiten Thessalonicherbrief gilt für alle, die Jesus ablehnen, dass sie die Wahrheit nicht lieben und so der Macht des Irrtums verfallen sind (2 Thess 2,10-11). In weiteren Texten unter den späteren neutestamentlichen Schriften, wie etwa im Epheserbrief oder dem Ersten Petrusbrief, findet sich ebenfalls eine enge Verbindung von Sünde mit Unwissenheit (*agnosia*) (Eph 4,18; 1 Petr 1,14). Vor allem trifft dies jedoch auf das Johannesevangelium zu.[78] Auch das Johannesevangelium knüpft hierzu zunächst an das Motiv der Verstockung der Juden an (Joh 12,37-41), weitet diese Vorstellung jedoch zu einer grundsätzlichen Position aus. Im Johannesevangelium, so Rainer Metzner, wird »das Wesen der Sünde als *geistliche Blindheit und Unglaube* gegenüber

78 Auch in den synoptischen Evangelien finden sich entsprechende Ansätze, wenn auch weniger deutlich entfaltet. Vgl. beispielsweise das Wort Jesu am Kreuz nach Lukas, in dem Jesus für seine Schlächter um Vergebung bittet, weil sie nicht wissen, was sie tun (Lk 23,34), oder das Verstockungsmotiv in Mt 13,13-15.

dem Offenbarer« gefasst.[79] Dementsprechend geschieht die Befreiung von der Sünde durch die Erkenntnis der Wahrheit (Joh 8,32). Diese Erkenntnis schließt auch die Erkenntnis der Sünde selbst mit ein, die ohne diese Einsicht gar nicht als Sünde wahrgenommen wird (Joh 16,8). Das Licht der Wahrheit vertreibt gerade die Finsternis der verblendeten Selbsteinschätzung. Allerdings ist der Aspekt einer willentlichen Schuld auch bei Johannes nicht völlig abwesend. Metzner spricht diesbezüglich von einem »schuldhafte(n) Nichtsehen-Wollen«,[80] das dann jedoch zur Versklavung an die Sünde (Joh 8,34) führt.

Das für das Johannesevangelium charakteristische Verständnis von Sünde als Blindheit macht die Blindenheilung aus Joh 9 zum Symbol für das Heilshandeln Jesu – mit einer anhaltenden Nachwirkung innerhalb christlicher Symbolsprache und Ikonographie.[81] Gleichfalls fand das Motiv der Verstockung der Juden seinen bildlichen Ausdruck in der Darstellung einer Frau, die nicht sieht, weil ihr die Augen verbunden sind – die blinde Synagoge als Gegenstück zur sehenden Kirche.[82] Diese Konzeption von Sünde impliziert dabei zugleich eine andere Akzentuierung hinsichtlich des Heilshandelns Gottes. Denn während dem Gedanken der Schuld der Gedanke des Nachlasses der Schuld(en) oder eben der Vergebung entspricht, so ruft die Verblendung nach Heilung durch Erkenntnis.[83]

### *Spätere Entwicklungen*

In der Geschichte der christlichen Theologie blieben beide Aspekte von Sünde einflussreich: ihr Verständnis als Mangel an Erkenntnis und ihr Verständnis als Mangel an gutem Willen. Un-

79 Metzner 2000: 113.

80 Ebd. 98, mit Blick auf Joh 9,40f.

81 Vgl. Hartmann 2011.

82 Vgl. Raddatz 2006.

83 Vgl. auch Stimpfle (1996: 122), der mit Blick auf das Johannesevangelium urteilt: »Sünde meint nicht ein Fehlverhalten in den Bereichen Anstand und Sitte, Moral und (göttliches) Gesetz, sondern den Zustand des Unglaubens, d.h. der Erkenntnislosigkeit. [...] Als solcher Zustand lässt sich Sünde nicht einfach vergeben, wohl aber aufdecken und beseitigen.«

klar und umstritten blieb jedoch die Frage nach der genaueren Zuordnung beider Dimensionen. Ist der mangelnde Wille zum Guten primär auf einen Mangel an Erkenntnis, also auf Verblendung zurückzuführen? Darauf, dass der Mensch nicht erkennt, was das wahrhaft Gute ist? Oder hat die Macht der Sünde den Willen des Menschen so sehr geschädigt, dass dieser auch durch entsprechende Einsicht nicht mehr zum Guten bewegt werden kann? Die unterschiedlichen Antworten auf diese Fragen gehen – auch innerhalb des Christentums – mit unterschiedlichen Konzeptionen von Erlösung einher und folglich mit Unterschieden im Verständnis der Rolle Jesu und des Anteils des Menschen im Prozess der Erlösung.

Paula Fredriksen hat dies paradigmatisch anhand eines Vergleichs des Sündenbegriffs bei Origenes (ca. 185-254) und bei Augustinus (354-430) verdeutlicht. Origenes, so Fredriksen, setzt im Einklang mit der platonischen Tradition voraus, dass die Erkenntnis der Wahrheit die Liebe zur Wahrheit impliziert: »›Sünde‹ – die Abwendung von Gott – impliziert demnach den Irrtum, denn niemand würde sich jemals wissentlich von der Wahrheit abwenden oder willentlich einen Fehler begehen. [...] Man wählt gemäß dem, was man erkennt. Sobald man die Wahrheit erkennt, wendet man sich ihr aus freien Stücken zu, da man sie liebt.«[84] Erlösung wird als ein lebenslanger Lernprozess gedeutet, in dem die eigenen Irrtümer schrittweise erkannt, bereut und durch die Liebe zur Wahrheit überwunden werden.[85] Die materielle Welt als spirituelles Lernfeld bleibt so lange bestehen, bis einst alle Wesen zur vollen Erkenntnis der Wahrheit und damit Gottes gekommen sind.[86] Auch die Hölle ist nicht ewig, sondern dient als Gewissensqual der Seele letztlich einem pädagogischen Zweck.[87] Christus ist Retter, insofern er der große Lehrer und das vollkommene Beispiel für ein ganz im Einklang mit der Wahrheit/Gott geführtes Leben ist.[88]

84 Fredriksen 2012: 104.
85 Ebd. 106.
86 Ebd. 106-109.
87 Ebd. 111f.
88 Ebd. 111.

Schwierig bleibt in dieser Konzeption freilich die Erklärung, warum es überhaupt zu einem ursprünglichen Abfall der Wesen von Gott gekommen ist. Origenes kann dies nur auf die Unvollkommenheit, Wandelbarkeit und Willensfreiheit der geschöpflichen Wesen zurückführen. In dieser Hinsicht bleiben die Geschöpfe unvermeidlich hinter der Vollkommenheit Gottes zurück.[89] Warum es aber überhaupt zu einer schuldhaften, willentlichen Abwendung von der Wahrheit kommen kann, wenn doch voraussetzungsgemäß jeder die erkannte Wahrheit liebt und niemand gegen seine Einsicht handelt, bleibt unerklärt.

Auch nach Augustinus gibt es eine in der Schöpfung gründende Hinordnung des Menschen auf Gott: eine existentielle Sehnsucht, die erst im Finden Gottes zu ihrer bleibenden Erfüllung gelangt. Mit Blick auf das Johannesevangelium urteilt Augustinus: »Blindheit ist Unglaube und Erleuchtung Glaube.«[90] Doch Augustinus gelangte in seiner geistigen Entwicklung zunehmend zu der Überzeugung, dass der Wille nicht allein der Erkenntnis folgt und Bosheit daher mehr ist als bloße Torheit beziehungsweise Verblendung.[91] Der Sündenfall Adams habe die menschliche Natur als Ganzes affiziert, die Erkenntnisfähigkeit ebenso wie den Willen. So kann Augustinus zwar einerseits um Erkenntnis bitten: »Mach, dass ich Dich suche, Vater, befreie mich vom Irrtum.«[92] Aber andererseits auch um die Heilung seines verkehrten Willens: »Gib, was Du befiehlst, und befiehl, was Du willst.«[93] Der christliche Glaube und die durch ihn wirkende Gnade betreffen sowohl die Erkenntnis als auch den Willen. Der Glaube kann dem Denken zu jener Weisheit verhelfen, die ihm von sich aus verborgen ist. Und die Gnade vermag den Willen zumindest graduell wieder auf das Gute auszurichten. »Das Denken verhält sich [...] rezeptiv zur Erleuchtung, das Wollen rezeptiv zur Gnade.«[94]

89 Ebd. 104f.

90 »Caecitas est infidelitas et illuminatio fides.« Augustinus, *In Ionnis Evangelium Tractatus*. 44,1.

91 Vgl. Flasch 1994: 104.

92 »Fac me, pater, quaerere te, vindica me ab errore.« Augustinus, *Soliloquia* 1,6.

93 »Da, quod iubes, et iube, quod vis.« Augustinus, *Confessiones* 10,29.31.37.



94 Flasch 1994: 409.

Wie Fredriksen herausstellt, versteht Augustinus die Sünde Adams als einen Sündenfall der menschlichen Natur. Das heißt, als Folge des Sündenfalls ist der menschliche Wille nicht mehr frei:[95] »... der Wille ist beschädigt: Der Mensch funktioniert nun mit einer Art eingeschränkten Kapazität; ohne die Hilfe der Gnade ist er nicht mehr in der Lage, das Gute zu vollbringen.«[96] Der Wille folgt dem Begehren und von sich aus hat der Mensch keine Kontrolle über das Begehren. Der Mensch wird nicht mehr durch das bewegt, was er weiß, sondern durch das, wonach es ihn verlangt.[97] So ist der Wille des Menschen gespalten zwischen dem von der Sünde bestimmten Begehren und dem durch die Schöpfung grundgelegten Streben nach Gott. Die Gebrochenheit des Willens, seine Versklavung durch das Begehren, zeigt sich nach Augustinus paradigmatisch in der Sexualität. Der Mensch (und Augustinus denkt hier primär an den Mann) kann nach dem Sündenfall den zur Fortpflanzung nötigen Geschlechtsakt nicht mehr allein durch den Willen vollziehen. Vielmehr bedarf es hierzu der Lust als einer Form des Begehrens, dem der Wille unterliegt. Letztlich ist es aber primär die Eigenliebe, die die Grundstruktur des Begehrens ausmacht und den eigentlichen Gegenpol zur Gottesliebe bildet.[98] Erst im Zustand der endgültigen Erlösung wird der Wille keine Freude mehr an der Sünde haben, sondern ganz dem Göttlichen zugetan sein und darin seine wahre Erfüllung finden.[99]

Die augustinische Vorstellung von der Sünde als einem auf sich selbst fixierten Begehren des Menschen hat bei Martin Luther eine besondere Radikalisierung gefunden. Unter Aufnahme augustinischer Motive prägt er hierfür die Formel des »in sich selbst verkrümmten Menschen« (*homo incurvatus in se*).[100] Bei Luther gilt dies als eine umfassende Bestimmung des menschlichen Zu-

95 Fredriksen 2012: 115f.

96 Ebd. 116.

97 Ebd. 117.

98 Jenson 2006: 6-28.

99 Fredriksen 2012: 117-134.

100 Für Vorläufer dieser Formel siehe Bosch 2015: 50-52.

stands, von dem kein Aspekt des Menschen ausgeschlossen ist.[101] Die Befreiung aus der egozentrischen Selbstliebe hin zur Gottes- und Nächstenliebe, aber auch zur wahrhaften Selbstannahme, kann nicht aus dem Menschen selbst kommen. Sie ist ganz und allein das Ergebnis der ihn »von außen« erreichenden Zusage göttlicher Zuwendung, Vergebung und Akzeptanz. Nicht die Erkenntnis bringt Befreiung, sondern das Vertrauen auf die Gnade.[102] Erkenntnis reduziert sich bestenfalls auf die Erkenntnis der eigenen Unfähigkeit zur Erlösung im Licht der Gnade.[103]

Das jeweilige Ausmaß und das Zusammenspiel von defekter Erkenntnis und defektem Willen im Verständnis der Sünde hat innerhalb des Christentums immer wieder unterschiedliche Ausprägungen gefunden. Die *eine* normative christliche Konzeption gibt es nicht. Besonders umstritten waren und sind innerhalb der Theologie die Frage der Willensfreiheit einerseits und der Abhängigkeit des Willens von der Erkenntnis andererseits. Doch auch die Frage, inwiefern ein Mangel an Erkenntnis auf einen Mangel an Willen zurückzuführen ist, beschäftigte einen Teil der christlichen Theologie. Nach Thomas von Aquin kann Unwissenheit (*ignorantia*) dann eine Sünde sein, wenn sie sich auf etwas bezieht, das der Mensch wissen kann und wissen soll, es aber willentlich unterlässt, sich um dieses Wissen zu bemühen.[104] Diese Position, die sich auch noch in Kants berühmter Definition von »Aufklärung« als dem Ausgang aus der »selbstverschuldeten Unmündigkeit« wiederfindet, verschiebt das Grundproblem freilich nur auf eine höhere Ebene: Warum suchen denn Menschen willentlich beziehungsweise »selbstverschuldet« nicht nach dem für sie wichtigen Wissen? Ist dies wiederum einer Unwissenheit höherer Ordnung oder letztlich doch einer Fehlorientierung des Willens geschuldet? An Augustinus erinnernde Konzeptionen, die die menschliche Verblendung als chronisch betrachten und diese auf Selbstliebe und nicht vom Verstand kontrollierte oder kontrollierbare Affekte zurückführen,

101 Jenson 2006: 68-70.

102 Ebd. 71-78.

103 Ebd. 82.

104 Thomas von Aquin, *Summa theologica* I–II, 76, 2.

bleiben auch in der Neuzeit prominent. Der Umstand, dass in der Gegenwart solche Verblendungszusammenhänge nicht selten kollektiv und als gesellschaftlich verankert gedacht werden, ändert nicht wirklich etwas an dem prinzipiellen Problem.[105]

## 5.4 Erkenntnis und Vertrauen

»Menschliche Existenz«, so der amerikanische Theologe Roger Haight, »stellt sich, von sich selbst her, grundlegend in Frage: unser eigenes Wesen setzt uns in Verwunderung darüber, wer wir sind und was wir sind [...].«[106] Diese Verwunderung drängt sich vor allem im Hinblick auf die dunkle Seite menschlicher Existenz auf: Wer sind wir und was sind wir angesichts dessen, dass wir uns trotz aller unbestrittenen zivilisatorischen Fortschritte mit Situationen abfinden – abfinden können und vielleicht sogar abfinden müssen –, mit denen sich Liebe und Mitgefühl niemals abfinden? Wie etwa der Situation, dass ein großer Teil der Menschheit in bitterer Armut lebt, ja, in akutem Hunger, während ein extrem kleiner Teil über einen immensen Reichtum verfügt? Nach einer Studie von Oxfam aus dem Jahr 2016 besitzen die acht reichsten Personen der Welt mehr als die ärmere Hälfte der Weltbevölkerung insgesamt.[107] Die Weltbevölkerung gibt immense Summen für Rüstung aus (knapp 2 Billionen Dollar in 2020[108]), um durch ein immer wieder neu herzustellendes Gleichgewicht der Waffen die Gefahr globaler oder auch lokaler Kriege zu verhindern, wobei Letzteres weit weniger erfolgreich ist. Laut *Terre des Hommes* leben Anfang des 21. Jahrhunderts 420 Millionen Kinder in einem Kriegs- oder Konfliktgebiet,[109] ohne

105 Vgl. auch die Übersicht in Hühn 2001.

106 Haight in Haight & Knitter 2015:117.

107 https://www.oxfam.de/ueber-uns/aktuelles/2017-01-16-8-maenner-besitzen-so-viel-aermere-haelfte-weltbevoelkerung (Juli 2021).

108 https://www.faz.net/aktuell/politik/ausland/weltweite-militaerausgaben-steigen-auf-neuen-hoechststand-17312126.html (Juli 2021).

109 https://www.tdh.de/was-wir-tun/arbeitsfelder/kinder-im-krieg/ (Juli 2021).

dass dies den Menschen in den anderen Teilen der Welt Nacht für Nacht den Schlaf rauben würde. Viele weitere Beispiele ließen sich nennen – insbesondere hinsichtlich der schier unfassbaren Gräuel, die Menschen einander Tag für Tag zufügen. Wir alle wissen, dass mit der Menschheit – mit uns – irgendetwas sehr Grundlegendes nicht in Ordnung ist. Aber was genau ist es? Warum sind wir Menschen scheinbar so viel besser darin, einander Leid zuzufügen, statt Glück zu bringen?[110]

Mit ihren weit zurückreichenden Traditionen versuchen Religionen – genauer gesagt, die Menschen in den Religionen –, hierauf Antworten zu geben. Wie die wenigen und kursorischen Hinweise in diesem Kapitel gezeigt haben, lassen sich in Buddhismus und Christentum vor allem zwei typologisch verschiedene Antworten identifizieren. Die eine Antwort sieht die primäre Ursache im Nichtwissen beziehungsweise in der Verblendung. Die andere Antwort sieht den Hauptgrund des Übels in einem Defekt der Natur des Menschen, die vor allem den menschlichen Willen betrifft. Beide Antworten finden sich in beiden Traditionen – wenn auch mit variierenden Betonungen. Beide Traditionen bezeugen allerdings auch, dass ein unmoralischer Wille und eine unzureichende Einsicht miteinander verflochten sind. Und beide Traditionen sehen den Brennpunkt von Illusion und Depravation in der unheilvollen Selbst-Zentrierung des Menschen. Mit Nakamura lässt sich diese strukturelle Ähnlichkeit zwischen beiden Traditionen durch die Annahme einer allen Menschen gemeinsamen Natur erklären. Sie ist es, die für alle Menschen die mehr oder weniger gleichen existenziellen Fragen aufwirft und zu ähnlichen beziehungsweise miteinander verzahnten Antworten führt.[111]

In ihrer vergleichenden Diskussion des buddhistischen und des christlichen Verständnisses der menschlichen Unheilssituation aus dem Jahr 2015 folgen Roger Haight und Paul Knitter dem Mainstream bisheriger Religionsvergleiche: Der Buddhismus verweise primär auf die Verblendung, das Christentum hingegen auf einen

110 Vgl. Knitter in Haight & Knitter 2015: 124.

111 Siehe S. 194.

Defekt der menschlichen Natur im Sinne ihrer egozentrischen Neigungen.[112] In normativer Hinsicht argumentieren Haight und Knitter, dass das Christentum diesbezüglich vom Buddhismus lernen solle: Die Lehre von der Erbsünde oder Ur-Sünde (*original sin*) solle neu im Sinne einer Ur-Verblendung oder Ur-Unwissenheit (*original ignorance*) reinterpretiert werden.[113] Auch wenn sich beide Theologen diese Forderung zu eigen machen, zeigt sich Haight darin doch etwas zurückhaltender als Knitter. Knitter plädiert sehr deutlich dafür, Sünde als Nichtwissen oder Verblendung zu denken.[114] Daher sei denn auch in soteriologischer Hinsicht die Förderung der Erkenntnis vorrangig.[115] Nach Haight ist Nichtwissen/Verblendung *ein* Faktor neben anderen in der Stimulation moralischer Verderbnis.[116] Es liege, so Haight, nicht in der eigenen Macht der Menschen, das zu werden, wonach sie sich sehnen.[117] Die Ursachen des antisozialen Verhaltens seien wohl auch im evolutionsgeschichtlichen Hintergrund der menschlichen Natur verwurzelt.[118]

Die Frage, ob in der Analyse der menschlichen Unheilssituation einem Mangel an Erkenntnis oder einem Defekt des Willens die Priorität zukommt, ist vermutlich nicht leicht zu klären. Aus dem Alltag kennen wir beides: Erkenntnis kann in der Tat dazu führen, unheilvolles Verhalten zu ändern. Zudem kann eine Veränderung des Verhaltens scheinbar nur durch eigene Einsicht von nachhaltiger Wirkung sein. Aber wir kennen auch die Erfahrung, dass der Wille der eigenen Erkenntnis widersteht und wir entgegen besserer Einsicht handeln. Und wir kennen die noch verwirrendere Situation, dass der gute Wille nicht stark genug ist, das Handeln zu bestimmen, sondern das Handeln beizeiten einer Dynamik zu folgen scheint, die weder durch bessere Einsicht, noch durch guten Willen gebrochen wird. Genau darauf zielt Paulus im siebten Kapitel des

112 Haight & Knitter 2015: 117-134.

113 Ebd. 133f.

114 Knitter in ebd. 125. So auch bereits in Knitter 2009: 50 (deutsch: Knitter 2012: 93f).

115 Knitter in Knitter & Schmidt-Leukel 2020: 56.

116 Haight in Haight & Knitter 2015: 130.

117 Haight in ebd. 122.

118 Vgl. ebd. 130 und 132, Anm. 7.

Römerbriefs ab. Das Übel wurzelt demnach in einem »Zwiespalt zwischen Wollen und Tun und damit letztlich in dem Unvermögen, wirklich dem als gut und gerecht anerkannten Gesetz gemäß zu leben.«[119] Eine ähnliche Erfahrung ist – wie oben gezeigt – auch in Śāntidevas *Bodhicaryāvatāra* dokumentiert. Zwar setzt auch Śāntideva zur Lösung des Problems primär auf Erkenntnis, und zwar auf eine Erkenntnis, die so stark ist, dass sie seinen Willen und sein Handeln aus der Versklavung an die Befleckungen befreit. Aber es zeigt sich ebenso, dass Śāntideva bis zum Erreichen dieses Ziels auf eine Hilfe quasi »von außen« vertraut: auf das Mitleid der Buddhas und Bodhisattvas, das ihn vor den negativen Folgen (dem negativen Karma) seiner Sünden beschützen und auf seinem Weg voranbringen soll.[120] Dieses Motiv des Vertrauens auf äußere Hilfe – auf die »andere Kraft« – scheint in beiden Religionen umso stärker zu sein, je mehr das eigene Handeln als eine Form der Selbstverhaftung wahrgenommen wird, aus der man sich weder durch Willensanstrengung, noch durch eigene Einsicht befreien kann. Dies zeigt sich besonders an den Entwicklungen innerhalb des ›Buddhismus des Reinen Landes‹.[121] »Unsere Augen der Weisheit sind dahin und unsere Füße der Praxis verkümmert«, heißt es bei Hōnen Shōnin (1133-1212), dem Lehrer Shinrans.[122] Aus buddhistischer Sicht urteilt Fumio Masutani, dass im Verständnis der Sünde der Buddhismus des Reinen Landes und das Christentum einander strukturell sehr ähnlich seien.[123] Es ist – so Masutani – in beiden Traditionen die Erfahrung der Unfähigkeit zum Guten, die den Menschen zum Vertrauen auf das Erbarmen eines anderen bewegt.[124]

»Wenn wir unter Sünde verstehen, dass in unserer Beschaffenheit etwas nicht stimmt, dann muss die Lösung von außen kommen. Doch wenn unser Grundproblem darin besteht, nicht zu wissen, was wir schon sind, dann muss die Lösung in uns selbst entdeckt

119 Röhser 2012: 89.
120 Vgl. oben S. 204f.
121 Vgl. oben S. 205f.
122 *Jodoshu ryakusho*. Zitiert nach Masutani 1967: 85.
123 Masutani 1967: 110-112.
124 Ebd. 118 und 114.

werden«, schreibt Paul Knitter.[125] Knitters Analyse verweist meines Erachtens in die richtige Richtung. Doch kann der Unterschied dieser beiden Konzeptionen der menschlichen Unheilssituation als komplementär anstatt im Sinn von einander wechselseitig ausschließenden Alternativen verstanden werden. Jene Hilfe, die »von außen« kommt, lässt sich als heilender Eingriff verstehen und nicht bloß mechanisch als »Reparatur«.[126] Mehr noch: Wenn die interpersonale Dimension der Sünde bedacht wird – und dies ist sowohl im Buddhismus als auch im Christentum obligatorisch –, dann gehört zur Überwindung der Sünde auch die Vergebung. Sie muss dem Sünder primär von außen zuteilwerden. Es mag wichtig sein, auch sich selbst zu vergeben – doch dies kann die Vergebung seitens des anderen kaum ersetzen. Die Erkenntnis eigener Schuld ist nur eine Seite der Lösung. Heilung im Sinn von Versöhnung erfordert auch die aktive, interpersonale Vergebung.

Thich Nhat Hanh hat mit Recht betont, dass man anderen Menschen leichter vergeben könne, wenn man erkenne, dass der andere aus Mangel an Einsicht böse gehandelt habe.[127] Doch dies ist keineswegs die einzige Möglichkeit. Vergebung kann auch geübt werden, weil man selbst Vergebung erfahren hat. Im Christentum betrifft dies beides: die Vergebung seitens jener, an denen man schuldig geworden ist, und die Vergebung durch Gott, auf die der Glaubende vertraut. Wie gezeigt, ist auch im Buddhismus das Vertrauen auf den Beistand der Buddhas und Bodhisattvas – gerade angesichts eigener Sündhaftigkeit – keineswegs unbekannt. Paul Knitter betont, dass im Licht der non-dualistischen Philosophie des Mahāyāna die »andere Kraft« der Buddhas und Bodhisattvas letztlich gar keine »andere Kraft«, sondern in Wahrheit die »eigene Kraft« sei. Demgegenüber bleibt freilich festzuhalten, dass – wie auch Knitter vermerkt – aus non-dualer Perspektive die Unterscheidung von »anders« und »eigen« keine letzte Gültigkeit besitzt.[128] Damit relativieren sich allerdings beide Seiten: die Vorstellung von

125 Knitter in Haight & Knitter 2015: 125.

126 Knitter 2012: 167, 169.

127 Hanh 1996: 108.

128 Knitter 2012: 70-74.

*anderer* Hilfe ebenso wie die einer *eigenen* Erkenntnis. Es bedeutet nicht die einseitige Aufhebung »anderer Kraft« zugunsten »eigener Erkenntnis«. Zugleich aber behalten beide Vorstellungen ihr Recht in jener Welt der begrifflichen Unterscheidungen, in der wir uns nun einmal bewegen.

# 6. Kapitel

# Hoffnungsträger

Wie im vorhergehenden Kapitel gezeigt, wird die Ursache des menschlichen Unheils in beiden Religionen als ein Defekt der Erkenntnis *und* des Willens gesehen. Unterschiedliche Ausprägungen innerhalb beider Traditionen zeichnen sich unter anderem auch dadurch aus, dass sich die Gewichte in der Bestimmung der Unheilsursache mal stärker in die eine und mal mehr in die andere Richtung verschieben. Bis zu einem gewissen Grad entsprechen diese Unterschiede auch den verschiedenen Verständnissen der Rolle des jeweiligen Hoffnungsträgers. Gilt die Verblendung als das Wurzelübel, dann bringt der Hoffnungsträger Heil, indem er Erkenntnis bewirkt. Gilt jedoch der Defekt des Willens als das Hauptproblem, dann bewirkt der Hoffnungsträger Heilung durch Versöhnung und Vertrauen.

Allerdings ist es keineswegs nur diese Entsprechung allein, die über das jeweilige Verständnis der Heilsmittlerschaft entscheidet. Von noch grundlegenderer Bedeutung dürfte vielmehr die Frage sein, in welchem Sinn Gautama, der »Erwachte« (= »Buddha«), und Jesus, der »Sohn Gottes«, dem Menschen eine Begegnung mit der letzten Wirklichkeit erschließen. Darum geht es in diesem Kapitel.

## 6.1 Erwachter Lehrer oder inkarnierter Gottessohn?

Eine ganze Reihe von Religionsvergleichen haben sich immer wieder auf das Leben der beiden zentralen Gestalten konzentriert beziehungsweise auf die Schilderung ihres Lebens in den jeweiligen autoritativen Schriften.[1] Das eigentliche Ziel bestand dabei zumeist

1 Siehe beispielsweise Spence Hardy 1874; Scott 1890: 126-191; Wecker 1908; Carpenter 1923: 167-231; Grimm 1928; Schomerus 1931; Streeter 1932: 39-72; Mensching 1978: 55-85; Siegmund 1983: 253-280; Lefebure 1993: 3-56; Luz & Michaels 2002; Gwynne 2014.

dennoch in einem typologischen Vergleich der mit der Schilderung der Lebenswege verknüpften Konzepte von Heilsmittlerschaft. Ich lasse hier den hagiographischen Vergleich der beiden Zentralgestalten beiseite und konzentriere mich stattdessen ganz auf die typologischen Aspekte. Sie dienten – und dienen teilweise immer noch – der These eines zentralen Unterschieds zwischen der heilsvermittelnden Rolle des Buddhas und derjenigen des inkarnierten Gottessohnes. Auf diesem Weg wurde und wird ein scharfer Kontrast zwischen dem Buddhismus als einer menschlichen Philosophie oder Weisheitslehre und dem Christentum als einer Religion im eigentlichen Sinn etabliert. Obwohl die buddhistischen Interpretationen Jesu vielfältig und komplex sind,[2] interpretierten manche buddhistische Apologeten den Unterschied zwischen Gautama, dem Erwachten, und Jesus, dem Gottessohn, als paradigmatisch für den Unterschied zwischen einer vernunftgemäßen, wissenschaftskompatiblen Lehre ohne Dogmen und Glaubenszwang auf der einen und ihrem Gegenteil auf der anderen Seite.[3] Umgekehrt zeigte sich aus der Sicht so mancher christlicher Apologeten an den Unterschieden zwischen den beiden Stiftern der Gegensatz zwischen einem menschlichen Sucher mit aller Irrtumsanfälligkeit und einem göttlichen Offenbarer, der die Erlösung bringt.[4]

Im zweiten Jahrhundert n. Chr. schilderte der indische buddhistische Poet Aśvaghoṣa in seinem berühmten epischen Gedicht *Buddhacarita* (»Das Leben des Buddhas«) die Geburt des Prinzen Siddhārtha Gautama mit folgenden Worten:

> Wie die Sonne am Morgen aus einer Wolke hervorbricht, so machte auch er, als er von seiner Mutter Leib geboren wurde, die Welt glänzend wie Gold, brach hervor mit seinen Strahlen, die die Dunkelheit vertrieben.[5]

2 Vgl. hierzu die in Vorbereitung befindliche detaillierte Studie von Mathias Schneider zu buddhistischen Jesus-Bildern.

3 Vgl. beispielsweise Notz 1984: 168-175; Usarski 2001: 122-124.

4 Schmidt-Leukel 1992: 36-68.

5 Cowell 1894: 5.

Der Legende, dass Gautama auf wunderbare Weise den Leib seiner Mutter »ohne Schmerz und Schaden« durch ihre rechte, das heißt ihre noble Seite verließ, gibt Aśvaghoṣa eine ganz besondere Deutung:

> Wie die Geburt des Aurva aus dem Schenkel und die des Pṛthu aus der Hand und die des Indra-gleichen Māndhātṛ aus der Stirn und die des Kakṣīvat aus dem Oberarm – so ungewöhnlich war auch seine Geburt.[6]

Die übernatürliche Geburt der hier genannten mythischen Figuren galt als ein Zeichen ihrer besonderen Rolle und ihres göttlichen Wesens. Aurva wurde als ein Abkömmling und Pṛthu als eine Inkarnation (*avatāra*) des Gottes Vishnu (*Viṣṇu*) betrachtet. Māndhātṛ und Kakṣīvat galten als vedische »Seher« (*ṛṣi*) beziehungsweise »Offenbarer«. Der Symbolismus selbst spielt auf den alten vedischen Mythos von der Erschaffung der Welt aus den verschiedenen Körperteilen des *puruṣa* an, das heißt aus dem einen göttlichen Ur-Organismus, der aller geschaffenen Wirklichkeit zugrunde liegt. Aśvaghoṣa lässt diesen Mythos anklingen durch den Hinweis auf den Götterkönig Indra, der nach den Veden aus dem Kopf des *puruṣa* geboren wurde. Durch diese Vergleiche und Anklänge verleiht Aśvaghoṣa der Geburt Gautamas eine kosmische Bedeutung und die Züge einer göttlichen Inkarnation im Sinn einer sichtbaren Manifestation höchster Wirklichkeit und letzter Wahrheit.

Als etwa siebzehnhundert Jahre später im Westen die ersten Vergleiche zwischen Buddha und Christus geschrieben wurden, stoßen wir darin auf ein deutlich anderes Szenario. Viele unter den Autoren des 19. Jahrhunderts waren bestrebt, den Buddha als einen bloßen Menschen und philosophisch gesinnten Lehrer darzustellen und ihm Christus als den inkarnierten Gottessohn und Erlöser der Welt entgegenzusetzen. So urteilte beispielsweise Thomas Sterling Berry: »Gautama lehrte ein System, doch

6 Ebd. 6.

Christus predigte ein Evangelium.«[7] Gautamas Schüler »sahen in ihm vor allem einen Lehrer, während es den frühen Christen vor allem um unseren Herrn als den Erlöser ging, der die Erlösung der Welt vollbracht und nicht nur gelehrt hatte.«[8] Nach Archibald Scott kam Gautama »in seinem eigenen Namen, doch Jesus trat im Namen Seines Vaters auf – als jemand, den Er in die Welt gesandt hatte. [...] Die Autorität des Buddhas entsprang seiner anerkannten intellektuellen Überlegenheit, aber die Autorität Jesu entsprang geistlicher Einsicht.«[9] Auf derselben Linie argumentierte auch Monier-Williams: Der vermutlich wichtigste Gegensatz zwischen beiden Gestalten bestehe darin, »dass Christus beständig darauf insistierte, er sei von Gott gesandt, wohingegen der Buddha sich immer als selbst gesandt beschrieb.«[10] Doch das »sogenannte Licht der Erkenntnis«, das der Buddha gebracht habe, sei – so Monier-Williams – wenn überhaupt, dann eher matt. In nahezu allen »bedeutsamen Fragen« habe sich der Buddha als »ein strikter Agnostiker« erklärt.[11] In Übereinstimmung mit dem so angelegten Kontrast argumentierten die meisten der westlichen Religionsvergleiche, dass der Buddhismus, soweit es um den historischen Buddha gehe, eher eine Philosophie als eine Religion darstelle. Nach Monier-Williams ist »das Christentum [...] eine Religion, während der Buddhismus, zumindest in seiner frühesten und echtesten Form, überhaupt keine Religion ist, sondern ein Moralsystem und eine Philosophie, basierend auf einer pessimistischen Lebensanschauung.«[12]

Die Kontrastierung des Buddhas als Weisheitslehrer mit Christus als Gottessohn findet sich auch auf der Seite buddhistischer Autoren und westlicher Sympathisanten des Buddhismus – allerdings mit umgekehrter Wertung. Eine interessante Variante dieses Kontrasts bietet Paul Carus (1852-1919), ein protestantischer Verehrer

7 Berry 1890, 69.

8 Ebd. 31.

9 Scott 1890: 151.

10 Monier-Williams 1889: 553.

11 Ebd. 544.



12 Ebd. 537.

des Buddhismus.[13] Carus setzt sich unmittelbar und kritisch mit den Thesen von Monier-Williams auseinander. Nach Carus ist der Buddhismus durchaus eine Religion, aber eine Religion des Herzens und der Moral.[14] Buddhas Erleuchtung, so führt Carus gegen Monier-Williams aus, sei primär eine »Erleuchtung des Herzens«.[15] Was hierzu im Gegensatz stehe, sei vor allem der christliche Dogmatismus. Doch dieser ist nach Carus ein Produkt der Kirche, nicht eine Forderung Christi. Christus habe Vertrauen (»faith«) gefordert, »eine moralische Qualität, die feste Zuversicht einschließt«, und nicht dogmatischen, unhinterfragbaren Glauben (»belief«). Menschen, so Carus, könnten nicht ohne »faith« leben; »belief« hingegen sei bestenfalls vorläufig und müsse durch das Streben nach Wissen ersetzt werden.[16] Zudem weist Carus darauf hin, dass auch der Buddha als Inkarnation einer göttlichen oder übernatürlichen Wirklichkeit verstanden wurde. Allerdings sei nach buddhistischer Auffassung die gesamte Wirklichkeit vom Übernatürlichen durchdrungen und der Buddha gelte im Unterschied zum Christentum keineswegs als die alleinige Inkarnation.[17] Letzteres ist, wie wir noch sehen werden, ein Einwand, der von buddhistischer Seite immer wieder gegen das Christentum erhoben wurde.

Der Gegensatz zwischen Weisheitslehrer und inkarniertem Erlöser wirkt bis in die Gegenwart hinein nach. So hat beispielsweise kein Geringerer als der britische Religionswissenschaftler Ninian Smart genau diesen Gegensatz erneut bekräftigt: »Jesus erlöste die Menschheit durch seine Taten und seinen Tod – er war ein Opfer, das den Bruch zwischen Menschen und dem Göttlichen wieder heilte [...]. Der Buddha rettet vor allem durch seine Lehre.«[18] Anthony Clark greift das Urteil Smarts zustimmend auf und ergänzt: »Christus, der sich selbst sowohl als Gott wie auch als Mensch

13 Vgl. Jackson, C. T. 1968 und Verhoeven 2004.

14 Carus 1897: 290-293.

15 Ebd. 296.

16 Ebd. 292. Im 20. Jahrhundert wurde die Unterscheidung von »faith« und »belief« zu einem wichtigen theoretischen Instrumentarium von Wilfred Cantwell Smith, der sich jedoch, soweit ich sehe, nirgendwo auf Carus bezieht. Vgl. Smith, W. C. 1979.

17 Carus 1897: 196f, 228-230.

18 Smart 1993: 13.

bezeichnete, versöhnte die Menschheit [...] mit einem göttlichen Gott; doch der Buddha bezeichnete sich selbst als jemand, der einen Dharma, eine besondere Lehre bringt, die dem Menschen hilft [...].«[19] »Während Gautama Lehren und Praktiken darlegt, die zur Erleuchtung führen«, so Yandell und Netland, »gilt für Jesus, dass er den Weg zur Versöhnung mit Gott nicht lediglich lehrt – vielmehr ist er der Weg zur Erlösung.«[20]

Ein besonders bemerkenswertes Beispiel für diese Art der Entgegensetzung findet sich in Romano Guardinis (1885-1968) viel gelesenem Werk *Der Herr*, das 1937 erstmals erschien. Bemerkenswert ist dieses Beispiel insofern, als es sich bei Guardini um einen prominenten römisch-katholischen Theologen handelt, der hier eine ungewöhnlich positive Bewertung Gautamas vornimmt. Zum einen vertritt Guardini die Ansicht, es habe bisher noch niemand wirklich gesagt, was der Buddha aus christlicher Sicht bedeute.[21]

> Einen Einzigen gibt es, der den Gedanken eingeben könnte, ihn in die Nähe Jesu zu rücken: Buddha. Dieser Mann bildet ein großes Geheimnis. Er steht in einer erschreckenden, fast übermenschlichen Freiheit; zugleich hat er dabei eine Güte, mächtig wie eine Weltkraft.[22]

Doch dann schwenkt Guardini um und kehrt zur gängigen Kontrastierung zurück. Im Unterschied zum Buddha bringe Jesus »nicht nur neue Erkenntnisse« oder lehre »die Menschen, einander in reinerer Weise gegenüberzutreten«. Vielmehr gelte für Jesus: »Hier redet ein Bewußtsein von über der Welt her. Und nicht nur so, wie einer spricht, der sittlich oder religiös durchgestoßen ist.«[23] Insofern gebe es für das Wirken Christi in der Welt »keinen irdischen Vergleich.«[24] Der Buddha ist für Guardini daher bestenfalls ein

19 Clark 2018: 62.
20 Yandell & Netland 2009: 209.
21 Guardini 1997: 367.
22 Ebd.
23 Ebd. 369.
24 Ebd.

weiterer »Vorläufer« Christi, vergleichbar mit Johannes dem Täufer oder Sokrates. Wie diese komme auch der Buddha nicht von jenseits der Welt her, sondern aus ihr heraus. Er sei ein Lehrer, der die »Nichtigkeit der gefallenen Welt« erkannt und die Befreiung aus ihr gesucht habe. Die Freiheit Buddhas resultiere aus seiner Einsicht, »seine Freiheit aber [ist] nicht die Christi. [...] Die Freiheit Christi kommt daraus, dass er ganz in der Liebe Gottes steht [...].«[25]

Obwohl Guardini somit dem gängigen Muster treu blieb, den Buddha als menschlichen Weisheitslehrer zu sehen und Jesus als inkarnierten Gottessohn, fiel seine Würdigung Buddhas doch deutlich positiver aus als bei vielen anderen christlichen Theologen seiner Zeit. Ein besonders krasses Beispiel hierfür findet sich bei Winfried Philipp Englert, damals Professor der römisch-katholischen Theologie an der Universität Bonn. 1898 publizierte Englert ebenfalls einen Vergleich von Christus und Buddha. Ein solcher Vergleich sei »werthvoll«, denn auf diesem Weg lasse »sich der echte Thau des Paradieses von dem ausgespritzten Gifte der Schlangen sehr deutlich unterscheiden.«[26] Mit dem Bild von der Schlange im Paradies stellte Englert den Buddha und die sich auf ihn beziehende Tradition völlig unverblümt als satanische Versuchung dar. Der Grund für diese Dämonisierung liegt in Englerts Interpretation des Buddhas als eines atheistischen Philosophen, der versuche, den Glauben an Gott zu zersetzen. Die praktischen Schlussfolgerungen, die Englert aus seinem Vergleich ableitete, sind erschreckend. In »unsern Tagen«, so beendete Englert sein Buch, bringt die »europäische Civilisation« das Licht Christi zu »jenen verrotteten Völkern«, die »im Bereich des Todesschattens, in den Finsternissen des Buddhismus sitzen.« Hierzu müsse jedoch zunächst das Schwert, sprich die militärische Eroberung, dem Kreuz vorangehen: »Es ist nämlich ein hartes, aber historisches Gesetz, dass so tiefer Verderbniss das Kreuz erst nach dem Schwerte erscheint.«[27]

25 Ebd. 367.

26 Englert 1898: Vorwort (ohne Seitenzahl).

27 Ebd. 123.

Solch offene Rechtfertigungen einer aggressiven, imperialen Politik im Namen der christlichen Mission finden sich freilich bei etlichen christlichen Autoren seit Beginn des neuzeitlichen Kolonialismus. Dies macht es nur zu verständlich, wenn Paul Carus etwa zeitgleich mit Englert urteilte: »Das Christentum (und darin liegt sowohl seine Stärke als auch seine Schwäche) war besonders erfolgreich in seiner Lehre der Aufgabe des Selbst, ohne dabei jedoch jenen Egoismus zu stören, der in den westlichen Nationen so stark entwickelt worden ist.«[28] Allerdings hat der westliche Kolonialismus auch auf buddhistischer Seite umgekehrte Dämonisierungen hervorgebracht. Ein deutliches Beispiel stellt ein in Sri Lanka verbreitetes Volksmärchen aus dem 18. Jahrhundert dar. Darin spiegelt sich die Erfahrung sri-lankischer Buddhisten unter der portugiesischen Kolonialherrschaft des 16. und 17. Jahrhunderts wider. Jesus wird hier als »Zimmermann-Dämon« oder »Zimmermann-Irrlehrer« bezeichnet. Er war nicht der Sohn oder die Inkarnation Gottes, sondern eine Inkarnation und der Sohn des Māra, einer Gestalt, die im Buddhismus als dämonischer Widersacher Buddhas gilt.[29] Die Dämonisierung jener religiösen und politischen Gruppen, die als Bedrohung des Buddhismus wahrgenommen wurden, mittels ihrer Bezeichnung als »Māras« oder »Söhne Māras« hat im Buddhismus eine lange und weitverbreitete Tradition.[30] Erst 2014 wurde sie in Sri Lanka erneut auf das Christentum bezogen. In einem Artikel auf Lankaweb vertrat der buddhistische Aktivist Senaka Weeraratna mit Verweis auf die Geschichte Sri Lankas seit den 50er-Jahren des 20. Jahrhunderts die Ansicht, dass hinter »dem unablässigen Vormarsch der abrahamischen Religionen in das Landesinnere des buddhistischen Asien« letztlich »ein diabolisches Schema zur Unterminierung des Buddhismus« stehe. In dieser Situation appelliert Weeraratna ...

28 Carus 1897: 234.

29 Vgl. Young & Senanayaka 1998. Vgl. Auch Kap. 3, S. 104.

30 Vgl. Schmidt-Leukel 2022b.

> ... an China, die Führung der buddhistischen Welt anzunehmen. Wir brauchen ein Machtzentrum, das den Buddhismus beschützt. Auf China trifft diese Beschreibung zu. Auch China steht vor der gleichen Herausforderung durch die abrahamischen Religionen wie der Rest des buddhistischen Asiens und auch das hinduistische Indien.[31]

Das Beispiel zeigt, wie stark die sich im Religionsvergleich bekundenden interreligiösen Wahrnehmungen bis in die aktuelle Politik hineinwirken können.

## 6.2 Erwachen, Verkündigung und Inkarnation

### *Ein schräges Verhältnis und seine Korrektur*

In der Regel war und ist jenen, die den Unterschied zwischen Gautama und Jesus im Sinne eines Gegensatzes zwischen dem erwachten Lehrer und dem inkarnierten Gottessohn darstellen, durchaus bewusst, dass die Dinge komplizierter liegen. Denn auch im Buddhismus – vor allem, aber keineswegs nur im Mahāyāna – gibt es die Vorstellung, dass es sich bei einem Buddha um die Inkarnation einer höheren Wirklichkeit handelt.[32] Die Autoren dieser Vergleiche wussten zumeist um die schon früh einsetzende Identifikation des Buddhas mit dem kosmischen Dharma. Sie kannten die Lehre des *Lotos-Sūtras*, wonach der irdische Buddha eine Manifestation des überweltlichen, immerwährenden Buddhas ist. Bisweilen erwähnten sie die mahāyānistische Lehre von den »Drei Buddha-Körpern«, wonach sowohl die menschlichen als auch die überweltlichen Buddhas Manifestationen der unfassbaren letzten

31 http://www.lankaweb.com/news/items/2014/11/10/mettanandas-grim-warning-of-a-conspiracy-against-buddhism-1956-still-worthy-of-serious-attention/ (Juli 2021).

32 Zu den Vorstellungen einer überweltlichen Natur des Buddhas in den vor-mahāyānistischen Schulen siehe Weber 1994 und 1998; zu unterschiedlichen Entwicklungen im Mahāyāna siehe die Beiträge von Tauscher, von Borsig und Schmidt-Leukel in Schmidt-Leukel 1998.

Wirklichkeit darstellen.[33] Diese traditionellen Interpretationen des Buddhas wurden jedoch als spätere Entwicklungen abgetan, als Formen einer »Vergöttlichung« Gautamas, die weder seinem Selbstverständnis, noch seiner Interpretation im frühen Buddhismus entsprächen. Das Problem liegt freilich darin, dass sie eine solche historisch-kritische Betrachtungsweise hinsichtlich der Interpretation Jesu als Gottessohn und inkarniertem Erlöser nicht einnahmen. Dadurch entstand in der vergleichenden Betrachtung zwangsläufig ein schräges Verhältnis. Diese Sichtweise kann und muss dadurch korrigiert werden, dass hinsichtlich beider Gestalten eine historische Perspektive eingenommen wird.

Die historisch-kritische Exegese des Neuen Testaments und das wissenschaftliche Studium der christlichen Dogmengeschichte haben zahlreiche Belege dafür erbracht, dass aller historischen Wahrscheinlichkeit nach Jesus selbst sich nicht als inkarnierten Gott oder als die Menschwerdung der zweiten Person einer dreieinigen Gottheit verstanden hat.[34] Er teilte vielmehr den monotheistischen Glauben des jüdischen Volks und unterschied sich als Mensch strikt von dem einen und einzigen Gott. Als er mit den Worten »Guter Lehrer« (*didáskale agathe*) angeredet wird, antwortet Jesus: »Warum nennst du mich gut? Niemand ist gut außer der eine Gott« (Mk 10,17-18).[35] Die daraufhin zum bloßen »Lehrer« veränderte Anrede kritisiert Jesus nicht (Mk 10,20).

Eine historische Betrachtungsweise zeigt, dass sich sowohl das Konzept des »erwachten« oder inspirierten Lehrers als auch das des inkarnierten Heilsbringers in beiden Religionen findet. Dadurch relativiert sich die gängige Kontrastierung von Buddha und Christus erheblich. Allerdings haben nur wenige unter den bisherigen Religionsvergleichen diesen Gesichtspunkt geltend gemacht. Zum einen war dies der Oxforder Exeget, Theologe, Philosoph und Religionswissenschaftler Burnett Hillman Streeter (1874–1937).[36] In

33 Siehe oben Kap. 4, S. 157-159.

34 Vgl. beispielsweise Young F. 1983; Dunn 1989; Vermes 2001.

35 Siehe auch die übereinstimmenden Urteile von Hans Küng und Wolfhart Pannenberg (Küng, Van Ess, Stietencron & Bechert 1984: 184; Pannenberg 1991: 415).



36 Zu Streeters Bedeutung für den christlich-buddhistischen Dialog siehe auch Lai, P.-C. 2009.

seinem 1932 erschienenen Vergleich *The Buddha and the Christ* (»Der Buddha und der Christus«) verwies er deutlich auf die historische Entwicklung und Veränderung im Verständnis Gautamas und Jesu. Die Interpretation Gautamas als Inkarnation einer überweltlichen Wirklichkeit im Mahāyāna setzte Streeter in Parallele zur Interpretation Jesu als menschgewordenes Gotteswort im Johannesevangelium.[37] In beiden Fällen habe sich das Interesse an den Lehren beider Meister zur Frage nach der Bedeutung ihrer Person verschoben.[38] Trotz aller sozio-kulturell bedingten Unterschiede in der jeweiligen Ausgangssituation seien sich beide Religionen im Fortgang ihrer inneren Entwicklung zunehmend ähnlicher geworden bis hin zur »Konvergenz«.[39] Diese These antizipiert quasi die eingangs besprochene Auffassung Culianos, wonach sich »Systeme, die bereits über eine hinreichend lange Zeit hinweg laufen«, aufgrund ihrer sich beständig weiter ausdifferenzierenden fraktalen Struktur, dazu neigen, »nicht allein der Form, sondern auch dem Inhalt nach einander zu überlappen.«[40]

Im Kontext der griechischen Kultur, so Streeter, habe man die Person Jesu entweder nach dem Modell der Apotheose, also im Sinn einer »Vergöttlichung«, oder nach dem Modell der Theophanie, das heißt als eine »Erscheinung des Göttlichen«, gedacht. Während das erste Modell zu einem adoptianistischen Verständnis von Inkarnation tendiere, wonach Jesu Gottessohnschaft eher einer Adoption gleiche, neige das zweite Modell zu einem doketistischen Verständnis von Inkarnation, wonach Jesus nur scheinbar Mensch, in Wahrheit jedoch Gott gewesen sei. Die christologische Vermittlungsformel des Konzils von Chalcedon (»wahrer Mensch und wahrer Gott«) habe es nicht vermocht, den gesuchten Mittelweg zwischen beiden Konzeptionen erfolgreich zu etablieren. In der tatsächlichen Praxis sei das Verständnis immer wieder eher zur doketistischen Seite hin ausgeschlagen, was die Vorstellung von

37 »Die Relation des Mahayana zum ursprünglichen Buddhismus gleicht der des Johannesevangeliums zum Matthäusevangelium.« Streeter 1932: 83.

38 Ebd.

39 Ebd. 76f.

40 Couliano 1992: 268. Siehe oben Kap 2, S. 61f.

Jesus als einem wahren Menschen weitgehend verdrängt habe.[41] Darin, so Streeter, sei die Entwicklung des Inkarnationsgedankens im Christentum jener im Buddhismus erstaunlich ähnlich. Denn auch dort sei Inkarnation primär doketistisch gedacht worden.[42]

Ein weiterer Gelehrter, der schon früh aus der geläufigen Kontrastierung von Buddha und Christus ausscherte, war der Sanskritist, Philosoph und Religionswissenschaftler Joseph Estlin Carpenter (1844-1927), der ebenfalls in Oxford lehrte. In seinem 1923 publizierten Buch *Buddhism and Christianity. A Contrast and a Parallel* (»Buddhismus und Christentum. Kontrast und Parallele«) resümiert Carpenter im Hinblick auf das Verhältnis zwischen beiden Religionen: »Es gibt viele Unterschiede *zwischen* ihnen, aber ebenso auch *innerhalb* der inneren Entwicklung einer jeden von ihnen.«[43] Damit kommt er einer fraktalen Interpretation nahe. Zwar setzt er die Unterschiede zwischen beiden Traditionen nicht explizit in Parallele zu den Unterschieden innerhalb einer jeden von ihnen. Aber er deutet eine solche Perspektive zumindest an, wenn er im Hinblick auf das Verständnis Gautamas und Jesu in Buddhismus und Christentum schreibt:

> Beide präsentieren eine Person als ein Objekt des Glaubens, die sich im menschlichen Leben dem Lehren widmet. [...] Beide interpretieren die Persönlichkeit ihrer Stifter mittels philosophischer Konzepte, die diese Personen mit der Unendlichen und Ewigen Quelle aller Existenz verbinden. [...] Jede [der beiden Religionen; PSL] beruht auf einer gewissen Form von Offenbarung [...].[44]

Aus einer historischen Perspektive, die die interne Vielgestaltigkeit beider Traditionen bewusst mit einbezieht, lassen sich solche Urteile gut begründen. Auch wenn sich erste Anfänge des christlichen Inkarnationsglaubens bereits in einigen Texten des

41 Streeter 1932: 131-135.

42 Ebd. 86, 134.

43 Carpenter 1923: 306. Hervorhebungen: PSL.

44 Ebd.: 305-307.

Neuen Testaments andeuten,[45] so kann man diesen aus historischer Sicht nicht dem Selbstverständnis Jesu unterstellen. Zwar bleibt es schwierig, Jesu Selbstverständnis exakt zu bestimmen. Aber es lässt sich doch plausibel feststellen, was hierfür ausscheidet und daher der späteren Entwicklung zuzurechnen ist. Die Ausbildung des christlichen Inkarnationsglaubens vollzog sich in Form eines langwierigen und komplizierten Prozesses voller, teilweise auch gewalttätiger Auseinandersetzungen, ohne – wie bereits Streeter zu Recht vermerkt hatte – jemals einen inhaltlichen Konsens aller Christen herbeizuführen. Daher gibt es nicht so etwas wie *den* christlichen Inkarnationsglauben, zumindest nicht in einer einheitlichen Form, sondern nach wie vor nur in Gestalt einer großen Vielfalt unterschiedlicher Ideen. Und selbst wenn sich bereits an einigen Stellen des Neuen Testaments triadische Formulierungen finden, die von Vater, Sohn und Geist sprechen, so hat sich die Lehre von einem trinitarischen Gott doch nicht vor Ende des zweiten nachchristlichen Jahrhunderts entwickelt. Auch sie führte keineswegs zu einer einheitlichen Vorstellung, sondern zu einer Vielzahl unterschiedlicher Konzeptionen.[46] Noch komplizierter stellt sich die Rückfrage nach dem historischen Buddha dar. Nach Bernard Faure kann man einigermaßen verlässlich sagen, »dass er geboren wurde, lebte und starb. Der Rest bleibt verloren in den Nebeln von Mythos und Legende.«[47] Nach John Strong kann man dem noch einige weitere Details hinzufügen, wie etwa seinen Namen, seine Stammeszugehörigkeit, seinen Lebensraum und, schon deutlich ungewisser, in etwa seine Lebenszeit – aber nur, weil quasi »keine Evidenzen dagegensprechen«.[48] Was wir den buddhistischen Texten entnehmen können, ist nicht die Skizze einer historischen Persönlichkeit, sondern vielmehr »der Eindruck, den der Buddha auf seine Anhänger und die nachfolgenden Generationen gemacht hat.«[49]

45 Vermes 2001; Schreiber 2015.

46 Vgl. Hübner 1996; Ohlig 1999.

47 Faure 2009: 12.

48 Strong 2016b: 140.

49 Freiberger & Kleine 2011: 36.

Angesichts dieser Sachlage ist es methodologisch unangemessen, Jesus mit Gautama so zu vergleichen, dass Jesus dabei völlig durch die Linse eines entwickelten Inkarnationsglaubens gesehen wird, eine ähnliche Perspektive im Hinblick auf Gautama jedoch als unhistorisch und sekundär abgelehnt wird. Eine sachgemäßere Form des Vergleichs muss vielmehr bewusst bei den Glaubenszeugnissen selbst ansetzen. Das geschieht zum Beispiel relativ konsequent in Robert Elinors Buch *Buddha and Christ* und zwar deshalb, weil Elinor sich hierin nicht allein auf die textlichen Zeugnisse stützt, sondern vor allem das reichhaltige ikonographische Material mit einbezieht.[50] Auf der Grundlage dieser Zeugnisse urteilt Elinor:

> Allerdings nehmen weder Buddhisten ihre Zuflucht zu Gautama dem Weisen, noch verehren Christen Jesus den Rabbi. Weder Buddha noch Christus waren primär als historische Gestalten lebendig. Bildnisse transzendenter Buddhas sind weitaus zahlreicher als die des Gautama, ebenso wie Christus viel häufiger als das heilige Kind, das stellvertretende Opfer, der triumphierende Richter und der glorreiche Erlöser abgebildet wurde denn als der galiläische Lehrer. Die Erzählungen von ihrem Wirken porträtieren jeden von beiden als verklärten Herrn.[51]

Ein solcher Ansatz in der vergleichenden Betrachtung bedeutet nun allerdings gerade nicht, die historische Perspektive außer Acht zu lassen. Vielmehr geht es um die Frage, warum und in welchem Sinn Buddhisten und Christen die von ihnen verehrten Lehrer zugleich als Manifestation oder Inkarnation der letzten Wirklichkeit verstanden und verklärt haben.

50 Elinor 2000.



51 Ebd. 24, 40.

In den kanonischen buddhistischen Schriften wird Gautama häufig als »Lehrer« (*śāstṛ*), »großer Lehrer« (*mahācārya*) oder auch als »König des Dharmas« (*dharma-rāja*) bezeichnet.[52] In den Evangelien wird Jesus 41-mal »Lehrer« (*didáskalos*) genannt – kein anderer Titel wird ihm häufiger beigelegt.[53] Die Aussage in Mk 14,14 (»... sprecht zu dem Hausherrn: Der Lehrer lässt fragen: Wo ist die Herberge für mich ...?«) legt durchaus nahe, dass Jesus selbst diesen Titel für sich gebrauchte. Noch im zweiten Jahrhundert sahen weite Teile der frühen Christenheit die erlösende Funktion Jesu primär in seiner Rolle als Lehrer der Wahrheit. Das Licht der Wahrheit, die er verbreitet, vertreibt die Dunkelheit der Sünde. Erlösung wurde dabei nicht selten als der Prozess eines Wachstums in der Erkenntnis höchster Wahrheit verstanden.[54] Die Vorstellung, dass Jesus durch seine Lehre die erlösende Erkenntnis bewirkt, hat das Christentum nie ganz verlassen,[55] auch dann nicht, als die Veränderungen im Sündenverständnis mit Veränderungen in der Interpretation der Rolle Jesu einhergingen.[56]

Im Buddhismus wie auch im Christentum verband sich die Bezeichnung Gautamas und Jesu als Lehrer mit der Bekräftigung, dass ihre Lehre von besonderer Art gewesen sei. Weder wurde Gautama einfach nur als ein religiöser Lehrer unter anderen verstanden, noch Jesus als ein mehr oder weniger gewöhnlicher Rabbi. Die buddhistischen Schriften präsentieren Gautama als den wahrhaft erleuchteten beziehungsweise erwachten Lehrer. Das Licht, das der Erwachte, der »Buddha«, bringt, wird an einer Stelle mit dem Licht der

52 Vgl. Weber 1994: 14; Griffiths 1994: 60-66.

53 Vgl. Feulner 2016: 14.

54 Vgl. Ebd. 15 und Kelly 1977: 163-170.

55 Siehe hierzu vor allem Feulner 2016.

56 Beispielhaft hierfür ist die Entwicklung des Augustinus. Während er in seinen Frühschriften Erlösung als reinigende Erkenntnis verstand, die Christus als Lehrer des richtigen Lebens und Verkörperung der ewigen Wahrheit bewirkt, verstand er in seinem späteren Werk Christus als den, der die Erlösung von der Herrschaft Satans durch seinen Tod erkauft hat (Flasch 1994: 153f, 326f, 378) – eine Sichtweise, die sich bei Anselm von Canterbury und Martin Luther weiter verstärkte.

Sonne verglichen, während das Licht der übrigen Lehrer dem von Glühwürmchen gleiche.[57] Gemäß früh-buddhistischer Scholastik unterscheidet sich ein »Buddha« im vollen Sinn (*samyaksambuddha*) sowohl von einem gewöhnlichen Erleuchteten, einem *arhat*, als auch von einem sogenannten Einzel-Buddha (*pratyekabuddha*). Ein Arhat findet die Erleuchtung, weil er den Lehren eines Buddhas folgt, wohingegen ein Buddha allein zur Erkenntnis des Dharmas gelangt – auch wenn er hierzu in einem weit zurückliegenden Leben den Anstoß von einem früheren Buddha bekommen haben mag. Dies gilt auch für einen Einzel-Buddha. Doch im Unterschied zu einem Einzel-Buddha vermag ein Buddha im vollen Sinn den Dharma so zu lehren, dass auch andere Menschen die Erleuchtung erlangen. Dadurch begründet er eine für lange Zeit bestehende Heilsgemeinschaft, den *saṅgha*.[58] In dieser Hinsicht gilt zumindest für den älteren Buddhismus, dass es nicht zwei Buddhas zur gleichen Zeit geben kann.[59] Erst wenn der Saṅgha völlig degeneriert und der Dharma wieder in Vergessenheit geraten ist – so die Implikation –, kann ein neuer Buddha auftreten und einen neuen Saṅgha begründen. Dementsprechend verkündet Gautama nach seiner Erleuchtung gemäß dem Zeugnis der kanonischen Texte:

> Ich habe keinen Lehrer,
> Keiner ist mir gleich in aller Welt
> mit allen ihren Göttern. Denn niemand gibt es,
> der mir ähnlich wäre.[60]

Nach Axel Michaels ist es keineswegs auszuschließen, dass der »Buddha [...] sich selbst als übermenschliches (*lokottara*), außer-

57 Vgl. *Udāna* 6:10.

58 In Einführungen zum Buddhismus wird vielfach behauptet, dass ein *pratyekhabuddha* überhaupt nicht lehre. Das entspricht nicht den Aussagen der buddhistischen Schriften, in denen *pratyekhabuddhas* häufig ebenfalls als lehrend dargestellt werden. Sie lehren zumeist jedoch lediglich die buddhistische Moral und nicht den ganzen Heilsweg. Vor allem begründen sie keinen *saṅgha*. Insofern ist ihr Wirken weniger heilstiftend als das eines Buddhas im vollen Sinn.

59 *Aṅguttara Nikāya* 1,25; *Milindapañha* 4,6,4-10.

60 *Majjhima Nikāya* 26.

gewöhnliches Wesen« sah, und dass dies »der Grund [war], warum ihm so viele folgten, nicht nur der Inhalt seiner Lehre.«[61] Wie dem auch sei, die Lehre des Buddhas wird in den kanonischen Texten keineswegs als eine Art philosophische Wahrheitssuche gekennzeichnet. Vielmehr handelt es sich um die autoritative Verkündigung jener kosmischen Wahrheit, die der Buddha in seinem Erwachen geschaut hat. Peter Masefield hat folglich mit Recht die Lehre des Buddhas als einen Akt der Offenbarung charakterisiert.[62] Der Umstand, dass jedes buddhistische Sūtra mit der Formel »So habe ich gehört« beginnt, kann durchaus als eine Art Siegel interpretiert werden, mit dem die buddhistische Gemeinschaft die Lehre des Buddhas als *śruti*, als »das, was gehört wurde«, gekennzeichnet hat.[63] Denn *śruti* ist der traditionelle Begriff, mit dem die Brahmanen den Offenbarungscharakter der vedischen Texte bekräftigten. Empfangen hatten die vedischen Seher (*ṛṣi*) die Offenbarung durch geistige Schau – also durchaus in einem der Erkenntnis des Buddhas vergleichbaren Modus.

Auch die Evangelien betonen, dass Jesus nicht »lehrte wie die Schriftgelehrten«, sondern »mit Autorität« (*exousia*) (Mk 1,22). Seine Autorität gründet in der Erfahrung des göttlichen Geistes bei seiner Taufe – ein Ereignis, das von allen vier Evangelien an den Beginn seines öffentlichen Wirkens gestellt wird. Die Vorstellung, dass Jesus vom göttlichen Geist geleitet war, stellt ihn in eine Reihe mit den jüdischen Propheten[64] und spiegelt vermutlich einen wesentlichen Zug seines Selbstverständnisses wider. Nach Ed Sanders kann Jesus als ein »charismatischer und autonomer Prophet« bezeichnet werden: »Er war überzeugt, daß Gott ihn zu seinem Sprachrohr erkoren hatte, und diese Überzeugung gründete in seinem Gefühl persönlicher Nähe zur Gottheit.«[65]

61 Michaels in Luz & Michaels 2002: 151.

62 Vgl. Masefield 1986.

63 Auch Arvind Sharma (2005: 69) hat diese Deutung vorgeschlagen. Gemäß der traditionellen buddhistischen Auslegung besagt die Formel »So habe ich gehört«, dass Ānanda, der enge Begleiter Gautamas, alle kanonischen Sūtras auf dem ersten Konzil kurz nach dem Tod des Meisters vorgetragen und damit ihre Echtheit verbürgt habe.

64 Vgl. Lampe 1977.

65 Sanders 1996: 348f.

Jesus lehrte nicht nur den Anbruch der Gottesherrschaft, sondern insbesondere auch den Charakter dieser Herrschaft. Wie bereits im vierten Kapitel ausgeführt, verglich Jesus die Beziehung Gottes zu den Menschen mit der eines barmherzigen Vaters. Das eigene Leben nach den Regeln der Herrschaft Gottes zu führen bedeutet daher nicht nur, sich selbst der Güte Gottes anzuvertrauen, sondern auch, die Barmherzigkeit Gottes im eigenen Verhalten nachzuahmen und auf diese Weise widerzuspiegeln. Zweifellos ist dies etwas, das Jesus für seine eigene Person in Anspruch nahm.[66] Wenn er sich als jemanden verstand, der in seinem Leben die Barmherzigkeit der Gottesherrschaft widerspiegelt, dann wäre es auch vorstellbar, dass er – wie einige Exegeten vermuten – sich als denjenigen betrachtete, den Gott im Endgericht als »Menschensohn« zum Richter einsetzen wird. Sicher ist dies jedoch nicht.[67] In jedem Fall aber war Jesus für seine Anhänger das primäre Modell eines Lebens unter der Gottesherrschaft, die Widerspiegelung von Gottes Barmherzigkeit. Von hier aus lässt sich zumindest eine Wurzel des nun entstehenden christlichen Inkarnationsglaubens verstehen: Wie andere Propheten vor ihm galt auch Jesus als jemand, der das Wort Gottes verkündete. Doch er lehrte das Wort nicht nur, sondern *verkörperte* es in seinem Leben und Sterben. In diesem Sinn spricht der Prolog des Johannesevangeliums von Jesus als einem Menschen, in dem das göttliche Wort »Fleisch geworden ist« (Joh 1,14). Und in demselben Sinn kann er hier denn auch als »eingeborener [Sohn] vom Vater« (Joh 1,14) bezeichnet werden.[68]

Wie mehrfach erwähnt, ist die Vorstellung vom Buddha als der sichtbaren Verkörperung des Dharmas bereits in vor-mahāyānistischen Texten zu finden. Im Buddha, so könnte man durchaus formulieren, ist der Dharma Fleisch geworden.[69] Diese Vorstellung ist eng verknüpft mit dem buddhologischen Ehrentitel *tathāgata.* Tathāgata bedeutet wörtlich der »So-Gegangene«. Das heißt, der Buddha lebte

66 Vermes 1993: 267f.

67 Vgl. hierzu Luz in Luz & Michaels 2002: 140-147 und Sanders 1996: 359-362.

68 Vgl. Schreiber 2015: 192f.

69 Gerade im Theravāda wird der Buddha zwar als übermenschliches Wesen, aber nicht doketistisch als Scheinwesen verstanden (vgl. Weber 1994: 65-86).

das, was er lehrte. Sein Leben entsprach dem Dharma und vor allem dem Schema des Lebens eines jeden Buddhas. Denn nach alter buddhistischer Auffassung folgt der Lebenslauf eines jeden Buddhas trotz geringfügiger individueller Varianten immer demselben Muster. Dieses Muster *ist* der buddhistisch verstandene Dharma in Kurzfassung: Es enthält die Sorglosigkeit der Jugend, die Begegnung mit der Vergänglichkeit in Form der vier Ausfahrten, die Suche nach dem »Todlosen«, ihre Erfüllung in der Erfahrung des Erwachens und die daraufhin erfolgende Verkündigung des Dharmas mit der Gründung des Saṅghas.[70] Durch die Erfahrung des Nirvāṇas in seinem Erwachen wurde der Buddha quasi »nirvanisiert«. Das heißt, wie jeder wahrhaft Erleuchtete wird er durch sein mitleidvolles Wirken zu einer sichtbaren Repräsentation der unsichtbaren und unvorstellbaren letzten Wirklichkeit des Nirvāṇas[71] – eine Vorstellung, die ihre unübersehbaren strukturellen Parallelen zu dem Glauben an Jesus als das Bild des unsichtbaren Gottes hat (Kol 1,15; 2 Kor 4,4). So wie an Leben und Lehre des Buddhas deutlich wird, was die unbegreifbare letzte Wirklichkeit für uns bedeutet, so zeigt sich an Leben und Lehre Jesu, in welcher Beziehung der unabbildbare Gott zu uns steht. In beiden Fällen zitiert diese inkarnatorische Ausdrucksweise nicht das Selbstverständnis von Gautama oder Jesus, sondern reflektiert eine Erfahrung und Überzeugung, die sie im Leben ihrer Anhänger hervorriefen. So trifft es Roger Haight richtig, wenn er schreibt: »Beide, Jesus und Buddha, öffnen die menschliche Vorstellungswelt für die immanente Erfahrung der letzten Wirklichkeit.«[72]

### *Fraktale Struktur*

Es lässt sich also eine innere Verknüpfung zwischen Erwachen und Inkarnation, zwischen dem Bekenntnis zu Gautama als dem »Erwachten« und zu Jesus als dem inkarnierten, menschgewor-

70 Vgl. Schmidt-Leukel 2020a: 51-69; Griffiths 1994: 87-90.

71 *Aṅguttara Nikāya* 3,55-56. Vgl. oben Kap. 4, S. 155.

72 Haight & Knitter 2015: 63.

denen Gottessohn feststellen. Diese Verknüpfung ist vermittelt durch die Idee der autoritativen Lehre oder – wie man auch sagen könnte – durch die Kategorie der Offenbarung beziehungsweise des Prophetischen. Erwachen, Inkarnation und prophetische Verkündigung stehen als Grundkategorien des Bekenntnisses zu religiösen Zentralfiguren untereinander in einem fraktalen Verhältnis: Jede der drei Kategorien beinhaltet Aspekte der beiden anderen. Dieses fraktale Gefüge hat seine Basis in dem, was der in der gegenwärtigen Religionswissenschaft so oft geschmähte Mircea Eliade treffend als die »Epiphanie des Heiligen« bezeichnet hat: die »Manifestation des Sakralen in einem Bruchstück des Kosmos«.[73] Dieses »Bruchstück« kann ein Teil der Natur, ein menschliches Artefakt, ein Text oder eben auch eine menschliche Person sein. In jedem dieser Fälle wird etwas Endliches und Begrenztes zum Medium einer transzendenten Wirklichkeit. In diesem Medium artikuliert sich die Erfahrung letzter Wirklichkeit, das »Erwachen« zu ihr. So bringt das Medium einerseits das Transzendente zur Erscheinung und verweist dabei andererseits über sich hinaus auf die transzendente Wirklichkeit:

- Unter dem Baum der Erleuchtung *erwacht* Siddhārtha Gautama zum Nirvāṇa als letzter Zuflucht angesichts des Leids, und *verkündet*, aus Mitleid heraus, auch anderen den Weg zur Befreiung, die er selber lebt, wodurch er zur *Verkörperung* des Nirvāṇas und des Dharmas wird.

- Bei der Taufe in den Wassern des Jordans und seinem anschließenden Rückzug in die Wüste *erwacht* Jesus zur letzten Quelle des Lebens, die er »Vater« nennt, und indem er die Barmherzigkeit des Vaters nachahmt und widerspiegelt, *verkündet* und lebt er die gute Nachricht von der kommenden Herrschaft Gottes, wodurch er selbst zur *Verkörperung* des ewigen Wortes wird.



73 Eliade 1998: 536.

Auch der Islam lässt sich in diese Struktur miteinbeziehen:[74]

- In der Einsamkeit der Berge *erwacht* Muhammad zur letzten Einheit wahrer Wirklichkeit und *verkündet*, aus göttlicher Sendung heraus, die Einzigkeit, Gerechtigkeit und Barmherzigkeit Gottes, der er fortan sein Leben unterwirft, wodurch sich das ewige Wort Gottes in seiner Botschaft und die wahre Bestimmung der Wirklichkeit in Muhammads Hingabe an Gott *verkörpern*.

So können Muslime auf dem Weg komparativer beziehungsweise interreligiöser Theologie deutlicher sehen, dass – und wie – prophetische Existenz auch gewisse Züge von Inkarnation und Erwachen enthält. Im Mainstream des Islams[75] wird Muhammad nicht in derselben Form als Inkarnation des göttlichen Wortes betrachtet wie Jesus im Christentum. Das bedeutet jedoch keineswegs, dass der Aspekt der Inkarnation völlig fehlt. Propheten sind Menschen, bei denen sich das Wort Gottes in der Form ihrer prophetischen Botschaft inkarniert – mit aller sozio-kulturellen und historischen, eben menschlichen Bedingtheit und Begrenztheit, wie sie durch Sprache, Begrifflichkeit und Kontext der Botschaft gegeben sind. Insofern ist auch der von Muhammad vermittelte Koran eine Art Inkarnation des göttlichen Wortes. Die unauflösliche Verquickung zwischen den koranischen Suren und dem Leben Muhammads macht zudem deutlich, dass es eine Kontinuität gibt zwischen dem Propheten und der Inkarnation des Wortes in seiner Botschaft. Im Sufismus wird Muhammad als Verkörperung der kosmischen Muhammad-Realität verehrt, die bereits vor dem ersten Menschen Adam existierte. Sie bildet den primären Archetyp der ganzen Schöpfung und findet ihre vollkommene Inkarnation oder Manifestation im Propheten Muhammad. Die Möglichkeit, Prophet Gottes zu sein und damit Träger des in menschlicher Sprache inkarnierten göttlichen Wortes,

74 Dieser Gedanke ist ausführlicher entfaltet in Schmidt-Leukel 2019a: 296-311, 357-359.

75 In kleineren Strömungen der islamischen Tradition ist die Vorstellung der Inkarnation Gottes oder des göttlichen Geistes in menschlichen Personen keineswegs unbekannt. Nach Krisztina Kehl-Bodrogi ist der »Glaube an die Inkarnation Gottes in menschlicher Form [...] zweifellos Bestandteil der alevitischen Religion« (Kehl-Bodrogi 1988: 140).

ohne aufzuhören, ein echter Mensch zu bleiben, ist somit bereits in der menschlichen Natur angelegt. Der Prophet »erwacht« zu dieser, seiner eigentlichen Natur. Die bedeutsamen strukturellen Ähnlichkeiten zwischen der sufistischen Idee einer Muhammad-Realität und der buddhistischen Vorstellung einer allgemeinen »Buddha-Natur« wurden sowohl auf islamischer als auch auf buddhistischer Seite gesehen und betont.[76]

Im Vergleich von Buddhismus und Christentum kann die Erkenntnis eines fraktalen Zusammenhangs zwischen Erwachen, Inkarnation und prophetischer Verkündigung Buddhisten stärker für die prophetische Dimension in der Verkündigung des Dharmas sensibilisieren. Immerhin wird jemand nur dadurch zu einem Buddha, dass er den Dharma auf eine Weise verkündet, die den Menschen den Weg zum Heil eröffnet und zur Etablierung der Heilsgemeinschaft führt. Schon darin steckt ein prophetisches Element. Zugleich könnte die Erkenntnis des inneren Zusammenhangs aller drei Kategorien das Bewusstsein dafür stärken, dass die inkarnatorische Dimension der Buddhaschaft dazu berechtigt, im Hinblick auf die Erfahrbarkeit letzter Wirklichkeit auch eine personale Ausdrucks- und Vorstellungsweise zu verwenden, wie es ja faktisch in weiten Teilen der buddhistischen Tradition der Fall ist. Umgekehrt können Christen lernen, die inkarnatorische Dimension des Erwachens anzuerkennen, und somit theologisch stärker dem Umstand Rechnung tragen, dass inkarnatorisches Denken seine Wurzel und Basis in prophetischer Verkündigung besitzt. Denn Jesus verkörpert – inkarniert – das Gotteswort in seiner Botschaft und in seinem Leben. Der fraktale Zusammenhang der drei zentralen Bekenntniskategorien ermöglicht nicht nur einen Prozess wechselseitigen Lernens und wechselseitiger Erhellung, er lädt vielmehr unmittelbar dazu ein:[77] Das Konzept der Inkarnation wird entschränkt; der Geist Buddhas und der Geist Christi werden miteinander verschränkt.

76 Vgl. Izutsu 2008: 170f; Shah-Kazemi 2010: 59f; 72.



77 Schmidt-Leukel 2021b.

## 6.3 Entschränkung und Verschränkung

### *Die Frage der Einmaligkeit von Inkarnation*

Wenn die Kategorien von Buddhaschaft und Inkarnation durch den gemeinsamen Aspekt der autoritativen Verkündigung fraktal miteinander verzahnt sind, dann stellt sich zwangsläufig die Frage nach der Einmaligkeit von Inkarnation. Denn Buddhaschaft und prophetische Lehre sind nicht auf Einmaligkeit begrenzt. Auch hier gilt es jedoch, nicht vorschnell den Unterschied zwischen Buddhismus und Christentum als Gegensatz zwischen dem Glauben an multiple Inkarnationen auf der einen und den an die Einzigkeit von Inkarnation auf der anderen Seite zu fassen. Diese Form der Unterscheidung sieht zwar der Tendenz nach etwas Richtiges. Aber der genauere Blick enthüllt auch hier ein komplexeres, eben fraktales Verhältnis. Das heißt, so wie es im Buddhismus Ansätze zur Betonung einer relativen Einzigkeit des Buddhas gibt, so lassen sich im Christentum auch Ansätze einer Pluralisierung des Inkarnationsgedankens ausmachen. Wie zuvor gesagt, gibt es nach älterer buddhistischer Auffassung jeweils nur einen einzigen Buddha zur gleichen Zeit. »Zur gleichen Zeit« bedeutet: so lange, wie der von diesem Buddha begründete Saṅgha in einer Form weiterbesteht, in der der Saṅgha den Dharma wirkmächtig zu lehren vermag. So heißt es in dem frühen buddhistischen Traktat *Milindapañha* (4,6,9):

> Alles [...] Große in der Welt [...] tritt immer nur einzeln auf. [...] Der Vollendete, Heilige, Vollkommen-Erleuchtete ist gewaltig: und nur einen einzigen solchen mag es geben in der Welt. Wo immer in der Welt ein solcher erscheint, da ist für einen zweiten kein Platz mehr. Darum [...] wird jedesmal nur ein einziger Vollendeter, Heiliger, Vollkommen-Erleuchteter in der Welt geboren.[78]

78 Nyanaponika 1985: 229.

Das »jedesmal« in der letzten Zeile verrät freilich, dass es sich hier nicht um eine absolute, sondern eben relative Einzigkeit handelt. In anderen Welten und zu anderen Zeiten gibt es ebenfalls Buddhas. Aufgrund solcher Vorstellungen bestand wohl zunächst das verbreitete buddhistische Ideal darin, dem vom Buddha gelehrten Weg zu folgen und hierdurch zu einem erleuchteten Arhat zu werden. Dies änderte sich mit der aufkeimenden und dann im Mahāyāna mehr oder weniger zum Standard werdenden Vorstellung, es sei besser, weil insgesamt segensreicher, nach der Buddhaschaft zu streben – also danach, dereinst selbst in einer anderen Zeit und einer anderen Welt zu einem Buddha zu werden und dadurch möglichst vielen Wesen den Weg zur Erleuchtung zu weisen. Die im alten Indien verbreitete Vorstellung, dass es zahllose unterschiedliche Welten gibt – sowohl gleichzeitig als auch sukzessive, insofern auf jede untergehende Welt eine neue folgt –, machte es möglich, dass das Streben nach der Buddhaschaft zu einem allgemeinen religiösen Ziel erklärt wurde. Dies wiederum setzte voraus, dass alle Wesen im Wiedergeburtenkreislauf hierzu auch das Potenzial besitzen, das heißt, dass sie eine quasi embryonale Buddha-Natur (*tathāgatagarbha*) in sich tragen. Durch die Weiterentwicklungen dieser Lehre im chinesischen Kulturraum, vor allem durch die Vorstellung, alles Seiende habe an der Buddha-Natur teil, relativierte sich bisweilen die ältere Vorstellung, es könne nicht zwei Buddhas zur gleichen Zeit geben. Mit der Lehre von den drei Buddha-Körpern etablierte sich zudem der Glaube an eine Pluralität von überweltlichen Buddhas und beide, diesseitige wie überweltliche Buddhas, galten als Manifestationen der einen letzten Wirklichkeit des Dharmakörpers (*dharmakāya*).

Buddhisten, die aus diesem Strang ihrer Tradition kommen, haben daher am Christentum den Gedanken der Einmaligkeit von Inkarnation kritisiert, ohne zu thematisieren, dass es diesen zumindest in Gestalt der relationalen Einzigkeit auch in der eigenen Tradition gab und gibt. Aus buddhistischer Sicht, so urteilt beispielsweise José Cabezón, »liegt das Problem nicht in dem Anspruch, dass Jesus die Inkarnation oder Manifestation einer Gottheit ist.« Das eigentliche Problem sei für Buddhisten vielmehr einerseits das christliche

Gottesbild und andererseits »der Anspruch, Jesus sei einzigartig als eine solche Manifestation.«[79] Nach Daisetz Suzuki sehen Mahāyāna-Buddhisten »in jedem spirituellen Führer unabhängig von seiner Nationalität oder seinem religiösen Bekenntnis eine Inkarnation des Dharmakāyas und erkennen daher einen Buddha in Sokrates, Mohammed, Jesus, Franz von Assisi, Konfuzius, Laotse und vielen anderen.«[80] Noch weiter geht Thich Nhat Hanh: »Als Kind von Maria und Josef ist Jesus der Sohn von Menschen. Als jemand, der von der Energie des Heiligen Geistes beseelt wurde, ist er der Sohn Gottes. Die Tatsache, dass Jesus sowohl Menschensohn als auch Gottessohn ist, ist für einen Buddhisten nicht schwierig zu akzeptieren.«[81] Das Problem liege in der Behauptung der Einmaligkeit: »Wir alle sind Söhne und Töchter Gottes und Kinder unserer Eltern zugleich.«[82] Natürlich sei »Christus einmalig. Aber wer ist nicht einmalig? Sokrates, Mohammed, der Buddha, Sie und ich, wir alle sind einmalig.« Hinter der christlichen Behauptung der Einmaligkeit der Gottessohnschaft Jesu, so Thich Nhat Hanh weiter, stehe die Überzeugung, »daß das Christentum der einzige Weg zur Erlösung sei und alle anderen religiösen Traditionen wertlos seien.«[83]

Thich Nhat Hanh mag seine Kritik hier in allzu vereinfachter und überzogener Form vortragen. Doch impliziert sie meines Erachtens zwei durchaus ernst zu nehmende Punkte: Jene Interpretationen Jesu, die ihn als wahren Menschen verstehen – und das trifft zumindest formell auf die meisten der heute in der wissenschaftlichen Theologie gängigen Christologien zu –, müssen die Behauptung einer Einzigkeit von Inkarnation so begründen, dass diese nicht mit Jesu wahren Menschsein kollidiert. So ist beispielsweise nach Karl Rahner die Offenheit für das göttliche Geheimnis bei Jesus nicht grundsätzlich anders als bei allen anderen Menschen auch.

79 Cabezón 2000: 24.

80 Suzuki 1977: 63.

81 Hanh 1996: 58. Ähnliche Einwände lassen sich auch schon für die Begegnung von Buddhisten und Christen im 16.-17. Jhd. in Japan und China belegen. Vgl. Elison 1991: 377; Kern I. 2001: 38.

82 Hanh 1996: 66.

83 Ebd. 217.

Aber Jesus habe dieser allgemeinen Anlage (Rahner bezeichnet sie als »übernatürliches Existential«) weitaus besser entsprochen als alle anderen Menschen. Insofern sei die Menschwerdung Gottes in Jesus »der einmalig höchste Fall des Wesensvollzugs der menschlichen Wirklichkeit, der darin besteht, daß der Mensch ist, indem er sich weggibt in das absolute Geheimnis hinein, das wir Gott nennen.«[84] Doch gerade, wenn man wie Rahner die Inkarnation als »Höchstfall« dessen versteht, was im »Wesen« eines jeden Menschen angelegt ist, erscheint die Behauptung der Einmaligkeit willkürlich. Sie legt dann in der Tat den Verdacht nahe, dass es hierbei letztlich um die Behauptung einer Überlegenheit des Christentums geht. Zwar hat sich gerade Rahner darum bemüht, auch andere Religionen positiv zu würdigen – sogar als Wege zur Erlösung. Allerdings hat er an der Auffassung festgehalten, das Christentum sei »die für alle Menschen bestimmte, absolute Religion, die keine andere als gleichberechtigt neben sich anerkennen kann.«[85] Jede positive Bedeutung anderer Religionen bleibe vorläufig. Sie seien auf ihre Überbietung und Erfüllung durch das Christentum ausgerichtet. Rahner versucht, diese Ansicht dadurch zu stützen, dass sich in der Religionsgeschichte kein anderer Mensch finde, dessen Leben sich als eine irreversible Selbstzusage Gottes an die Menschheit deuten lasse.[86] Doch auch dieses Argument kann dem Eindruck der Willkür kaum entkommen. Denn Rahner ist sich durchaus dessen bewusst, dass es in der Religionsgeschichte »Heilsbringergestalten« gibt, denen ebenfalls ein »endgültiger« Charakter zugesprochen wird.[87]

So ist die buddhistische Kritik an der Behauptung der Einmaligkeit von Inkarnation denn auch von einigen christlichen Theologen, die sich im Dialog mit Buddhisten engagieren, akzeptiert und geteilt worden.[88] Besonders deutlich ist dies bei Paul Knitter der Fall. Knitter greift explizit auf die Betonung des wahren Menschseins Jesu im christologischen Ansatz Karl Rahners zurück, ver-

84 Rahner 1977: 216.

85 Rahner 1964: 139.

86 Vgl. hierzu die Übersicht und Diskussion in Schmidt-Leukel 1997: 532-542.

87 Rahner 1977: 312.

88 Siehe auch Pieris 1989: 177-194; Keel 1995: 180f.

meidet aber die Überlegenheitsansprüche Rahners.[89] Nach Knitter lässt sich ein pluralisierter Inkarnationsgedanke damit verbinden, jeder zentralen Inkarnation oder Manifestation des Göttlichen eine besondere Form der Einzigkeit oder Einmaligkeit zuzusprechen.[90] Die Einzigkeit oder Einmaligkeit Jesu sieht Knitter im Anschluss an Aloysius Pieris darin, dass Jesus »Gottes Verteidigungspakt mit den Armen« verkörpert. »Der Gott, der sich in Jesus inkarniert hat, leidet nicht nur für die Opfer dieser Welt; dieser Gott leidet *wie* sie und *mit* ihnen.«[91]

In seiner Pluralisierung des Inkarnationsgedankens beruft sich Knitter auch auf jene »neutestamentlichen Sichtweisen [...], in denen Jesu Göttlichkeit darin zum Ausdruck gebracht wird, dass er vollkommen empfänglich und transparent ist für den Geist Gottes.«[92] In der Tat gilt auch hinsichtlich der Frage von Pluralität und Einmaligkeit, dass sich in beiden Traditionen beides findet. So wie es im Buddhismus neben der Vorstellung einer Vielzahl von Buddhas auch den Gedanken einer relativen Einmaligkeit gibt, findet sich im Christentum neben der Betonung der Einzigkeit Christi auch der Gedanke einer Pluralisierung von Gottessohnschaft. Das gilt insbesondere für Paulus. »Denn alle, die sich vom Geist Gottes leiten lassen, sind Söhne Gottes«, schreibt Paulus im Römerbrief (8,14). Die, die Gott lieben, so fährt er fort, sind »dazu bestimmt, an Wesen und Gestalt seines Sohnes teilzuhaben, damit dieser der Erstgeborene von vielen Brüdern sei« (Röm 8,29; ähnlich Gal 3,26f). Wer sich vom Geist leiten lässt, in dem lebt nach Paulus nicht länger sein altes Ich, sondern Christus selbst (Gal 2,20; 4,19; Röm 8,10). In der Geschichte des Christentums ist dieses Motiv hinter der dogmatischen Betonung der Einzigkeit und Einmaligkeit Jesu stark zurückgetreten. Allerdings hat es in der christlichen Mystik immer eine besondere Rolle gespielt.[93] Auch Buddhisten wie beispielsweise Keiji Nishitani und Shizuteru Ueda sind im Dialog

89 Vgl. Knitter 2012: 192f.

90 Vgl. Knitter 1997: 3-16; 2009: 157-214; Haight & Knitter 2015: 57-75.

91 Knitter 2012: 208.

92 Ebd. 202. Siehe auch ebd. 209-214, 314-321.

93 Siehe die Hinweise in Riches 2008: 137-143.

mit Christen auf das Motiv des Geist-Christus oder inwendigen Christus gestoßen und haben von daher den christlichen Anspruch auf die Einzigkeit von Inkarnation infrage gestellt.[94]

### *Der Geist Buddhas und der Geist Christi*

Paul Knitter hat 2008 offiziell die Zuflucht zu Buddha, Dharma und Saṅgha genommen und die Bodhisattva-Gelübde abgelegt. Damit ist er formell Buddhist geworden, ohne dass er aufgehört hätte, sich weiterhin zugleich als Christ und katholischen Theologen zu sehen.[95] Die Methodistin Elizabeth Harris verehrt den Buddha für die Qualitäten, die er verkörpert und die nach ihrer Auffassung mit denen Jesu resonieren.[96] Der Anglikaner Ross Thompson sieht Christus und Buddha als unterschiedliche, aber »echte Inkarnationen des Göttlichen oder des Dharmakaya« an.[97] Auf buddhistischer Seite hat der thailändische Theravāda-Buddhist Bhikkhu Buddhadāsa Jesus als einen Buddha bezeichnet – ungeachtet der dogmatischen Position des Theravāda, wonach es gegenwärtig keinen zweiten Buddha geben kann.[98] Für Tenzin Gyatso, den vierzehnten Dalai Lama, war Jesus entweder ein Buddha oder ein sehr hoch entwickelter Bodhisattva.[99] Der Zen-Buddhist Masao Abe hat, wie zuvor bereits D.T. Suzuki, von Jesus als einer Inkarnation des Dharmakāya gesprochen.[100] Und der zum Reines-Land Buddhismus gehörende John Yokota sah in Jesus eine Manifestation der Weisheit und des Mitgefühls des supranaturalen Amida Buddha.[101] Solche Stimmen sind keineswegs repräsentativ für die entsprechenden christlichen Kirchen oder buddhistischen Traditionen. Aber sie zeigen doch, wie

94 Vgl. Ueda S. 2001: 53, 55.

95 Knitter 2012: 339-345.

96 Harris E. 2000.

97 Thompson 2010: 53.

98 Buddhadāsa 1967: 104-110. Vgl. hierzu auch Schmidt-Leukel 2019a: 131-134.

99 Dalai Lama 2002: 83.

100 Suzuki 1977: 63; Abe 1985: 184-188.

101 Yokota 2005: 100.

groß das Spektrum ist, das sich in dieser Hinsicht heute ausmachen lässt. Dass es heute Menschen gibt, die sich als Christ und Buddhist zugleich verstehen, ist ein Phänomen, das nicht allein zunehmende wissenschaftliche Aufmerksamkeit erfährt, sondern offensichtlich auch als Phänomen selbst zunimmt.[102] Meines Erachtens besteht ein wesentlicher Grund für die wechselseitige Wertschätzung der jeweiligen zentralen Gestalten durch ihre Anhänger in der Wahrnehmung einer intensiven Affinität zwischen dem, was man den Geist Buddhas und den Geist Christi nennen kann. Hier eröffnet sich ein weiteres wichtiges Feld für interreligiöse Lernprozesse, die um das Verständnis von Gautama und Jesus kreisen.

Für die Buddhaschaft Gautamas gilt sein Mitleid als konstitutiv. Denn nicht durch sein Erwachen allein, sondern erst durch den aus Mitleid gefassten Beschluss, den Dharma zu verkündigen und den Saṅgha zu gründen, wurde er zum Buddha im vollen Sinn. Vor dem Erlangen der Buddhaschaft gilt er als ein »Bodhisattva«. Schon lange vor dem Entstehen des Mahāyāna bezeichnet der Begriff »Bodhisattva« ein Wesen, das sich auf die Buddhaschaft hinbewegt. In den kanonischen Texten wird daher die Bezeichnung *der Bodhisattva* (Pāli: *bodhisatta*) nicht nur für Siddhārtha Gautama vor seinem Erwachen verwendet, sondern auch für all seine früheren Existenzen, sei es als Gottheit, Mensch oder Tier. Nach allgemeiner buddhistischer Überzeugung hat er in diesen früheren Leben jene spirituellen Tugenden und Eigenschaften kultiviert, die ihn schließlich dazu befähigten, in seinem letzten Leben die Buddhaschaft zu erlangen. Unter diesen Eigenschaften spielt die Entwicklung von selbstlosem Mitleid eine entscheidende Rolle. Zahlreiche *Jātakas* oder *Avadānas*, das heißt Geschichten über die vorhergehenden Leben des Buddhas, illustrieren genau diesen Punkt, indem sie auf anschauliche Weise schildern, wie er als Bodhisattva wiederholt aus Mitgefühl sein Leben für andere Wesen geopfert hat.

Ein besonders bekanntes Beispiel hierfür ist das populäre Sasa-Jātaka (*Jātaka 316*). In dieser Geschichte wird erklärt, warum in

102 Vgl. oben Kap. 1, S. 31.

den Schatten des Vollmonds nicht nur ein Gesicht, sondern – wie in der Kunst und Ikonographie Asiens so häufig belegt – das Bild eines Hasen erkennbar ist: Einst lebte der Bodhisattva als frommer Hase in einem Wald. Der Götterkönig Indra, hier »Sakka« (Skr.: Śakra) genannt, entschied, den Hasen auf die Probe zu stellen. Am nächsten Vollmondtag – dem »heiligen« Tag der buddhistischen Tradition – erschien er dem Hasen als Bettelasket und bat ihn um ein Almosenmahl. Da der Hase jedoch nichts besaß, was er ihm hätte geben können, bat er den Asketen, Brennholz zu sammeln und ein Feuer zu entzünden. Als das Feuer entbrannt war, sprang der Hase hinein, um sich selbst als Speise für den Bettler zu opfern – nicht ohne vorher dreimal kräftig sein Fell auszuschütteln, damit keines von den kleinen Insekten, die in seinem Fell lebten, irgendeinen Schaden erlitt. Da offenbarte Sakka seine wahre Identität und errettete den Hasen unversehrt aus den Flammen. Er zeichnete sein Bild in die Scheibe des Vollmonds, damit jeder in der Welt an dessen selbstlose Tugend erinnert werde: die Tugend des »Gebens« beziehungsweise der »Freigebigkeit« (*dāna*). Sie ist die erste in der standardisierten Liste von sechs oder zehn Bodhisattva-Tugenden.[103] Als solche steht sie zugleich für das Wesen der Existenz eines Bodhisattvas. Denn ein Bodhisattva strebt nach der Buddhaschaft, um später als ein Buddha für alle anderen Wesen von größtmöglichem Nutzen zu sein. Sein Leben ist somit Pro-Existenz, ein Leben, das ganz dem Streben nach der Erlösung anderer Wesen gewidmet ist. Analogien zwischen dem buddhistischen Symbol des Mondhasen und dem christlichen Symbol des gekreuzigten Christus, der sein Leben für andere hingibt, sowie dem Ritus der Eucharistie beziehungsweise des Abendmahls, bei dem durch die Gabe von Brot und Wein als Leib und Blut Christi die Erinnerung an seine Selbsthingabe und den darin zum Ausdruck kommenden Geist gefeiert wird, drängen sich geradezu auf.

Indem sich im Mahāyāna das Ziel des religiösen Lebens änderte und es nicht mehr galt, nach dem erleuchteten Zustand eines Arhat zu streben, sondern nach der Buddhaschaft, rückte das



103 Vgl. Schmidt-Leukel 2020a: 196-200.

Motiv einer Vervollkommnung der Bodhisattva-Tugenden in den Mittelpunkt der Spiritualität. Der Mahāyāna-Buddhist, der dem Vorbild des Buddhas beziehungsweise dem Weg des Bodhisattvas folgt, gelobt, nicht in seinen Anstrengungen nachzulassen, solange auch nur ein einziges Wesen noch leidet. Das heißt, er gelobt im Saṃsāra, dem Wiedergeburtenkreislauf, zu verbleiben, bis alle Wesen erlöst sind – und das konnte, wie bereits erwähnt, bedeuten: für immer![104] Denn mehrere Mahāyāna-Texte nehmen offensichtlich an, dass die Zahl der Wesen im Kreislauf der Wiedergeburten unendlich ist. Der Weg des Bodhisattvas wird somit selbst zum Ziel. Es geht um die Entwicklung einer uneingeschränkt gütigen und mitleidvollen Haltung zu allen Wesen, eine Haltung, die niemanden ausschließt. Dieser Geist wird als *bodhicitta*, wörtlich »Geist (*citta*) des Erwachens (*bodhi*)«, bezeichnet. Mit dem Erlangen der Buddhaschaft gelangt dieser Geist zur Vollkommenheit. Insofern ist es der Buddha-Geist. In dem bereits mehrfach genannten Leitfaden für Bodhisattvas, dem *Bodhicaryāvatāra*, wird dieser Buddha-Geist folgendermaßen charakterisiert: Erstens strebt er nach dem Heil der anderen mehr als nach dem eigenen Heil (1,23-26). Zweitens beinhaltet er die Bereitschaft, sein Leben für andere zu opfern (5,87; 6,25; 8,105). Und drittens beinhaltet er einen »Austausch von Selbst und Anderen«, das heißt die Akzeptanz anderer als das eigene Selbst (8,111-173). Die Buddhas haben diesen Austausch zur Vollendung gebracht: »Die ganze Welt haben sie, ganz Mitleid, zu ihrem Selbst gemacht« (6,126). Daher verehrt man die Buddhas, indem man sich »mit ganzem Herzen zum Diener der Welt macht« (6,125).[105]

Hier zeigen sich starke Affinitäten mit der mitleidvollen und selbstlosen Liebe Jesu und seiner Identifikation mit den Leidenden. Nach dem Matthäusevangelium (25,31-46) hat sich Jesus nicht nur mit Armen, Fremden oder Häftlingen identifiziert. Er hat auch erklärt, dass jeder Dienst an ihnen in Wahrheit ihm geschieht. Gemäß dem Lukasevangelium (23,34) bat Jesus Gott um Vergebung selbst

104 Vgl. oben Kap. 3, S. 107

105 Śāntideva 1981: 78.

für jene, die ihn folterten und kreuzigten. In dieser Haltung demonstrierte Jesus mit dem Opfer seines Lebens die Grenzenlosigkeit des göttlichen Erbarmens, das selbst den Todfeind noch umfasst. Die Macht der Vergebung und damit der Liebe Gottes ist stärker als alle Sünde und aller Hass und erweist diese Stärke gerade in einem Akt äußerster Schwäche und Hilflosigkeit.

Angesichts solch bemerkenswerter Resonanzen zwischen dem buddhistischen Bodhisattva-Ideal und dem neutestamentlichen Bild Christi ist es nicht überraschend, dass immer wieder gefragt wurde, ob Jesus als ein Bodhisattva verstanden werden könne. Sowohl auf buddhistischer als auch auf christlicher Seite ist dies von einigen bejaht worden.[106] Auf christlicher Seite wäre hier insbesondere der koreanische Theologe Hee-Sung Keel zu nennen, der 1996 vorschlug, die Interpretation Jesu im Licht des Bodhisattva-Ideals könne der Bedeutung Jesu im asiatischen Kontext nicht nur einen besseren Sinn verleihen, sondern Christen auch dazu verhelfen, neue Aspekte an Jesus zu erkennen.[107] Aus christlicher Sicht, so Keel, seien »Bodhisattvas gewiss Manifestationen beziehungsweise ›Inkarnationen‹ des Logos.«[108] Nach Paul Williams hingegen ist die Bezeichnung Jesu als Bodhisattva »radikal unbefriedigend«.[109] Damit werde nicht nur seine Göttlichkeit geleugnet. Vielmehr könne die Bezeichnung entweder nahelegen, dass der Status Jesu dem eines Buddhas untergeordnet sei oder aber Jesus doketistisch als ein Scheinmensch verstanden werde. Dann aber habe Jesus auch nicht wirklich gelitten. In jedem Fall jedoch sei Leid mit dem Status der Buddhaschaft – oder auch dem eines sehr hoch entwickelten Bodhisattvas – unvereinbar.[110] Allerdings berücksichtigt Williams nicht, dass sich auf christlicher Seite vergleichbare Probleme ergeben. Denn für einen großen Teil

106 Vgl. hierzu Schmidt-Leukel 2016a. Zur Position von Chunyi Zhang (1871-1955), der zunächst Christ und später Buddhist wurde, siehe Lai & So 2003 und Lai, P.-C. 2007. Siehe auch unten Kap. 7, S. 283f.

107 Siehe Keel 1996: 172f.

108 Ebd. 184.

109 Williams P. 2011: 166.

110 Ebd. 166-169.

der christlichen Tradition gilt Gott aufgrund seiner Vollkommenheit ebenfalls als völlig leidfrei, was Friedrich Schleiermacher zu der kritischen Bemerkung veranlasst hat, die göttliche Natur Christi könne daher am Kreuz gar nicht gelitten haben.[111] Zudem bemüht sich Williams nicht um eine Unterscheidung zwischen Leid und Mitleid. Zwar spricht er das Problem an anderer Stelle kurz an, stellt jedoch infrage, ob man im Hinblick auf einen Buddha tatsächlich von echtem »Miteid« (»compassion«) sprechen könne.[112] Tenzin Gyatso, der vierzehnte Dalai Lama, hat allerdings aus jener buddhistischen Tradition heraus, auf die sich Williams beruft, die Vorstellung, es handle sich bei der Buddhaschaft um einen Zustand gefühlloser Apathie ohne jede Empathie, als unzutreffend verworfen.[113]

Im buddhistisch-christlichen Dialog wurde wiederholt darauf hingewiesen, dass der Geist Buddhas, *bodhicitta*, und der Geist Christi gerade in dem gemeinsamen Motiv der Selbstverleugnung und Selbstentäußerung aus Liebe und Mitleid für den Nächsten konvergieren.[114] Bereits 1982 verwies der im vierten Kapitel erwähnte sri-lankische Theologe Lynn de Silva[115] in diesem Zusammenhang auf den christologischen Hymnus im Philipperbrief (2,6-11), in dem es von Christus heißt: »Er entäußerte sich selbst und nahm Knechtsgestalt an.« Nach de Silva besitzt diese kenotische (*ek-kénōsis* = sich von sich selbst leer machen) Gesinnung Christi eine bemerkenswerte Affinität zur *mahāyānistischen* Lehre von der Leerheit (*śūnyatā*) und »steht der Idee des Bodhisattvas sehr nahe«.[116] Mit seinen Aussagen knüpfte de Silva an Positionen an, wie sie zuvor bereits von den zen-buddhistischen Philosophen Keiji Nishitani (1900-1990) und Masao Abe (1915-2006) vertreten worden waren.[117] Nishitani sah die Vorstellung des sich vom eigenen Selbst

111 Glaubenslehre §104 (4). Schleiermacher 1960, Bd. 2: 129.

112 Williams, P. 2006a: 63.

113 Dalai Lama 2005: 26f. Siehe hierzu auch Schmidt-Leukel 2019b: 438.

114 Siehe beispielsweise Lopez & Rockefeller 1987; May 2014: 54-70.

115 Siehe oben Kap. 4, S. 177-179.

116 Vgl. de Silva 1982: 57-58.

117 Vgl. Schmidt-Leukel 2021a: 108, 112f.

entleerenden Charakters der Liebe Christi in fundamentaler Übereinstimmung mit dem Ideal des Bodhisattvas, der in seinem »großen Mitleid« (*mahākaruṇā*) die Weisheit der »Leerheit« (*śūnyatā*) verwirklicht.[118] Und Masao Abe vertrat, »dass Christus eine Art Bodhisattva ist«, da er die Wahrheit des Leerwerdens vom Selbst verkörperte.[119]

Einen beeindruckenden künstlerischen Ausdruck hat diese Überlegung im Christus-Porträt des indischen Künstlers Satish Gupta erhalten.[120] Sein Gemälde zeigt deutliche Anklänge an die berühmte Darstellung Jesu Christi als Pantokrator, als allmächtigen Weltenherrscher, in der Hagia Sophia in Istanbul. Doch Gupta, der stark vom Zen-Buddhismus beeinflusst ist,[121] gibt diesem klassischen Vorbild eine völlig andere Wendung. Sein Bildnis Christi ist ganz vom Kreuz dominiert. Die Macht Christi ist die Macht seiner Schwachheit, seiner vollständigen Selbst-Entleerung beziehungsweise Selbst-Hingabe am Kreuz im Namen der Liebe Gottes. Dem Kreuz als Leerwerden korrespondiert die Entleerung des Gesichtes Christi. Dieses nähert sich der Form eines leeren, aber offenen Kreises an, dem bekannten zen-buddhistischen Symbol für die Leerheit. So kommt es zu einer wechselseitigen Erhellung zwischen Kreuz und leerem Kreis. Das buddhistische Ideal des Bodhisattvas, der die Weisheit der Leerheit und das große Mitleid verkörpert, wirft sein Licht auf das Leben, den Tod und die Natur Christi, so wie umgekehrt Christus Licht auf das Bodhisattva-Ideal wirft.

118 Nishitani 1982: 114-120.

119 So berichtet es James Fredericks (2003: 227).

120 Vgl. Amaladass & Löwner 2012: 188.

121 »Obwohl ich als Hindu geboren wurde, fühle ich mich zum Zen-Buddhismus hingezogen [...]. Ich liebe die Leerheit in den kalligraphischen Werken der Zen-Meister, ihren Gebrauch der Asymmetrie, die Schlichtheit und – vor allem – die Stille. Zen-Philosophie inspiriert mich – ich empfinde eine Verbundenheit mit der Form und mit der Stille, die beide dem entsprechen, wie ich denke.« Gupta 2005: 14.

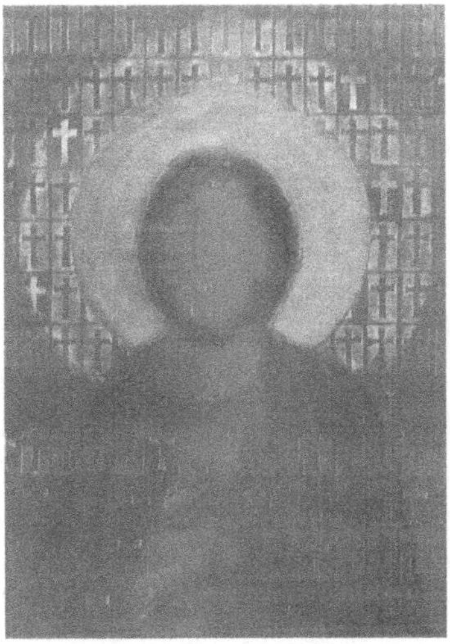

*Abb. links: Christ, © Satish Gupta, http://www.satishgupta.com/*
*Abb. rechts: Pantokrator, Christus-Ikone, Vorlage: © gunthersimmermacher / 38 – pixabay*
*Abb. unten: Enso-Zen-Kreis, Vorlage: © Elina Li – shutterstock.com*

Lynn de Silva betonte, dass Paulus im Philipperbrief den Christus-Hymnus im Sinne einer spirituellen Ermutigung anführt. Daher stelle Paulus dem Hymnus seine eigenen Worte voran: »Habt diese Gesinnung in euch, die auch in Christus Jesus war« (Phil 2,5).[122] Auch nach Nishitani geht es beim Ideal der Gesinnung Christi darum, dass Christen diese Vollkommenheit der Selbstentäußerung nachahmen beziehungsweise einüben.[123] Doch wie kann sich dieses Ideal verwirklichen? Wie kann die Vermittlung letzter Wirklichkeit, die Buddhisten und Christen in der Gestalt des Buddhas und der Christi erkennen, das Leben verwandeln angesichts der tiefsitzenden Selbstzentrierung und Verstrickung in Gier, Hass und Verblendung? Diese Frage führt uns zur nächsten traditionellen Kontrastierung: der zwischen Selbsterlösung und Erlösung durch Gnade.

122 Vgl. de Silva 1982: 57. Vgl. auch de Silva 1998: 167.
123 Nishitani 1982: 117.

# 7. Kapitel

# Der Weg

Wenden wir uns nun einem weiteren Kontrast zu, der in vielen Vergleichen von Buddhismus und Christentum zur Sprache kommt: dem Gegensatz zwischen Selbsterlösung und Fremderlösung (Erlösung aus Gnade) im Verständnis des Heilswegs. Zunächst werde ich wiederum kurz skizzieren, wie dieser Gegensatz in älteren und neueren Religionsvergleichen ausgearbeitet wurde. Anschließend zeige ich, im Sinne der Theorie fraktaler Strukturen, dass dieser Gegensatz sowohl innerhalb des Christentums als auch innerhalb des Buddhismus anzutreffen ist. Abschließend stelle ich einige Überlegungen zu der Frage vor, warum sich dieser Gegensatz – oder vielleicht besser: Unterschied – in beiden Traditionen entwickelt haben könnte. Hierbei konzentriere ich mich auf zwei Aspekte: zum einen auf die Natur des Selbst, zum anderen auf das Verständnis von Tugend im Prozess der Erlösung, was wiederum eng mit dem Problem des Übels zusammenhängt.

## 7.1 Selbsterlösung oder Fremderlösung?

### *Perspektiven christlicher Autoren*

Wenn in älteren Religionsvergleichen der Buddhismus als Religion der Selbsterlösung dem Christentum als einer Gnadenreligion entgegengesetzt wurde, dann war dieses Urteil nicht selten aus der Interpretation des Buddhismus als einer Form des Atheismus abgeleitet. Denn unter dieser Voraussetzung scheint die Logik dieser Schlussfolgerung geradezu zwingend zu sein. Wenn es keinerlei göttliche oder transzendente Wirklichkeit gibt, dann ist es wohl unvermeidlich, dass Menschen auf sich alleine angewiesen sind, wenn sie nach einer Erlösung oder Befreiung vom Übel streben. »Erlösung«, so wurde vielfach geurteilt, kann hierbei allerdings nur die völlige Auslöschung bedeuten, wie oben im dritten Kapitel bereits ausgeführt wurde.[1] In den vergleichenden Studien westlicher Autoren erschien der Buddhismus folglich als ein System, in dem der Mensch aus eigener Kraft nach einer Befreiung vom Kreislauf der Wiedergeburten streben musste – einer Befreiung, die in der endgültigen und restlosen Vernichtung besteht. Ethisch gutes beziehungsweise tugendhaftes Verhalten galt zwar als Teil dieses Wegs zur Erlösung, aber nur in einem eher schwachen und vorläufigen Sinn. Denn letztlich ziele die buddhistische Ethik darauf ab, sich der guten wie der bösen Taten zu enthalten. Zumindest in den höheren Formen des Heilswegs gehe es darum, weder gutes noch schlechtes Karma zu erzeugen, da beides zur Wiedergeburt führe. Zudem hafte der buddhistischen Moral eine egoistische Grundstruktur an. Denn entweder gehe es in ihr um die Selbsterlösung, so im eigentlichen Erlösungsweg, oder um die Verbesserung des eigenen Karmas in der Moral der buddhistischen Laienanhänger. In beiden Fällen gehe es der buddhistischen Moral niemals wirklich um das Wohlergehen des anderen, sondern immer nur um das eigene Selbst. Das wiederum stehe jedoch im Gegensatz zur buddhistischen Lehre, nach der das »Selbst« lediglich eine Illusion, ein Ausdruck der Verblendung sei. Hier offenbare sich ein zentraler Widerspruch im buddhistischen System. Der Buddhismus, so urteilte beispielsweise Monier-Williams, stellt das »Paradox« auf, »durch die Anhäufung von Verdienst das eigene Selbst zu vervollkommnen mit dem letztendlichen Ziel, jede Vorstellung von einem Selbst auszulöschen [...]«.[2]

Ein solcherart gefasstes Verständnis buddhistischer Selbsterlösung bildete dann häufig den Ausgangspunkt für den vergleichenden Kontrast mit dem Christentum. So schrieb Archibald Scott in seinem Vergleich aus dem Jahr 1890:

1 Vgl. oben Kap. 3, S. 90f.

2 Monier-Williams 1889: 143.

> [...] in einer Welt, in der das eigene Selbst der einzige Gott ist und das eigene Nirvana des Menschen einziges Ziel, kann das primäre Motiv des Handelns sich nicht über Furcht oder Eingeninteresse erheben. [...] Die anderen werden lediglich als Gelegenheit betrachtet, Verdienste zu erwerben. Anstatt ihnen zu dienen, wie Christus es uns auferlegt, nutzt der Buddhist sie, um sich selbst zu dienen. Es ist eine Religion des jeder für sich selbst. [...] Gerade seine Selbstverleugnung ist im Kern Egoismus. Zwischen der christlichen Hingabe des Selbst an Gott zum Wohl der anderen und der buddhistischen Hingabe an andere zum Wohl des eigenen Selbst besteht ein großer Graben. Die eine Haltung entspringt einem Gefühl dankbarer Verpflichtung, einem Bewusstsein unverdienten und frei geschenkten Erbarmens; die andere Haltung aber, die nichts von einer empfangenen Vergebung weiß, kann auch kein wirkliches Erbarmen zeigen. Das Erbarmen Gottes ist die Wurzel jedes echten Mitleids des Menschen, denn wer dieses wahrhaft empfängt, kann es anderen nicht vorenthalten.[3]

Ein ähnliches Bild zeichnete auch Monier-Williams. Die buddhistische Moral sei insgesamt selbstbezogen und unfähig, echten Altruismus zu begründen. Die »Rechtschaffenheit des Buddhisten« bestehe darin, »das Schaffen karmischer Verdienste zu perfektionieren, um sich hierdurch das Glück in einem besseren Zustand im nächsten Leben zu erwerben. Denn jeder Buddhist gleicht einem Geschäftsmann, der regelmäßig Buch führt über Plus und Minus und täglich seine Gewinne und Verluste notiert.«[4] In Wahrheit sei die buddhistische Selbstlosigkeit daher ziemlich selbstbezogen und radikal vom Christentum verschieden. Das Christentum fordere die Überwindung der Selbstbezogenheit, der Buddhismus hingegen die Überwindung des Selbst mit dem Ziel, jedes Empfinden eines Selbst auszulöschen. Im Christentum werde das wahre Selbst auferbaut und gestärkt. Im Buddhismus werde das Selbst durch die Praxis einer falschen Form der Selbstlosigkeit vernichtet. Das eigentliche Ziel dieser Praxis sei nicht das Wohlergehen der anderen, sondern die Auslöschung des Egos, die völlige Vernichtung der Illusion

3 Scott 1890: 233-236.



4 Monier-Williams 1889: 143.

einer persönlichen Individualität.[5] Den Unterschied zwischen dem buddhistischen und dem christlichen Konzept der Erlösung fasst Monier-Williams folgendermaßen zusammen:

> Der Buddhismus [...] sagt: Handle rechtschaffen durch eigene Anstrengung, um so schließlich von allem Leid frei zu werden, von aller Individualität und allem Leben in dir. Das Christentum sagt: Sei rechtschaffen durch eine Kraft, die dir von oben eingepflanzt ist, durch die Kraft eines lebenspendenden Prinzips, das dir umsonst gegeben ist und immer in dir bleibt. Der Buddha sagte zu seinen Nachfolgern: »Nehmt nichts von mir, verlasst euch ganz auf euch selbst.« Christus sprach: »Nehmt alles von Mir, verlasst euch nicht auf euch selbst. Ich gebe euch ewiges Leben, Ich gebe euch das Brot vom Himmel, Ich gebe euch lebendiges Wasser.« Nicht dass diese unbezahlbaren Gaben irgendeinen passiven Zustand der Untätigkeit implizierten. Im Gegenteil, sie setzen die Seele des Empfängers mit einer lebendigen Energie in Bewegung. Sie stimulieren ihn zu noblen Taten und selbstaufopfernden Mühen. Sie treiben ihn an, als würdiger und dankbarer Besitzer zu handeln, der sich des unschätzbaren Werts eines solchen Schatzes bewusst ist.[6]

Ähnliche Urteile finden sich in einer ganzen Reihe weiterer Vergleiche, wie etwa in der vor allem in Deutschland einflussreichen Arbeit von Friedrich Weinrich über *Die Liebe im Buddhismus und im Christentum*.[7] So griff beispielsweise noch Gustav Mensching in seinem eigenen Vergleich auf Weinrich zurück.[8] Auch wenn Mensching grundsätzlich dem Gegensatz zwischen Selbsterlösung und Fremderlösung folgte, wies er doch zu Recht darauf hin, dass auch im Buddhismus »die eigentliche heilbringende Erleuchtung (bodhi) nicht in die Verfügungsgewalt des nach dem Heil Strebenden fällt.«[9]

Urteile, wie sie sich bei Scott, Monier-Williams, Weinrich und anderen finden, basieren zumeist auf einer Lektüre der buddhisti-

5 Ebd. 558f.

6 Ebd. 550f.

7 Weinrich 1935: 15-17.

8 Mensching 1978: 172f.

9 Ebd. 169.

schen Texte, die durch dogmatische Vorannahmen des Interpreten beeinflusst war. So geht etwa Monier-Williams davon aus, dass alle nicht-christlichen Religionen, wie Hinduismus, Zoroastrismus, Konfuzianismus, Islam oder auch Buddhismus, von der Vorstellung angetrieben seien, man müsse im eigenen Interesse religiöse Verdienste erwerben und Schuld(en) vermeiden.[10] Es handle sich hierbei um eine »unbezähmbare und tiefsitzende Tendenz der Menschheit, die niemals durch irgendetwas anderes ausgerottet werden kann als durch die vom Christentum vermittelte göttliche Kraft.«[11] Diese protestantisch geprägte Auffassung zeigt sich auch bei Archibald Scott, wenn er schreibt, der »Segen« in der Lehre Buddhas »war der Segen des Alten Bundes und nicht der des Neuen – nicht der Segen, der auf jenen ruht, die viel lieben, weil ihnen viel vergeben wurde, sondern auf jenen, die das Gesetz halten [...].«[12] Bryan de Kretser räumt in seinem 1954 publizierten Vergleich des buddhistischen und christlichen Menschenbildes unumwunden ein, dass er sich hierbei des theologischen »Werkzeugs« der dialektischen Theologie Karl Barths, Hendrik Kraemers und anderer bedient habe.[13] Wenn es jedoch aus dogmatischen Gründen bereits von vornherein feststeht, dass allein das Christentum – oder eine bestimmte Spielart desselben – das menschliche Eigeninteresse besiegen und der damit verknüpften »Werkgerechtigkeit« ein Ende machen kann, dann ist das Urteil über den vermeintlichen Charakter des Buddhismus als Selbsterlösungsreligion schon vor jedem Vergleich gefällt.

Religionsvergleichende Autoren, die von solchen Prämissen ausgehen, neigen denn auch dazu, alle gegenteiligen Befunde sowohl hinsichtlich des Buddhismus als auch hinsichtlich des Christentums zu ignorieren oder herunterzuspielen. Sterling Berry, der ebenfalls die Ansicht vertrat, die buddhistische Vorstellung einer Selbsterlösung verleihe aller Moral zwangsläufig einen selbstbezogenen Charakter, wirft in seinem Vergleich die Frage auf, ob etwas Ähnliches nicht im Kern auch auf die christliche Spiritualität

10 Monier-Williams 1889: 547f.

11 Ebd. 546.

12 Scott 1890: 226.

13 Kretser 1954: II, 6.

zutreffe. So gibt er zu bedenken, ob »nicht in unserer Religion der Lohn des Himmels und die Furcht vor der Hölle denselben Platz einnehmen wie das Streben nach dem Nirvāṇa im Buddhismus.«[14] Doch verwirft Berry diesen Einwand umgehend mit der Behauptung, im Christentum würden Himmel und Hölle nicht die Motivation des religiösen Lebens begründen; sie seien vielmehr dessen »Resultate«. Wenn das eigene Verhalten durch das Streben nach himmlischem Lohn motiviert sei, dann werde man das Ziel mit Sicherheit verfehlen. Die rechte Motivation entspringe vielmehr dem Bedürfnis, den Willen Gottes zu erfüllen und der »zwingenden Macht der Liebe Christi«.[15]

Sowohl der Kontrast zwischen dem Buddhismus als Religion der Selbsterlösung und dem Christentum als Religion der Fremderlösung als auch die Tendenz, gegenteilige Befunde herunterzuspielen, finden sich auch in einer Reihe neuerer Vergleiche. Beispielsweise räumen Keith Yandell und Harold Netland zwar ein, dass die Verkündigung des Dharmas durch den Buddha als eine entscheidende Hilfe auf dem Weg zur Erlösung verstanden wird und dass im Mahāyāna Buddhismus die zentrale Aufgabe der Bodhisattvas darin besteht, andere Wesen zur Erlösung zu führen. Aber, so wenden sie ein, zumindest »der Buddha selbst ging scheinbar davon aus, dass jeder Mensch für sein eigenes Schicksal selbst verantwortlich ist.«[16] Mit anderen Worten: »Es obliegt dem einzelnen Menschen selbst, den Dharma zu verstehen und anzueignen und hierdurch das Nirvana zu erreichen.«[17] Im Gegensatz hierzu lehren nach ihrer Auffassung »die christlichen Schriften, dass Menschen sich nicht selbst erlösen können, dass wir ohne die Gnade Gottes und das von Christus für uns am Kreuz vollbrachte Erlösungswerk [...] völlig hilflos und hoffnungslos sind.« Ferner präsentiere »das Neue Testament [...] durchgängig Jesus als den Erlöser aller Menschen aus allen Kulturen [...].«[18]

14 Berry 1890: 109.

15 Ebd.

16 Yandell & Netland 2009: 210.

17 Ebd. 209.

18 Diese und das vorherige Zitat, ebd. 210.

Noch ein weiteres Beispiel sei hier kurz angeführt. Nach Robert Magliola besteht, wie er in seinem relativ neuen Vergleich schreibt,

> [...] der unaufhebbare Unterschied zwischen Buddhismus und katholischem Christentum meines Erachtens darin, dass der Buddhismus letztendlich eine Religion der »Selbst-Hilfe« (der »Selbst-Kraft« oder »Selbst-Anstrengung«) und das katholische Christentum letztlich eine Religion der »Fremd-Hilfe« (oder »Fremd-Kraft«) ist. Das heißt, der Buddhismus behauptet, dass Menschen sich ihre überweltliche Glückseligkeit letztlich verdienen können und müssen, und Katholiken behaupten, dass Menschen ihre überweltliche Glückseligkeit letztlich allein als unentgeltliche Gabe von einer Anderen-Kraft erhalten, mit der sie frei zusammenarbeiten.[19]

Auch Magliola räumt ein, dass es einige Züge im Buddhismus gibt, vor allem im Buddhismus der Reines-Land-Tradition, die es fraglich erscheinen lassen, ob dieser Kontrast wirklich so eindeutig zutreffe. Gegenüber diesem selbst aufgeworfenen Einwand hält er jedoch daran fest, dass auch im Buddhismus des Reinen Landes »die Praktizierenden sich letztendlich selbst befreien müssen. Die Fremd-Kraft des Buddhas dient dazu, die Selbst-Kraft zu unterstützen.«[20] Die einzige »auffällige Ausnahme«, die Magliola einräumt, sei Shinrans Version des Reines-Land-Buddhismus. Doch geht Magliola, unabhängig von ihrer bloßen Nennung, nicht weiter auf diese vermeintlich einzige »Ausnahme« oder ihre Gründe und Implikationen ein.

### *Perspektiven buddhistischer Autoren*

Der Kontrast zwischen Buddhismus und Christentum im Sinne einer Religion der Selbsterlösung gegenüber einer Religion der Fremderlösung ist auch von buddhistischen Autoren vorgebracht worden. Beispielsweise hat der chinesische buddhistische Erneuerer Taixu

19 Magliola 2014: 36f.



20 Ebd. 54.

(1890-1947) in seinem Essay *On Atheism* (»Über den Atheismus«) (1913) sowohl den Glauben an die Erlösung durch ein göttliches Wesen als auch die Vorstellung einer göttlichen Vergebung mit dem Argument abgelehnt, dass solche Ideen der buddhistischen Ethik und dem Gesetz des Karmas widersprächen. Nach Taixu beschränkt sich die erlösende Rolle des Buddha Gautama darauf, »das grundlegende Beispiel eines Menschen zu sein, der getreu dem erlösenden Pfad zur Buddhaschaft gefolgt ist [...].«[21] Der christliche Glaube an eine völlige Abhängigkeit von Gott ist nach Taixu ein Hindernis für Freiheit und Gleichheit. Das Ideal einer völligen Hingabe an Gott und der Glaube an einen Gott, der allein die von ihm Erwählten erlöst, stellen nach Taixu den ideologischen Überbau für die Ungleichheit und hierarchische Struktur einer feudalen Gesellschaft dar. Solche Glaubenslehren können nach Taixu keine Grundlage für eine demokratische Gesellschaft bilden.[22]

Nach Ansicht des sri-lankischen buddhistischen Modernisten Anagarika Dharmapala (1864-1933) ist der Glaube an die Erlösung durch Gott und die Vergebung der Sünden nicht nur töricht (»foolish«), sondern fördert zudem moralische Laxheit und Nachlässigkeit.[23] Demgegenüber ergebe sich moralische Ernsthaftigkeit aus der Einsicht, dass »der Mensch Erbe seines eigenen Karmas ist«.[24] »Um in den Himmel zu gelangen, wird ein stellvertretender Erlöser nicht benötigt, wenn man gute Werke vollbringt.« Das, so Dharmapala unter Verweis auf Mt 7,21, habe Jesus selbst so gelehrt.[25] Allerdings ziele im Buddhismus alle eigene Anstrengung auf die Selbstverleugnung. »Selbstlosigkeit ist das Allheilmittel, um das Glück des Nirvanas zu erlangen.«[26]

Ähnliche Einwände sind in neuerer Zeit von Gunapala Dharmasiri († 2015) erhoben worden, vor allem in seinem 1974 erstmals erschienenen Buch *A Buddhist Critique of the Christian Concept*

21 So zusammengefasst bei Pittman 1993: 78.

22 Yu, X. 2003: 165. Vgl. auch So 2017: 365f.

23 Guruge 1965: 33.

24 Ebd. 27.

25 Ebd.

26 Ebd. 436.

*of God* (»Eine buddhistische Kritik der christlichen Gottesvorstellung«). Der Glaube an die göttliche Erlösung und Gnade macht nach Dharmasiri die menschliche Willensfreiheit bedeutungslos und untergräbt jegliches ernsthafte spirituelle Bemühen und Streben nach Erlösung. Der Gedanke einer Erlösung aus göttlicher Gnade laufe letztlich auf die Idee der göttlichen Prädestination hinaus. Diese wiederum impliziere eine Form des Determinismus, der »eindeutig schädlich ist für moralische und religiöse Ideale.«[27] Auf die christliche Kritik, wonach die Idee der Selbsterlösung zwangsläufig zu moralischem Egoismus führe und einen wahren Altruismus verhindere, antwortet Dharmasiri mit den Worten: »Jede Theorie der Erlösung ist letztlich unvermeidlich egoistisch.«[28] Wenn man sich nicht um sich selbst sorge, dann sorge man sich auch nicht um die eigene Erlösung, unabhängig davon, ob diese nun christlich oder buddhistisch gedacht werde. Nach Dharmasiri übersteigt die buddhistische Ethik den Unterschied zwischen Egoismus und Altruismus insofern, als in ihr die Sorge um das Wohl der anderen und der eigene spirituelle Fortschritt untrennbar miteinander verflochten seien.[29]

Allerdings gibt es auch buddhistische Autoren, die die Unterscheidung von Buddhismus und Christentum als Selbsterlösungsreligion und Fremderlösungsreligion infrage stellen. Fumio Masutani (ehemals Professor für Religionsgeschichte an der Taisho Universität, Tokyo) vergleicht den Unterschied zwischen jüdischer Gesetzesfrömmigkeit und der paulinischen Lehre von der Rechtfertigung aus Glaube und Gnade auf der einen Seite mit der in seinen Augen parallelen Entwicklung von den Anfängen des Buddhismus hin zum Mahāyāna und hier vor allem zur Tradition des Reinen Landes.[30] Im christlichen Ideal der Liebe als Reaktion auf Gottes Liebe und im buddhistischen Ideal von Mitleid und Erbarmen aus Einsicht in das Leid aller Wesen sieht er jeweils eine Synthese aus Selbstinteresse und Altruismus verwirklicht.[31] Angesichts der typologischen Un-

27 Dharmasiri 1988: 57. Siehe auch ebd. 104-106.

28 Ebd. 87.

29 Vgl. ebd. 66f, 87.

30 Masutani 1967: 117-120.



31 Ebd. 163-174.

terscheidung von Selbsterlösung und Fremderlösung vertrat auch Hajime Nakamura dezidiert: »In jeder Tradition finden sich beide Typen. Es ist irreführend, irgendeine Religion mit nur einem Typus zu identifizieren.«[32] Und weiter führte er aus: »Auch wenn die Betonung des einen im Vordergrund steht, so bleibt doch ein Echo des anderen bestehen, ebenso wie die Spannung zwischen beiden [...].«[33] Damit kam Nakamura der Feststellung einer fraktalen Struktur bemerkenswert nahe.

## 7.2 Selbsterlösung und Fremderlösung im Buddhismus

### *Gnadenaspekte im Theravāda*

Mit der typologischen Unterscheidung von Selbsterlösung und Fremderlösung verbindet sich die Frage, was denn in beiden Religionen jeweils als das »Selbst« und als das Fremde oder Andere gilt. Zumeist wird die Kategorie der Fremderlösung unhinterfragt mit einer personalen Transzendenzvorstellung verknüpft. Im Christentum wird die göttliche Wirklichkeit als Garant der Erlösung zumeist nach Art eines barmherzigen Vaters vorgestellt. Doch bleibt in vielen Formen vor allem der klassischen Theologie das Bewusstsein lebendig, dass es sich hierbei um Bilder für das eigentlich Bildlose und Unabbildbare handelt. Der Gedanke der Fremderlösung ist zwar häufig, aber keineswegs zwangsläufig mit einer personalen Transzendenzvorstellung verknüpft. Vielmehr kann der Grundgedanke, wonach unsere Erlösung von der Existenz einer transzendenten Wirklichkeit abhängig ist, auch im Rahmen impersonaler Transzendenzvorstellungen ausgedrückt werden. Dies wird leicht übersehen, wenn man Fremderlösung von vornherein

32 Nakamura 1986: 107.
33 Ebd. 152.

mit einer personalen Vorstellung von Transzendenz identifiziert. In dem bekannten Wort des Buddhas aus dem *Udāna* 8:3 und *Itivuttaka* 43 wird über das Nirvāṇa explizit gesagt, dass ohne seine Existenz eine Erlösung aus dem Saṃsāra nicht möglich wäre. Zudem wird betont, dass das Nirvāṇa eine »nicht-gemachte« (*akataṃ*) Wirklichkeit ist.[34] Auf derselben Linie liegt auch die scholastische Bezeichnung des Nirvāṇas als »Wirkursache« (*kāraṇahetu*) und »kognitive Grundlage« (*ālambanapratyaya*) jener Form der Erkenntnis, die von den »Befleckungen« durch Gier, Hass und Verblendung befreit.[35] Das Nirvāṇa wird hier sehr deutlich nicht als ein Zustand verstanden, der vom Menschen durch eigene Anstrengung herbeigeführt oder »gemacht« wird, sondern als eine transzendente, zeitenthobene Wirklichkeit, die das Ziel und zugleich die Voraussetzung der Befreiung bildet. Diese Abhängigkeit der Erlösung von einer transzendenten Wirklichkeit wird allerdings nicht als göttliche »Gnade« oder göttliches »Erbarmen« ausgedrückt, da solche personalen Vorstellungen dem hier vorliegenden impersonalen Idiom fremd sind. Aber dennoch wird sehr deutlich die Abhängigkeit von einer anderen Wirklichkeit artikuliert.

Gewisse Züge des Gnadengedankens werden allerdings greifbar, wenn es in den kanonischen Schriften des Theravāda heißt, dass diejenigen, die das Nirvāṇa erreicht haben, dieses »umsonst« oder »gratis« (*laddhā mudhā*) empfangen haben.[36] In seinem bemerkenswerten Aufsatz »Gibt es eine theravāda-buddhistische Idee der Gnade?«[37] hat der theravādische Gelehrte Mahinda Palihawadana sehr deutlich die strukturelle Analogie zum Konzept der Gnade herausgestellt. Auch für den Theravāda-Buddhismus sei festzuhalten: »Die höchste Wahrheit, die es zu verwirklichen gilt, ist nicht das Produkt ›meiner‹ Anstrengung [...].«[38] In der buddhistischen und der theistischen Vorstellungswelt finde sich die gemeinsame Über-

34 Vgl. oben Kap. 3, S. 102.

35 Vgl. hierzu die Diskussion im *Abhidharmakośabhāṣyam* zu den Versen 50-62; Pruden 1991: 255-303.

36 *Khuddaka-Pāṭha* 6,6.

37 »Is There a Theravada Buddhist Idea of Grace?«, Palihawadana 1978.

38 Ebd. 193.

zeugung, dass »die befreiende Veränderung in einem Menschen letztlich nicht durch die Anstrengung des Willens, sondern durch seinen Stillstand geschieht. Dies ist ein unabdingbarer Bestandteil im Kontakt mit der höchsten Wirklichkeit; es ist dieser Kontakt, der den Menschen wahrhaft erneuert und verwandelt.«[39]

Es gibt also auch im Kontext impersonaler Transzendenzvorstellungen strukturelle Ähnlichkeiten zu dem, was in einer personalen Redeweise als »Gnade« bezeichnet wird. Die deutlichsten Ausprägungen des Konzepts der Fremderlösung finden sich freilich auch im Buddhismus dort, wo von der letzten Wirklichkeit mithilfe personaler Vorstellungen die Rede ist, also im Zusammenhang mit dem buddhistischen Diskurs über Buddha und Saṅgha. Durch die sogenannte »Dreifache Zuflucht« nimmt ein Buddhist auf dem Weg zur Erlösung seine Zuflucht zum Buddha, zum Dharma und zum Saṅgha. Diese »Zufluchtnahme« impliziert sehr deutlich die Erwartung, hier eine wesentliche Unterstützung zu finden. Gemäß der Buddha-Legende überzeugte die Gottheit Brahmā den Buddha davon, den von ihm entdeckten Dharma auch anderen zu verkünden, und zwar mit dem Argument, »die Welt würde verloren sein, die Welt würde vergehen«, wenn der Buddha die Wahrheit verschweigen sollte.[40] Diese Erzählung illustriert recht deutlich, wie sehr Buddha und Dharma als die entscheidende Hilfe auf dem Weg zur Erlösung verstanden wurden. Ähnliches gilt für den Saṅgha. Der Orden wurde vom Buddha nicht nur zu dem Zweck etabliert, für die Mönche und Nonnen die besten Bedingungen auf dem Weg zur Erlösung zu schaffen. Vielmehr wurde der Saṅgha auch »aus Mitleid mit der Welt, zum Heil, Segen und Wohl von Göttern und Menschen« gegründet.[41] Denn es ist der Saṅgha, der nach dem Tod des Buddhas garantieren soll, dass der Dharma weiter auf heilstiftende Weise vermittelt wird. Dementsprechend wird auch im Theravāda gelehrt, dass es besser ist, nach dem eigenen Heil *und* dem Heil der anderen zu streben als nur nach der eigenen Befreiung.[42]

39 Ebd. 194.

40 *Majjhima Nikāka* 26; Ñāṇamoli & Bodhi 2001: 261. Vgl. oben Kap. 6, S. 190.

41 *Vinayapiṭaka Mahāvagga* 1,11,1; Rhys Davids & Oldenberg 1881: 112f.

42 *Aṅguttara Nikāya* 4,95.

Ausdrücklich wird in genau diesem Sinn der Vorwurf, die Lehre des Buddhas diene nur dem jeweils eigenen Heil, als unzutreffend verworfen.[43]

All dies impliziert, dass man auf dem Weg zur Erlösung entscheidende Hilfe von anderen erhalten kann. Zweifellos kommt es darauf an, den Weg zum Nirvāṇa selbst zu beschreiten. Aber in gewisser Weise kommt das Nirvāṇa auch auf den Menschen zu, und zwar in Gestalt der Buddhas, die anderen den Weg zum Nirvāṇa weisen und ihnen auf diesem Weg helfend zur Seite stehen. Das Handeln und Wirken Gautamas (Pali: Gotama) kann daher bereits im Pāli-Kanon als aktiver, rettender Eingriff gekennzeichnet werden: »so, wie wenn ein Mann einen anderen, der gestrauchelt ist und in eine Grube zu fallen droht, noch an den Haaren erfasst und wieder auf festen Grund stellt – gerade so [...] hat mich der ehrwürdige Gotama gerettet« (*Dīgha Nikāya* 12,78).[44]

### *Verdienstübertragung und Altruismus*

Besondere Prominenz hat das Grundmotiv rettenden Handelns in Gestalt des Bodhisattva-Ideals gewonnen. Wie gezeigt, strebt ein Bodhisattva deshalb nach der Buddhaschaft, weil er als zukünftiger Buddha weitaus besser zum Heil der Wesen wirken kann, als er es als Arhat könnte. Ein Bodhisattva widmet also nicht nur sein ganzes religiöses Streben dem Ziel, schließlich einen Status zu erreichen, bei dem er für andere von größtem Nutzen ist. Er hilft anderen auch schon auf seinem Weg zur Buddhaschaft, und zwar unter anderem dadurch, dass er das durch seine eigenen Verdienste erworbene gute Karma denen überträgt, um deren Karma es eher schlecht bestellt ist. Die Vorstellung einer Übertragung eigener karmischer Verdienste auf andere Wesen (*pariṇāmanā*) entwickelte sich offensichtlich bereits vor Entstehung des Mahāyāna. Die Möglichkeit einer solchen Verdienstübertragung

43 *Aṅguttara Nikāya* 3,61.



44 Vgl. Walshe 1995: 185.

wird in einigen kanonischen Texten des Theravāda, wie etwa im *Kathāvatthu*, bestritten, in anderen ebenfalls kanonischen Texten, wie dem *Buddhāpadāna*, jedoch als gültig vorausgesetzt.[45] Die »Erwartung, dass jemand das Nirvāṇa erreichen konnte aufgrund des Vollzugs einer *pūjā* [= verdienstvollen, meist rituellen Handlung] durch einen anderen«, ist aufgrund einer Inschrift für das zweite Jahrhundert n. Chr. belegt.[46] Insgesamt hat sich die Praxis der Verdienstübertragung nicht nur im Mahāyāna, sondern auch im Theravāda weit verbreitet. Teilweise findet sich die Vorstellung, dass die übertragenen Verdienste durch die freudige Zustimmung des Rezipienten empfangen werden.[47] Im Mahāyāna schlägt sich dies in der Praxis einer dankbaren Zufluchtnahme zu den großen, überweltlichen Bodhisattvas nieder, deren Verdienste und Mitleid als unermesslich gelten. Behält man im Blick, dass nach einer im Mahāyāna verbreiteten Auffassung das Mitleid der Buddhas und Bodhisattvas, das sich in ihrem Wirken zum Heil der Wesen konkretisiert, ein Ausfluss ihrer Buddha-Natur und damit der Immanenz letzter Wirklichkeit ist, dann wird die strukturelle Analogie zum Gnadengedanken in theistischen Religionen vollends deutlich.

In den Diskussionen zur Verdienstübertragung (sowohl innerhalb der buddhistischen Tradition als auch unter Buddhismus-Experten) ist immer wieder die Frage aufgeworfen worden, ob eine solche Übertragung nicht dem Karma-Gedanken im Sinne eines strengen Ursache-Wirkung-Verhältnisses widerspreche und ihn eigentlich aufsprenge. In diesem Kontext hat der Religionswissenschaftler und Philosoph Steven G. Smith darauf hingewiesen, dass »Verdienst« (*puṇya*, pāli: *puñña*) nicht nur als das verstanden werden müsse, was jemandem unbedingt zustehe, sondern auch den Aspekt einer besonderen Auszeichnung oder Ehrung enthalten könne.[48] »Verdienstübertragung« mag weniger widersprüchlich erscheinen, wenn sie mit der Übertragung einer Würde verglichen wird, ja sogar dann,

45 Vgl. Bechert 1992.

46 Schopen 1997: 36. Eckige Klammer: PSL.

47 Vgl. Bechert 1992: 99f.

48 Smith, S. G. 2021.

wenn es sich um eine unverdiente Übertragung handelt, die in der Hoffnung geschieht, dass sich der Empfänger ihrer erst in Zukunft als würdig erweisen wird. So kann der Bodhisattva davon ausgehen, dass sich die Übertragung seiner Verdienste auf andere auch als ein solcher Ansporn erweist. Diese Deutung würde erklären, warum der freudigen Zustimmung durch den Empfänger eine so wichtige Bedeutung zugesprochen wird. Doch schon die liebevolle Zuwendung des Verdienstüberträgers zum Empfänger verleiht dem Empfänger einen anderen, quasi erhöhten Status. Bereits die Liebe des Liebhabers allein gibt dem Geliebten eine besondere Würde.[49] Zu dieser Interpretation passt schließlich auch der Umstand, dass *kṣānti* (Geduld, Duldung, Nachsicht) eine der zentralen Bodhisattva-Tugenden ist. Denn wie bereits im fünften Kapitel angesprochen, beinhaltet diese Tugend auch den Aspekt der Vergebung.[50] Mehrere prominente Mahāyāna-Texte enthalten Rituale, zu denen das an die Buddhas und Bodhisattvas gerichtete Bekenntnis der eigenen Sünden, der Appell an ihr Mitleid, die Bitte um ihre Hilfe und teilweise eben auch – wie gezeigt – die Bitte um Vergebung gehört.[51]

Die Spannung zwischen Eigeninteresse und Altruismus, die so oft die Diskussion über Selbsterlösung und Fremderlösung begleitet, stellt ein zentrales Thema im *Bodhicaryāvatāra* dar. Der Text versucht, die Spannung durch die Botschaft aufzuheben, dass Altruismus letztlich im eigenen Interesse liege beziehungsweise, religiös gesprochen, dass im Streben nach der Befreiung anderer auch die eigene Befreiung liegt.[52] Dementsprechend heißt es hier:

> Die unglücklich sind in der Welt, sie alle sind es durch das Verlangen nach eigenem Glück. Die glücklich sind in der Welt, sie alle sind es durch das Verlangen nach dem Glück der anderen (8,129).[53]

49 Vgl. ebd. 204f.

50 Siehe Kap. 5, S. 200f.

51 Vgl. Dayal 1932: 54-58 sowie oben S. 199f. Zur Integration dieses Rituals in das *Gaṇḍavyūha-Sūtra* und somit auch in das *Avataṃsaka-Sūtra* siehe Cleary 1993: 1511-1518.

52 Vgl. Schmidt-Leukel 2019b: 391-400.



53 Śāntideva 1981: 107.

Das Streben nach der eigenen Befreiung wird ersetzt durch das Streben nach der Befreiung anderer oder besser: Beides fällt in eins, insofern der Bodhisattva die anderen nicht nur wie sich selbst liebt, sondern sich mit diesen als seinem eigenen Selbst identifiziert:

> Um das eigene Leid zu stillen und um der anderen Leid zu stillen, gebe ich deshalb das Selbst den anderen hin und nehme die anderen an als mein Selbst (8,136).[54]

### *Gnadenaspekte im Reines-Land-Buddhismus*

Hat ein Bodhisattva schließlich die Buddhaschaft erlangt, so erschafft er – nach Auskunft mehrerer Mahāyāna-Texte – mittels seiner in unzähligen Wiedergeburten angehäuften guten karmischen Verdienste sein eigenes Buddha-Land, das heißt eine Welt, in der er als Buddha wirkt.[55] In dieser Welt etabliert er für alle Wesen, die dort wiedergeboren werden, die optimalen Bedingungen zu ihrer Erlösung. Unter all den zahlreichen Buddha-Ländern, von denen in den Texten des Mahāyāna die Rede ist, hat insbesondere das »Reine Land« des Buddha Amitābha eine immense Popularität erlangt. Amitābha (chin.: Amituo; jap.: Amida = »unendliches Licht«) – auch Amitayus (»unendliches Leben«) genannt – ist der Name eines überweltlichen Buddhas. Als der einstmalige Bodhisattva Dharmākara gelobte er, das Buddha-Land Sukhāvatī (= »Glückseliges [Land]«) zu erschaffen. Durch das Hören und die vertrauensvolle Anrufung seines Namens kann man in diesem Land wiedergeboren werden, um dort ohne große Mühe die Erleuchtung zu erlangen.

Die Verehrung und Anrufung des Buddha Amitābha ist offensichtlich recht alt und geht wohl bis in das erste vorchristliche Jahrhundert zurück.[56] Nachdem sich die Praxis zunächst in Indien verbreitete, wurde sie vor allem im chinesischen Kulturkreis zu einer der vorherrschenden Formen des Buddhismus. Bei dem mit-

54 Ebd. 108.

55 Vgl. hierzu auch oben Kap. 4, S. 186.

56 Tanaka 1990: 3, 7.

telalterlichen japanischen Buddhisten Shinran Shōnin (1173-1263) findet sich eine besonders radikale Interpretation dieser Praxis. Nach Shinran umfasst das Mitleid Amidas alle Wesen, auch und geradezu besonders diejenigen, die schwerste Vergehen begangen haben. Niemand ist ausgeschlossen. Entscheidend für die Wiedergeburt in Amidas Reinem Land ist allein das Vertrauen in sein Versprechen. Und selbst dieses Vertrauen (*shinjin*) ist nicht etwas, das man selbst produzieren könnte, sondern eine Gabe Amidas. Befreiung kann nach Shinran in Wahrheit nie durch »Selbst-Kraft« (*jiriki*) erlangt werden, da ja das Ego-Selbst den Kern der leidhaften und leiderzeugenden Verstrickung in Gier, Hass und Verblendung bildet. Befreiung kommt allein aus der »anderen Kraft« (*tariki*), das heißt aus den grenzenlosen Verdiensten Amidas und seinem barmherzigen Gelübde, in dem er seine Verdienste der Befreiung aller Wesen gewidmet hat.

Shinran zögerte nicht, den anderen buddhistischen Schulen seiner Zeit vorzuwerfen, zu sehr auf die eigene Kraft zu setzen und die ausschlaggebende Bedeutung der »anderen Kraft« zu übergehen. Und doch ist Shinrans Dualismus von »Selbst-Kraft« und »anderer Kraft« zugleich durch einen starken Rückgriff auf die non-dualistischen philosophischen Strömungen des Mahāyāna unterfüttert. So ist für Shinran das Reine Land ein Symbol des Nirvāṇas und das Nirvāṇa nicht vom Saṃsāra verschieden, sondern quasi seine verborgene Seite. Wer in das Reine Land geboren wird, kehrt zugleich als Bodhisattva zurück in diese Welt. Und beides, die Hingeburt in das Reine Land und die Rückkehr in den Saṃsāra vollziehen sich ansatzweise schon im Akt des Vertrauens. Das Vertrauen auf Amida, das dem Menschen von Amida geschenkt wird, ist nach Shinran wiederum nichts anderes als Amidas eigener Geist. Amida selbst ist der vollkommene Ausdruck des unfassbaren Dharmakörpers (*dharmakāya*), der alle Wirklichkeit durchdringt und »Herz und Geist des Ozeans aller Wesen erfüllt.«[57] So repräsentiert Amida nicht nur das allumfassende Mitleid, das aus der letzten Wirklichkeit selbst hervorgeht,



57 Hirota 1997: 461.

sondern auch den ursprünglich reinen Geist, der den Geist des auf sich selbst zentrierten Egos überwindet. Nach Shinran partizipiert der auf Amida vertrauende Mensch an beiden Realitäten.[58] »Dieses Selbst«, so Shinran, »ist falsch und unaufrichtig« und doch gilt zugleich: »Die Natur des Geistes ist ursprünglich rein.«[59] Als im 16. Jahrhundert europäische Jesuiten-Missionare nach Japan kamen und dort Shinrans Version des Reines-Land-Buddhismus kennen lernten, berichteten sie nach Europa, diese Lehre sei im Kern identisch mit der Häresie, die der Teufel dem Luther eingegeben habe.[60] Wie oben bereits kurz erwähnt, illustriert diese Bemerkung auf amüsante Weise die mit einer fraktalen Betrachtungsweise verknüpfte Einsicht, dass die Spannung zwischen Selbsterlösung und Fremderlösung in beiden Traditionen, Buddhismus und Christentum, enthalten ist.[61] Dies sei nun durch einen kurzen Blick auf das Christentum weiter verdeutlicht.

## 7.3 Fremderlösung und Selbsterlösung im Christentum

### *Glaube und Werke*

Die synoptischen Evangelien des Neuen Testaments zeigen Jesus als jemanden, der einerseits das Vertrauen in die barmherzige, väterliche Liebe Gottes lehrte, doch andererseits auch die Erfüllung des göttlichen Willens predigte: die Weitergabe von Gottes Barmherzigkeit in der Liebe zum Nächsten. In der Theologie des Paulus gilt das Vertrauen als entscheidend. In Abraham sieht Paulus das Vorbild

58 Vgl. hierzu auch Schmidt-Leukel 2020g.

59 *Shōzōmatsu wasan* Verse 94 und 107. Hirota 1997: 421, 423. Siehe auch *Jōdo monrui jushō*, ebd. 311.

60 Valignano 1944, 160f.

61 Vgl. Kap. 2, S. 81f.

eines Menschen, der in den Augen Gottes »gerecht« ist, weil er Gott vertraute und sich auf Gottes Verheißung verlassen hat (Gal 3,6-18; Röm 4,1-22). In der Theologie des Jakobus, die ebenso ein Teil des Neuen Testaments ist, liegt der Schwerpunkt auf den Werken. Echter Glaube erweist sich in entsprechenden Werken – ohne diese wäre der Glaube »tot« (Jak 2,14-26). Doch auch für Paulus sind die Taten des Menschen alles andere als irrelevant. Für ihn gilt, dass diejenigen, die für Gott gerecht sind aufgrund ihres Vertrauens auf die durch Gott in Jesus gegebene Verheißung, aus dem Geist Jesu leben sollen und nicht nach dem, was Paulus als »Fleisch« bezeichnet. Wer aus dem Geist lebt, in dem reifen »Liebe, Freude, Friede, Langmut, Freundlichkeit, Güte, Treue, Sanftmut und Selbstbeherrschung« (Gal 5,22-23). Das Gegenteil hierzu bilden »die Werke des Fleisches«: »Unzucht, Unsittlichkeit, ausschweifendes Leben, Götzendienst, Zauberei, Feindschaften, Streit, Eifersucht, Jähzorn, Eigennutz, Spaltungen, Parteiungen, Neid und Missgunst, Trink- und Essgelage und Ähnliches mehr. [...] Wer so etwas tut, wird das Reich Gottes nicht erben« (Gal 5,19-21). In der Theologie des Paulus verbinden sich Selbsterlösung und Fremderlösung auf eigentümlich paradoxe Weise, wenn er schreibt: »Müht euch mit Furcht und Zittern um euer Heil! Denn Gott ist es, der in euch das Wollen und das Vollbringen bewirkt [...]« (Phil 2,12-13).

### *Gnade und Eigenverantwortung*

In der Geschichte des Christentums hat sich das theologische Pendel zwischen den beiden Polen dieser paradoxen Spannung hin und her bewegt. Eines der bekanntesten Beispiele innerhalb der alten Kirche des Westens dürfte der Streit zwischen Pelagius (~350-420?) und Augustinus (354-430) sowie zwischen ihren jeweiligen Anhängern sein. Während Pelagius die Heilsbedeutung der eigenen Anstrengung betonte, entwickelte Augustinus ein zunehmend radikaleres Verständnis sowohl der menschlichen Sünde als auch der göttlichen Gnade bis hin zu seiner Theorie der »doppelten Prädestination«, wonach es letztlich allein durch die göttliche Gnade bestimmt sei, wer die Erlösung erlangt und wer nicht.[62] Für Pelagius hingegen galt, dass auch nach dem Sündenfall Adams der Ansporn und die reale Möglichkeit, nicht zu sündigen, weiterbestehen. Die Gnade bestehe gerade darin, dass dem Menschen diese Freiheit und Verantwortung bleibend von Gott gegeben seien. Mit Winrich Löhr lässt sich auf beiden Seiten ein legitimes Anliegen erkennen: »Für Pelagius war Augustins Gnadenlehre demoralisierend und damit nicht geeignet, zum wahren christlichen Leben anzuleiten; umgekehrt kritisierte Augustin an Pelagius, daß dessen Begriff der Gnade unterbestimmt sei und damit die wesentlich heilende Wirkung der Gnade nicht erfasse [...].«[63]

In der westlichen Christenheit führte der starke Einfluss des Augustinus dazu, Pelagius als Häretiker einzustufen, während sich für die östliche »orthodoxe« Christenheit festhalten lässt, dass hier »Pelagius in aller Harmlosigkeit unkritisiert weiter [lebt].«[64] Doch auch für den Westen zeigt die Häufigkeit, mit der seit der pelagianischen Kontroverse der Vorwurf des »Pelagianismus« immer wieder neu erhoben wurde, dass die Positionen und Anliegen beider Seiten, sowohl die des Augustinus als auch die des Pelagius, weiterhin virulent blieben.

In gewisser Weise fand die pelagianische Kontroverse ihre Fortsetzung – oder auch Neuauflage – in den Auseinandersetzungen des sechzehnten Jahrhunderts, das heißt in den Angriffen von Reformatoren wie Martin Luther (1483-1546) und Johannes Calvin (1509-1564) auf die scholastische und spätscholastische Theologie der römischen Kirche. Hier war es die reformatorische Seite, die – stark vereinfacht gesagt – die alles bestimmende Rolle der Gnade und damit der Erlösung aus anderer Kraft betonte, während katholische Theologen bemüht waren, der menschlichen Verantwortung einen legitimen Platz im Erlösungsgeschehen einzuräumen. Von daher ist es auch keineswegs verwunderlich, dass die für die katholische Gegenreformation stehenden Jesuitenmissionare eine gewisse Ähn-

62 Vgl. Flasch 1990.

63 Löhr, W. 2007: 197. Vgl. das sehr ähnlich lautende Urteil von Sell 1977: 117f.

64 Heyer 1977: 163. Vgl. hierzu auch Demacopoulos & Papanikolaou 2008: 31.

lichkeit der Kontroversen innerhalb der buddhistischen Traditionen Japans über die Frage der Erlösung aus eigener oder fremder Kraft und den Kontroversen zwischen Katholiken und Reformatoren in Europa wahrnahmen. Doch auch innerhalb der europäischen Auseinandersetzungen gilt, dass auf jeder der beiden Seiten, das heißt sowohl unter den Katholiken als auch unter den Reformatoren, sich jeweils neue Kontroversen über die exakte Zuordnung von menschlicher und göttlicher Verantwortung entwickelten, die nie zu einem für alle Seiten befriedigenden Ergebnis führten. Nach Alan Sell bilden im christlichen Konzept der Erlösung die göttliche Souveränität und die menschliche Verantwortlichkeit eine bleibende Antinomie. Als Triebfeder des christlichen Glaubens und Lebens seien beide Aspekte, auch wenn sie sich nicht leicht miteinander versöhnen ließen, unaufgebbar.[65] Urteile wie dieses lassen sich auch als ein Eingeständnis dessen lesen, dass es in dieser Frage eben nicht so etwas wie *das* christliche Verständnis der Erlösung gibt, sondern eine Vielfalt an theologischen Konzeptionen. Doch all diese Konzeptionen kreisen in zahlreichen Varianten immer wieder um die beiden genannten Pole. Ihre faktische Persistenz und theologische ›Unaufgebbarkeit‹ verweisen möglicherweise auf eine innere Komplementarität.

Angesichts der bis in die Gegenwart reichenden verbreiteten Kontrastierung von Buddhismus als einer Religion der Selbsterlösung gegenüber dem Christentum als einer Religion der Fremderlösung innerhalb entsprechender Religionsvergleiche überrascht es, dass diesem Thema im christlich-buddhistischen Dialog bisher eher wenig Aufmerksamkeit zuteil geworden ist.[66] Leo Lefebure hat darauf aufmerksam gemacht, dass die innerchristliche Spannung zwischen pelagianischen und augustinischen Tendenzen im Verständnis des Heilswegs eine auffallende Parallele zu der innerbuddhistischen Spannung zwischen einer Betonung der eigenen Anstrengung und

65 Vgl. Sell 1977: 118, 140-143.

66 Vgl. jedoch die beiden unveröffentlichten Dissertationen Suwanbubbha 1994 und O'Grady 2010. Der Vergleich von Shinran und Luther bei Oguro 1985 ist sorgfältig und erhellend, betritt aber nicht die Ebene konstruktiver Theologie.

der Betonung des Vertrauens auf die »andere Kraft« darstellt.[67] Doch selbst ein so umfangreiches Werk wie Paul Chungs Arbeit *Martin Luther and Buddhism* befasst sich erstaunlich wenig mit dieser Thematik.[68] John May hat daher zu Recht danach gerufen, die Beziehung zwischen Gnade und eigener Anstrengung auf die Agenda einer buddhistisch-christlichen interreligiösen oder – wie May es nennt – »kollaborativen Theologie« zu setzen.[69] In dieser Hinsicht dürfte sich eine fraktale Perspektive als besonders hilfreich erweisen. Vermutlich konnten schon meine wenigen, recht lücken- und skizzenhaften Beobachtungen zeigen, dass sich die Spannung zwischen Selbsterlösung und Fremderlösung in beiden religiösen Traditionen wiederfindet. Doch warum ist das so? Hier stellt sich in der Tat die Frage, ob es inhaltliche Gründe gibt, von einer unaufgebbaren Polarität zu sprechen. Im Folgenden möchte ich zwei Argumente anführen, die in diese Richtung verweisen könnten.

## 7.4 Erlösung des Selbst vom Selbst

### *Die Natur des Selbst*

Betrachtet man die Analyse des Selbst im Hinblick auf die jeweiligen Erlösungslehren, so lässt sich sowohl im Buddhismus als auch im Christentum so etwas wie eine dialektische Struktur von These, Antithese und Synthese beobachten. In einem ersten Schritt wird die Analyse des Selbst jeweils auf ein konkretes Individuum, also auf ein ganz bestimmtes »Selbst« bezogen. Die *These* wäre somit, dass »man selbst« beziehungsweise das »eigene Selbst« der Erlösung oder Befreiung bedarf. Damit Erlösung/Befreiung für einen selbst wirklich wird, muss man sich diese jeweils selbst aneignen. Im zweiten

67 Vgl. Lefebure 1993: 138f.

68 Chung 2008: 137-139, 345-348, 381-393.

69 Vgl. May 2014: 64-70, 136f.

Schritt lautet die Botschaft jedoch, dass gerade das Selbst im Zentrum jenes Problems steht, das der Lösung oder Erlösung bedarf. So gilt im Buddhismus das Leid (*duḥkha*) als das Resultat der verblendeten Anhaftung an den vergänglichen Dingen dieser Welt. Im Kern vollzieht sich diese verblendete Anhaftung durch die Haltung des Besitzen-Wollens und der Ich-Identifikation, das heißt in der inneren Einstellung »das gehört mir, das bin ich«, wie es die standardisierte buddhistische Nicht-Selbst Predigt formuliert.[70] Im Christentum ist die Sünde als Beziehungsbruch charakterisiert und drückt sich zentral in der Verkrümmung des Menschen in sich selbst aus.[71] In Buddhismus und Christentum lautet daher die *Antithese*, dass das Selbst von sich selbst erlöst oder befreit werden muss. Während somit der These eine innere Tendenz zur Bekräftigung von eigener Anstrengung oder Selbst-Erlösung innewohnt – man muss selbst etwas tun, wenn man erlöst werden will –, tendiert die Antithese dagegen zur Bekräftigung von Gnade oder Hilfe durch fremde Kraft: Da das Selbst von sich selbst erlöst werden muss, kann es sich nicht selbst erlösen. Wenn, wie es Dharmapala ausdrückt, »Selbstlosigkeit [...] das Allheilmittel [ist], um das Glück des Nirvanas zu erlangen«,[72] dann würde sich das Selbst durch eigene Anstrengung nur weiterhin selbst bestätigen. In der Anstrengung zur Selbsterlösung bleibt man auf das Selbst konzentriert und fixiert, anstatt hiervon frei zu werden. Wer sich selbst erlösen will, kreist in seinem Bemühen beständig um sich selbst. Die wesentliche Hilfe oder Kraft zur Befreiung vom Selbst muss daher von jenseits des Selbst kommen.

Zusammengenommen führen These und Antithese somit in ein Paradox: »Wenn du das Selbst liebst, darfst du dich selbst nicht lieben. Wenn du das Selbst schützen musst, darfst du es nicht schützen« – heißt es im *Bodhicaryāvatāra* (8,173).[73] Die Liebe zum Selbst und der Schutz des Selbst im Sinne des Strebens nach der eigenen Erlösung verlangen also in paradoxer Weise die Abkehr vom Selbst. Dies erweckt Assoziationen an das in allen vier Evangelien

70 Vgl. Schmidt-Leukel 2020a: 80-83.

71 Vgl. oben Kap. 5, S. 213f.

72 Siehe oben S. 263.

73 Śāntideva, 1981: 112.

vorkommende Wort: »Wer sein Leben zu bewahren sucht, wird es verlieren; wer es dagegen verliert, wird es gewinnen« (Lk 17,33).[74] Die neutestamentlichen Texte sprechen hier zwar im Kontext der apokalyptischen Naherwartung und im Hinblick auf das Bekenntnis zu Jesus, das eine konkrete Gefahr für das eigene Leben bedeuten konnte. Aber in der weiteren Geschichte der christlichen Frömmigkeit ist dieses Wort häufig im Sinne einer Haltung spiritueller und moralischer Selbstlosigkeit beziehungsweise Selbstverleugnung verstanden worden.[75] »Selbstverleugnung und hierdurch Selbstgewinn, das bleibt eine Grundfigur [...] bei den Mystikern«, urteilt mit Recht Volker Leppin. Dies entspricht der zuvor bereits näher erläuterten Entwicklung, die ursprünglich mit der Naherwartung verbundene Haltung der Nicht-Anhaftung an der Welt grundsätzlich in eine innere spirituelle Einstellung zu überführen.[76]

Die paradoxale Spannung, sich selbst aus Sorge um das Selbst vom Selbst befreien zu müssen und gerade daher nicht selbst befreien zu können, drängt nach Versuchen einer *Synthese*, also einer Aufhebung der Spannung, die doch beide Aspekte beibehält und miteinander verbindet. Ein, wie mir scheint, in beiden Traditionen einflussreicher Versuch in dieser Richtung besteht in der Vorstellung von einem »wahren« oder »neuen Selbst«. Dieses neue oder eigentliche Selbst partizipiert einerseits an der letzten Wirklichkeit und damit an jener anderen Kraft, die die Befreiung vom Ego-Selbst ermöglicht, während andererseits das wahre oder neue Selbst auch an der Funktion des Ego-Selbst teilhat. Denn es involviert die individuelle Person, die der Erlösung oder Befreiung bedarf, insofern es zugleich als das wahre oder neue Selbst dieser konkreten Person gedacht wird. Die Tätigkeit des »wahren Selbst« verbindet Selbst- und Fremderlösung.

Im Buddhismus zeigt sich eine solche Synthese einerseits im Begriff des ursprünglich »reinen« oder »leuchtenden« Geistes und andererseits in dem hiermit verwandten Konzept der Buddha-Natur.

74 Vgl. auch die Parallelen in Lk 9,24; Mt 10,39; 16,25; Mk 8,35; Joh 12,25.

75 Leppin 2007: 19.

76 Vgl. oben Kap. 3, S. 114-122.

Der Gedanke, dass der Geist ursprünglich rein ist, bezieht sich nicht auf einen zeitlich gedachten Ursprung, sondern auf die wahre Natur des Geistes. Die Befleckungen des Geistes durch Gier, Hass und Verblendung gehören demnach nicht zum Wesen des Geistes. Auch wenn sie diesen seit eh und je (»anfangslos«) verunreinigen (»beflecken«), sind sie für den Geist doch quasi etwas Äußerliches, wobei ihre Herkunft allerdings unklar bleibt. Die völlige Beseitigung der Befleckungen geht mit der Erfahrung des Nirvāṇas in der Erleuchtung einher. Insofern besteht eine innere Beziehung zwischen der leuchtenden Natur des Geistes und der transzendenten Wirklichkeit des Nirvāṇas – eine Beziehung, die Peter Harvey als eine Art »Erleuchtungs-Potential« bezeichnet hat.[77] In diesem Sinn, so Harvey, ist die Lehre vom ursprünglich leuchtenden Geist »Teil der lebendigen Meditations-Tradition im Theravāda.«[78]

Im Mahāyāna verband sich diese Lehre mit dem Glauben an die quasi embryonale Buddha-Natur aller Wesen.[79] Diese Vorstellung entwickelte sich in Indien vermutlich kurz nach der Zeitenwende und trägt, wie zuletzt Christopher Jones gezeigt hat, durchaus unterschiedliche Facetten. Diese variieren jedoch den einen Grundgedanken der »Internalisierung von etwas Überweltlichem«.[80] Die dahinterstehende Logik hängt eng mit der Mahāyāna-Lehre zusammen, dass jedes Wesen dereinst die Buddhaschaft erreichen soll und kann. Denn, so Jones: »Wenn der todlose Zustand, den ein Buddha genießt, von nirgendwoher ›kommt‹ – das heißt, wenn er ungeschaffen ist –, dann muss irgendeine Grundlage für diesen Zustand bereits existieren, und dies muss für jedes bewusste Wesen gelten, das in der Lage ist, ein Buddha zu werden.«[81] Eine Reihe von buddhistischen Texten bezeichnet diese Grundlage als das wahre oder eigentliche Selbst (*ātman*). Gemäß der traditionellen buddhistischen Lehre vom Nicht-Selbst (*anātman*) galt es, keinen der Bestandteile des Menschen als ein ewiges, unwandelbares Selbst zu betrachten. Demgegenüber füh-

77 Harvey 1995: 166-179, hier 175.

78 Ebd. 176.

79 Jones 2021: 214-218.

80 Ebd. 251.

81 Ebd. 244.

ren Texte wie etwa das einflussreiche *Mahāparinirvāṇamahā-Sūtra* aus, dass zwischen dem Nicht-Selbst und dem wahren Selbst ein non-duales Verhältnis bestehe. Mit anderen Worten, es handle sich hier um zwei Seiten einer Medaille. Die wahrnehmbaren Bestandteile des Menschen bilden aufgrund ihres bedingten und unbeständigen Charakters nicht sein wahres, an der transzendenten Wirklichkeit partizipierendes Selbst. Sie sind quasi nur die oberflächliche Hülle, hinter der sich das geheime Selbst verbirgt, dessen Wirklichkeit in den Texten dieser besonderen Tradition offenbart wird.[82]

Der soteriologische Aspekt dieser Lehre liegt auf der Hand. Im Zentrum des kurzen und populären *Tathāgatagarbha-Sūtra* steht eine Reihe von Gleichnissen, die alle geeignet sind, Menschen im Streben nach der Buddhaschaft zu ermutigen. Gerade diejenigen, die sich der eigenen Unzulänglichkeit – und das heißt im buddhistischen Kontext, der eigenen Egozentrik – immer stärker bewusst werden, werden ermutigt, im Vertrauen auf die eigene verborgene Buddha-Natur in der eigenen religiösen Praxis fortzufahren.[83] Die Ermutigung zur eigenen Anstrengung verbindet sich mit dem Vertrauen auf die Kraft einer transzendent-immanenten Wirklichkeit, die sich trotz der eigenen Unzulänglichkeit eines Tages durchsetzen wird.[84] Die Synthese behält somit einerseits die Spannung zwischen Selbsterlösung und Fremderlösung bei, deutet aber zugleich die eigene Anstrengung als etwas, das von der verborgen immanenten Kraft einer gegenüber dem Ego fremden Wirklichkeit getragen wird. So ist das neue oder wahre Selbst weder mit dem Ego-Selbst identisch, noch ist es von diesem völlig verschieden.

Eine strukturell vergleichbare Synthese bildet das Motiv des inwendigen Christus in der Theologie des Paulus, wovon im vorhergehenden Kapitel bereits kurz die Rede war.[85] Denn auch bei Paulus nimmt der »Christus in mir« die Funktion eines wahren und neuen Selbst ein. Paulus versteht Christus als den neuen Adam. Der erste Adam war als Ebenbild Gottes geschaffen. Die durch die Sünde

82 Vgl. ebd. 59-62, 245-260.

83 Siehe auch Zimmermann 2002: 76.

84 Vgl. ebd. 62.

85 Vgl. Kap. 6, S. 247f.

Adams entstellte Gottebenbildlichkeit des Menschen ist durch den sündlosen Christus, den neuen Adam, wiederhergestellt.[86] Insofern bildet der inwendige Christus das wahre Selbst und zugleich das neue Selbst: das *wahre* Selbst insofern, als in Christus die ursprüngliche Gottebenbildlichkeit des Menschen erneuert ist – das *neue* Selbst insofern, als der inwendige Christus das sündhafte egozentrische Selbst ersetzt.[87] Das Leben dieses wahren und neuen Selbst bezeichnet Paulus auch als das Leben im Geist, denn es ist der Geist Christi, der das inwendige Selbst konstituiert (vgl. Röm 8,9-11). Das Leben im Geist steht jedoch bleibend in Spannung zum Leben im »Fleisch«, ein Konzept, das – wie bereits erwähnt – bei Paulus sehr starke inhaltliche Parallelen zu dem der Befleckungen (*kleśas*) im Buddhismus aufweist.[88]

Ähnlich wie beim Konzept der Buddha-Natur lässt sich auch über das neue Selbst in Christus sagen, dass es weder mit dem alten Ego-Selbst identisch, noch etwas völlig anderes ist. Dies wird sehr deutlich, wenn Paulus formuliert: »Ich bin mit Christus gekreuzigt, und nicht mehr lebe ich, sondern Christus lebt in mir; was ich aber jetzt im Fleisch lebe, lebe ich im Glauben an den Sohn Gottes, der mich geliebt und sich selbst für mich hingegeben hat« (Gal 2,19f). Ganz offensichtlich ist hier von einer spannungsvollen Einheit in Unterschiedenheit die Rede. Das alte Ego-Selbst ist einerseits mit Christus gekreuzigt. Es lebt nicht mehr, sondern ist durch Christus ersetzt. Andererseits lebt es weiter »im Fleisch«, wenn auch in einer neuen Weise, das heißt, nicht mehr allein nach dem Fleisch,[89] sondern im Glauben an Christus, der dem Ego-Selbst als Retter liebend zugewandt ist. Im weiteren Verlauf des Textes wird deutlich, dass Paulus hier keineswegs nur von sich selbst spricht, sondern von allen Gläubigen. Denn ihnen allen wünscht er, dass »Christus in euch Gestalt annimmt« (Gal 4,16) – ein Motiv, das in den späteren pseudopaulinischen Briefen fortlebt (Kol 1,27; Eph 3,17).

86 Vgl. Dunn 2006: 199-204

87 In 2 Kor 5,17 spricht Paulus diesbezüglich explizit von einer »neuen Schöpfung«.

88 Vgl. oben Kap. 3, S. 118.

89 Sanders (2015: 659) versteht die Aussage »im Fleisch« an dieser Stelle als bloßen Hinweis auf die körperliche Existenz. Nach Auffassung von Dunn (2006: 64, 68) ist dies weniger eindeutig.

Mit einer inzwischen berühmt gewordenen Frage hat der zen-buddhistische Philosoph Keiji Nishitani (1900-1990) verdeutlicht, dass in der so skizzierten Synthese die Spannung zwischen dem Selbst und dem göttlichen Anderen sowohl erhalten bleibt, als auch aufgehoben und transzendiert ist: »›Nicht ich lebe, Christus lebt in mir.‹ Das leuchtet mir unmittelbar ein – nur, darf ich Sie fragen: Wer spricht da?«[90] Nishitani macht aus dem Paulus-Wort ein Paradox nach Art eines Zen-Koans: Wollte man auf seine Frage antworten, dass Paulus hier spricht, dann lebt Christus scheinbar doch nicht in ihm. Wollte man hingegen sagen, dass Christus spricht, dann ergibt die Aussage keinen Sinn. Für sich genommen gilt weder das eine noch das andere – vielmehr verweist jede der beiden Möglichkeiten einer Antwort über sich hinaus auf die andere und damit eben auf jene höhere synthetische Ebene. In diesem Paulus-Wort kann das »ich« weder ganz mit dem Ego-Selbst, noch mit Christus identifiziert werden. Als »Christus in mir« partizipiert es vielmehr an beiden Realitäten – an »Christus« und »mir« – und ist darin das neue und wahre Selbst.[91] Mit explizitem Bezug auf Nishitani hat Samuel Vollenweider aus exegetischer Sicht in dieser Hinsicht klare »Entsprechungen« zwischen buddhistischen und paulinischen Motiven eingeräumt.[92] Ihm zufolge »berühren sich Buddhismus [...] und Paulus [...] vor allem darin, den Durchbruch von der Ebene des Ichs zur Ebene des ›Selbst‹ [...] als Grundbewegungen des in der Religion zu Bewußtsein gebrachten Seins überhaupt zu erfassen.«[93]

Offensichtlich verfolgte Chunyi Zhang (1871-1955), ein in den chinesischen Klassikern gebildeter Gelehrter, eine ähnliche Idee mit seiner Identifikation von Buddha-Natur und Heiligem Geist. Zhang hatte sich zunächst dem Christentum, später jedoch dem Buddhismus zugewandt, war aber sowohl in seiner christlichen als auch in

90 Fischer-Barnicol 1965/66: 210. Siehe hierzu besonders Ueda, S. 2001.

91 Ähnlich auch das Urteil von Hans-Martin Barth (2002: 176f). Leider verkennt Barth jedoch, zumindest hier, die starke Parallelität zur Lehre von der Buddha-Natur. Anders hingegen das Urteil des japanischen Neutestamentlers Seiichi Yagi (1988: 100), der diese Parallelität explizit betont.

92 Vollenweider 1991: 365, 374.

93 Ebd. 375.

seiner buddhistischen Phase um eine Integration der Einsichten aus beiden Traditionen bemüht.[94] Er war überzeugt, dass es zentrale Übereinstimmungen zwischen dem »echten Christentum« – für ihn waren das die Lehren Jesu und des Paulus – und dem Mahāyāna-Buddhismus gebe. In diesem Zusammenhang entwickelte er so etwas wie eine buddhistisch-christliche Lehre vom Geist (Pneumatologie). Demnach »ist der Heilige Geist die erwachende Natur (*juexing* 覺性), die die Menschen vom Bösen ins Gute führt und ihnen hinsichtlich des Geheimnisses von Leben und Tod die Erleuchtung bringt. Insofern die erwachende Natur sowohl menschlich als auch zugleich die Buddha-Natur ist, besitzen wir bereits alle die Buddha-Natur und müssen sie nicht außerhalb suchen oder fürchten, sie zu verlieren.«[95] Für Zhang gründet die Identifikation von Buddha-Natur und Heiligem Geist somit darin, dass sie einerseits eine transzendente Wirklichkeit bezeichnet, die die Erlösung überhaupt erst ermöglicht, und die andererseits der menschlichen Natur zugleich so inhäriert, dass sie den einzelnen Menschen zur eigenen Anstrengung und Praxis inspiriert und motiviert.

Die dialektische Struktur, die sich sowohl im Buddhismus als auch im Christentum bei der Analyse des Selbst im Hinblick auf die Erlösung zeigt, bildet meines Erachtens einen der Gründe dafür, warum sich in beiden Traditionen eine Spannung zwischen der Betonung von Selbsterlösung und Fremderlösung ausgebildet und erhalten hat. Ein weiterer Grund könnte, wie nun noch kurz zu zeigen ist, im Verständnis des Wertes menschlicher Tugend liegen.

## *Die Natur der Tugend und das Problem des Übels*

Laut einem kanonischen Text des Theravāda-Buddhismus (*Majjhima Nikāya* 78) wurde der Buddha einst gefragt, ob jemand, der keine bösen Taten begeht, keine bösen Worte spricht und keine

94 Zur Biographie Zhangs siehe Feng 2018: 75-112 sowie Lai & So 2003: 53-56.



95 So zusammengefasst bei Lai & So 2003: 65f.

bösen Absichten hegt und seinen Lebenserwerb nicht auf unlautere Art verdient, seine Tugend vervollkommnet habe.[96] Der Buddha stimmte dem nicht zu. Denn sonst, so seine Erklärung, müsse ja auch ein junger Säugling, der hilflos auf seinem Rücken liegt und von seiner Mutter gestillt wird, als jemand betrachtet werden, »der vollkommen ist in dem, was heilsam ist«. Nur das Denken, die geistige Anstrengung und das Handeln, wie sie der Edle Achtfache Pfad beschreibt, führten zur spirituellen und sittlichen Vollkommenheit. Wenn jedoch die Vollkommenheit erreicht sei, dann dienten die Gedanken, Worte und Taten eines solchen Menschen nicht mehr länger der karmischen Verbesserung der eigenen Person. In einem solchen Fall »ist ein Mönch tugendhaft, aber er identifiziert sich nicht mit seiner Tugend [...].«[97] Nach diesem Text besteht Tugend einerseits somit nicht lediglich in der Abwesenheit übler Gedanken, Worte und Werke wie etwa bei einem Säugling. Zu ihr gehören vielmehr Einsicht, Anstrengung und Praxis. Doch andererseits besteht ihre Vollkommenheit in einer Haltung, in der das tugendhafte Verhalten nicht länger dem Ego-Selbst zugeschrieben wird.

Ein solches Verständnis von Tugend besitzt wichtige Implikationen im Hinblick auf das Problem des Übels. In einer paradiesischen Welt, in der sich alle in der Situation eines wohlbehüteten Säuglings befänden, wären Tugend und spirituelles Wachstum ausgeschlossen. In einer Welt, in der niemand fähig wäre, Übel zu begehen, könnte es auch keine Tugend und keine spirituelle Vollkommenheit geben. Nur in einer Welt voller gravierender sittlicher und spiritueller Herausforderungen können Tugend und Weisheit aktiv entwickelt werden. Im *Vimalakīrtinirdeśa-Sūtra* wird der Zusammenhang zwischen diesem Verständnis von Tugend und dem Problem des Übels explizit ausgeführt. Das zehnte Kapitel dieses einflussreichen mahāyānistischen Textes schildert, wie eine große Schar von Bodhisattvas aus einem weitentlegenen Paradies die Welt des Buddha Gautama – die Welt des alten Indiens – besucht. Mit Entsetzen wundern sich die Paradiesbewohner darüber, dass es »ein

96 Vgl. Ñāṇamoli & Bodhi 2001: 648-653.
97 Ebd. 651.

Buddha-Feld mit solch großem Elend« gibt, in dem die Menschen »wild und unzivilisiert« sind. Doch der Text erklärt dann, dass alle zehn Bodhisattva-Tugenden nur in einer solchen Welt entwickelt werden können. Die Tugend der Freigebigkeit setze voraus, dass es echte Not gebe. Die Tugend der Sittlichkeit setze voraus, dass die echte Möglichkeit zu bösem Handeln bestehe. Die Tugend der Nachsicht setze voraus, dass es jenen Hass gebe, der die Nachsicht erfordere, und so weiter. »Solche, die sich in der Praxis dieser zehn Tugenden üben, existieren nicht in einem anderen Buddha-Feld.«[98]

In den theistischen Religionen stellt sich das Problem des Übels als Anfrage an die Vorstellung eines guten und allmächtigen Schöpfers. Auch in Teilen des Buddhismus ist das Übel immer wieder als Einwand gegen den Glauben an einen göttlichen Schöpfer ins Feld geführt worden.[99] Doch das Problem stellt sich auch in nicht-theistischen Religionen. Im Buddhismus erscheint es als Frage nach dem ungeklärten Ursprung der Befleckungen, wenn der Geist doch von Natur aus eigentlich rein und leuchtend ist. Besonderes Gewicht erhält dieses Problem dort, wo die Buddha-Natur mit dem Dharmakörper (*dharmakāya*) identifiziert und der Dharmakörper zugleich als der letzte Grund aller Wirklichkeit verstanden wird. Peter Gregory hat das Problem so beschrieben: »Der Geist, aus dem die Verblendung hervorgeht, ist der seiner Natur nach erleuchtete reine Geist und dieser Geist [...] ist die ursprüngliche Grundlage der phänomenalen Wirklichkeit. [...] Wie kann Verblendung entstehen, wenn die ursprüngliche Grundlage der phänomenalen Wirklichkeit der seiner Natur nach erleuchtete Geist ist?«[100] Wenn also die letzte Wirklichkeit einerseits als reiner und vollkommener Geist und andererseits als die Grundlage der Welt charakterisiert wird, warum gibt es dann die Verblendung und all die aus ihr resultierenden Übel?

Die Antwort aus dem *Vimalakīrtinirdeśa-Sūtra* basiert auf dem Wert und der Natur der Tugend. Eine Welt voller Leid, aber mit der Möglichkeit, jene Tugenden zu entwickeln, die das Übel be-

98 Thurman 1976: 83. Vgl. oben Kap. 4, S. 186.
99 Vgl. Schmidt-Leukel 2019a: 316-323; Schmidt-Leukel 2020e.
100 Gregory 1986: 73.

kämpfen, ist demnach wertvoller als eine paradiesische Welt, in der es kein Leid, aber auch keine Tugend gibt. Dieses Argument zeigt inhaltlich eine große Nähe zu der aus den theistischen Religionen bekannten Erklärung des Übels durch die menschliche Willensfreiheit. Wie dieses setzt auch das buddhistische Argument voraus, dass es eine sittlich relevante Willensfreiheit gibt, die sowohl zu gutem wie zu bösem Tun führen kann. Daher bildet die Willensfreiheit – gemeinsam mit der Erkenntnis – die Basis der Tugend, welche von einem so großen Wert ist, dass sie letztlich das Leid aufwiegt.[101] Wenn alle Wesen so etwas wie Roboter wären, darauf programmiert, nur Gutes zu tun, dann wäre das, was sie tun, nicht wirklich »gut« in einem moralischen Sinn. Roboter funktionieren, aber sie sind nicht tugendhaft. Die Verwirklichung des Wertes der Tugend setzt Wesen voraus, die die Freiheit besitzen, sich tugendhaft oder auch nicht tugendhaft zu verhalten.

Dieser Punkt des Arguments führt uns zurück zur Frage nach der Bedeutung der eigenen Anstrengung im Prozess der Erlösung. Einerseits findet sich also in Buddhismus und Christentum die Überzeugung, dass das Problem des Übels nur gelöst werden kann, wenn der Tugend und der mit ihr verbundenen eigenen Anstrengung und Verantwortung ein besonderer Wert zugesprochen wird. Andererseits finden wir aber auch in beiden Traditionen die verbreitete Überzeugung, dass ein tugendhaftes Leben die Überwindung der tiefsitzenden Egozentrik beinhaltet, und dass dies nur möglich ist durch jene »fremde« Hilfe, die aus der letzten Wirklichkeit selbst stammt. Zudem finden wir in beiden Traditionen die Überzeugung, dass sich nur so die Einheit von Weisheit und Mitgefühl beziehungsweise von Erkenntnis/Glaube und Liebe realisiert, dass sie also nur in der Welt, wie wir sie kennen, konkret wird, und zwar als ein Gut, das letztlich von jenseits der Welt her aus ihrem unfassbaren Grund stammt. Der Buddhismus fasst dies in das Bild, dass die reine Lotos-Blüte nur im unreinen Schlamm erblüht – das Christentum spricht davon, dass das Licht nur in der Finsternis erstrahlt.

101 Zur Bedeutung des Arguments der Willensfreiheit im Kontext christlicher Theologie siehe zur einführenden Übersicht Loichinger & Kreiner 2010: 67-120, sowie Kreiner 2017.

# 8. Kapitel

## »Hinterm Horizont ...«

In ihrem aus christlicher Perspektive verfassten, populärwissenschaftlichen Vergleich der Jenseitsvorstellungen verschiedener Religionen schreibt Catherine Wolff, im Hinduismus und Buddhismus sei sie Gedanken über das Jenseits begegnet, »die sich wesentlich von dem unterscheiden, was sich in westlichen Religionen findet.«[1] In der Tat kann sich auf den ersten Blick ein solcher Eindruck leicht einstellen. Doch auch hinsichtlich der Frage, wie es um das zukünftige Heil des Menschen bestellt ist, erweist eine genauere Betrachtung von Buddhismus und Christentum, dass es hier nicht einfach nur um den Unterschied zwischen Nirvāṇa und Himmelreich geht. Vielmehr haben sich in jeder der beiden Traditionen unterschiedliche Vorstellungen vom jeweiligen Heilsziel ausgebildet. Vergleicht man diese traditionsinternen Unterschiede miteinander, so lassen sich erneut fraktale Muster erkennen: Einige Ausprägungen christlicher Heilsvorstellungen haben Parallelen im Buddhismus und einige Charakteristika buddhistischer Heilserwartungen besitzen Entsprechungen im Christentum.

Bevor dies genauer ausgeführt wird, möchte ich zunächst wieder einen kurzen Blick auf bisherige Religionsvergleiche werfen. Dabei lasse ich jedoch jene Vergleiche außer Acht, in denen christliche Autoren das buddhistische Nirvāṇa im Sinn einer nihilistisch gedeuteten völligen Auslöschung interpretiert haben. Wie im vierten Kapitel gezeigt, dürfte es sich hierbei weitgehend um eine Fehlinterpretation handeln. Sie beruht auf der Ansicht, dem Buddhismus fehle der Glaube an eine transzendente, absolute Wirklichkeit.[2] Heute gibt es zwar sowohl im Buddhismus als auch im Christentum säkularisierte Interpretationen der eigenen Lehren, die in der Tat die Existenz einer transzendenten Wirklichkeit

1 Wolff 2021: 205.



2 Kap. 4, S. 139-147.

bestreiten. Unter solchen Voraussetzungen reduziert sich auch das Heilsziel beider Religionen auf die Verwirklichung bestimmter innerweltlicher Werte.[3] Auf traditionelle Formen beider Religionen, die natürlich auch in der Gegenwart weiterhin bestehen, trifft dies jedoch nicht zu.

## 8.1 Glückseliges Entwerden oder glückselige Gemeinschaft?

Seit den Anfängen westlicher Buddhismus-Studien hatten christlich geprägte Autoren Schwierigkeiten, das buddhistische Heilsziel vergleichend einzuordnen. Diejenigen, die eine nihilistische Deutung des Nirvāṇas ablehnten, sahen die stärksten Parallelen zu den buddhistischen Aussagen in den mystischen Formen theistischer Religionen sowie in einer von der Negativen Theologie geprägten Betonung der Unbegreiflichkeit letzter Wirklichkeit.[4] Allerdings finden sich direkte Vergleiche des buddhistischen und des christlichen Heilsziels eher selten. Wenn sie vorliegen, so bleibt es, was den Buddhismus betrifft, häufig bei einem Schwanken zwischen einer nihilistischen und mystischen Deutung.

Joseph Estlin Carpenter vertrat in seinem 1923 erschienenen Vergleich, der Buddha habe die Unausdrückbarkeit und Unbegreifbarkeit des Nirvāṇas betont, weil das von Tod und Leid freie Nirvāṇa »zur transzendenten Ordnung« gehöre.[5] Zugleich aber habe der Buddha auch die Erfahrbarkeit des Nirvāṇas bekräftigt. Die buddhistischen Stufen der sogenannten »formlosen Versenkung« setzte Carpenter in Bezug zur platonisch geprägten Mystik, wie sie sich bei Clemens von Alexandrien und bei Augustinus findet.[6] Besonders die christlichen Mystiker, so Carpenter, hätten – ähnlich wie die buddhistischen Texte – die Unbegreifbarkeit und

3 Kap. 4, S. 148.

4 Siehe oben Kap. 4, S. 142f.

5 Carpenter 1923: 122-128, bes. 127.

6 Ebd. 142-145.

Unbeschreibbarkeit der letzten Wirklichkeit hervorgehoben.[7] In der Heilsverheißung des Mahāyāna-Buddhismus, wonach einst alle Wesen zu Buddhas werden sollen, sah Carpenter ein Äquivalent zur neutestamentlichen Verheißung, dereinst an der göttlichen Natur Anteil zu erhalten (2 Petr 1,4).[8]

In die entgegengesetzte Richtung tendierte der acht Jahre später erschienene Vergleich von Hilko Wiardo Schomerus. Wie Carpenter zitiert auch Schomerus die buddhistische Position, dass das Nirvāṇa weder als Sein noch als Nicht-Sein beschrieben werden könne.[9] Der Buddha, so räumt Schomerus ein, habe das Nirvāṇa nicht als »Erlösung in einem absoluten Nichts« verstanden.[10] Allerdings komme das Nirvāṇa zumindest aus westlicher Sicht einem todesähnlichen Zustand sehr nahe.[11] Das Nirvāṇa, so Schomerus,

> ... ist die Seligkeit dessen, der von sich weiß, daß er jenseits alles leidvollen Geschehens steht, oder es auch nicht mehr weiß, den alles, was sonst Leid verursacht, nichts mehr angeht. Es ist das ein wunderbarer Seelenzustand, den man vielleicht mit einem jenseits des Bewußtseinslebens stehenden Zustand, z.B. mit dem in der Narkose, vergleichen kann, ein Dauerzustand völliger Unempfindlichkeit, in dem es kein Empfinden und Wahrnehmen, kein Vorstellen und Denken, kein Fühlen, kein Streben, kein Begehren, kein Wollen mehr gibt, in dem man lediglich das Gefühl der absoluten Ruhe und des tiefsten Friedens hat, falls überhaupt noch ein solches Gefühl vorhanden ist, ein Zustand, der sich näher positiv inhaltlich nicht beschreiben läßt.[12]

Diesem Ziel, das dem »Tod [...] so ähnlich wie nur möglich ist«,[13] stellt Schomerus das christliche Heilsziel des ewigen Lebens ent-

7 Ebd. 264-271.
8 Ebd. 231.
9 Schomerus 1931: 55.
10 Ebd. 57.
11 Ebd. 58.
12 Ebd. 56f.
13 Ebd. 58.

gegen. Darunter versteht er ein »Leben mit Gott«, von dem »alles Widergöttliche«, das heißt die Sünde, ausgeschlossen ist.[14] Nach Schomerus bricht dieses Leben für den, der an Christus glaubt, bereits im Diesseits an, findet seine Vollendung jedoch erst »in der Welt, in der es keine Sünde mehr gibt, in der Gottes Wille das einzige Gesetz und die einzige Macht ist«.[15] Für Schomerus erweisen sich die beiden Heilsziele als diametral entgegengesetzt: »In Christus haben wir einen Führer vom Tode zum Leben, in Buddha vom Leben zu dem dem Tode ähnlichen Nirvāṇa.«[16]

Positionen wie die von Schomerus sind bis in die neuere Zeit hinein vor allem von christlichen Autoren wiederholt worden. So schreibt beispielsweise Ulrich Luz in seinem Vergleich aus dem Jahre 2002, dass sich bei Jesus und dem frühen Christentum die Heilsvorstellung der kommenden Gottesherrschaft mit dem Gedanken der »Erfüllung« und »Fülle des Lebens« verbindet. »Wie weit [entfernt; PSL] scheint demgegenüber das Nirvāṇa zu sein, das gerade als Befreiung vom Leben, als Erlöschen von Leben beschrieben werden muss.«[17]

Ein differenzierteres Bild zeichnete allerdings bereits Burnett Hillman Streeter, dessen vergleichende Studie nahezu zeitgleich mit der von Schomerus erschien. Streeter betont, dass sich im Buddhismus unterschiedliche Konzeptionen des Nirvāṇas finden. Während einige Richtungen ein Nirvāṇa lehrten, das tatsächlich dem Gedanken der Auslöschung sehr nahe komme, finde sich daneben auch die Vorstellung einer »Befreiung des wahren und ewigen Selbst vom empirischen Selbst«, wobei das wahre Selbst als identisch mit dem Absoluten gedacht werde. Streeter beschreibt dieses Heilsziel so: »Der Sturm ist vorbei; die aufgepeitschte und aufgewühlte Welle sinkt zurück in den Schoß des ruhigen Ozeans des Ewigen Seins.«[18] Zudem machte Streeter darauf aufmerksam, dass sich im Mahāyāna noch eine weitere Vorstellung entwickelt habe, nämlich

14 Ebd. 60f.

15 Ebd. 62.

16 Ebd. 64.

17 Luz & Michaels 2002: 58.

18 Streeter 1932: 284.

die endgültige Befreiung vom Kreislauf der Wiedergeburten durch die Wiedergeburt in Amidas Reinem Land.[19]

Zwar hatte auch Schomerus darauf hingewiesen, dass einige Aussagen in den buddhistischen Texten den Eindruck erwecken, das Heilsziel bestehe im Einssein mit einer transzendenten Wirklichkeit. Im Unterschied zu Streeter lehnte Schomerus diesen Eindruck jedoch als irreführend ab.[20] Ganz ähnlich hat in jüngerer Zeit Ninian Smart die Vorstellung verworfen, der Buddha habe auf irgendeine absolute Wirklichkeit verwiesen. Zumindest für die Lehren des Theravāda treffe dies nicht zu.[21] Dennoch räumt Smart ein, dass auch gemäß der kanonischen Texte des Theravāda das Nirvāṇa als »das höchste Glück, der beständige oder todlose Ort und das Ende der Sorge um das Selbst oder Ego« beschrieben wird.[22] Doch gerade die Vorstellung eines Verlusts des Selbst im Nirvāṇa verbiete es, hierin eine Ähnlichkeit mit dem christlichen Glauben zu sehen. Denn im Christentum gehe es um das »volle Erblühen der eigenen leuchtenden Persönlichkeit, wie sie das Leben mit Gott im Himmel durchflutet.«[23] Anders beurteilt Smart allerdings die Entwicklungen im Mahāyāna-Buddhismus. Die Gestalt des Buddha Amida (= Amitābha) zeige durchaus Züge eines theistisch gedachten Gottes. Und die Vorstellung, dass alle Buddhas im höchsten Dharmakörper (*dharmakāya*) eins sind, erinnere tatsächlich an gewisse Formen theistischer Mystik, wie etwa an den Gedanken der Einheit mit der Gottheit bei Meister Eckhart.[24]

Streeter sieht den eigentlichen Unterschied zwischen buddhistischem und christlichem Heilsziel in der sozialen Dimension des Letzteren. Im Christentum bestehe der Vorgeschmack des ewigen Lebens »nicht primär, wenn überhaupt, in der mystischen Verzückung der ›Flucht des Einen zum Einen‹.«[25] Im Reich Gottes

19 Ebd. 285.

20 Vgl. Schomerus 1931: 56.

21 Smart 1993: 18, 21f.

22 Ebd. 47. Ähnlich ebd.18.

23 Ebd. 18.

24 Ebd. 24.

25 Streeter greift hier eine berühmte Formel Plotins auf und verweist damit indirekt auf den neuplatonischen Einfluss in der christlichen Mystik.

gehe es nicht um die »ewige Ruhe des Nirvanas«, nicht um das »Aufgehen des Tautropfens im leuchtenden Meer«,[26] sondern um Gemeinschaft. »Liebe ist folglich das Wesen des Ewigen Lebens.« Dies gelte sowohl für die Erfahrung des Gottesreiches im Hier und Jetzt als auch für den Himmel. »Auf Erden muss das Reich Gottes eine Sozietät sein; und das wird es auch im Himmel sein – doch wird es dann statt eines Reichs ein Zuhause genannt werden.«[27]

Damit spricht Streeter einen Unterschied der Heilsvorstellungen an, der in mehreren Vergleichen hervorgehoben wird. Sowohl Schomerus als auch Luz betonen die liebende Gemeinschaft als Dimension des von Jesus verkündeten Gottesreichs.[28] Nach Gustav Mensching ist das Nirvāṇa »die Auslöschung aller Individualität und Persönlichkeit«.[29] »Wie die Ströme in den Ozean münden und in ihm ihre Namen und ihre individuelle Gestalt verlieren, aber doch nicht aufhören, im großen Ozean weiterzuexistieren, so ist es mit dem Erlösten im Nirvana.«[30] Wie Schomerus vertritt auch Mensching, das buddhistische Heilsziel sei ein »Zustand des bewußtlosen Seins.«[31] Demgegenüber sei das christliche Heilsziel »eine verwandelte Welt, in der Gottes Herrschaft uneingeschränkt verwirklicht ist.«[32] »Das Reich Gottes« – so Mensching mit Berufung auf Paul Tillich – »ist ein soziales, politisches und personalisiertes Symbol.«[33] Hier gehe es um die Verwirklichung von Gerechtigkeit und Frieden, beim Nirvāṇa dagegen um die Überwindung von Endlichkeit und Leid.[34]

26 Dies ist ein indirektes Zitat der letzten Zeile aus *The Light of Asia* (»Die Leuchte Asiens«), einem außerordentlich populären epischen Gedicht auf das Leben des Buddhas, das Edwin Arnold im Jahr 1879 erstmals veröffentlich hat.

27 Alle Zitate Streeter 1932: 305.

28 Vgl. Schomerus 1931: 62f; Luz & Michaels 2002: 57f.

29 Mensching 1978: 117.

30 Ebd. 106.

31 Ebd. 107.

32 Ebd. 117.

33 Ebd. 118. Vgl. hierzu Tillichs Bemerkungen zu Nirvāṇa und Reich Gottes in seinen Bampton Lectures (Tillich 1964: 63-75). Zur Kritik an Tillichs einseitiger Wahrnehmung des Buddhismus, die der sozialen Dimension buddhistischer Heilsvorstellung zu wenig Rechnung trägt, siehe Lai, P.-C. 2006b.

34 Vgl. Mensching 1978: 118.

In dieselbe Richtung zielt der Vergleich der Heilsziele bei Georg Siegmund. Formal handle es sich in beiden Fällen um das Streben nach dem Absoluten.[35] Das buddhistische Heilsziel sei die Freiheit von Leid und Vergänglichkeit,[36] »ein Eingehen und Aufgehen in der absoluten Substanz, also Identifizierung oder Verschmelzung mit der höchsten Wirklichkeit.«[37] Dabei werde jedoch vorausgesetzt, dass es neben dem Absoluten keine andere Wirklichkeit gebe. Alles Nicht-Absolute werde als leerer Schein, als Täuschung gedacht. Eine Eigenwirklichkeit des Menschen im Sinn einer vom Absoluten verschiedenen Person lasse sich in diesem Kontext nicht denken. Daher könne, anders als im Christentum, das Heilsziel auch nicht als »eine personale Begegnung mit einem absoluten personalen Wesen« verstanden werden, das heißt nicht als »ein Einswerden mit dem Absoluten im Sinne einer personalen Liebesgemeinschaft mit dem persönlichen Schöpfergott.«[38] Für »ein Unendlichkeitsstreben als Liebesverlangen« bleibe im Buddhismus kein Raum.[39] Das tiefste Streben des Menschen besteht nach Siegmund jedoch gerade in einem solchen Liebesverlangen und könne seine Erfüllung allein in einer »Liebes-Einung« mit einem personalen Absoluten finden.[40]

Allerdings, so mutmaßt Siegmund, habe diese innere Tendenz des Menschen sich schließlich auch im Buddhismus, trotz dessen monistischer Grundtendenz, Bahn gebrochen. Im Reines-Land-Buddhismus zeige sich das Bedürfnis nach »Liebes-Einung«. In dieser Form des Buddhismus suche der Mensch »Trost und Gnade bei Amida Buddha«. Daher ergebe sich hier eine Brücke zwischen Ost und West.[41] Deutlich skeptischer äußert sich in dieser Hinsicht jedoch Ernest Valea. Nach ihm wäre es »absurd, das Reine Land als einen Ort vollkommener und immerwährender Gemeinschaft mit dem Buddha zu betrachten«. Daher könne es nicht

35 Vgl. Siegmund 1983: 215-252.
36 Ebd. 218.
37 Ebd. 241.
38 Ebd. 241f.
39 Ebd. 232.
40 Ebd. 245f.
41 Ebd. 248f.

als ein Äquivalent zum Reich Gottes gelten. Das Reine Land sei lediglich eine Übergangsstation, von der aus das Nirvāṇa erreicht werde.[42] Im Nirvāṇa aber sei kein Raum für Personalität.[43] In seiner Interpretation des Nirvāṇas steht Valea der Deutung als endgültiger Vernichtung nahe. Zwar werde im Nirvāṇa kein Selbst vernichtet – denn das Selbst sei ja nach buddhistischer Auffassung ohnehin nur eine Illusion. Aber alle Kräfte, die die Existenz hervorbringen, kämen hier zum endgültigen Erlöschen.[44] Für einen Buddhisten könne die christliche Heilsvorstellung nichts anderes sein als eine Fortsetzung der Illusion, ein Anhaften am Wunsch nach personaler Fortexistenz.[45]

Solche Mutmaßungen treffen allerdings keineswegs auf alle Buddhisten zu. Der buddhistische Religionswissenschaftler Hajime Nakamura vertrat in seinen religionsvergleichenden Überlegungen die Ansicht, »dass die buddhistische Hoffnung auf das Nirvāṇa mit der christlichen Hoffnung auf himmlisches, ewiges Leben mehr gemeinsam hat, als manchmal angenommen wird.«[46] Während Nakamura die nihilistische Deutung des Nirvāṇas als westliche Fehlinterpretation verwirft,[47] räumt er ein, dass es auch im Buddhismus recht unterschiedliche Vorstellungen vom Nirvāṇa gegeben habe.[48] Aber neben dem grundlegenden Glauben an das Nirvāṇa als jene Wirklichkeit, die die Befreiung von Leid und Tod bringt, werde vor allem die Unbeschreibbarkeit des Nirvāṇas betont. Gleichzeitig verweist er auf die zahlreichen poetischen Bilder und Metaphern, die den erstrebenswerten Charakter des Nirvāṇas als das höchste Glück betonen: das jenseitige Ufer, der Zufluchtsort, die sichere Insel, der glückselige Ort, die heilige Stadt, das Heilmittel gegen alle Übel und so weiter. Er führt diese Aussagen darauf zurück, dass nach buddhistischer Ansicht, das Nirvāṇa bereits in diesem

42 Valea 2008: 130.

43 Ebd. 178.

44 Vgl. ebd. 95-98.

45 Vgl. ebd. 185.

46 Nakamura 1986: 62.

47 Ebd. 63.

48 Ebd. 53.

Leben in der Erleuchtung erfahrbar ist. Der Friede und das Glück der Erleuchtung werden dabei – so Nakamura – als etwas den Tod Überdauerndes gedacht.[49] Die Parallelen zu christlichen Heilsvorstellungen sieht Nakamura vor allem darin, dass auch das Christentum einerseits die Unbeschreibbarkeit des ewigen Lebens betone (er verweist hierzu auf 1 Kor 2,9),[50] andererseits jedoch ebenfalls viele Metaphern verwende, die den buddhistischen Bildern nicht unähnlich sind. Auch hier gehe es häufig um die Befreiung von Leid und Tod.[51] Den Sozialbezug des buddhistischen Heilsziels sieht Nakamura in dem Glauben, dass die Erleuchtung ein alle umfassendes Wohlwollen mit sich bringe.[52]

Letzteres hat auch Chai-Shin Yu in seinem Vergleich der frühen buddhistischen und christlichen Gemeinschaft hervorgehoben. Das Bild der Flüsse, die ihre separate Individualität verlieren, wenn sie in den großen Ozean münden (*Aṅguttara Nikāya* 8, 19), finde seine Entsprechung im buddhistischen Ideal eines Lebens im Orden, bei dem alle eins sind, weil es kein selbstbezogenes Streben mehr gebe.[53] Im frühen Christentum, so Yu, »gab die Lehre vom Heiligen Geist den Mitgliedern der Gemeinschaft ein Gefühl der Einheit, insofern sie sich als Menschen betrachteten, die vom Geist geleitet werden, der sie als das Volk Gottes in einem Neuen Bund zu einem einzigen Leib miteinander verband.«[54]

Valeas Mutmaßung, die christliche Hoffnung auf ewiges Leben müsse Buddhisten wie das Anhaften am Wunsch nach individueller Fortexistenz erscheinen, berührt einen weiteren Aspekt im Vergleich christlicher und buddhistischer Heilsvorstellungen: den Unterschied zwischen dem Glauben an die Auferstehung und dem Glauben an die Wiedergeburt. Was sich bei Valea nur andeutet, findet sich klar ausformuliert bei Mensching:

49 Vgl. ebd. 54f.

50 »Was kein Auge jemals sah, was kein Ohr jemals hörte und was sich kein Mensch vorstellen konnte, das hält Gott für die bereit, die ihn lieben.« Ebd. 60.

51 Vgl. ebd. 62.

52 Vgl. ebd. 56f.

53 Yu, C.-S. 1981: 73.



54 Ebd. 211.

> Die christliche Enderwartung ist mit dem Glauben an eine Auferstehung verbunden, wie er im Spätjudentum, unter iranischem Einfluß wohl entstanden, lebte. Das ist natürlich eine Idee, die im Buddhismus als Heilserwartung unmöglich ist; denn die stete Wiedergeburt ist gerade das Unheil und deren Beendigung ist das Heil.[55]

Während Mensching hier, ähnlich wie Valea, nahelegt, aus buddhistischer Sicht könne Auferstehung nicht als heilshaft gelten, weil sie der Vorstellung einer fortgesetzten Existenz durch Wiedergeburt nahestehe, weist Smart darauf hin, dass das Christentum »zumeist« die Vorstellung von Wiedergeburt beziehungsweise Reinkarnation zugunsten des Glaubens an die Auferstehung des Leibes und die Unsterblichkeit der Seele verworfen habe.[56] Doch sowohl der von Mensching als auch der von Smart gewählte Vergleichspunkt sind nicht unproblematisch. Wie weit lässt sich Auferstehung – oder besser: Auferweckung – mit jener Form von Fortexistenz parallelisieren, die im Buddhismus als Wiedergeburt bezeichnet wird? Und beinhaltet der buddhistische Wiedergeburtsglaube nicht auch die Möglichkeit einer progressiven Läuterung, sodass er vielleicht weniger zum Auferstehungsglauben, wohl aber zur christlichen Idee des Purgatoriums, das heißt zum Glauben an eine weitere Läuterung des Menschen in einer postmortalen Existenzform in Beziehung zu setzen wäre?

## 8.2 Individuelle und soziale Facetten buddhistischer Heilsvorstellungen

Das Nirvāṇa erreichen – um dieses Ziel kreisen die buddhistischen Heilsvorstellungen. »Überall im Buddhismus«, so Steven Collins, »ist Nirvana [...] symbolisch zentral.«[57] Allerdings ist dieses Ziel innerhalb der buddhistischen Tradition recht unterschiedlich verstanden

55 Mensching 1978: 117.

56 Smart 1993: 17.

57 Collins, S. 1998: 116.

und ausgelegt worden. Im Folgenden soll nicht wiederholt werden, was bereits im vierten Kapitel über das Nirvāṇa als transzendente und letzte Wirklichkeit ausgeführt wurde. Hier geht es vielmehr um die verschiedenen Formen und Facetten der damit verknüpften Heilsverständnisse. Erneut kann der Überblick nur kursorisch und selektiv ausfallen: Inwieweit finden sich in der Vielfalt buddhistischer Heilsvorstellungen solche Unterschiede, die den Unterschieden innerhalb christlicher Ideen vom Heil des Menschen ähneln? Wie gezeigt, findet sich auch in einigen der bisherigen Religionsvergleiche ein Wissen um die Existenz unterschiedlicher Heilsvorstellungen im Buddhismus. Doch eher selten – und wenn, dann bestenfalls in Andeutungen – hat man bisher die innerbuddhistische mit der innerchristlichen Vielfalt an Heilsvorstellungen verglichen.

### *Diesseitiges und jenseitiges Heil*

Die Texte des älteren Buddhismus sowie die autoritativen Quellen des Theravāda-Buddhismus beziehen sich sowohl auf ein diesseitiges als auch auf ein jenseitiges Nirvāṇa, oder anders gesagt, auf das Nirvāṇa »innerhalb der Zeit« als auch auf das Nirvāṇa »außerhalb der Zeit«, wie es Steven Collins treffend formuliert hat.[58] Im ersten Fall geht es um die Erfahrung des Nirvāṇas zu Lebzeiten, das heißt die Erfahrung des Nirvāṇas in der Erleuchtung beziehungsweise im Erwachen (*bodhi*). Im zweiten Fall geht es um die Erfahrung des Nirvāṇas beim Tod des Erleuchteten. Es handelt sich hierbei nicht um zwei unterschiedliche Nirvāṇas, sondern um die Unterscheidung von zwei unterschiedlichen Formen der Nirvāṇa-Erfahrung. In der buddhistischen Tradition wird diese Unterscheidung häufig als »Nirvāṇa mit einem Rest von Beilegungen« und als »Nirvāṇa ohne einen Rest von Beilegungen« bezeichnet.[59] Mit den

58 Vgl. Collins, S. 1998: 147-177; 2010: 39-60.

59 In Pāli: *sa-upādi-sesa-nibbāna* und *an-upādi-sesa-nibbāna*. Im Pāli-Kanon findet sich die Unterscheidung beispielsweise im *Itivuttaka* 44 (meine Übersetzung lehnt sich an Seidenstücker 1922: 27f., an). Vgl. hierzu auch Hwang 2006, der in seiner Studie den dogmatischen Implikationen dieser Unterscheidung in verschiedenen nicht-mahāyānistischen Schulen nachgeht.

»Beilegungen« (*upādi*) sind die fünf »Gruppen« (Pāli: *khandha*, Skt.: *skandha*) beziehungsweise Aspekte der geistig-körperlichen Existenz gemeint: Körper, Empfindung, Wahrnehmung, Geistesformationen (einschließlich des Willens und karmisch bedingter Neigungen) und Bewusstsein. An diesen »Gruppen« haftet der nicht-erleuchtete Mensch an, indem er/sie sich mit diesen als »Ich« identifiziert.[60] Ein Erleuchteter hingegen haftet nicht mehr an diesen »Gruppen« an, hat sie aber noch nicht endgültig abgelegt, was erst mit seinem oder ihrem[61] letzten Tod geschieht. Dem entspricht die ebenfalls traditionelle terminologische Unterscheidung zwischen dem »Nirvāṇa der Befleckungen« und dem »Nirvāṇa der Gruppen«, das heißt zwischen dem endgültigen »Erlöschen« (so die wörtliche Bedeutung von *nirvāṇa*) der »Befleckungen« (Gier, Hass und Verblendung) in der Erleuchtung und dem endgültigen Erlöschen der »Gruppen« im Tod des Erleuchteten, sodass es zu keiner weiteren Wiedergeburt und damit auch zu keinem weiteren Tod mehr kommt.

Bedeutet dies nun aber, dass ein Erleuchteter mit dem Eintritt in das jenseitige Nirvāṇa, das Nirvāṇa außerhalb der Zeit, nicht mehr existiert? Die Frage wird in den kanonischen Texten explizit gestellt und mit der berühmten vierfachen Verneinung beantwortet: Von einem Erleuchteten nach dem Tod könne nicht gesagt werden, dass er (1) existiert, (2) nicht-existiert, (3) existiert und nicht-existiert, (4) weder existiert, noch nicht-existiert.[62] Mit dieser Auskunft sind alle logisch möglichen Aussagen abgewiesen. Als Grund hierfür wird angegeben, dass der Erleuchtete eben nicht mehr mit den fünf Gruppen identifiziert werden kann.[63] Kurz und bündig heißt es dementsprechend im *Sutta Nipāta* (Vers 1076):

60 Vgl. oben Kap. 7, S. 278.

61 Nach älterer buddhistischer Überzeugung können auch Frauen als Frauen die Erleuchtung erreichen. Der Status der Buddhaschaft ist jedoch an das männliche Geschlecht gebunden, sodass Frauen nur dann zu einem Buddha werden können, wenn sie zuvor als Mann wiedergeboren werden.

62 Vgl. Collins, S. 1982: 131f.

63 So beispielsweise *Majjhima Nikāya* 72 und *Saṃyutta Nikāya* 44, 1.

Kein Maß gibt es für ihn, der hin zum Ende ging
Nicht gibt's ein Wort, durch das man ihn erfasst.
Wenn alle Dinge völlig abgetan,
Sind abgetan auch aller Rede Pfade.[64]

Ein Vollendeter, so wird an anderer Stelle gesagt, sei »tief, unermesslich, unfassbar wie der Ozean.«[65] Und so, wie der Ganges dem Ozean zustrebt und darin endet, so strebe die Gemeinde des Buddhas, Ordensmitglieder ebenso wie Laienanhänger, dem Ozean des Nirvāṇas zu.[66] Das Bild erweckt natürlich Anklänge an seine Verwendung in den Upanischaden, wonach sich das individuelle Selbst im Ozean der göttlichen Wirklichkeit verliert.[67] Steven Collins hat jedoch davor gewarnt, solchen Assoziationen zu viel inhaltliches Gewicht beizumessen. Ihm zufolge geht es – zumindest im Kontext der pāli-kanonischen Texte – bei diesem Bild allein um die radikale Unbeschreibbarkeit und »Unauffindbarkeit« des Erleuchteten im postmortalen Nirvāṇa.[68]

Auch für das diesseitige Nirvāṇa, das Nirvāṇa in der Zeit, wird eine Formulierung verwendet, die eine unverkennbare Nähe zu upanischadischen Vorstellungen aufweist. Denn von dem, der bereits zu Lebzeiten in der Erleuchtung »nirvanisiert« und glücklich geworden ist, heißt es in den pāli-kanonischen Texten öfters, er »verweile mit einem zu Brahma gewordenen Selbst«.[69] Man kann diese Formel so interpretieren, dass damit allein die Vollendung des Menschen zu Lebzeiten gemeint sei (etwa im Sinn von: »er hat die Heiligkeit erreicht«), ohne dass hierbei eine upanischadische Metaphysik im Sinne der Einheit von Selbst (*ātman* / *attā*) und göttlichem Weltgrund (*brahman*) impliziert wäre. Allerdings ist in einigen indischen Mahāyāna-Texten – und zwar in jenen, die von der Buddha-Natur aller Wesen handeln – die Nähe zu upanischadischen Ideen nicht nur verbaler, sondern unbestreitbar auch

64 Übersetzung nach Nyanaponika 1977: 218.
65 *Majjhima Nikāya* 72.
66 *Majjhima Nikāya* 73 und *Saṃyutta Nikāya* 44,1.
67 Vgl. *Chāndogya Upaniṣad* 6,10; *Muṇḍaka Upaniṣad* 3,2,8.
68 Vgl. Collins, S. 1982: 260f; 1998: 221f.
69 Pāli: *brahmabhūtena attanā vhiharati*. Vgl. hierzu Pérez-Remón 1980: 113-118.

inhaltlicher Art. Denn hier wird die Buddha-Natur oder der »Buddha-Keim« (*tathāgatagarbha*) nicht nur explizit das wahre Selbst (*ātman*) genannt. Vielmehr bezeichnet der Buddha-Keim zugleich eine Wirklichkeit, die »beständig, unzerstörbar und von höchstem Wert ist, und die zudem über einen selbst hinaus auf jene zeitlose, höhere Wirklichkeit verweist, die der Buddha ist.«[70] Noch größer wird die Ähnlichkeit zu upanischadischen Vorstellungen dort, wo die Buddha-Natur als das wahre Selbst zugleich mit der wahren Natur der gesamten Wirklichkeit identifiziert wird.

Angesichts dieses Befundes haben in jüngerer Zeit die beiden japanischen buddhistischen Gelehrten Noriaki Hakamaya und Shirō Matsumoto den Vorwurf erhoben, die Lehre von der allgemeinen Buddha-Natur sei »unbuddhistisch«.[71] Jikidō Takasaki, einer der Lehrer von Hakamaya und Matsumoto, hat auf die Position seiner beiden Schüler folgendermaßen reagiert:

> Die Idee, dass der *tathāgata-garbha-Gedanke* viel mit jenem Hauptstrom indischen Denkens gemeinsam hat, wie er von den Upanischaden und der Vedānta-Philosophie repräsentiert wird, ist etwas, das ich selbst oft vertreten habe, und stellte kaum einen Grund zur Aufregung dar. Aber es ist etwas ganz anderes, wenn man den Schluss zieht, ein solches Denken sei »unbuddhistisch«, nur weil es dem Hauptstrom indischen Denkens ähnlich ist. Hierin teile ich ihre Meinung nicht. [...] Das Problem besteht meines Erachtens darin, wie man »Buddhismus« definiert.[72]

Mit dieser Bemerkung weist Takasaki implizit auf die innere Vielfalt der buddhistischen Tradition hin. Denn »Buddhismus« lässt sich nicht durch eine einzige seiner Ausprägungen definieren. Innerhalb dieser Vielfalt finden sich auch unterschiedliche Heilsvorstellungen. Und während einige stark dazu neigen, von jeder metaphysischen Beschreibung des letzten Heilszustandes Abstand zu wahren, lassen andere durchaus eine Nähe zu metaphysischen

70 Jones 2021: 251.

71 Vgl. hierzu Hubbard & Swanson 1997.

72 Takasaki 1997: 314.

Einheitsvorstellungen aus der upanischadischen Tradition erkennen.

Wie bereits im vierten Kapitel ausgeführt, ist der »unfassbare Ozean« keineswegs das einzige Bild für das Nirvāṇa.[73] Im Gegenteil, die kanonischen und außerkanonischen Texte gebrauchen hierfür eine enorme Fülle an Bildern und Metaphern. Bilder wie die der sicheren Insel oder der glücklichen Stadt drücken vor allem die unverlierbare Befreiung aus Leid und Tod aus. Doch verweisen sie, wie meines Erachtens Nakamura mit Recht betont hat, gerade in ihrem bildhaften Charakter zurück auf die Erfahrung des Nirvāṇas zu Lebzeiten: auf die Erleuchtung. Denn erst von dieser Erfahrung her lässt sich – wenn auch nur in der Form gleichnishafter Bilder – jene Hoffnung ausdrücken, die mit dem endgültigen Erreichen des transzendenten Heilsziels, des jenseitigen Nirvāṇas, verbunden wird.[74] Auf die Erfahrung der Erleuchteten bezieht sich auch die Hoffnung jener, die ihrer Botschaft vertrauen. In diesem Sinn heißt es im *Milindapañha* (3,4,8): Auch wenn man noch nicht selbst die Erleuchtung erlangt hat, »so weiß man, daß die Erlösung Glück bedeutet, da man den Freudenruf derer vernommen hat, die die Erlösung geschaut haben.«[75]

Obwohl es im Pāli-Kanon Texte gibt, die von einem plötzlichen und unerwarteten Eintritt der Erleuchtungserfahrung sprechen, wird die Erleuchtung zumeist mit der Meditation, genauer gesagt, mit dem Erreichen bestimmter meditativer Geisteszustände verknüpft. In dieser Hinsicht tut sich ein weiterer aufschlussreicher Unterschied auf: Einige Texte verbinden die Erfahrung der Erleuchtung mit der höchsten Stufe der sogenannten »formhaften« Versenkung, das heißt mit einem Zustand gleichmütiger Achtsamkeit, frei von Freude und Schmerz. In diesem Zustand habe Siddhārtha Gautama die Erleuchtung und die mit ihr verbundene Einsicht erlangt.[76] Andere Texte hingegen verbinden die Erfahrung des Nirvāṇas mit der

73 Vgl. oben Kap. 4, S. 152f.

74 Vgl. nochmals Nakamura 1986: 54f. Siehe auch oben Kap. 4, S. 174-176.

75 Nyanaponika 1985: 96.

76 Dieser Versenkungszustand wird sowohl auf sein Nirvāṇa in der Zeit (vgl. *Majjhima Nikāya 36*) als auch auf seinen Eintritt in das Nirvāṇa außerhalb der Zeit bezogen (*Dīgha Nikāya* 16).

höchsten Stufe der »formlosen« Versenkung, die als das »Aufhören von Wahrnehmung und Empfindung« bezeichnet wird.[77] Damit ist ganz offensichtlich vorausgesetzt, dass die Erfahrung des Nirvāṇas und insbesondere seine Erfahrung als »Glück« von ganz anderer Art ist als alle mit den üblichen Formen von Wahrnehmung und Empfindung verbundenen Erfahrungen.[78]

Dies hat gewichtige Implikationen für das Verständnis der postmortalen Erfahrung des Nirvāṇas. Denn auch in dieser Hinsicht stellt sich die Frage, inwiefern das jenseitige Nirvāṇa als »höchstes Glück« bezeichnet werden kann, wenn es doch zugleich das Erlöschen der fünf Gruppen und damit das Erlöschen von Wahrnehmung, Empfindung und Bewusstsein bedeutet. Nach Collins lassen sich die pāli-kanonischen Texte diesbezüglich so zusammenfassen: »Nirvana ist das Erlöschen des Bewusstseinsaggregats, aber es ist nicht gleichbedeutend mit Nicht-existent-Werden: Nirvana ist jenseits der Kennzeichnung.« Das heißt: »Ein nirvanisiertes Bewusstsein ist nicht nicht-existent [...].«[79]

Ähnliches gilt für das Glück. Das Glück des Nirvāṇas ist nicht identisch mit einem bedingten und somit vergänglichen glücklichen Gefühl. Das Glück liegt vielmehr in der bleibenden Befreiung aus der Welt des Bedingten und Vergänglichen.[80] Dennoch gelten temporäre Befreiungserfahrungen als eine Art Vorgeschmack auf das Nirvāṇa. In der formhaften Versenkung kommt es zu einer vorübergehenden Überwindung jener geistigen »Hemmnisse«, darunter Gier und Hass, die in der Erleuchtung bleibend überwunden sind. Die zeitweilige Befreiung von diesen Hemmnissen erzeugt eine glückliche Freude, die in den kanonischen Texten häufig mit der Befreiung aus finanziellen Nöten, der Genesung von schwerer Krankheit, der Befreiung aus dem Gefängnis oder der Versklavung sowie mit der sicheren Ankunft am Ziel nach einer gefährlichen Reise verglichen wird. Die Bot-

77 Z.B. *Aṅguttara Nikāya* 6,46; 9,51; 10,29. Vgl. hierzu Schmidt-Leukel 1993b, bes. 384-391; 2020a: 120-125. Siehe auch Collins, S. 1998: 156-161 und die dort angegebene Literatur.

78 So beispielsweise in *Aṅguttara Nikāya* 10,6.

79 Collins, S. 1998: 205.

80 Vgl. ebd. 207-213.

schaft ist eindeutig: Im Nirvāṇa wird die Befreiung glücklich und vollständig sein.[81]

## *Soziale Aspekte des Heils*

Nach Steven Collins ist buddhistisches Denken zumindest im indischen Kulturraum »individualistisch«.[82] Ein Mensch erreicht das Nirvāṇa als Einzelner, auch wenn sich die Individualität im Nirvāṇa verliert. Selbst wenn das postmortale Nirvāṇa mit einer Stadt verglichen wird, so wird diese »Stadt« in den älteren Texten nicht als eine jenseitige Sozietät geschildert. Das bedeutet allerdings nicht, dass dem buddhistischen Heilsverständnis die soziale Dimension völlig fehlen würde. In späteren Formen des Buddhismus konnte die Entwicklung sogar dazu führen, dass das Nirvāṇa – worauf gleich noch näher einzugehen ist – mit dem »Reinen Land« als einer durchaus bevölkerten Welt identifiziert wurde.

Die bleibende Befreiung von Gier und Hass in der Erleuchtung, das heißt das diesseitige Nirvāṇa, ist nicht nur mit einer persönlichen Glückserfahrung verbunden. Vielmehr hat diese Erfahrung, auch gemäß den frühen buddhistischen Texten, gewichtige soziale Implikationen. So heißt es im *Dhammapada* (197-199), der wohl populärsten Spruchsammlung des älteren Buddhismus:

> Den Haß nicht zu erwidern, das ist unser Glück;
> Und hassen andre uns, wir hassen nicht zurück.
> Welch Glück! Von allem Leid der Welt sind wir befreit;
> Voll Leiden ist die Welt, doch wir sind ohne Leid.
> In gierverzehrter Welt, wie glücklich leben wir!
> Wenn andre gierig sind, sind wir doch frei von Gier.[83]

81 Vgl. Schmidt-Leukel 2020a: 125-127.

82 Vgl. Collins, S. 1998: 250.



83 Schmidt 1954: 30.

Hass nicht zu vergelten und ohne Gier zu sein drückt sich positiv in den sozialen Qualitäten von Güte, Mitleid und Mitfreude aus. Nicht weniger populär als der *Dhammapada* ist das *Metta-Sutta*.[84] In diesem geht es um den für die Güte charakteristischen Wunsch nach dem Glück aller Wesen:

> Sie mögen glücklich und voll Frieden sein,
> Die Wesen alle! Glück erfüll' ihr Herz!
> Keiner soll den anderen hintergehen;
> Weshalb auch immer, keinen möge man verachten!
> Aus Ärger und aus feindlicher Gesinnung
> Soll Übles man einander nimmer wünschen!
> Wie eine Mutter ihren eigenen Sohn,
> Ihr einzig Kind mit ihrem Leben schützt,
> So möge man zu allen Lebewesen
> Entfalten ohne Schranken seinen Geist!
> Voll Güte zu der ganzen Welt
> Entfalte ohne Schranken man den Geist:
> Nach oben hin, nach unten, quer inmitten,
> Von Herzens-Enge, Haß und Feindschaft frei![85]

Der Buddhismus kennt eine bestimmte Form der Meditation, die dazu dient, diese innere Haltung der Güte zu entwickeln. In einem der für den Theravāda-Buddhismus wichtigsten klassischen Handbücher, dem *Visuddhimagga*, heißt es hierzu, man solle in dieser Meditation alle Wesen »wie sein eigenes Ich« betrachten, »ohne zu untersuchen, ob dieser oder jener ein fremdes Wesen sei.«[86] Eine solche innere Haltung beeinflusst selbstverständlich auch das praktische Handeln. Im Orden gilt das Ideal, einander offen wie auch im Stillen mit liebevollen Taten, Worten und Gedanken zu dienen und so zu leben, als habe man zwar verschiedene Körper, aber nur einen Willen.[87] In diesem Kontext wird das upanischadische Bild von den Flüssen, die im Ozean ihre Identität verlieren

84 Vgl. oben Kap. 3, S. 132.

85 Verse 145b, 148-150. Übersetzung aus Nyanaponika 1977: 58f.

86 *Visuddhimagga* 9,47. Übersetzung aus Nyanatiloka 1975: 352.

87 *Majjhima Nikāya* 31.

und darin eins werden, explizit auf das Zusammenleben im Orden bezogen. Denn im Orden verliert sich die unterschiedliche Kastenzugehörigkeit der Menschen und darf keine Rolle mehr spielen.[88] Zudem bildet der Orden eine wichtige Hilfe auf dem buddhistischen Heilsweg, weshalb denn auch jeder Buddhist, gleich ob Laienanhänger oder Ordensmitglied, seine Zuflucht nicht allein zum Buddha und zum Dharma, sondern eben auch zum Saṅgha, der Gemeinschaft, erklärt.

Die Zuflucht zum Buddha schlägt sich allgemein in rituellen Formen seiner Verehrung nieder. Diese Verehrung kann in Teilen der buddhistischen Tradition eine tiefe emotionale Gestalt annehmen. Bereits in einem Text des Pāli-Kanons wird das Streben nach der Erleuchtung mit der innigen Sehnsucht des Liebhabers nach seiner Geliebten verglichen.[89] In einem populären Text aus dem 13. Jahrhundert in Sri Lanka überträgt der Autor, Śrī Rāmacandra Bhāratī, diese Liebe ausdrücklich auf die Verehrung des Buddhas. All sein Sinnen, so heißt es hier, weile beständig beim Buddha: »Wie das Gedenken der Jünglinge stets bei der Jungfrau weilt.«[90] Er preist den Buddha aber auch als Mutter und als Vater[91] und bekennt in glühenden Worten seinen Wunsch, im Buddha allein, dem »Meer der Liebe zu allen«, zu versinken.[92]

Solche Formen inniger Verehrung (*bhakti*) wurden offensichtlich unterstützt durch die Vorstellung, dass der Buddha trotz seines Eingangs in das Nirvāṇa weiterhin zugänglich sei. In diesem Zusammenhang kommt dem buddhistischen Reliquienkult eine besondere Rolle zu. Denn in seinen Reliquien, so der verbreitete Glaube, sei der Buddha nach wie vor körperlich gegenwärtig – auch wenn dies streng genommen der Lehre widerspricht, dass der Buddha nicht mit seinen fünf Gruppen (darunter der Körperlichkeit) identifizierbar ist. So dienten nicht selten Buddha-Statuen und insbesondere die in der ganzen buddhistischen Welt verbreiteten Stupas

88 *Aṅguttara Nikāya* 8,19.

89 *Dīgha Nikāya* 21,5,11-12.

90 *Bhaktiśataka* 89. Otto 1917: 156.

91 *Bhaktiśataka* 28 und 90.



92 *Bhaktiśataka* 25.

als Behältnisse für seine Reliquien und damit als Objekte seiner rituellen Verehrung.[93] Doch wie kann es so viele Buddha-Reliquien geben? Die Reliquien eines Buddhas, so der verbreitete Glaube, zeichnen sich gerade dadurch aus, dass sie sich auf wunderbare Weise vervielfältigen können.[94]

Allerdings blieb der Reliquienkult nur ein schwacher Ersatz für die verloren gegangene körperliche Präsenz des Buddhas. Daher drückt sich in diesem Kult zugleich die Sehnsucht nach dem Buddha aus. Zu großer Popularität gelangten im buddhistischen Indien die Dichtungen des Matṛceṭa (2. Jhd. n. Chr.). »Ohne Dich«, so schreibt dieser in einer seiner Hymnen auf den Buddha, »ist die Welt nicht mehr dieselbe, o Herr, wie der Himmel ohne Mond in sternenklarer Nacht. Ohne Dich ist die Schönheit dieser Lehre nicht dieselbe.«[95] Nach dem in Indien entstandenen und vor allem in Ostasien immens einflussreichen *Lotos-Sūtra* war es Buddhas Absicht, eine solche Sehnsucht nach seiner Nähe hervorzurufen. Der Buddha, so die Botschaft dieses Textes, habe sein Erlöschen nur vorgetäuscht, damit die Menschen seine Reliquien verehren und Liebe und Sehnsucht entwickeln. Wenn sie dann »mit ganzem Herzen wünschen, den Buddha zu sehen, [...] werde ich [...] zu den Lebewesen sprechen, dass ich beständig hier sei und nicht erlösche.«[96] Nach diesem Text bleibt der Buddha somit auch über seine menschliche Erscheinung hinaus gegenwärtig und für den Gläubigen erreichbar.

In der Vorstellung, dass ein Buddha in Wahrheit gar nicht im Nirvāṇa erlischt, kündigt sich eine bedeutsame Veränderung im Verständnis des Nirvāṇas an, die sich im Mahāyāna-Buddhismus dann weitgehend durchgesetzt hat. Demnach trachtet jemand, der dem Bodhisattva-Weg folgt und somit nach der Buddhaschaft strebt, zwar weiterhin nach dem Nirvāṇa im Sinne des »Verlöschens der Befleckungen«, doch er strebt nicht danach, den Saṃsāra zu verlas-

93 Vgl. Collins, S. 1998: 246-248 sowie Strong 2004.

94 Vgl. Strong 2004: 157.

95 *Varṇārhavarṇa Stotra* 12, 12-13. Übersetzung nach Bailey 1951: 1002.

96 *Saddharmapuṇḍarīka-Sūtra* 15 (= Kap. 16 in der Kumārajīva Version). Hier zitiert nach von Borsig 1992: 287f. Siehe auch oben Kap. 4, S. 156f.

sen.[97] Vielmehr verbleibt er aus Mitleid im Wiedergeburtenkreislauf, um alle Wesen vom Leid zu befreien. Das Mahāyāna hat hierfür den Begriff des dynamischen beziehungsweise »nicht-verweilenden« Nirvāṇas (*apratiṣṭita nirvāṇa*) geprägt.[98] Nach einer frühen systematischen Darstellung der Lehren des Mahāyāna liegt in dieser Vorstellung ein zentraler Unterschied zu den nicht-mahāyānistischen Richtungen.[99] Möglich – so derselbe Text – sei dieses Verständnis des Nirvāṇas deshalb, weil man im Mahāyāna erkannt habe, dass es in Wahrheit keinen Unterschied zwischen Nirvāṇa und Saṃsāra gebe.[100] Wenn der Saṃsāra nur der Schleier ist, der die wahre und letzte Wirklichkeit verhüllt, dann stehen diesseitiges und jenseitiges Nirvāṇa in einem non-dualen Verhältnis. Das Nirvāṇa außerhalb der Zeit realisiert sich in der Zeit.

### *Himmelswelten, chiliastische Hoffnungen und Reine Länder*

In der Geschichte des Buddhismus gab es immer wieder Auseinandersetzungen über die Frage, ob die Erleuchtung ein plötzliches Ereignis sei oder ob sie den Schluss- und Höhepunkt einer graduellen Entwicklung bilde. Im älteren Buddhismus herrschte die Auffassung vor, dass man sich der Erleuchtung durch einen längeren Entwicklungsprozess annähern müsse. Auf diesem Weg gewinnt man die rechte geistige Disposition für das Erwachen, auch wenn das Ereignis selbst plötzlich eintritt.[101] Die Entwicklung vom unerleuchteten »Weltling« über die Stufe des »Stromeintritts« bis hin zum Erreichen der »Arhatschaft« (der erleuchteten Vollendung) wird in den älteren Texten als eine allmähliche und zunehmende Überwindung von zehn »Fesseln« (Pāli: *saṃyojana*) geschildert, bei denen es sich um unterschiedliche Varianten der drei »Befleckungen« (Gier, Hass und

97 *Mahāyānasaṃgraha* 9,1. Keenan 2003: 99.

98 Vgl. Williams, P. 2009: 58-60, 185f; Nagao 1991: 23-34.

99 Vgl. *Mahāyānasaṃgraha* 3,15; 8,22.

100 *Mahāyānasaṃgraha* 9,3. Keenan 2003: 101. Siehe hierzu oben Kap. 4, S. 161.

101 Vgl. *Aṅguttara Nikāya* 8,19.

Verblendung) handelt. Dieser innere Entwicklungsprozess kann sich über mehrere, ja unzählbar viele Geburten hinweg erstrecken.[102] Im Hinblick auf das Ziel der Buddhaschaft wird bereits in den älteren Texten angenommen, dass es zahlreicher Wiedergeburten bedarf, um die hierfür erforderlichen geistigen und spirituellen Qualitäten zu entwickeln. Dieser Glaube erlangte im Mahāyāna-Buddhismus im Zusammenhang mit dem Bodhisattva-Ideal zentrale Bedeutung: Jeder Bodhisattva entfaltet die einzelnen Bodhisattva-Tugenden über viele Weltzeitalter und zahllose Wiedergeburten hinweg.

Der Kreislauf der Wiedergeburten erhält dadurch einen ambivalenten Charakter: Zum einen kann es sich dabei um ein plan- und zielloses Umherirren handeln, getrieben von den jeweiligen karmischen Impulsen, die die Wesen mal zu einer schlechteren Wiedergeburt als Tier, Gespenst oder Hölleninsasse und mal zu einer besseren Wiedergeburt als Mensch oder himmlische Gottheit führen. Zum anderen aber beinhaltet er auch die Möglichkeit, sich durch die unterschiedlichen Erfahrungen verschiedener Existenzen hindurch allmählich auf das Ziel der Erleuchtung oder gar Buddhaschaft hin zu entwickeln. In diesem Sinn wohnt dem Saṃsāra das Potenzial eines spirituellen Läuterungsprozesses inne.[103] Diese Vorstellung gibt jedem buddhistischen Gläubigen Hoffnung, das endgültige Heil des Nirvāṇas, wenn nicht in diesem Leben, so doch in einem zukünftigen Leben irgendwann erreichen zu können.

Ein näherliegendes Zwischenziel bildet die Wiedergeburt in einer himmlischen Welt. Das Leben als Gottheit in den Himmelswelten ist – ähnlich wie das Dasein in den verschiedenen Höllen – sehr lang, gilt jedoch als außerordentlich glücklich. Während dieses Glück in den niederen Himmelswelten die Form kultivierter sinnlicher Freuden in einem göttlichen Feinkörper trägt, entspricht es in höheren Himmelswelten den eher abstrakten, aber beseligenden Zuständen, wie sie in den intensiveren Formen buddhistischer Versenkung erfahren werden.[104] Das Leben in den Himmelswelten

102 Vgl. hierzu Schmidt-Leukel 1996.

103 Für ein frühes Zeugnis einer solchen Läuterung über mehrere Geburten hinweg (von der Hölle bis zum Menschsein) siehe *Therīgāthā* 400-227.

104 Vgl. Gethin 1998: 112-132; Collins, S. 1998: 397-316.

bietet allerdings keine allzu guten Voraussetzungen für das Erlangen der Erleuchtung, und zwar gerade deshalb, weil es zu glücklich ist, um den grundsätzlich unbefriedigenden Charakter des Saṃsāras zu verstehen.[105] Insofern rühmen buddhistische Texte häufig die menschliche Existenz als die ideale Daseinsweise, um zur Erleuchtung und damit zur Erlösung zu gelangen. Es gilt jedoch als möglich, in seiner letzten menschlichen Wiedergeburt einen so hohen Grad an spiritueller Vollkommenheit zu erlangen (die Stufe des »Niewiederkehrenden«), dass es danach nur noch zu einer einzigen Wiedergeburt in einer Himmelswelt kommt und man von dieser aus unmittelbar in das endgültige Nirvāṇa eingeht.[106] Zudem gibt es vor allem in narrativen buddhistischen Texten Tendenzen, eine noch größere Kontinuität zwischen Himmelswelten und der »Stadt des Nirvāṇas« nahezulegen, als es die genannten doktrinären Voraussetzungen zulassen.[107]

Während das Individuum sich auf sein persönliches Ende oder »Eschaton« im Nirvāṇa zubewegen kann, kennt der Buddhismus so etwas wie ein kollektives »Ende der Welt« nur für einzelne Weltsysteme, nicht aber für die Gesamtheit aller Welten. Denn jeder untergegangenen Welt folgt eine neue Welt, die aus den karmischen Tendenzen der Wesen der vorangegangenen Welt hervorgeht, und zudem gibt es zahllose parallele Weltsysteme.[108] Allerdings gehen buddhistische Texte davon aus, dass es auch bei kollektiven Größen wie Staaten und Gesellschaften Entwicklungsprozesse gibt, und zwar sowohl zum Besseren als auch zum Schlechteren hin. Nach einer traditionellen Standardvorstellung vollziehen sich solche kollektiven Entwicklungen in sehr langen zyklischen Zeiträumen. So geht etwa nach einer verbreiteten Überzeugung dem Kommen des nächsten Buddhas, Maitreya, zunächst eine längere kollektive Dekadenzperiode voran, die sich dann jedoch allmählich zum Besseren wendet. Nach einem wiederum sehr langen Prozess wird schließlich der in allen Richtungen des Buddhismus verehrte

105 Vgl. Schlingloff 1963: 43.

106 Vgl. Schmidt-Leukel 1996: 43-51.

107 Vgl. hierzu Collins, S. 1998: 290-292.



108 Vgl. oben Kap. 4, S. 184f.

Maitreya erscheinen.[109] Der Zustand der Welt zum Zeitpunkt seines Erscheinens wird nicht als eine himmlische Welt, sondern eher als ein vollkommenes irdisches Paradies geschildert. Denn das Land wird

> ...wohlhabend sein, [...] frei von Dieben und Räubern, ohne falsche Lehren, strahlend mit königlichen Städten, voll von Schätzen jeglicher Art, glücklich, mit einer Fülle von Speise-Gaben, friedlich, mit großen Mengen an Speise und Trank [...]. Ehemänner und Ehefrauen werden die fünf Sinnenfreuden genießen ohne Streit und Ärger; Bauern, Händler und so weiter werden glücklich leben, ohne arbeiten zu müssen; Männer und Frauen müssen weder spinnen noch weben, sondern tragen himmlische Kleidung. Die Männer werden mit ihren Ehefrauen und die Frauen mit ihren Ehemännern zufrieden sein; selbstbeherrscht werden die Männer keinen Ehebruch begehen und die Frauen nicht einen anderen Mann zum Gatten nehmen, vielmehr werden sie einander lieben und wohlgefällig sein. Niemand wird einen Streit anfangen über Dörfer, Städte, Reichtümer, Getreide, Felder, Besitz und Grund; alle Menschen werden gut aussehen, mit schönen Körpern und werden einander liebenswürdig und angenehm sein. Krähen werden sich mit Eulen befreunden, Katzen mit Mäusen, Rehe mit Löwen, Mungos mit Schlangen, Löwen mit Rehen und so weiter; so werden alle Tiere, die einander feindlich sind, freundlich zueinander sein.[110]

Die Hoffnung, dereinst in dieser paradiesischen Welt wiedergeboren zu werden und das Erscheinen Maitreyas selbst zu erleben, wurde in Teilen des Buddhismus zu einem verbreiteten Motiv religiösen Lebens. Denn was diese ohnehin bereits höchst anziehende Hoffnung krönte, war die Verheißung, in Maitreyas zukünftiger Welt mit Leichtigkeit die Erleuchtung und damit den Eintritt in die bleibende Befreiung erreichen zu können. Bis zu seinem Erscheinen – so die allgemeine buddhistische Überzeugung – hält sich der

109 Die zeitlichen Szenarien in den verschiedenen buddhistischen Quellen sind jedoch alles andere als einheitlich. Vgl. zum Maitreya Kult die Beiträge in Sponberg & Hardacre 1988.

110 Aus dem *Māleyyadevattheravatthu*, zitiert nach Collins, S. 1998: 623.

zukünftige Buddha Maitreya noch als Bodhisattva im Tuṣita-Himmel auf. Einzelne buddhistische Texte sprechen davon, durch das Erwerben eines dementsprechend guten Karmas noch vor dem zukünftigen Auftreten Maitreyas schon jetzt im Tuṣita-Himmel wiedergeboren zu werden und dort in seiner Nähe zu sein. Zudem ist auch von der Möglichkeit die Rede, bereits zu Lebzeiten durch meditative Techniken visionäre Einblicke in Maitreyas Himmel zu erlangen und mit ihm in Verbindung zu treten.[111] In einigen Fällen, insbesondere in China, verband sich die Erwartung Maitreyas auch mit revolutionären, quasi apokalyptischen Bewegungen.[112] Dabei glaubte man, dass das Kommen Maitreyas nicht in einer weit entfernten Zukunft geschehe, sondern schon bald bevorstehe. Seinem Kommen gehe eine Entscheidungsschlacht voraus, die zwischen den Mächten des Guten und des Bösen, aber auch zwischen den wahren Gläubigen und jenen »Sündern«, die sich gegen Maitreya stellen, ausgetragen werde.[113] Erst nach dem Sieg des (und der) Guten kommt es zur Erneuerung der Erde und zu ihrer Umgestaltung in eine ideale Welt. So gab es Aufstände gegen die als unerträglich und ungerecht empfundenen gesellschaftlichen Verhältnisse, bei denen sich die Kämpfenden als Teil jener Ereignisse verstanden, die dem Kommen Maitreyas vorausgehen.[114] »Überzeugt von der baldigen Ankunft des zukünftigen Buddhas begannen sie mit dem Versuch, ihren eigenen Führer als einen neuen, frommen Herrscher zu installieren, der dem Kommen des Messias den Weg bereitet.«[115]

Noch weitaus populärer als die Erwartung des zukünftigen Buddhas Maitreya wurde besonders in Ostasien, aber keineswegs nur dort, die Hoffnung auf die Wiedergeburt in einem Buddha-Land. Unter den Buddha-Ländern erreichte Sukhāvatī, das Land des Buddha Amitābha (»Unermessliches Licht«) / Amitāyus (»Unermessli-

111 Vgl. Nattier 1988 und Collins, S. 1998: 355-378.

112 Vgl. hierzu Overmyer 1988: 113-115, sowie ausführlich Overmyer 1976.

113 Vgl. Zürcher 1982: 39.

114 Vgl. ebd. 43.

115 Overmyer 1976: 4. Für einen interkulturellen Vergleich, unter anderem auch mit dem Täufer-Reich von Münster, vgl. ebd. 62-72, 157-161.

ches Leben«) (jap.: Amida) die größte Popularität. In China wurde es später als das »Reine Land« bezeichnet.[116] Die Buddha-Länder waren nicht in einer weit entfernten Zukunft angesiedelt, sondern vielmehr in der Gegenwart, dafür allerdings an einem weit entfernten Ort. Auch bei ihnen handelt es sich um paradiesische Welten, allerdings um solche, die eher einer idealisierten buddhistischen Himmelswelt glichen als der utopischen Vision einer vollkommenen irdischen Welt. So gibt es beispielsweise in Abhirati, dem weit im Osten liegenden Land des Buddha Akṣobya, zwar noch Frauen und Männer mit schönen Körpern. Doch sexuelles Begehren verwandelt sich, sofern es überhaupt auftritt, augenblicklich in meditatives Glück. Zu Schwangerschaften, mit schmerzloser Geburt, kommt es in diesem Buddha-Land allein durch die Ausstrahlung des Glanzes der Partner.[117] Demgegenüber gibt es in Amitābhas weit im Westen liegenden Land Sukhāvatī überhaupt keine Frauen. Seine Bewohner werden als Bodhisattvas in Lotosblüten geboren[118] und sie werden sein wie die Götter. Die Paläste, Lotos-Teiche und sogar die Pflanzen bestehen aus edlen Materialien wie Silber, Gold, Perlen und Juwelen. Sie alle sind von überwältigender Schönheit und von übernatürlichem Licht durchstrahlt. Es gibt in dieser Welt weder körperliches noch geistiges Leid und keinerlei Besitzdenken. Himmlische Musik erklingt und bewirkt ein körperliches Erfahren der Gegenwart von Buddha, Dharma und Saṅgha. Selbst das Zwitschern der Vögel vermittelt den Klang des Dharmas, doch handelt es sich bei diesen Vögeln um magische Geschöpfe. Denn es gibt keine niederen Existenzformen wie Tiere, Geister oder Höllenbewohner. Jeden Vormittag besuchen die Bewohner Sukhāvatīs hunderttausend Millionen Buddhas anderer Buddha-Länder, die sie verehren, um dann in die eigene glückliche Welt zurückzukehren, in der sie Amitābha huldigen. Ihr Leben mündet schließlich in der

116 Entstanden ist diese Form des Buddhismus im indischen Mahāyāna, und zwar deutlich vor dem 2. Jahrhundert n. Chr. Sie gehört also zu den frühen Ausprägungen des Mahāyāna.

117 Vgl. Williams, P. 2009: 231-234.

118 Das große *Sukhāvatīvyūha-Sūtra* führt jedoch noch eine niedere Form der Geburt in das Reine Land ein. Jene, die an der Botschaft gezweifelt haben, werden in geschlossenen Lotosblüten geboren, in denen sie fünfhundert Jahre verbringen, bis auch sie schließlich vollendet sind. Vgl. Gōmez 1996: 104-106.

vollkommenen Erleuchtung, sodass sie entweder in das Nirvāṇa eingehen oder in die Welt des Saṃsāra zurückkehren, um anderen Wesen zu helfen. Wer in der jetzigen Welt den Namen des Buddha Amitābha / Amitāyus hört und diesen achtsam im Herzen behält, wird bei seinem Tod von diesem Buddha persönlich zur Wiedergeburt im Reinen Land geleitet werden.[119] Dieses »beste und höchste aller Buddha-Länder« hat Amitābha aus der Kraft seines umfassenden Mitleids und seiner Gelübde geschaffen, die er einst, in einer unausdenklichen Vergangenheit als Bodhisattva Dharmākara abgelegt hatte.[120]

Mit einer solcherart veränderten buddhistischen Heilsvorstellung ändert und relativiert sich zugleich der Reinkarnationsglaube. Zwar verschwindet er nicht, betrifft aber mehr die eigene Vergangenheit als die Zukunft. Denn nun geht es ja nur noch um diese eine Wiedergeburt im Reinen Land. Und selbst für denjenigen, der als Bodhisattva aus dem Reinen Land in die Welt der Wiedergeburten zurückkehrt, geht es nicht mehr um die Annäherung an das eigene Heil, sondern um die Errettung aller anderen. Allerdings wurde das Reine Land keineswegs in allen Formen des Buddhismus als eine quasi-jenseitige, heilshafte Parallelwelt gedeutet, in die man nach dem Tod eintreten kann. Für China etwa sind Verschmelzungen der Idee des Reinen Landes mit der himmlischen Welt Maitreyas, aber auch mit seinem zukünftigen irdischen Paradies belegt.[121] Typisch für Letzteres sind einige Lehren innerhalb der Schule des Weißen Lotos. Sie standen im Hintergrund der mit dieser Richtung des Reines-Land-Buddhismus verbundenen Rebellionen im 14. sowie im 16.-19. Jhd.[122]

119 So die Bedingung im sogenannten kleineren *Sukhāvatīvyūha-Sūtra*. Im großen *Sukhāvatīvyūha-Sūtra* ist die Bedingung ausführlicher und enger formuliert: Es geht um das Hören des Namens, seine vertrauensvolle Vergegenwärtigung (Anrufung) und den Wunsch nach der Wiedergeburt im Reinen Land. Ausgeschlossen werden jedoch solche, die die »fünf schweren Vergehen« begangen und sich gegen den Dharma gestellt haben. Was die »fünf schweren Vergehen sind«, wird in buddhistischen Texten unterschiedlich ausgelegt.

120 Ich fasse hier die Beschreibungen aus dem kleineren und größeren *Sukhāvatīvyūha-Sūtra* zusammen. In Letzterem fallen diese deutlich detaillierter aus. Vgl. die indischen und chinesischen Varianten beider Texte in Gómez 1996.

121 Mochizuki 2016: 74f, 140, 239.



122 Lai, P.-C. 2006a: 12f.

Aber das Reine Land wurde nicht nur als räumlich oder zeitlich entlegene Welt verstanden. In Teilen des chinesischen Ch'an (= Zen-Buddhismus) sowie bei einigen prominenten chinesischen Patriarchen des Reines-Land-Buddhismus, wird das Reine Land mit der ursprünglichen Reinheit des Geistes sowie mit der Buddha-Natur oder dem Dharmakörper identifiziert. In das Reine Land zu gelangen bedeutet demnach, diese Reinheit des Geistes wiederzugewinnen, und die Anrufung Amitābhas (chin.: Amituo) gilt als ein Weg, die universale Leerheit aller Dinge zu erkennen.[123] Für Tan-luan (T'an-luan) (6. Jhd. n. Chr.) ist die Geburt in das Reine Land gleichbedeutend mit dem Erlangen des Nirvāṇas im Sinne des Mahāyāna. Das heißt, für Tan-luan, so Robert Sharf, ist »das Reine Land [...] die Welt des *saṃsāra*, wie sie aus der Perspektive des Erwachten gesehen wird.«[124]

Einer ganz ähnlichen Auffassung begegnet man bei dem mittelalterlichen japanischen Meister Shinran, der stark von Tan-luan beeinflusst war. Auch Shinran beruft sich auf die Lehre, dass es in Wahrheit zwischen Saṃsāra und Nirvāṇa keinen Unterschied gibt und identifiziert die Geburt ins Reine Land mit dem Erlangen des Nirvāṇas.[125] Nach Shinran vollzieht sich diese Wiedergeburt im Reinen Land ansatzweise bereits im Hier und Jetzt: im Akt des Vertrauens auf das Erbarmen Amidas und in der Zuversicht, dass Amida gerade den in die Befleckungen verstrickten Sünder zur Erlösung führt. Für Shinran ist mit dem Gedanken, dass die Wiedergeburt im Reinen Land schon jetzt geschieht, die Hoffnung auf das zukünftige Heilsgeschehen als ein Ereignis nach dem Tod jedoch keineswegs aufgehoben. Vielmehr finden wir bei ihm das Paradox, dass im glaubenden Vertrauen das Heil bereits Realität wird, gerade indem es als zukünftiges Geschehen vertrauend erhofft wird. Zudem vermag Shinran die Patriarchen des Reines-Land-Buddhismus, wie besonders seinen eigenen Lehrer Hōnen, als Menschen zu verstehen, die als Bodhisattvas im Modus der Rückkehr in die Welt des Saṃsāra

123 Vgl. hierzu die zahlreichen Belege in Sharf 2002, z.B. S. 303f, 313f, 316f. Siehe auch Tanaka 2007.

124 Ebd. 318. Zu Tan-luan siehe auch Corless 1996.

125 *Yuishinshō mon'i*. Vgl. Hirota 1997: 460f.

lebten, und zwar aus der Kraft Amidas heraus.[126] So begegnet uns bei Shinran erneut das alte upanischadische Bild von den Flüssen, die sich im Ozean verlieren. In einer Hymne auf Tan-luan schreibt Shinran, dass sich im Vertrauen auf Amida die Myriaden an Flüssen von schlechtem Karma im Ozean seines großen Mitleids verlieren und eins werden im Geschmack von Weisheit und Tugend.[127]

Im modernen Buddhismus sind traditionelle Vorstellungen von Himmelswelten, zukünftigen Paradiesen und Buddha-Ländern nicht selten als problematisch empfunden und dementsprechend uminterpretiert worden. In Japan hatte sich zu Beginn des 20. Jahrhunderts der Religionswissenschaftler und Jōdo-Shinshū-Geistliche Naotaro Nonomura gegen eine realistische Interpretation des Reinen Landes ausgesprochen und griff hierbei auf Argumente der westlichen Religionskritik zurück: Zum einen lasse sich die Existenz einer solchen paradiesischen Welt nicht beweisen, zum anderen halte die Hoffnung auf das Paradies den Menschen davon ab, das Leben in der diesseitigen Welt zu verbessern.[128] Nonomuras chinesischer Zeitgenosse Taixu versuchte, die Hoffnung auf das Reine Land oder auf die zukünftige Welt Maitreyas in ein politisches Ideal umzudeuten: Es komme darauf an, durch kollektive Verbesserung des Karmas – und das heißt für ihn: durch kollektive gesellschaftliche Anstrengung – die Welt in einem allmählichen Prozess dem zukünftigen Ideal anzunähern.[129] Thich Nhat Hanh knüpft in seinen Lehren an die alte Ch'an Tradition an, wonach das Reine Land als die wahre Natur des Geistes zu verstehen sei:

> Die Vorstellung, dass das Reine Land eine äußerliche Realität ist, ein Ort, der sich weit entfernt in westlicher Richtung findet, ist nur für Anfänger. Wenn wir unsere Praxis vertiefen, werden der Buddha und das Land des Buddhas zu einer Wirklichkeit unseres Geistes. Unsere alten Meister haben dies immer gelehrt.[130]

126 Vgl. zu Shinran Ueda & Hirota 1989; Schmidt-Leukel 1992: 605-654.

127 Vgl. *Kōsō wasan* 41f. Hirota 1997: 371.

128 Vgl. Kigoshi 2004.

129 Vgl. Ritzinger 2013.

130 Hanh 2003: 23.

Doch diese wahre Geistnatur beinhaltet auch für Thich Nhat Hanh ein Potenzial, dessen Umsetzung eine soziale Dimension im Sinne einer idealen Gemeinschaft gewinnt:

> Unsere tiefste Sehnsucht als Menschen besteht darin, eine sichere Umgebung zu finden, wo es Liebe und Verständnis gibt. Die Buddhas und Bodhisattvas haben verstanden, dass wir alle in einer solchen Umgebung leben wollen. Wir alle stellen uns vor, einen Ort zu schaffen, an dem wir uns und andere Menschen ernähren können. An einem solchen Ort haben wir die richtigen Bedingungen, um Verständnis und Liebe zu entwickeln, um das eigene Leid und das der anderen zu verwandeln. Diesen Ort nennt man ein Reines Land. [...] Wir [...] wollen einen Ort schaffen, wo wir [...] davon profitieren, dass es Solidarität, Freiheit, Liebe und Frieden gibt. [131]

In seinem Kommentar zum kleineren *Sukhāvatīvyūha-Sūtra* macht er durchgängig deutlich, dass er in einem so gedeuteten Reinen Land vor allem das Ideal für eine zeitgenössische Gestaltung des Saṅghas erblickt, an dem sich die von ihm gegründete Gemeinschaft von Plum Village orientieren soll.[132]

Eine eher existenzielle Interpretation des Reinen Landes hat Manshi Kiyozawa befürwortet, der wie Nonomura ebenfalls ein Jōdo-Shinshū-Geistlicher war und auf viele japanische Gelehrte des 20. Jahrhunderts einen besonderen Einfluss ausübte. Auch ihm ging es darum, die Gegenwart in den Mittelpunkt zu stellen, und zwar im Sinn einer mahāyāna-buddhistisch geprägten Spiritualität mit einer starken interreligiösen Dimension.[133] Amida und das Reine Land sind für ihn keine ewigen Wirklichkeiten, sondern historisch bedingte Symbole. Durch sie, ebenso wie durch die Glaubensformen anderer Religionen, manifestiert sich jedoch eine absolute Wirklichkeit. Ein Buddhist, so Kiyozawa, lebt idealerweise in zwei Welten zugleich, der Welt des Einen und Absoluten sowie der Welt des Vielen und

131 Ebd. 23.

132 Vgl. ebd. bes. 86-95, 130f und passim. Für weitere Beispiele einer diesseitsbezogenen Reinterpretation des Reinen Landes unter zeitgenössischen Buddhisten siehe Lai, P.-C. 2006b: 196-203.

133 Vgl. Johnston 2007.

Relativen. Aber er haftet an keiner der beiden Welten an.[134] So vermag er die transzendenzbezogene Weisheit mit dem diesseitsbezogenen Mitleid zu verbinden. Auch nach Kiyozawa wirkt sich dies darin aus, »das Wohlergehen der Menschen und der Nation durch friedliche Zusammenarbeit zu fördern.«[135] Aber hat das Reine Land für moderne »Theologen« des Reines-Land-Buddhismus noch eine Bedeutung über den Tod hinaus? Ein weiterer Gelehrter der Jōdo-Shinshū, John S. Yokota, hat dafür plädiert, die Möglichkeit einer Transformation über den Tod hinaus nicht aufzugeben, gerade auch unter Berufung auf Shinrans Version des Bildes von den Flüssen der Sünde, die sich beim Eintritt in den Ozean der Güte Amidas verwandeln. Die Behauptung der letzten Güte und Weisheit Amidas sei kaum aufrechtzuhalten, wenn es keine bleibende Lösung für »das Übel gibt, das wir sind und tun und das in der Welt ist und geschieht«.[136]

> Wir müssen so leben, als ob diese Zeit unsere einzige Chance wäre und doch in der Hoffnung, dass die Fehler und Übel dieser Zeit transformiert werden im Verlauf des beständigen Werdeprozesses unserer selbst und Gottes/Amidas. [...] Das Reine Land muss die Kraft besitzen, diese Übel des Lebens endgültig zu transformieren; was sonst wäre sein Sinn? Diese Kraft zur Transformation hat seit eh und je den Reiz der Reines-Land-Tradition ausgemacht. Sie muss wieder neu formuliert werden, damit sie [...] bei jenen wieder Hoffnung zu wecken vermag, deren Leben mit Verzweiflung erfüllt ist.[137]

## 8.3 Heil als Vereinigung mit Gott und als vollendete Sozietät im Christentum

Auch im Christentum sind die Vorstellungen vom endgültigen Heilszustand des Menschen alles andere als einheitlich. In ihrer umfangreichen Kulturgeschichte des christlichen Himmels spre-

134 Kiyozawa 2014: 60f.
135 Ebd. 16.
136 Yokota 2000: 97.
137 Ebd.

chen Bernhard Lang und Colleen McDannell von einer »fast unübersehbare(n) Fülle von Vorstellungen und Spekulationen über das Jenseits«.[138] Dennoch, so die Autoren, treten dabei zwei beständig wiederkehrende und variierende Grundvorstellungen zutage: Das endgültige Heil beziehungsweise der »Himmel« als ein Zustand, in dem sich der Mensch in der Gemeinschaft mit Gott verliert, oder der Himmel als eine vollendete menschliche Sozietät.[139] Eine weitere Unterscheidung betrifft die Lokalisierung des endgültigen Heilsziels im Hinblick auf Raum und Zeit: So kann das »Himmelreich« oder »ewige Leben« eine Dimension jenseits der uns vertrauten raumzeitlichen Welt bezeichnen, in die der Mensch nach seinem Tod (mit oder ohne Vorbereitungszeit) einzutreten vermag und in die einige Menschen bereits jetzt visionäre Einblicke erhalten. Zum anderen kann damit auch die Verwandlung unserer Welt in ein Paradies gemeint sein, ein Prozess, der seine Vollendung erst in der Zukunft finden wird, in Ansätzen aber bereits hier und jetzt erfahrbar ist. Beide Varianten sind im Christentum anzutreffen – teilweise verbinden sie sich miteinander, teilweise existieren sie eher unverbunden nebeneinander.

### *Diesseitiges und jenseitiges Heil: Neutestamentliche Grundlagen*

Eine Vielfalt von Heils- und Jenseitsvorstellungen findet sich bereits im Neuen Testament. Darin bilden sich die unterschiedlichen jüdischen Vorstellungen ab, wie sie im Vorfeld und Umfeld der neutestamentlichen Texte anzutreffen sind. In den 1960er und 1970er Jahren hatten neutestamentliche Exegeten wie Oscar Cullmann oder Krister Stendahl sowie in ihrem Gefolge auch systematische Theologen wie beispielsweise Jürgen Moltmann die These

138 Lang & McDannell 1990: 471.

139 Lang und McDannell (1990: 471-477) sprechen von einem »theozentrischen« und einem »anthropozentrischen Modell« oder, so im Vorwort zur zweiten englischen Auflage, von einem »God-oriented« und einem »people-oriented heaven« (McDannell & Lang 2001: xiv). Bei letzterem Modell geht es primär um die soziale Dimension.

vertreten, dem jüdischen Menschenbild sei die Vorstellung einer unsterblichen Seele fremd. Daher, so die weitergehende Implikation dieser These, basiere die christliche Heilshoffnung nicht auf einem unmittelbaren Weiterleben der Seele nach dem Tod, sondern allein auf dem Glauben an die Auferstehung/Auferweckung der Toten beziehungsweise an die Neuschöpfung des Menschen am Ende der Zeiten. Es wird eingeräumt, dass die Vorstellung einer den Tod des Leibes überlebenden Seele in der Geschichte des Christentums enorm einflussreich war. Diese Idee sei jedoch ursprünglich weder jüdisch noch christlich, sondern verdanke sich griechischem, insbesondere platonischem Einfluss. Allerdings hat die neuere Forschung die These von einem mehr oder weniger einheitlichen jüdischen und frühchristlichen Menschenbild korrigiert.[140] Es ist unbestritten, dass es einen nachhaltigen Einfluss griechischer Vorstellungen auf das Christentum gab, doch findet sich dieser Einfluss auch schon im vor-neutestamentlichen Judentum. Zudem gab es im Judentum Vorstellungen sowohl hinsichtlich des Totenreichs[141] als auch einer prinzipiell vom Leib unterschiedenen Seele,[142] die den entsprechenden griechischen Ideen ähnelten, ohne direkt von diesen abzustammen. Was das Leben nach dem Tod betrifft, so findet sich nach James Barr im Judentum der letzten beiden Jahrhunderte vor Christus eine ganze Bandbreite unterschiedlicher Vorstellungen: »Unsterblichkeit der Seele, Auferweckung einiger weniger, allgemeine Auferweckung, überhaupt keine Auferweckung, ›ewiges Leben‹ als etwas, das hier und jetzt erworben und genossen wird, und noch weitere

140 »Die frühere Forschung hat die Auferweckung von den Toten und die Unsterblichkeit der Seele häufig als gegensätzliche Glaubensvorstellungen verstanden, wobei Ersteres dem ›hebräischen‹ und Letzteres dem ›griechischen‹ Denken zugeschrieben wurde. Diese Dichotomie lässt sich bei näherer Untersuchung nicht halten. Beide Vorstellungen sowie ihre zahlreichen Verknüpfungen existierten im frühen Judentum Seite an Seite.« Lehtipuu 2015: 66. Für eine Zusammenfassung der wichtigsten Einwände gegen die Position Cullmanns siehe Nickelsburg 2006: 219-223.

141 Auf die Parallelen zwischen Hades und Scheol verweist beispielsweise Barr 1992: 30f.

142 Zu jenen Aspekten von *nephesch* und *ruach*, die griechischen Seelenvorstellungen ähneln, siehe ebd. 36-47. Einen Unterschied zum platonischen Seelenbegriff sieht Barr jedoch darin, dass nach biblischem Verständnis die Seele nicht als ewig im Sinn von anfangslos gedacht werde (ebd. 107).

eschatologische Ideen.«[143] Auch der Gedanke einer Reinkarnation war dem damaligen Judentum nicht fremd.[144]

Die jüdische Vorstellung vom Heil hatte sich anfangs jedoch ganz auf das Diesseits konzentriert. Denn die Existenz im Scheol, im Schattenreich der Toten, galt keineswegs als ein Heilszustand, sondern eher als das Gegenteil. Der Lohn für die Treue zum Bund mit Gott, so die breite Überzeugung, bestand in diesseitigem Wohlergehen: in Gesundheit, Nachkommenschaft, guten Ernten, Wohlstand und Frieden. Die Erfahrung, dass dieser Lohn sowohl beim einzelnen gottesfürchtigen Menschen oder auch beim Volk Israel als Ganzem keineswegs immer eintrat, dürfte eine der wichtigsten Triebfedern für die Entwicklung jenseitsbezogener oder zukünftiger Heilserwartungen gewesen sein. »Erst angesichts sozialer, ökonomischer und politischer Unterdrückung richteten fromme Juden ihren Blick über die bittere Enttäuschung durch die diesseitige Welt hinaus auf eine Zukunft jenseits des Grabes, in der die Tugend ihren verdienten Lohn und das Laster seine entsprechende Bestrafung erhalten würden.«[145] Unter Exegeten herrscht weitgehend Einigkeit darüber, dass hierbei vor allem die erstmalige Erfahrung von Martyrium und Verfolgung aus religiösen Gründen unter den Seleukiden-Herrschern (2. Jhd. v. Chr.) eine zentrale Rolle spielte.[146] Denn die Märtyrer erlitten ihre Qualen und einen oft grausamen Tod, obwohl, ja gerade weil sie Gott die Treue hielten. So hoffte man darauf, dass Gott dereinst ihre gemarterten Leiber wiederherstellen oder dass ihre Seele nach dem Tod unmittelbar in eine glückliche, himmlische Existenz übergehen werde.[147] Die Anstöße zu dem sich langsam, aber stetig verbreitenden Glauben an die Auferweckung zumindest einzelner Gläubiger dürften vermutlich

143 Barr 1992: 113f; siehe auch ebd. 23. Ähnlich urteilt auch George Nickelsburg (2006: 222): In dieser Epoche »gab es keine einheitliche jüdische Orthodoxie hinsichtlich der Zeit, der Art und des Ortes der Auferweckung, Unsterblichkeit und des ewigen Lebens.«

144 Vgl. Barr 1992: 107; Lang & McDannell 1990: 37.

145 Cohn-Sherbok 1987: 24. Vgl. hierzu auch die detaillierten Studien in Nickelsburg 2006: 23-218.

146 Vgl. Barr 1992: 53f, 114; Lang & McDannell 1990: 31f.

147 Ersteres in 2 Makk 7, Letzteres in 4 Makk. Vgl. hierzu Nickelsburg 2006: 138-140.

aus dem Zoroastrismus Irans gekommen sein.[148] In den Texten der jüdischen Apokalyptik verband sich die Hoffnung auf eine körperliche Wiederherstellung einzelner Gläubiger teilweise auch mit der Erwartung von Tod und Auferweckung in einem kollektiven Sinn, das heißt mit der Erwartung des Untergangs dieser Welt, gefolgt von einer zukünftigen glorreichen neuen Weltordnung, in der sich der Herrschaft Gottes nichts mehr in den Weg stellen würde.[149] Entgegen der bisherigen Schöpfung wird in einer Welt, in der »das Land erfüllt ist von der Erkenntnis des Herrn, so wie das Meer mit Wasser gefüllt ist«, niemand mehr etwas Böses tun und alle Kreatur wird Frieden haben. Der »Wolf wird beim Lamm, der Panther beim Böcklein liegen [...]. Der Löwe frisst Stroh wie das Rind. Der Säugling spielt vor dem Schlupfloch der Natter« (Jes 11,6-9). Nicht selten waren solche Hoffnungen mit der Erwartung einer messianischen Gestalt verbunden.

Damit sind bereits wesentliche Elemente der Heilsvorstellungen im Neuen Testament genannt.[150] Im Zentrum steht hier der Glaube, dass Gott Jesus nach dessen qual- und schmachvollem Tod am Kreuz auferweckt hat. Dadurch, so die Überzeugung, hatte Gott selbst Jesus als seinen Boten gerechtfertigt angesichts der Verwerfung Jesu durch das Volk und die religiösen Autoritäten.[151] Zugleich erblickte die frühe Christenheit in Jesu Auferweckung den Beginn jener kosmischen Ereignisse, die die neue Welt Gottes herbeiführen sollte, deren baldiges Kommen ja schon im Mittelpunkt der Botschaft Jesu stand. Die zukünftige Auferweckung aller Gerechten und an Christus Gläubigen ermöglicht es auch den bereits Verstorbenen, an dieser endgültigen Heilswelt teilzuhaben. Nach Matthäus (27,52-53) war bereits die Auferweckung Jesu davon begleitet, dass »viele Heilige« aus ihren Gräbern auferweckt wurden und den Menschen erschienen.

148 Vgl. Lang & McDannell 1990: 29-32; Plöger 1978: 85. Unter Berufung auf 1 Hen 22 sieht Nickelsburg (2006: 5f, 168-171) die ersten Anfänge des Auferstehungsglaubens im Kontext des Glaubens an ein universales Gericht. Allerdings handelt es sich hier um eine Auferweckung der Geister der Verstorbenen, nicht ihrer Leiber.

149 Plöger 1978: 85.

150 Vgl. hierzu die Übersichten in Nickelsburg 2006: 227-247 und Lang & McDannell 1988: 44-73.



151 So besonders in der Apostelgeschichte, vgl. Apg 2,23f; 3,13; 4,10; 5,30f; und öfter.

Einige Texte des Neuen Testaments setzen nur die Auferweckung der Gerechten und Glaubenden voraus, sodass Auferweckung gleichbedeutend ist mit dem Eingang in das endgültige Heil (Lk 20,35).[152] Andere sprechen von einer allgemeinen Auferweckung aller Toten, die mit dem Weltgericht (1 Kor 15,22; Joh 5,28-29; Mt 25,31-46) verbunden ist.[153] Jene Gläubigen, die bei dem als nahe bevorstehend geglaubten Ende[154] noch leben, werden nach Paulus gemeinsam mit den auferweckten Christus-Gläubigen »auf den Wolken in die Luft entrückt, dem Herrn entgegen« (1 Thess 4,17). Hierbei werden die Leiber der Entrückten ebenso wie die der Auferweckten (1 Kor 15,51-53) in neue »unverwesliche« und »überirdische« Leiber verwandelt (1 Kor 15,35-55). Nach einem Wort Jesu werden die Auferweckten »den Engeln gleich« und »zu Söhnen Gottes geworden« sein. Irdische Belange wie Heirat wird es für sie nicht mehr geben (Lk 20,27-40; Mt 22,30; Mk 12,24f).

Die neutestamentlichen Texte bezeugen an einigen Stellen allerdings auch die Idee, dass ein Mensch nicht erst nach einer zukünftigen allgemeinen oder partiellen Auferweckung in eine heilshafte Welt eingehen kann. So verheißt Jesus einem der beiden mit ihm gekreuzigten Delinquenten: »Heute noch wirst du mit mir im Paradies sein« (Lk 23,43). Dies setzt sowohl für Jesus als auch für den so Angesprochenen voraus, dass der Eintritt in die himmlische Welt bereits vor oder unabhängig von einer Auferweckung des Leibes geschieht, also offensichtlich allein die »Seele« des Menschen betrifft. Ähnliches zeigt sich in der Erzählung vom reichen Prasser und dem armen Lazarus (Lk 16,19-31). Auch hier findet sich Lazarus bereits unmittelbar nach seinem Tod in einer himmlischen Welt wieder und der Reiche in einer Höllenwelt, während seine Verwandten noch auf der Erde leben. Paulus scheint in seinem Brief an die Philipper

152 Vgl. auch Lehtipuu 2015: 24: »Auferweckung wird manchmal als ein Privileg der Gerechten verstanden, während die Strafe der Sünder darin besteht, dass sie nicht auferweckt werden.«

153 Das Buch der Offenbarung verbindet beide Vorstellungen, indem es eine »erste Auferstehung« erwähnt, an der alle christlichen Märtyrer teilhaben, und eine zweite, allgemeine Auferstehung aller Toten zum Endgericht (vgl. Offb 20).

154 Vgl. oben Kap. 3, S. 116f.

ebenfalls davon auszugehen, dass er noch vor der Auferweckung der Gläubigen, direkt nach seinem Tod, »bei Christus« sein wird (Phil 1,21-25). Im zweiten Korintherbrief (12,1-5) spricht er von der Erfahrung, einst selbst ins Paradies, den »dritten Himmel«, entrückt worden zu sein.

Nach Paulus übersteigt das Heil, das den Gläubigen verheißen ist, sei es im Jenseits oder nach der Auferweckung in einer zukünftigen neuen Welt, jede menschliche Vorstellungskraft: »Was kein Auge jemals sah, was kein Ohr jemals hörte und was sich kein Mensch vorstellen konnte, das hält Gott für die bereit, die ihn lieben« (1 Kor 2,9). Dennoch konnten sich auch die neutestamentlichen Texte des Gebrauchs von Metaphern sowie konkreter Ausmalungen des Heilszustands nicht enthalten. Auch hierbei knüpft das Neue Testament an ältere jüdische Vorlagen an. Zugleich zeichnen sich hierin bereits die beiden Grundmotive christlicher Heilsvorstellungen ab: Das Bild vom Heil als einem großen himmlischen Gast- oder Hochzeitsmahl (Mt 8,11; 22,2; Lk 14,15) steht dem Gemeinschaftsaspekt christlichen Heils nahe. Demgegenüber steht das Bild des himmlischen Jerusalems, der Stadt Gottes bei den Menschen, für den Aspekt der völligen Konzentration auf Gott. Die Beschreibung des himmlischen Jerusalems im Buch der Offenbarung ist den Tempelvisionen des Propheten Ezechiel nachempfunden (Ez 40-48). Es gleicht dem Allerheiligsten des Jerusalemer Tempels und ist ganz vom ewigen Lob Gottes erfüllt. Am himmlischen Gastmahl, so heißt es bei Matthäus ebenso wie schon bei Jesaja (25,6f), werden alle Nationen teilhaben, und Gott selbst ist es, der hierzu einlädt. Doch nicht nur die vielen Völker sind hier friedlich vereint; sondern nach Lukas werden gerade auch jene an diesem Mahl teilhaben, die ihr Leben am Rande der Gesellschaft verbracht haben: »die Armen und die Krüppel« (Lk 14,21). Das Wort des Jesaja, wonach Gott bei diesem Festmahl »den Tod für immer beseitigt« und »die Tränen abwischt von jedem Gesicht« (Jes 25,6), wird aufgegriffen in der Beschreibung des himmlischen Jerusalems. Gott wird dort »alle Tränen von ihren Augen abwischen: Der Tod wird nicht mehr sein, keine Trauer, keine Klage, keine Mühsal« (Offb 21,4). Das himmlische Jerusalem ist aus reinem Gold und klarem Glas, seine

Mauern sind aus Edelsteinen erbaut und jedes seiner zwölf Tore besteht aus einer Perle. Es ist durchzogen von einem Strom mit »Wasser des Lebens«, an dessen Ufern die »Bäume des Lebens« stehen. Sie tragen jeden Monat Früchte und ihre Blätter dienen der Heilung. Die Stadt wird erleuchtet vom Glanz Gottes. Die Völker werden in dieses Licht eingehen und Gottes Angesicht schauen (vgl. Offb 21-22).

Das Buch der Offenbarung verbindet in doppelter Weise zukünftige und jenseitige Heilserwartungen. Denn in der neuen Welt wird das himmlische Jerusalem, der jenseitige Ort Gottes, aus dem Himmel auf die neue (!) Erde herabkommen und die Wohnung Gottes unter den Menschen sein (Offb 21,1-3). Zudem geht dieser neuen Welt auf der alten Erde ein tausendjähriges messianisches Reich voran, in dem Christus gemeinsam mit den auferstandenen Märtyrern die Welt regieren wird (Offb 20,1-6).

Das Heil ist nach dem Zeugnis neutestamentlicher Texte jedoch nicht allein eine zukünftige oder jenseitige Wirklichkeit. In der Nachfolge Christi und dem Glauben an ihn bricht es jetzt bereits an. Denn, so die Botschaft Jesu: Wer Gott und den Nächsten liebt, erfüllt das höchste Gebot Gottes und hat sich damit schon der Gottesherrschaft unterstellt.[155] Nach Paulus werden die Gläubigen einst »von Angesicht zu Angesicht schauen«. Doch gibt es schon jetzt eine unvollkommene Erkenntnis, »ein Schauen wie in einem dunklen Spiegel« (1 Kor 13,12). Als »Anzahlung« auf die einstige himmlische Herrlichkeit ist den an Christus Glaubenden nach Paulus bereits jetzt der Geist Gottes gegeben (2 Kor 5,1-10), eben jener Geist, durch den Christus von den Toten auferweckt wurde und der somit auch die Auferweckung der Gläubigen verbürgt (Röm 8,11). Einige neutestamentliche Autoren, wie die Verfasser des Epheserbriefs und des Kolosserbriefs, sprechen sogar davon, dass selbst die Auferweckung mit Christus schon jetzt im Glauben geschehen sei (Eph 2,1-8; Kol 3,1-4), wohingegen der zweite Timotheusbrief allerdings vor einer solchen Behauptung warnt (2 Tim 2,16-18). Im Johannesevangelium ist die Vorstel-

155 Vgl. oben Kap. 3, 114-117.

lung, dass der Glaubende bereits im Hier und Jetzt das »ewige Leben« und damit jene Gottesgemeinschaft besitzt, die der Tod nicht mehr antasten kann, am stärksten ausgeprägt. Wer an Gott glaubt und Jesu Worten folgt, der »hat das ewige Leben« und »ist aus dem Tod ins Leben hinübergegangen« (Joh 5,24; ähnlich 3,36; 6,47). Doch hält Johannes zugleich auch an der Erwartung der Auferweckung im Sinne eines zukünftigen Ereignisses fest (5,25-29; 6,39f). Im Kern ist das Heil schon da, vollenden wird es sich jedoch erst im Jenseits oder der Zukunft.

»Für einige«, so fasst Outi Lehtipuu die frühen christlichen Vorstellungen zusammen, »war Auferweckung vor allen Dingen ein Ereignis in der Zukunft, das stattfinden werde, wenn Christus zurückkommt, um die Welt zu richten. Für andere bedeutete sie einen Aufstieg in den Himmel im Augenblick des Todes. Und für wiederum andere bezeichnete sie eine spirituelle Erfahrung in diesem Leben [...].«[156] All diese Aspekte wirkten in den weiteren Aspekten christlicher Heilsvorstellungen fort, nahmen jedoch deutlich konkretere Formen an und entwickelten teilweise erstaunliche Varianten.

### *Das Heilsziel als Gottesschau*

Zu einem zentralen Motiv christlicher Heilsvorstellungen entwickelte sich der Glaube, dass die Erfüllung und Vollendung des Menschen in der »glückseligen Anschauung Gottes« (*visio dei beatifica*) bestehe. Erstmals geht Augustinus (354-430) ausführlicher darauf ein. Bei dieser »Schau« handelt es sich um ein geistiges Erkennen Gottes, das mit Liebe und Lobpreis verbunden ist. Ermöglicht ist diese Erkenntnis durch die Teilhabe der Seele am Licht Gottes, ja, diese wird in das göttliche Licht »entrückt«. Es ist eine Partizipation am ewigen Sein Gottes, in dem es weder Vergangenheit noch Zukunft gibt.[157] Vor allem aber war es Thomas

156 Lehtipuu 2015: 200.



157 Vgl. Ruh 2001: 103-112.

von Aquin (1225-1274), der die Anschauung Gottes zum Wesen des christlichen Heils erhob. Das Glück, nach dem jeder Mensch strebt, ist nach Thomas nichts anderes als Gott selbst. In allem Glück, das der Mensch sucht, sucht er unbewusst nach Gott.[158] Daher kann er allein in Gott seine bleibende Erfüllung finden. Auch wenn nach Thomas die Seele des Menschen bei der Auferweckung einen neuen Leib erhalten wird, so ist die Anschauung Gottes dennoch rein geistiger beziehungsweise kontemplativer Natur und frei von jeglicher Aktivität.[159] Doch auch in der ewigen Gottesschau bleibt der Geist des Menschen endlich. Die Unendlichkeit Gottes vermag er daher nicht zu erfassen, sodass selbst in dieser höchsten und letzten Gotteserfahrung Gott unbegreifbar bleibt.[160] Zudem ist das Ausmaß der Gottesschau und des diese begleitenden Glücks nicht für alle Menschen gleich. Vielmehr gibt es verschiedene Stufen der Erkenntnis, die dem unterschiedlichen Grad der Gottesliebe der Menschen entsprechen.[161]

Während bei Thomas somit im Hinblick auf das letzte Heilsziel trotz aller Unmittelbarkeit der Gottesschau der endliche Geist des Menschen von der Unendlichkeit Gottes unterschieden bleibt, verflüssigt sich diese Grenze bei einigen christlichen Mystikern hin zur Vorstellung einer Einheitserfahrung (*unio mystica*).[162] Diese deckt eine Bandbreite der »gottmenschlichen Symbiose« ab, die »von der keiner Individualität mehr Raum lassenden Verschmelzung bis zur personalen Liebesvereinigung« reicht.[163] Der Begriff der *unio mystica* geht offensichtlich auf Pseudo-Dionysius Areopagita zurück.[164] Man hielt diesen stark vom Neuplatonismus geprägten Autor des 5. bis 6. Jahrhunderts fälschlicherweise für einen Paulus-Schüler. Seine Abhandlungen übten auf weite Teile der christlichen Theologie und Mystik großen Einfluss aus. In

158 *Summa theologiae* I, 2,1 ad 1. Vgl. auch Davies 1993: 227-230.

159 *Summa theologiae* I – II, 3,5.

160 *Summa theologiae* I, 12,7, sowie *Super Evangelium S. Joannis Lectura. Caput I, Lectio XI.*

161 Vgl. Lang & McDannell 1990: 130f.

162 Vgl. hierzu die Übersicht in McGinn 2016.

163 Haas 1998: 2.

164 Ebd. 7f.

der Vereinigung mit Gott gelangt der Mensch nach Dionysius »zu einer ›Entschränkung‹ seiner selbst, die im eigentlichen Sinne eine Aufhebung von Schranken sei: ein Aufgehobensein in seinem Urgrund«, eine »Rückkehr zu seinem Ursprung, von dem er nie wirklich getrennt war«.[165] Das endgültige Heil besteht demnach in einem Zustand, der die Illusion einer scheinbaren Trennung vom göttlichen Grund überwindet und zur bleibenden Erfahrung der wahren Einheit gelangt.

Noch deutlicher tritt ein solches Konzept bei Meister Eckhart († 1328) zutage. Für ihn ist die höchste Form der Einheitserfahrung ein Durchbruch in den Gottesgrund, das heißt ein Transzendieren aller Dualität zwischen Gott und Schöpfung. Es handelt sich um eine Ebene, Eckhart bezeichnet sie als »Gottheit«, die der Unterscheidung von Gott und Geschöpf vorausliegt. Auf der Ebene der Gottheit verlieren Gott und »Ich« ihre aufeinander in Unterschiedenheit bestimmte Identität:

> Alles das, was in der Gottheit ist, das ist Eins, und *davon kann* man nicht reden. [...] Wenn ich in den Grund, in den Boden, in den Strom und die Quelle der Gottheit komme, so fragt mich niemand, woher ich komme oder wo ich gewesen sei. Dort hat mich niemand vermißt, dort *ent*wird »Gott«.[166]
> Als ich aus Gott floß, da sprachen alle Dinge: Gott ist. Dies aber kann mich nicht selig machen, denn hierbei erkenne ich mich als Kreatur. In dem Durchbrechen aber, [...] da bin ich [...] weder »Gott« noch Kreatur, bin vielmehr, was ich war und bleiben werde jetzt und immerfort. [...] denn mir wird in diesem Durchbrechen zuteil, daß ich und Gott eins sind. Da bin ich, was ich war, und da nehme ich weder ab noch zu, denn ich bin da eine unbewegliche Ursache, die alle Dinge bewegt.[167]

In solchen Vorstellungen wird der neuplatonisch geprägte Hintergrund besonders greifbar. Der jenseits aller begrifflichen Unter-

165 Leppin 2007: 34.
166 *Predigt 26* (Quint) = *Predigt 56* (Pfeiffer). Quint 1979: 273.

167 *Predigt 32* (Quint) = *Predigt 87* (Pfeiffer). Ebd. 308f.

scheidung stehende Gottesgrund entspricht dabei dem *hen* (dem »Einen«) in der Philosophie Plotins. Das Eine ist begrifflich unfassbar, doch geht aus ihm die Welt der Vielheit hervor, die ihre Erlösung im Rückgang zu dieser ursprünglichen Einheit findet. In Anspielung auf die Gabenbereitung im Messritus der Katholischen Kirche beschreibt Meister Eckhart die Einheit mit Gott auch als ein Sich-Selbst-Verlieren der Seele in Gott, so, »wie wenn man einen Tropfen Wasser in eine Bütte voll Wein gösse«[168] – quasi ein katholisches Pendant zum upanischadischen Bild der Ströme, die sich im Ozean verlieren.[169]

Christliche Mystiker konnten die Einswerdung mit Gott jedoch auch in sehr personalen Bildern ausdrücken und griffen hierbei mit Vorliebe auf die Vereinigung der Geliebten mit ihrem Liebhaber zurück. Diese sogenannte »Brautmystik« besitzt eine lange Tradition, die schon bei Origenes zu finden ist, besonders prominent jedoch bei Bernhard von Clairvaux († 1153) hervortritt. Theologen stützten sich dabei nicht allein auf die paulinische Vorstellung von der Gemeinde als der Braut Christi, sondern legten das Hohelied der Hebräischen Bibel als Allegorie auf die Liebe zwischen Gott und der Seele aus. Obwohl sie von einer geistigen Liebe sprechen, bedienen sie sich doch der Bildwelt erotischer und durchaus körperlicher Liebe. Bei Bernhard fungiert der Kuss des Bräutigams auf den Mund seiner Braut als höchstes Bild der Vereinigung mit Gott.[170] Die dem Beginen-Orden angehörende Mystikerin Mechthild von Magdeburg († 1282) geht deutlich weiter. In einer ihrer zahlreichen Visionen beschreibt sie die Liebe Christi zur Seele mit den Worten:

168 *Predigt 54* (Quint) = *Predigt 62* (Pfeiffer). Ebd. 407. Dasselbe Bild verwendet auch Bernhard von Clairvaux in *De diligendo Deo*, betont jedoch, dass dabei die Seele nicht in Gott aufgeht. Vgl. Lerner 1971: 97f.

169 In *Predigt 55* verwendet Eckhart das Bild vom Wassertropfen, der in das Meer gegossen wird. Wenn er hier betont, dass die Seele dabei ihren Namen und ihre Kraft, nicht aber ihren Willen und ihr Sein verliere (vgl. Quint 1979: 410), so muss dies wohl in dem Sinn verstanden werden, dass es in der Gottheit nach Eckhart keinen Unterschied mehr in Sein und Willen gibt und die Seele nun in ihrem eigentlichen Sein ist. Anders jedoch Lerner 1971: 402f.

170 Vgl. Leppin 2007: 61, 64f.

Er durchküßt sie mit seinem göttlichen Munde
Wohl Dir, ja mehr als wohl, ob der überherrlichen Stunde!
Er liebt sie mit aller Macht auf dem Lager der Minne
Und sie kommt in die höchste Wonne
Und in das innigste Weh,
Wird sie seiner recht inne.[171]

In Formulierungen wie »Er gibt sich ihr, und sie gibt sich ihm«[172] oder »Ich bin in dir, du bist in mir«[173] zeigt Mechthild, dass sie in ihren Bildern »die weltliche Vorstellung vom sich vollziehenden Liebesakt auf ihre mystische ›Einung‹ (überträgt).«[174]

Mystiker und Mystikerinnen berufen sich in ihren Ausführungen zur Einheit mit Gott nicht allein auf biblische, theologische oder philosophische Quellen, sondern häufig auf eigene religiöse Erfahrungen. Dies gilt, wie hier bei Mechthild, besonders für die verschiedenen Schilderungen des letzten Heilsziels. Sie begreifen ihre kontemplativen oder visionären Einheitserfahrungen als punktuellen »Vorgriff auf etwas, was eigentlich dem Jenseits vorbehalten ist.«[175] So auch bereits bei Augustinus in seiner berühmten Schilderung der sogenannten Ostia-Erfahrung in den *Confessiones*: Als er und seine Mutter sich kurz vor ihrem Tod fragen, »wie wohl das ewige Leben der Heiligen sein werde«, erleben oder – wie Augustinus es ausdrückt – »berühren« sie in einem kurzen Moment die ewige Weisheit Gottes und gelangen »zu dem Lande unerschöpflicher Fülle«.[176] Doch dieses »Land« wurde im Christentum nicht nur als das Sich-Verlieren der Seele in der zeitenthobenen Gottesschau und mystischen Vereinigung verstanden. Vielfach nahm es auch die Form sehr konkreter Vorstellungen von einer vollendeten

171 *Das fließende Licht der Gottheit* II 23. Zitiert nach Driller 2005: 155.

172 *Das fließende Licht der Gottheit* I 44. Driller 2005: 154.

173 *Das fließende Licht der Gottheit* II 5. Driller 2005: 155.

174 Driller 2005: 154. Vgl. die Formulierung bei Meister Eckhart: »Gott muss schlechthin ich werden und ich schlechthin Gott, so völlig eins, dass dieses ›Er‹ und dieses ›Ich‹ Eins ist [...].« *Predigt 42* (Quint) = *Predigt 99* (Pfeiffer). Quint 1979: 354. Wie die neuere Forschung zeigen konnte, ist Eckhart von der Mystik der Beginen, insbesondere von Marguerite Porete († 1310), beeinflusst. Vgl. McGinn 2016: 74f; Leppin 2007: 96.

175 Leppin 2007: 23.



176 *Confessiones* 9,10. Augustin 1977: 251.

himmlischen Sozietät an, in der die messianischen Erwartungen eines kollektiven Heilszustandes fortwirken.

### *Das Heilsziel als vollendete Sozietät*

Werden wir im Jenseits oder in der Zukunft nicht nur Gott schauen, sondern auch jene geliebten Menschen wiedersehen, von denen uns der Tod getrennt hat? Ambrosius von Mailand († 397), der Lehrer des Augustinus, beantwortete die Frage mit Ja. Auch Augustinus selbst räumte in seinem Spätwerk diese Möglichkeit ein. Es wird unter den Auferweckten weiterhin wahre Liebe geben, wie unter Engeln: ohne jegliche Begierde und ohne die typisch irdischen Bande von Freundschaft, Ehe oder Hausgemeinschaft.[177] »Alle besonderen Bindungen gehen in der einen großen, undifferenzierten Liebesgemeinschaft auf.«[178]

Im Mittelalter trat die soziale Dimension des ewigen Lebens hinter dem Gedanken der Anschauung Gottes und der Vereinigung mit Gott zurück. Der Himmel ist zwar bevölkert, doch die Seelen der Heiligen ebenso wie die Gerechten unter den Auferweckten gehen in die reine Lichtwelt des Empyreums (»Feuerort«) ein. Auch wenn Dante († 1321) in seiner *Göttlichen Komödie* im Himmel seine Jugendliebe Beatrice wiedersieht und zahlreiche bekannte Personen in seine Schilderungen einbaut, so sind doch auch bei ihm in den höheren Sphären des Himmels die Heiligen als verklärte Lichter ganz der göttlichen Quelle allen Lichts zugewandt.[179] Zwar kannte das Mittelalter auch materiellere Vorstellungen vom Himmel, wie etwa die Idee vom Himmel als dem wiederhergestellten Paradies, wo die Menschen in paradiesischer Nacktheit und zugleich paradiesischer Unschuld miteinander leben. Oder die Vorstellung vom himmlischen Jerusalem als einer idealisierten Stadt mit prächtigen Häusern, Palästen und Burgen, in der die Menschen kostbare Ge-

177 Vgl. Lang & McDannell 1990: 91-100.

178 Ebd. 97f.

179 Vgl. ebd. 117-127.

wänder und Schmuck tragen, in der es festliche Gastmähler ebenso gibt wie eine hierarchische Ordnung und einen himmlischen Hofstaat.[180] Jedoch verblieben solche Ideen eher »am Rande des theologischen Denkens«.[181]

Mit der Renaissance setzte allerdings eine deutliche Intensivierung sozialer Heilsvorstellungen ein, die ihren Höhepunkt im 19. Jahrhundert erlangen sollte. Zunächst begannen antike, griechisch-römische Himmelsvorstellungen das Christentum zu beeinflussen.[182] Im Himmel gebe es nicht nur ein Wiedersehen mit den Lieben, sondern auch Gefilde sinnlicher Freuden mit himmlischen Nymphen. Teilweise entwickelte sich der Himmel zu einem Ort übernatürlich gesteigerter, aber durchaus irdischer Genüsse. In künstlerischen Darstellungen umfasst die jenseitige Welt beides, die himmlische Stadt und den Paradiesgarten, wobei gerade der Garten häufig ein Ort der von Menschen und Engeln gemeinsam genossenen Freuden ist. Nach Lang und McDannell ist diese Kombination von himmlischer Stadt und Paradiesgarten bei gleichzeitiger Unterschiedenheit symbolisch aufschlussreich: Neben der ganz auf das Göttliche ausgerichteten Seligkeit, symbolisiert durch die himmlische Stadt, erhält auch die Natur als menschlicher Lebensraum in Gestalt ihrer paradiesischen Verklärung einen Platz im endgültigen Heil. Im Paradies »ist die Natur gebändigt [...]. Die Menschen kosen einander, spielen, lauschen der Musik und genießen die Ewigkeit. [...] Märtyrer können sich mit Jungfrauen unterhalten, Lehrer vor Kaufleuten singen und Paare Hand in Hand gehen.«[183]

Die Reformation lehnte solche sinnlichen Vorstellungen als unbiblisch ab. Ewiges Leben ist für die Reformatoren primär die aus göttlicher Gnade gewährte beseligende Nähe Gottes. Ihrer mystischen Interpretation als Einheit mit Gott standen sie tendenziell eher skeptisch gegenüber, auch wenn Calvin in seiner Frühschrift *Psychopannychia* die eigentliche Erlösung als »Einssein

180 Vgl. ebd. 105-117.
181 Ebd. 154.
182 Vgl. ebd. 155-199.
183 Ebd. 195f.

mit Gott« definiert.[184] Die mittelalterliche Lehre einer von den menschlichen Verdiensten abhängigen, gestuften Anschauung Gottes wird von den Reformatoren verworfen.[185] Alles in allem sind die Bekenntnisschriften der Reformation relativ schweigsam über das, was den »Himmel« ausmacht. Es ist die Erlösung aus dem irdischen »Jammertal«, ein Ende, in dem Gott die Erlösten vor »Sünde und Schande behüten« will und »vor allem, was uns wehe tut und schädlich ist«, schreibt Luther in seinem *Großen Katechismus*.[186] Es finden sich bei Luther auch Aussagen, die die Vorstellung vom wiederhergestellten und zugleich übernatürlich verklärten Paradies fortführen. Dabei bilden die himmlische Welt Gottes und das erneuerte Paradies eine Einheit.[187] Eine Ständeordnung wird es nach Luther und Calvin in der neuen Welt nicht mehr geben.[188] In den radikalen Zweigen der Reformation, wie der Täuferbewegung, kam es teilweise zu einem intensiven Wiederaufleben chiliastischer Erwartungen. Nicht selten verband sich hier der Glaube an die unmittelbar bevorstehende Wiederkunft Christi und den Beginn des tausendjährigen messianischen Reichs mit einer radikalen Sozialkritik an den bestehenden Verhältnissen, deren vollständige Überwindung für das kommende Reich erwartet wurde.[189]

In den Himmelsvorstellungen des 18. und 19. Jahrhunderts gewannen die Sozialbeziehungen immer mehr an Bedeutung. Nicht zuletzt unter dem Einfluss der umfangreichen Schriften Emanuel Swedenborgs (1688-1772) stand nun die beseligende Anschauung Gottes nicht mehr allein im Zentrum des ewigen Lebens, sondern wurde ergänzt durch die Beziehungen zwischen den im Himmel

184 »non aliud esse, quam illam cum deum unionem.« Calvin, *Vivere apud Christum* (online: https://www.e-rara.ch/gep_r/content/zoom/21791216, Dezember 2021). Vgl. Auch Lang McDannell 1990: 276.

185 Vgl. ebd. 207.

186 Lutherisches Kirchenamt 1991: 724.

187 Lang & McDannell 1990: 210f.

188 Ebd. 212.

189 Vgl. van Dülmen 1979. Während die chiliastische Orientierung bei Thomas Müntzer umstritten ist (vgl. McLaughlin 2004), steht sie für die niederländischen und westfälischen Wiedertäufer zweifellos fest und spielte eine zentrale Rolle im Täufer-Reich von Münster.

verweilenden Menschen: »Die Liebe zu Gott zeigt sich auch in der Liebe, die anderen Himmelsbewohnern geschenkt wird.«[190] In Swedenborgs Visionen – und er war keineswegs der Einzige, der so dachte – wird der Himmel trotz aller betonten Geistigkeit zu einem recht konkreten, wenn auch deutlich angenehmeren Abbild des Diesseits, voller geistlicher und sinnlicher Erfahrungen. Swedenborg deutet diese »Dinglichkeit« des Himmels in quasi idealistischer Manier als »Widerspiegelung des spirituellen Zustands [...] seiner Bewohner«.[191] Andere Autoren, wie der Lutheraner Philipp Nicolai (1556-1608), der Katholik Martin von Cochem (1634-1712) oder der Calvinist Johann Caspar Lavater (1741-1801) verstehen den Himmel vollends als eine materielle Wirklichkeit. Bei ihnen verbinden sich die Vorstellung vom Himmel als präsentischem Jenseits mit der Idee einer zukünftigen neuen Schöpfung.[192]

Zudem nahm man nun immer häufiger an, dass es selbst in der himmlischen Welt noch Fortschritt gibt und zwar keineswegs nur in spiritueller Hinsicht.[193] Die Heiligen im Himmel können ihre neuen Erkenntnisse miteinander teilen und einander in aktiver Tätigkeit dienen. Uneinigkeit bestand darin, inwieweit die Sozialbeziehungen im Himmel auch Sexualität einschließen. Während eine Reihe von Theologen dies explizit ablehnte und nur eine »platonische Liebe« für möglich hielt, vertrat Swedenborg, dass es Ehe und Sexualität auch im Himmel gebe. Im Unterschied zur irdischen Wirklichkeit werde die Ehe im Himmel jedoch ausschließlich ein Ausdruck wahrer Liebe sein. Im Himmel sei der Liebesgenuss unbeschreibliche und nie ermüdende Wonne. Fortpflanzung gebe es jedoch nicht. Die Kinder im Himmel sind nach Swedenborg jene Menschen, die als Kinder verstorben sind.[194]

Swedenborgs Vorstellungen stießen sowohl auf heftige Ablehnung als auch auf positive Weiterführung, wozu auch die zunehmend populäre spiritistische Bewegung beitrug. Im 19. Jahrhundert

190 Lang & McDannell 1990: 249.

191 Ebd. 261.

192 Vgl. ebd. 262-268.

193 Vgl. ebd. 282, 367-382.

 194 Vgl. ebd. 284-300.

befassten sich zahlreiche Bücher mit dem Leben im Himmel und widmeten dabei der romantischen Liebe wachsende Aufmerksamkeit.[195] In der Kunst spiegelt sich dies unter anderem in den Werken William Blakes (1757-1827) wider.[196] Der einflussreiche anglikanische Theologe Charles Kingsley (1819-1875) ging ähnlich wie Swedenborg davon aus, dass Sexualität im Himmel noch ungleich vollkommener sein werde als auf Erden.[197] Im 19. Jahrhundert, so fassen es Lang und McDannell zusammen, schildern die

> verschiedensten Prediger, Theologen, Dichter und Volksschriftsteller [...] das Jenseits als eine soziale Welt, in der die Seligen ihren Verwandten und Freunden wiederbegegnen. Geliebte und Liebhaber, nicht mehr Gott und Seele, werden auf ewig vereint. Das jenseitige Leben wird mit der Wirklichkeit von Arbeit, spirituellem Wachstum und technischem Fortschritt ausgestattet.[198]

Es war diese Form der Himmelsvorstellung, die im Christentum vorherrschte, als Christen erstmals damit begannen, buddhistische Texte zu studieren und sich um ein Verständnis des buddhistischen Nirvāṇas zu bemühen.[199] Angesichts eines solcherart belebten Himmels musste ihnen das Nirvāṇa wie eine Grabesruhe erscheinen, die nur einen Vergleich mit dem atheistischen Nihilismus des 19. Jahrhunderts oder mit den damals mehr oder weniger ad acta gelegten mystischen Konzeptionen des Mittelalters zuließen. Gerade Letztere erfreuen sich jedoch heute wieder eines wesentlich größeren Interesses, das mit dem westlichen Interesse am Buddhismus Hand in Hand geht.[200]

Im 20. Jahrhundert ist die Situation insgesamt gespalten.[201] Einerseits leben die plastischen Himmelsvorstellungen des 19. Jahr-

195 Vgl. ebd. 306f.

196 Vgl. ebd. 314-328.

197 Vgl. ebd. 347-351.

198 Ebd. 476.

199 Vgl. Collins, S. 1998: 98-101.

200 Vgl. hierzu beispielhaft die Beiträge in Lengsfeld 2005.

201 Lang & McDannell 1990: 410.

hunderts, angereichert mit neuen Formen chiliastischer Endzeiterwartungen bei christlichen Gruppierungen wie den Mormonen[202] oder Zeugen Jehovas[203] fort, aber auch in charismatischen und pentekostalen Bewegungen,[204] die inzwischen einen großen Teil des zeitgenössischen Christentums ausmachen. Andererseits lässt sich für die Theologie der traditionellen Kirchen eine eher »minimalistische Beschreibung des Jenseits« konstatieren, die sich zumeist mit dem Gedanken einer nicht näher bestimmbaren Begegnung mit Gott zufriedengibt.[205]

Eine spekulative, um nicht zu sagen gewagte Synthese beider Seiten hat John Hick in seinem 1976 erstmals erschienenen, umfangreichen Werk *Death and Eternal Life* (»Tod und Ewiges Leben«) vorgelegt. Darin schlägt er eine zweistufige Eschatologie vor: einen postmortaler Prozess und einen Endzustand. Chiliastische Konzeptionen lässt Hick hinter sich.[206] Auferweckung wird bei ihm – wie häufig in den Szenarien des 19. Jahrhunderts – identisch mit dem Eintritt in eine neue Welt. Die Auferweckung folgt, nach einem nur kurzen Zwischenzustand, auf den individuellen Tod. Die neue Welt, in einer anderen Dimension, gleicht nach Hick in vielerlei Hinsicht der irdischen Welt und beinhaltet ihre eigenen moralischen Herausforderungen. Denn ihr eigentlicher Zweck bestehe darin, einen Fortgang des auf Erden unvollendeten menschlichen Reifeprozesses, das heißt der »Heiligung« oder *theosis* (Vergöttlichung), zu ermöglichen. Dies, so Hick, sei jedoch nur denkbar, wenn auch das Leben in der neuen Welt endlich ist. Auf den erneuten Tod folge, wiederum nach einem kurzen Zwischenzustand, eine Auferweckung in einer weiteren Welt, und so weiter. Der Prozess finde

202 Vgl. ebd. 416-428.

203 Vgl. Elliott 2006. Jehovas Zeugen trennen allerdings deutlich zwischen dem Himmel als der eigentlichen Wohnstätte Gottes, in den nur wenige Auserwählte gelangen werden, und der paradiesischen Erde als dem Ort der Auferstehung der Gerechten, die hier unter Gottes Herrschaft ewig leben.

204 Vgl. Whalen 2006.

205 Lang & McDannell 1990: 473. Vgl. auch ebd. 434-442.

206 Vgl. Hick 1990: 399-466. Für eine kurze Zusammenfassung seiner Eschatologie siehe Hicks 1977 an der Harvard University gehaltene »Ingersoll Lecture on Immortality« (Hick 1988: 129-145).

sein Ende erst, wenn der Mensch seine natürliche Selbst-Zentriertheit völlig überwunden habe. Er münde schließlich in einen Zustand jenseits von Materialität und Zeit, den Hick sowohl als gemeinsame Anschauung Gottes wie auch als Nirvāṇa bezeichnet.[207]

Diese Konzeption versucht, nicht nur unterschiedliche Heilsvorstellungen der christlichen Tradition, sondern auch Anregungen aus den asiatischen Religionen zu integrieren. Mit seiner Idee einer progressiven Weiterentwicklung des Menschen in einer Serie von sukzessiven Existenzen in immer höheren Welten greift Hick explizit asiatische Reinkarnationsvorstellungen auf. In seinen späteren Arbeiten zeigt sich Hick nicht abgeneigt, für die spirituelle Weiterentwicklung des Menschen über den Tod hinaus auch die Möglichkeit mehrerer Erdenleben zuzulassen.[208] Zudem steht der Gedanke einer postmortalen Weiterentwicklung auch bei Hick in der Tradition christlicher Vorstellungen von einer postmortalen Läuterung, auf die nun noch kurz einzugehen ist.

### *Purgatorium, Seelenreisen und Reinkarnation*

Die Vielfalt christlicher Heilsvorstellungen bildet natürlich lediglich einen Ausschnitt aus der noch weitaus größeren Vielfalt an Jenseitsvorstellungen. Denn neben dem Himmel nahm man zugleich die Existenz einer oder mehrerer, ebenfalls recht unterschiedlich konzipierter Höllen an,[209] sowie den weitaus angenehmeren »Rand« (*limbus*) der Hölle, der nach einer verbreiteten Auffassung den (zumeist als endgültig gedachten) Ort ungetauft verstorbener Kinder sowie der rechtschaffenen »Heiden« bildet.[210] Der Gedanke einer postmortalen Läuterung verband sich häufig mit dem sogenannten »Fegfeuer«, einem Läuterungsort (*purgatorium*) für all jene verstor-

207 Hick 1990: 464; Hick 1988: 144.

208 Vgl. Hick 1999: 244-249; 2010: 151-158.

209 Vgl. die Übersichten in Vorgrimler 1994 und Minois 2000. Zu buddhistischen Höllenvorstellungen siehe Van Put 2015; zum Vergleich buddhistischer und christlicher Höllen siehe Schmidt-Leukel 2019b: 331-345.

210 Zugleich nahm ein Teil der Tradition an, dass sich im Limbus die Gerechten des Alten Bundes befanden, bis sie von Christus bei seinem »Höllenabstieg« in den Himmel geleitet wurden.

benen Christen, die noch der Reinigung von sündhaften Neigungen bedurften, bevor sie für den Eintritt in den Himmel bereit sind.[211] Doch auch ohne die Annahme eines solchen speziellen Ortes rechnete man in Teilen der christlichen Tradition mit der Möglichkeit, dass die Seelen der Verstorbenen in einer Art »Reise« eine weitere Entwicklung hin zur spirituellen Vervollkommnung durchlaufen konnten. Bereits Clemens von Alexandrien und Origenes gingen von der Vorstellung einer göttlichen Pädagogik aus, die sich über den Tod hinaus fortsetzen könne.[212] Für Origenes war im Übrigen auch die Hölle kein ewiger Zustand, sondern diente der Läuterung. Für Augustinus besaß zumindest ein Teil der Hölle jene temporäre pädagogische Funktion.[213] Aus solchen Anfängen entwickelte sich schließlich die Vorstellung eines zeitlich begrenzten jenseitigen Strafortes zur Reinigung der Seelen.

Während die Kirche des Westens die Lehre vom Fegfeuer im 13. Jahrhundert zum Dogma erhob, vertrat die Kirche des Ostens eine weniger festgelegte Position. Zwar rechnete sie ebenfalls mit der Möglichkeit einer fortschreitenden Entwicklung nach dem Tod, wollte diese aber nicht auf einen besonderen Ort begrenzen.[214] Sie kennt eine Tradition postmortaler Prüfungen, in der sich die wahre innere Orientierung der Seele herausstellen soll. Teilweise wird dies als eine Seelenreise dargestellt, bei der Dämonen und Engel um sie kämpfen.[215] In der mittelalterlichen Literatur wird laut Carol Zaleski bisweilen davon ausgegangen, dass die Seele, nachdem sie »ihren Körper verlassen hat, [...] mit einer Vielfalt von Hindernissen und Torturen fertig werden« muss, die allesamt unterschiedliche Arten von »Prüfungen« darstellen.[216] Der Tod wird zu einer »Reise«, in deren Verlauf sich zeigt, ob die Seele in ein glücklicheres Terrain vorzudringen verdient.«[217] Nach Zaleski war »das Bedürfnis nach

211 Vgl. Le Goff 1990.
212 Vgl. ebd. 52-57.
213 Vgl. ebd. 69.
214 Vgl. ebd. 280-284.
215 Vgl. Cattoi 2021: 365-368.
216 Zaleski 1993: 94.
217 Ebd. 96.

einem Reinigungsprozess im gesamten Mittelalter stark ausgeprägt.«[218] Noch für Calvin gilt, dass er trotz seiner Ablehnung der katholischen Lehre vom Fegfeuer daran festhielt, dass es zwischen Tod und Auferstehung einen Fortschritt der Seele im Jenseits gibt. Doch hat diese für ihn nichts mit einer erforderlichen Reinigung zu tun, sondern stellt ein göttliches Gnadengeschenk dar.[219]

Auch der Gedanke einer Läuterung durch Reinkarnation war dem Christentum nicht völlig fremd. Während er bereits in Teilen der christlichen Gnosis anzutreffen ist,[220] taucht er vor allem in der Renaissance und Aufklärung wieder auf. Besonders bei Gotthold Ephraim Lessing (1729-1781) stellt der Gedanke einer graduellen Vervollkommnung durch Reinkarnation zumindest eine ernst zu nehmende Hypothese dar und beeinflusste fortan eine Reihe weiterer Denker. Nicht selten verbindet er sich dabei mit der Vorstellung jenseitiger Seelenreisen.[221] Im 20. Jahrhundert hat kein Geringerer als Karl Rahner mit dem Gedanken gespielt, die traditionelle Lehre von Fegfeuer heute in Vorstellungen wie die der Reinkarnation zu übersetzen.[222]

## 8.4 Zur Komplementarität eschatologischer Bilder

### *Fraktale Kontraste*

Wie gezeigt, neigen die bisherigen Vergleiche der Heilsvorstellungen in Buddhismus und Christentum zu wiederkehrenden Kontrastierungen. Es wird festgestellt, dass es in beiden Religionen unter anderem um die Überwindung des Todes geht. Im Christentum stelle sich diese

218 Ebd. 90.

219 Vgl. Lang & McDannell 1990: 276.

220 Vgl. oben Kap. 3, S. 120.

221 Vgl. Bischofberger 1996: 34-47.

222 Vgl. Rahner 1977: 424f und 1982: 126f.

Überwindung jedoch als ein vom Tod nicht länger bedrohtes ewiges Leben in seiner ganzen Fülle dar, während das buddhistische Heilsziel eher einem todesähnlichen Zustand gleiche, in dem es keinen weiteren Tod mehr gibt. Während die im Christentum erwartete Auferweckung von den Toten der Eintritt in ein neues Leben sei, bedeute der im Buddhismus erwartete Eingang ins Nirvāṇa demgegenüber die Befreiung von jedem weiteren neuen Leben im Sinne weiterer Wiedergeburten. Mit dem Kontrast zwischen ewigem Leben und einem ewigen quasi-Tod verbindet sich die These, dass das ewige Leben vor allem als Erfahrung von Gemeinschaft zu charakterisieren sei – der Gemeinschaft mit Gott und der Gemeinschaft mit allen Erlösten –, wohingegen es im Buddhismus nicht um Gemeinschaft, sondern um das Aufgehen des Selbst beziehungsweise der Illusion eines substanziellen, unveränderlichen Selbst in einer größeren transzendenten Wirklichkeit gehe. Dem wiederum entspricht der Gedanke, dass zum christlichen Heilsziel auch die Erwartung einer zukünftigen gerechten und friedvollen Weltgemeinschaft gehöre, die buddhistische Erwartung jedoch individualistisch geprägt sei und auf die Überwindung des eigenen Leids abziele.

Allerdings zeigen sich ansatzweise auch in den bisherigen Vergleichen Differenzierungen, die solchen allzu schematischen Kontrastierungen widersprechen und in Richtung einer fraktalen Perspektive verweisen. Denn die nähere Betrachtung unterschiedlicher Heilsvorstellungen innerhalb einer jeden der beiden Traditionen verdeutlicht, dass die genannten Kontraste in modifizierter Form sowohl innerhalb des Buddhismus als auch innerhalb des Christentums auftreten.

Konkret bedeutet dies, dass es auch im Christentum Heilsvorstellungen gibt, die das ewige Leben weniger als eine Form der Gemeinschaft als vielmehr eine Form des Aufgehens des »Ichs« in Gott, als Verschmelzung mit dem göttlichen Grund oder als Erfahrung einer ursprünglichen Einheit deuten, die – wie etwa bei Meister Eckhart – nie zerbrochen, sondern lediglich durch die Vorstellung einer getrennten Individualität verdunkelt war. Trotz aller bleibenden Unterschiede ist hier eine strukturelle Analogie zu buddhistischen Vorstellungen unverkennbar. Umgekehrt sind dem Buddhismus solche Heilsvorstellungen keineswegs fremd, die einen gemeinschaftlichen Zug tragen. So zeigen buddhistische Formen der *bhakti*, der liebenden Verehrung des Buddhas und zwar eines ewigen, immerwährend präsenten Buddhas, gewisse Ähnlichkeiten zur christlichen Gottesliebe. Ja, sie nähern sich der christlichen Idee einer glückseligen Anschauung Gottes im Himmel dort noch stärker an, wo die Verehrung Buddhas als Grundzug der Existenz in einem Buddha-Land gilt, in das man nach dem Tod einzutreten erhofft. Im Hinblick auf die Gemeinschaft untereinander lässt sich ebenfalls auf die durchaus als Sozietäten gedachten Buddha-Länder verweisen, aber auch auf die typisch mahāyāna-buddhistische Vorstellung des dynamischen Nirvāṇas, das heißt einer Erfahrung des Nirvāṇas, die sich im ewigen Wirken des erleuchteten Bodhisattvas zum Wohl aller Wesen vollzieht.

Beide, buddhistische ebenso wie christliche Heilsvorstellungen, besitzen teils stärker jenseitsbezogene und teils eher diesseitsbezogene Ausprägungen. Zwar ist die Wiedergeburt in buddhistischen Himmelswelten nur vom Standpunkt des irdischen Lebens aus gesehen »jenseitig«, da die Himmelswelten dogmatisch immer noch als Teil der unerlösten Wirklichkeit des Saṃsāra gelten. Doch mit dem Gedanken eines Eingangs ins Nirvāṇa direkt von einer himmlischen Welt aus wird der Übergang fließend. Dies ist noch deutlicher dort der Fall, wo die Wiedergeburt in einem reinen Buddha-Land an die Stelle der himmlischen Wiedergeburt tritt oder das Reine Land sogar explizit mit dem Nirvāṇa identifiziert wird, wie dies in Teilen des Reines-Land-Buddhismus geschehen ist. Zudem kennt der Buddhismus, insbesondere in der Form des Maitreya-Glaubens, auch chiliastische beziehungsweise apokalyptische Formen der Heilshoffnung, die eine Art von vollendetem und glücklichem Gemeinschaftsleben für eine zukünftige Phase in der Entwicklung der Welt erwarten. Strukturell ähnlich finden wir im Christentum neben der ursprünglich dominanten diesseitigen, aber zukünftigen apokalyptischen Heilserwartung bereits im Neuen Testament auch den Gedanken einer präsentischen, aber jenseitigen Heilswelt, in die der Gerechte oder der auf Christus Vertrauende unmittelbar nach dem individuellen Tod eintritt. Ebenfalls kennen beide Religionen Heilsvorstellungen, die weder zukünftig noch jenseitig, sondern präsentisch und diesseitig ausgerichtet sind. Das ewige Leben bricht, wie vor allem das Johannesevangelium lehrt, bereits hier und jetzt im Leben aus Glauben an, und das Nirvāṇa kann bereits hier und jetzt im Erwachen erfahren werden, auch wenn es dann noch mit den »Beilegungen« des irdischen Lebens verbunden bleibt und diese Erfahrung nur wenigen möglich ist. Im Reines-Land-Buddhismus findet sich bisweilen der Gedanke, dass die Wiedergeburt im Reinen Land ansatzweise schon im Akt des Glaubens geschieht.

Nicht nur im Buddhismus, sondern auch im Christentum stoßen wir außerdem auf die Vorstellung, dass eine mentale Weiterentwicklung im Hinblick auf einen vollendeten Heilszustand auch noch über den Tod hinaus möglich ist. Während diese Idee im Buddhismus durch den Gedanken verbürgt ist, sich über zahlreiche Wiedergeburten hinweg immer weiter vervollkommnen zu können, findet sie sich ansatzweise in christlichen Lehren von einer postmortalen Läuterung, sei es im Fegfeuer oder in himmlischen Welten, oder auch in gewissen, zumindest gelegentlich im Christentum anzutreffenden Formen des Wiedergeburtsglaubens. Überdies ist der Aspekt ausgleichender, postmortal widerfahrender Gerechtigkeit in der Form von Lohn oder Strafe beiden Religionen wichtig und wohl vertraut.

### *Komplementaritäten*

Wir begegnen also sowohl im Buddhismus als auch im Christentum Heilsvorstellungen, die in diversen Varianten einen stärker transzendenzbezogenen oder einen eher sozialbezogenen Charakter tragen. Zudem können Heilsvorstellungen in beiden Religionen entweder eher jenseitig oder eher diesseitig ausgerichtet sein, wobei sich die primär diesseitige Orientierung sowohl auf das Hier und Jetzt im Sinne einer »präsentischen Eschatologie« beziehen kann als auch auf eine apokalyptisch und chiliastisch gedachte Zukunft.
 Bisweilen finden sich fließende Übergänge, sodass gerade das zu-

künftige Heil als Einbruch oder Vorschein einer jenseitigen Heilswelt erscheinen kann. Verweisen solche fraktalen Muster in den unterschiedlichen Heilsvorstellungen auf eine Komplementarität der genannten Kontraste?

Im Hinblick auf die christlichen Heilsvorstellungen haben Bernhard Lang und Colleen McDannell entschieden eine solche, wenn auch spannungsvolle Komplementarität von Transzendenzbezug und Sozialbezug vertreten, das heißt, in ihrer eigenen Terminologie, eine Komplementarität von theozentrischem und anthropozentrischem Modell in den Himmelsvorstellungen:[223]

> Auf die Dauer kann freilich weder das eine noch das andere Modell seinen Vorrang behaupten. [...] Da sich menschliche Liebe und Sehnsucht nie völlig unterdrücken lassen, behält auch die entschiedenste theozentrische Theologie noch etwas Menschliches. [...] Sobald aber die menschliche Seite das Göttliche zu schwächen oder zu verdrängen droht, schwingt das Pendel wieder auf die andere Seite. Wie menschliche Leidenschaft, so kann auch die Liebe zu Gott niemals unterdrückt oder vergessen werden.[224]

Nach Lang und McDannell schlägt sich diese komplementäre Spannung nicht allein in den verschiedenen Jenseitsvorstellungen nieder. Vielmehr drücken sich darin zugleich unterschiedliche Haltungen gegenüber der Welt aus, nämlich die auf das Göttliche fokussierte Weltabgewandtheit des Asketen im Unterschied zum optimistischeren Weltverständnis jener, »die sich von der Welt nicht getrennt oder entfremdet fühlen«.[225] Letztlich, so Lang und McDannell, klinge diese Grundspannung »bereits in Jesu Forderung der Gottes- und Nächstenliebe« an.[226] Damit deuten Lang und McDannell an, dass die beiden Pole des Kontrasts nicht nur aus anthropologischen Gründen unaufhebbar sind, sondern auch aus theologischen. Denn wenn Gottes- und Nächstenliebe untrennbar sind und in dieser

223 Vgl. oben S. 318f.
224 Lang & McDannell 1990: 476f.
225 Ebd. 476. Siehe auch ebd. 474.
226 Ebd. 477.

Zusammengehörigkeit gemeinsam die Grundstruktur christlicher Heilsverständnisse markieren, dann kann nicht nur im Hinblick auf diesseitiges und präsentisches, sondern auch im Hinblick auf jenseitiges und zukünftiges Heil letztlich keiner der beiden Pole fehlen.

Auch im Buddhismus deutet sich die Spannung zwischen Transzendenz- und Sozialbezug der Heilsvorstellungen in dem bereits in seinen Anfängen nachweisbaren Gedanken an, dass ein Erwachter vollkommen an Weisheit und an Mitleid ist. Die Vollkommenheit der Weisheit wurzelt in der Erfahrung des Nirvāṇas, das heißt der Erfahrung einer transzendenten Wirklichkeit im Diesseits. Diese Erfahrung wiederum schließt die Vollkommenheit des Mitleids ein. Die Befreiung von egozentrischer Selbstverhaftung begründet den Wunsch, dass alle Wesen vom Leid befreit sein mögen. Ähnlich wie im Christentum erweist sich auch in den buddhistischen Heilsvorstellungen teilweise eher der Transzendenzbezug als dominant, das heißt das Heil als Eingang in ein jenseitiges Nirvāṇa, in dem es keine Individuen mehr gibt, und teilweise eher der Sozialbezug, und zwar Letzteres insbesondere auch dort, wo das Mitleid mit allen Wesen und die Hingabe an ihre Befreiung zum »dynamischen Nirvāṇa« und damit zum eigentlichen Heilsziel erklärt werden.

Nicht nur im Christentum, sondern auch im Buddhismus spiegeln sich in den unterschiedlichen Heilsvorstellungen Unterschiede im Weltverhältnis wider. Wie oben im Vergleich buddhistischer und christlicher Haltungen zur Welt ausgeführt wurde, können sich solche Unterschiede zu Gegensätzen ausweiten, sie müssen es aber nicht. Zumindest hinsichtlich des Weltverhältnisses lässt sich begründen, dass eine Haltung der Anhaftungslosigkeit sinnvoll mit positiver Weltgestaltung verbunden sein kann.[227] Damit ist freilich noch nichts darüber gesagt, welcher Art jenseitiges Heil ist – falls es dies tatsächlich gibt: Ob es im Aufgehen des Individuums in der letzten Wirklichkeit oder in der Teilhabe an einer vollkommenen Sozietät besteht? Oder in einer Variante, die wie Hick spekuliert, beides miteinander verbindet? Aber der Grund, warum sich in bei-



227 Vgl. oben Kap. 3, 125-137.

den Religionen solch parallele Unterschiede ausgebildet haben, ist damit zumindest ein Stück weit erklärt: Die Wurzeln für die unterschiedlichen Vorstellungen hinsichtlich des Jenseits liegen im Diesseits.

Nach John Hick variieren die Heilsvorstellungen der großen religiösen Traditionen der Menschheit eine gemeinsame Struktur. Demnach besteht Heil oder Befreiung in der Transformation des Menschen von der Selbstbezogenheit zur Bezogenheit auf die letzte, transzendente Wirklichkeit (»the Real«), und zwar so, dass sich diese Transformation in einer Befähigung zu Mitleid und Nächstenliebe realisiert.[228] Diese Formel trägt sowohl dem christlichen Gedanken der Einheit von Gottes- und Nächstenliebe als auch dem buddhistischen Gedanken der Einheit von Weisheit und Mitleid Rechnung. Sie rekurriert auf Heilserfahrungen im Diesseits, von denen her sich Grundzüge der jenseits- und zukunftsbezogenen Heilsvorstellungen beider Religionen verstehen lassen. Dem liegt vermutlich die Vorstellung zugrunde, dass die Heilserfahrung in der diesseitigen Gegenwart ein Vorgeschmack auf das Heil im Jenseits und der Zukunft bilden. Hinzu kommt in beiden Religionen die Hoffnung, dass die im Hier und Jetzt so häufig erfahrene Ungerechtigkeit jenseitig und/oder zukünftig in eine ausgleichende Gerechtigkeit verwandelt werden wird. Teilweise verbindet sich damit in beiden Religionen die weitergehende Hoffnung, dass gegenüber dem, der Unrecht begeht, letztendlich Liebe und Mitleid noch stärker sein werden als ausgleichende Gerechtigkeit und so Heilung geschehen kann.

Sofern sich in den Heilsverständnissen beider Religionen eine solche prozesshafte Dynamik zeigt, ist es nicht verwunderlich, dass sich in ihnen auch die Überzeugung findet, der Prozess heilshafter Umwandlung könne sich über den Tod hinaus fortsetzen. Christliche Ideen von einer postmortalen Läuterung besitzen ein strukturelles Äquivalent in dem buddhistischen Glauben, dass der Wiedergeburtenkreislauf auch die Möglichkeit einer progressiven Entwicklung hin zum Erwachen beinhaltet. Die buddhistische Vor-

228 Vgl. Hick 1989: 164, 299-342; deutsch: Hick 1996: 182, 322-366.

stellung davon, dass der Aufenthalt in den Höllen niemals ewig ist, findet zumindest bei einigen christlichen Denkern insofern eine Parallele, als dass auch sie die Hölle als Läuterung verstehen. Die verbreitete christliche Vorstellung von einer unabänderlichen Ewigkeit der Hölle findet im Buddhismus allerdings kaum ein Pendant. Es sei denn, man denkt hier an die in einigen Teilen des Mahāyāna vertretene Auffassung, dass bei einigen Wesen, den sogenannten Icchantikas, die Buddha-Natur (und damit ihr Potenzial zur Erlösung) entweder nicht entfaltet werden könne oder überhaupt nicht gegeben sei.[229] Während die Vorstellung einer ewigen Verdammnis im Christentum jedoch über lange Zeiten hinweg dominierte und die Vorstellung einer Erlösung aller Menschen eher eine Minderheitenposition war, verhält es sich im Buddhismus umgekehrt. Hier dominierte die Hoffnung, dass es für alle eine Befreiung von den Fesseln des Saṃsāra gebe, während nur eine Minderheit buddhistischer Meister die Auffassung vertrat, dass einige Wesen unrettbar an den Saṃsāra gebunden seien.

### *Der verstellte Blick*

»Stückwerk ist unser Erkennen«, schreibt Paulus im Ersten Korintherbrief (1 Kor 13,9). Vor allem im Hinblick auf das Ende vergleicht er unser Erkennen mit dem Blick in einen dunklen Spiegel, der uns nur »rätselhafte Umrisse« sehen lässt (1 Kor 13,12). So sehr man im Christentum immer wieder über das Ende spekuliert und doziert hat, so war doch auch das Bewusstsein vorhanden, hierüber keine klare Erkenntnis zu besitzen, sondern lediglich Bilder, die eben eher »rätselhaften Umrissen« gleichen. Hinsichtlich des letzten Heilsziels finden wir sowohl im Christentum als auch im Buddhismus beides: das Ausmalen prächtiger Bilder einerseits und das Bewusstsein undurchdringlicher Geheimnishaftigkeit andererseits. Doch anstatt die

229 Ming-Wood Liu hat daher diese Interpretation der Icchantikas mit der Lehre von der ewigen Verdammnis verglichen (vgl. Liu 1984: 67). Wie Liu ebenfalls zeigt, wurde jedoch in anderen Teilen des Mahāyāna bestritten, dass es solche Wesen tatsächlich gibt oder dass die Icchantikas unrettbar seien. Vgl. hierzu auch Lai, W. 1982.

Existenz dieser Spannung in beiden Traditionen zu würdigen, hat man bisweilen versucht, daraus apologetisches Kapital zu schlagen.

Während der christlich-buddhistischen Begegnung im Japan des 16. und 17. Jahrhunderts kritisierte beispielsweise Allessandro Valignano (1539-1606), der Obere der Jesuiten-Mission, die buddhistische Idee des Reinen Landes als töricht, weil dieses in konkreten materiellen Bildern beschrieben werde, die die Sinne erfreuen.[230] Dem setzte Valignano die Vorstellung vom christlichen Himmel als einem rein geistigen Ort entgegen, dessen »Pracht [...] von den Sinnen nicht erfasst und vom Geist nicht gedacht werden kann.«[231] Zur gleichen Zeit konnte der zum Christentum konvertierte Japaner Habian Fukansai (oder: Fabian Fucan) († 1621) dem Buddhismus einen geradezu umgekehrten Vorwurf machen: Das Reine Land bezeichne in Wahrheit überhaupt keine Form von ewigem Leben oder ewiger Glückseligkeit. Es sei vielmehr nur ein Symbol für den Zustand der Erleuchtung und diese wiederum beinhalte den Gedanken, dass der Mensch im Nichts aufgehe.[232] Den christlichen Himmel hingegen stellt Habian als eine konkrete jenseitige Wirklichkeit vor, bei deren Beschreibung er sich an die traditionellen Darstellungen des Reinen Landes anlehnte.[233] Diese inverse Polemik, bei der der eine Christ dem Buddhismus vorwirft, er halte sinnliche und daher untaugliche Bilder für real, und der andere Christ am Buddhismus kritisiert, dass dieser seine Bilder gerade nicht für real halte, ist nur möglich, weil sich in beiden Traditionen tatsächlich beides findet: eine realistische Deutung der bildhaften Beschreibung des Jenseits ebenso wie die Überzeugung vom unzureichenden Charakter jeglicher bildhaften Beschreibung.

Im Kontext des heutigen Dialogs zwischen Christentum und japanischem Buddhismus hat Christiane Langer-Kaneko eine Deutung des Reinen Landes favorisiert, die dieses ausschließlich als Symbol »für eine Realität« ansieht, »die mit dem Erwachen

230 Baskind 2018: 244-249.

231 Ebd. 249.

232 Ebd. 252-257.

233 Ebd. 260.

des Glaubens angebrochen ist«.[234] »Was nach dem Tod geschieht, kann der Mensch nicht wissen. Wichtig ist das konkrete Hier und Jetzt.«[235] Das bezieht Langer-Kaneko auch auf die Verkündigung des Reiches Gottes bei Jesus.[236] Für Paul Knitter ist alle Rede über das Jenseits – gleich ob christlich oder buddhistisch – ebenfalls allein symbolisch zu verstehen. Denn »diesseits des Grabes« könne man über ein Jenseits »nichts Klares und Eindeutiges wissen«.[237] Wie bei Langer-Kaneko verweist diese Symbolik auch nach Knitter auf die Erfahrung im Hier und Jetzt, ohne dabei die Möglichkeit eines Jenseits grundsätzlich zu leugnen: »Indem wir vollkommen in diesem Augenblick leben, werden wir uns nicht mehr um den nächsten Augenblick sorgen; dazu gehört auch der Augenblick, in dem wir sterben, und die Augenblicke nach unserem Tod.«[238]

Lang und McDannell beenden ihre umfangreiche Kulturgeschichte des christlichen Himmels mit der Feststellung, dass heute eine Reihe christlicher Denker aufgehört hat, sich mit der Frage eines Lebens nach dem Tod zu beschäftigen.[239] Ähnliche Tendenzen lassen sich – wie oben angedeutet – auch bei zeitgenössischen buddhistischen Denkern beobachten. Dies betrifft vor allem ein jenseitiges, endgültiges Heil. *Ein* Grund, wenn auch vermutlich nicht der einzige, besteht im Problem der Unbeschreibbarkeit beziehungsweise Unvorstellbarkeit eines endgültigen Heilszustands. Versteht man ewiges Leben als eine im wörtlichen Sinn unaufhörliche, immerwährende Fortsetzung des Lebens, so legt sich der Gedanke einer endlosen Wiederholung nahe, der – wie Steven Collins unter Hinweis auf die buddhistische Vorstellung vom Kreislauf der Wiedergeburten ausführt – eher einer Hölle als einem Himmel entspräche. Versteht man darunter hingegen einen zeitenthobenen Zustand, von dem nicht einmal klar ist, inwiefern er als zeitloser Zustand überhaupt ein bewusster Zustand sein kann, dann

234 Langer-Kaneko 1986: 148.

235 Ebd. 149.

236 Vgl. ebd. 150.

237 Vgl. Knitter 2012: 129-156, hier 131.

238 Ebd. 136.

239 Vgl. Lang & McDannell 1990: 477f.

bleibt fraglich, worin sich dies von einem ewigen Tod unterscheiden soll.[240] Nach Collins lässt sich der Gedanke ewiger, sowohl im Sinne unendlicher als auch zeitloser Glückseligkeit nicht in eine kohärente, beschreibbare Vorstellung übersetzen.[241]

Die Grenze dessen, was für uns vorstellbar und beschreibbar ist, muss jedoch nicht unbedingt auch die Grenze dessen bedeuten, was möglich ist. Wenn, wie in allen großen religiösen Traditionen bekräftigt wird, die letzte Wirklichkeit, sei es Gott, Nirvāṇa, Dharmakörper usw., selbst unvorstellbar und unbeschreibbar ist, dann sollte es nicht allzu sehr verwundern, dass dies auch für die Möglichkeit einer endgültigen Einheit mit der letzten Wirklichkeit gilt. Der klare Blick hinter den Horizont bleibt uns verstellt. Ob es hinter dem Horizont weitergeht, lässt sich nicht mit Sicherheit sagen. Und wie es eventuell weitergeht, lässt sich zumindest dann weder vorstellen noch beschreiben, wenn es hierbei um eine endgültige Todlosigkeit oder Ewigkeit geht, die »selig« ist und nicht einfach nur Vernichtung bedeutet. Ob es ein solches »hinter dem Horizont« gibt, hängt wohl davon ab, ob es eine letzte Wirklichkeit gibt, die nicht an die Grenzen von Raum und Zeit gebunden ist.

240 Vgl. Collins, S. 1998: 126-133.

241 Vgl. ebd. 133.

# 9. Kapitel

# Buddhismus und Christentum: Ein neues Verständnis – ein neues Verhältnis

> Buddhismus ist [...] nicht gleich Buddhismus, und Christentum nicht gleich Christentum. Es gibt viele Ausformungen der buddhistischen Lehre und viele Arten, sie zu verstehen. Ebenso gibt es viele Möglichkeiten, die christliche Lehre auszulegen und zu verwirklichen. Lasst uns deshalb die Vorstellung aufgeben, dass das Christentum von einer bestimmten Art beschaffen und der Buddhismus ganz anders geartet sein müsse.[1]

An dieser schlichten Feststellung von Thich Nhat Hanh lässt sich heute nicht mehr zweifeln. Die Vielfalt der unterschiedlichen Ausprägungen von Buddhismus und Christentum stand auch im Mittelpunkt dieses Buchs. Allerdings wird diese Einsicht in den Diskussionen über beide Religionen bisher immer noch viel zu wenig bedacht: Was bedeutet es für das Verhältnis zwischen religiösen Traditionen, wenn man diese nicht mehr länger als mehr oder weniger homogene Blöcke behandelt? Thich Nhat Hanh selbst deutet *eine* Konsequenz an: Es könne durchaus sein, dass die Art, wie ein bestimmter Christ sein Christentum versteht und lebt, seiner eigenen, das heißt Thich Nhat Hanhs Vorstellung von Buddhismus deutlich nähersteht als die eines anderen Buddhisten.[2] Und – so könnte man ergänzen – der andere Buddhist mag zugleich einer anderen Form von Christentum näherstehen als dem Buddhismus Thich Nhat Hanhs. Nochmals anders formuliert: Es steckt immer irgendein Stück Christentum im Buddhismus und irgendein Stück Buddhismus im Christentum.

1 Hanh 2016: 24.



2 Vgl. ebd.

Die Frage nach Unterschieden und Ähnlichkeiten im Verhältnis beider Religionen bedarf daher eines neuen, weitaus differenzierteren Verständnisses. Generalisierungen nach der Art »Buddhisten denken anders als Christen«[3] scheiden aus. Unterschiede werden damit nicht geleugnet. Allerdings bestehen diese nicht einfach nur zwischen den Religionen, sondern zugleich auch in ihnen. Und nur weil die *inter*religiösen und *intra*religiösen Unterschiede signifikante Parallelen aufweisen, kann ein bestimmtes Phänomen aus der einen Tradition einem Phänomen aus der anderen Tradition ähnlicher sein als einem wiederum anderen Phänomen aus der eigenen Religion. Es ist also die Erkenntnis fraktaler Muster innerhalb der religiösen Vielfalt, die mehr als nur ein neues Verständnis, sondern auch eine veränderte Sicht des Verhältnisses zwischen Buddhismus und Christentum ermöglicht, ja, geradezu verlangt. Das gilt freilich nicht nur für das Verhältnis zwischen diesen beiden, sondern für das zwischen allen großen religiösen Traditionen.

## 9.1 Im Auge des Betrachters?

Angesichts des Alters und der Breite sowohl der buddhistischen als auch der christlichen Tradition stellt das, was ich in den vorangegangenen Kapiteln an traditionsinternen Unterschieden vorgestellt und miteinander verglichen habe, immer noch einen vergleichsweise kleinen und selektiven Ausschnitt dar. Es gibt beträchtliche Lücken etwa hinsichtlich der tantrischen Formen des Buddhismus oder diverser lokaler Ausprägungen im südostasiatischen Bereich oder hinsichtlich des ostkirchlichen Christentums oder der zahlreichen freikirchlichen und pentekostalen Formen des Christentums, um nur einige besonders deutliche Lücken zu nennen. Doch selbst die wenigen Schlaglichter, auf die ich mich konzentriert habe, dürften ausreichen, um die grundsätzliche These zu erhärten, dass sich *innerhalb* beider Religionen solche Unterschiede finden, die jenen

3 So wörtlich in Radaj 2011: 9 und 20.

gleichen oder ähneln, die man häufig als die zentralen Unterschiede *zwischen* beiden Traditionen benannt hat und häufig immer noch benennt.

Bestand dann der Fehler im Verständnis des Verhältnisses zwischen beiden Religionen vielleicht von Anfang an darin, dass man überhaupt versucht hat, so etwas wie zentrale Unterschiede zu bestimmen? Hat man möglicherweise aus der Fülle der unterschiedlichen Einzelphänomene mehr oder weniger willkürlich bestimmte Aspekte herausgegriffen und als charakteristisch oder gar normativ für die gesamte Tradition behauptet? Im Falle des Buddhismus z.B. die als ursprünglich betrachtete Theravāda-Tradition und im Falle des Christentums seine spätantike lateinische oder auch seine spätere reformatorische Gestalt? Hat man vielleicht sogar die Merkmale des religiös Anderen aus der jeweils eigenen Tradition einfach auf die fremde Tradition insgesamt projiziert? Bilden die intrareligiösen Unterschiede möglicherweise den eigentlichen Ausgangspunkt einer von vornherein fehlerhaften Konstruktion der interreligiösen Verschiedenheit? Verdankt sich der Eindruck fraktaler Muster daher eventuell lediglich einer verkehrten Wahrnehmung interreligiöser Verschiedenheit – einer Wahrnehmung, die irrtümlich glaubt, in der fremden Religion die vertrauten Züge des religiös Anderen aus der eigenen Tradition wiederzuerkennen? Ist also die Ähnlichkeit, die man hier zu erkennen meint, nur eingebildet, oder wird hier vielleicht doch eine Realität gesehen, die tatsächlich ein Strukturmerkmal religiöser Unterschiede und damit religiöser Vielfalt bildet?

Solche durchaus ernst zu nehmenden Fragen führen zu dem bereits 1982 von Jonathan Z. Smith vorgetragenen Verdacht, Religionsvergleiche könnten mehr mit Magie als mit Wissenschaft gemein haben, insofern sie eine rein subjektive Verknüpfung zweier unterschiedlicher Dinge auf die objektive Wirklichkeit übertragen.[4] Liegt also, vereinfacht gesagt, das im Vergleich aufscheinende fraktale Muster vielleicht nur im Auge des Betrachters?[5] Bei der Antwort

4 Vgl. Smith, J. Z. 1982: 21f.



5 Vgl. Sullivan 2000: 218.

hilft vermutlich die von Culiano ins Spiel gebrachte historische Betrachtungsweise weiter.[6] Religiöse Traditionen entwickeln sich. Diese Feststellung scheint keineswegs nur im Auge des Betrachters zu liegen. Sie impliziert jedoch, dass religiöse Traditionen mit einer benennbaren Identität auch so etwas wie einen Anfang haben. Nicht notwendig nur einen einzigen Anfang, sondern – weitaus wahrscheinlicher – mehrere nebeneinander und ineinander verlaufende Anfänge, also so etwas wie ein in sich selbst fraktales Wurzelgeflecht. Aber eben doch Punkte oder Sequenzen, wo die Wurzeln ihre Triebe nach oben und damit in die Sichtbarkeit und Identifizierbarkeit treiben. Irgendwann kann man eben von so etwas wie »Buddhismus« oder »Christentum« sprechen, auch wenn deren Entstehung einen prozessualen und diffusen Charakter trägt. Zudem wachsen große religiöse Traditionen weiter. Das heißt, sie werden breiter und komplexer, indem sie sich verzweigen. Dabei nehmen sie neue und weitere Einflüsse in sich auf und speisen sich somit aus zusätzlichen Wurzeln.

Vergleicht man nun die ursprünglichen Wurzeln, die ersten Triebe und die ersten größeren Gestaltwerdungen unterschiedlicher religiöser Traditionen miteinander, dann werden darin, so zumindest mein starker Verdacht, unterschiedliche Schwerpunkte und unterschiedliche Konstellationen in der Verbindung jener vielfältigen Momente deutlich, die in ihnen – und zumeist schon in ihren Wurzeln – von Anfang an vorhanden sind. Solche Unterschiede lassen sich im religionsgeschichtlichen Vergleich durch Rückgriff auf entsprechendes Datenmaterial konstatieren und sind nicht einfach nur erdacht. Insofern solche Unterschiede auch im Fortgang ihrer geschichtlichen Weiterentwicklung irgendwie präsent bleiben, erscheint es bis zu einem gewissen Grad berechtigt, von typologischen Unterschieden zwischen religiösen Traditionen insgesamt zu sprechen. Doch darf dies nicht darüber hinwegtäuschen, dass sich solche Unterscheidungen an charakteristischen Schwerpunkten orientieren, die jeweils innerhalb eines komplexen Gefüges mehrerer unterschiedlicher Charakteristika hervortreten,

6 Vgl. oben Kap. 2, 60-62.

von denen einige schon zu Beginn (und schon davor im »Wurzelwerk«) vorhanden sind. Solche typologischen Schwerpunkte mögen durchaus für längere Zeit erkennbar bleiben. Aber in dem Maß, in dem die Komplexität des Gefüges innerhalb der weiteren Entwicklung einzelner religiöser Traditionen zunimmt, kann es auch an unterschiedlichen Orten und zu unterschiedlichen Zeiten zu quasi »regionalen« Veränderungen in den aus typologischer Sicht charakteristischen Merkmalen kommen. Das alles stellt nicht allein eine theoretische Möglichkeit dar, sondern einen Vorgang, der sich im Studium der Religionsgeschichte konkret beobachten und vielfach bestätigen lässt.

Insofern sind meines Erachtens fraktale Muster religionsgeschichtlich durchaus vorgegeben. Sie verdanken sich nicht erst einem fälschlichen Eindruck, der dadurch entsteht, dass einzelne Merkmale aus der intrareligiösen Vielfalt der eigenen Tradition auf eine andere Religion projiziert werden. Christentum und Buddhismus unterscheiden sich tatsächlich in gewissen hervorstechenden Merkmalen, auch wenn diese Merkmale nicht in allen ihren Ausprägungen und zu allen Zeiten als dominant hervortreten. Letzteres ist gerade deshalb möglich, weil die typologischen Unterschiede zwischen beiden Traditionen eben auch innerhalb einer jeden von ihnen angelegt sind. Man tut Buddhismus und Christentum wohl nicht unrecht, wenn man konstatiert, dass es in ihnen beiden Tendenzen zur Loslösung von der Welt und zur Weltgestaltung gibt, wobei im Buddhismus insgesamt Ersteres deutlicher hervortritt und im Christentum eher Letzteres, auch wenn dies nicht immer und nicht auf alle ihre Ausprägungen zutrifft. Ähnliches lässt sich auch über die weiteren in diesem Buch behandelten typologischen Unterscheidungen sagen: Im Buddhismus dominieren impersonale Repräsentationen letzter Wirklichkeit, im Christentum hingegen personale, auch wenn beide Formen neben- und miteinander vorhanden sind und die entsprechende Dominanz nicht immer und überall so anzutreffen ist. Und dies gilt ebenso für das Verständnis der dunklen Seite menschlicher Existenz im Sinne von Verblendung oder Sünde, für das Verständnis des jeweiligen Hoffnungsträgers als erleuchtetem Lehrer oder inkarniertem Retter, des Heilswegs als

Weg der Befreiung aus eigener oder fremder Kraft, und der Hoffnung auf Heil im Sinne eines glückseligen Aufgehens im Absoluten oder der Vollendung in einer glückseligen Gemeinschaft.

Um die These zu bekräftigen, dass sich solche typologischen Unterschiede der Makro-Ebene interreligiöser Vielfalt nicht allein auf der Meso-Ebene intrareligiöser Vielfalt, sondern auch auf der Mikro-Ebene des individuellen Subjekts replizieren, bedürfte es freilich eines deutlich größeren Umfangs an religionspsychologischen Untersuchungen, als sie bisher vorliegen. Die synchrone Präsenz dieser Unterschiede bei jenen, die für sich selbst eine christlich-buddhistische Doppelidentität in Anspruch nehmen, ist naturgemäß leicht aufzuzeigen, einschließlich des Umstands, wie es Rose Drew ausdrückt, dass solche Personen in ihrer individuellen Spiritualität häufig zwischen den Unterschieden »oszillieren«.[7] Eine Aussage, die deutlich weiter geht, ist die Behauptung von Aloysius Pieris, dass jeder Christ und jeder Buddhist immer ein Stück weit beide Religionen in sich vereint.[8] Sie bezieht sich auf den grundsätzlichen Zusammenhang von befreiender Erkenntnis und befreiender Liebe und ist insofern nicht empirisch gemeint. Doch könnte sie durchaus Anlass zu entsprechenden religionspsychologischen Untersuchungen und Überprüfungen geben. Das gilt auch im Hinblick auf die Vermutung, wonach die Gegenwart unterschiedlicher Formen von Religion und Religiosität beim religiösen Individuum nicht nur synchron, sondern vor allem diachron gegeben sein kann. Vereinfacht gesagt, dass einzelne Gläubige aus beiden Traditionen im Laufe ihres Lebens quasi mal mehr »buddhistisch« und mal mehr »christlich« geprägte Phasen durchlaufen. Auch in dieser Hinsicht könnte in Zukunft die religiöse Biographie-Forschung weiterhelfen.

Das Herzstück einer fraktalen Interpretation des Verhältnisses von Buddhismus und Christentum besteht freilich in dem hier versuchten Aufweis, dass sich die genannten Unterschiede innerhalb einer je-

7 Drew 2011a: 224-227. Vgl. auch die deutsche Zusammenfassung ihrer Forschungen in Drew 2011b.

8 »Tief in einem *jeden* von uns lebt ein Buddhist und ein Christ, die dort immer schon in einem tiefgehenden Austausch miteinander stehen ...«. Pieris 1989: 162.

den der beiden Religionen, also auf der Meso-Ebene, wiederfinden. Diese Feststellung ruft sowohl die Frage nach dem Grund für diesen Umstand hervor als auch die Überlegung, ob diese beiderseitige Präsenz eventuell auf eine Komplementarität dessen verweist, was zunächst als gegensätzlich erscheint. Damit wäre dann die Frage nach dem Grund für die Existenz fraktaler Muster zumindest teilweise dadurch beantwortet, dass in jedem dieser Unterschiede die eine Seite unvollständig ist und daher die andere Seite entstehen lässt – quasi aus einer inneren Dynamik heraus, die nach Vollständigkeit strebt. Allerdings ist auch damit zu rechnen, dass sich keineswegs alle Unterschiede zwischen Religionen und innerhalb von Religionen als komplementär erweisen. Unversöhnliche Gegensätze sind keineswegs auszuschließen. Doch dürfte die Unversöhnlichkeit in vielen Fällen an einer speziellen Interpretation der Unterschiede hängen, also an einer Interpretation, die vermutlich meist nicht die einzige interpretatorische Möglichkeit darstellt.

In meinen Überlegungen zu den möglichen Komplementaritäten zwischen den in diesem Buch genannten Unterschieden habe ich mich durchgängig an dem Gedanken orientiert, solche Komplementaritäten auf der menschlichen, existenziellen Seite anzusiedeln. Bei der Frage einer Komplementarität zwischen Nicht-Anhaftung und liebender Zuwendung im Weltverhältnis oder der Frage nach der Bestimmung des menschlichen Verhängnisses als Verblendung oder Sünde ergibt sich dieser Zugang mehr oder weniger von selbst. Ich habe ihn aber auch dort gewählt, wo über das Verhältnis des Menschen zur transzendenten Wirklichkeit die Frage nach der Vorstellung von dieser Wirklichkeit ins Spiel kommt. Dies betrifft primär die Unterschiede zwischen personalen und impersonalen Transzendenzkonzepten, aber indirekt auch die Vorstellungen hinsichtlich der Rolle und Eigenart der zentralen Hoffnungsträger beider Religionen sowie die nach der Bestimmung des Heilsweges und des letzten Heilsziels. Hierin unterscheidet sich mein Ansatz von einigen anderen aktuellen Versuchen, religiöse Unterschiede als komplementär zu verstehen. Theologen wie John Cobb, Mark Heim oder John Thatamanil sehen den Grund für mögliche Komplementaritäten in der komplexen Beschaffenheit der göttlichen

Wirklichkeit selbst. Nimmt man allerdings die in allen großen religiösen Traditionen bekräftigte Unbegreifbarkeit und Unaussprechlichkeit von Transzendenz ernst, dann führen solche Versuche meines Erachtens in die Irre.[9] Sie verbleiben ungewollt auf der Ebene der Bilder und sagen uns daher etwas über verschiedene Aspekte menschlicher Transzendenzerfahrung sowie über unterschiedliche Formen menschlichen Transzendenzbezugs, aber nicht über die Beschaffenheit der transzendenten Wirklichkeit selbst.[10]

Mit diesem Ansatz beim Menschen bleibe ich – wie eingangs erwähnt[11] – offen für eine Erweiterung durch transzendentalphilosophische Überlegungen, aber auch für weitere empirische Untersuchungen seitens der Kognitionswissenschaft und der Religionspsychologie. Mein Ansatz zur Interpretation fraktaler Muster in der religiösen Vielfalt kann daher – wie ebenfalls bereits erwähnt[12] – eine rein naturalistische, nicht-religiöse Lesart keineswegs ausschließen. Wer die Existenz einer Raum und Zeit überschreitenden letzten Wirklichkeit verneint, der wird die fraktalen Muster als wiederkehrende Formen menschlicher Illusion und Selbsttäuschung deuten. Doch der Ansatz beim Menschen ist auch offen für eine religiöse Deutung, die davon ausgeht, dass es eine letzte, transzendente Realität tatsächlich gibt. Demnach werden in den religiösen Traditionen der Welt die unterschiedlichen Erfahrungen dieser Wirklichkeit sowie die Bedeutung dieser Wirklichkeit für das Verständnis menschlicher Existenz so artikuliert, dass sich dabei fraktale Muster ausbilden, die quer durch die religiöse Vielfalt hindurch wiederkehren. In diesem Sinn bietet die genauere Analyse dieser Muster und insbesondere die Erforschung von darin enthaltenen komplementären Unterschieden eine immense Chance für ein interreligiöses Lernen und eine interreligiöse Theologie und damit für ein neues Verhältnis zwischen den Religionen.

9 Vgl. hierzu das Urteil aus der religionsvergleichenden Studie von Rolston 1985: »Das alles umgreifende Unbedingte ist in einem nahezu analytischen Sinn unbegreiflich. Wir können es nicht begreifen, weil wir von ihm umgriffen sind.« Rolston bezieht sich hierbei auf Augustinus, al-Ghazālī, Śaṇkara und Nāgārjuna.

10 Vgl. Kap. 2, S. 66-71.

11 Vgl. Kap. 2, S. 71-74; Kap. 1, S. 30; Kap. 4, 180.

12 Vgl. Kap. 2, S. 83f.

## 9.2 Fraktale Strukturen als Basis interreligiöser Lernprozesse

In jüngerer Zeit hat vor allem Catherine Cornille maßgeblich dazu beigetragen, die Idee des interreligiösen Lernens konkreter zu fassen.[13] Hierzu unterscheidet sie sechs verschiedene Lernprozesse: Die *erste* Möglichkeit besteht in einer *Intensivierung*. Das heißt, die Überzeugung von der Wahrheit bestimmter Glaubensvorstellungen wird durch die Entdeckung signifikanter Übereinstimmungen mit ähnlichen Ideen in anderen Religionen verstärkt. Als *zweites* benennt sie die *Korrektur*. Hier geht es um die Richtigstellung wechselseitiger Verzeichnungen und die Überwindung von Missverständnissen. *Drittens* ergibt sich die Möglichkeit der *Wiederentdeckung*, bei der man sich durch die Begegnung mit anderen Religionen vernachlässigter, marginalisierter oder geächteter Elemente aus der eigenen Tradition von Neuem bewusst wird und diese nun möglicherweise in einem veränderten, positiveren Licht sieht. Einen *vierten* Lernprozess bildet die *Reinterpretation*. Hierbei werden bestimmte Aspekte der eigenen Tradition oder sogar das Selbstverständnis der Tradition insgesamt unter dem Einfluss einer anderen religiösen Tradition neu gefasst. Darüber hinaus kann es *fünftens* zur *Aneignung* beziehungsweise Übernahme von Elementen und Einsichten anderer Religionen in die eigene kommen. Eine letzte und *sechste* Lernmöglichkeit sieht Cornille in der *erneuten Bekräftigung* des eigenen Glaubens. Hier geht es im Unterschied zur Intensivierung um eine Art Selbstvergewisserung durch Abgrenzung. Das heißt, es kommt zur »erneuten Bekräftigung eigener Glaubenslehren und Praktiken im Licht alternativer religiöser Auffassungen.«[14]

Die Existenz fraktaler Strukturen erklärt, warum es sich bei den von Cornille benannten Lernprozessen um reale Möglichkeiten handelt. Zwischen Christen und Buddhisten kann es in vielerlei Hinsicht zu Intensivierung und Wiederentdeckung kommen. Gerade weil die

13 Vgl. Cornille 2020: 115-147. Zuvor hatte Cornille fünf dieser sechs Formen anhand einer Analyse von Lernprozessen im christlich-hinduistischen Dialog entwickelt (vgl. Cornille 2016). Siehe zum Folgenden auch Schmidt-Leukel 2021b.



14 Cornille 2020: 141.

Andersheit der jeweils anderen Tradition mit der Andersheit des Anderen innerhalb der eigenen Tradition korrespondiert, ist es leicht möglich, dass es nicht nur zu einer *Wiederentdeckung* des Anderen in der eigenen Tradition kommt, sondern auch zu einer neuen, positiveren Bewertung. Auf christlicher Seite hat sich genau dies in der Wiederentdeckung und Neubewertung der Mystik ereignet, die nicht zuletzt durch die Begegnung mit dem Buddhismus angestoßen wurde.[15] Auf buddhistischer Seite stellt der sogenannte »sozial engagierte Buddhismus« ein Paradebeispiel dar, insofern hier Buddhisten durch die Begegnung mit dem Christentum sozialethisch relevante Ausdrucksformen und Aspekte der eigenen Tradition neu entdeckt und neu belebt haben.[16] Auch für den Prozess der *Intensivierung* lassen sich Beispiele benennen, wie insbesondere das auf beiden Seiten intensivierte Bewusstsein für die Problematik eines selbstbezogenen Lebens und die Bedeutung von Liebe und Mitleid.

In einer gewissen Kontinuität zur Wiederentdeckung steht die *Aneignung* von Praktiken und Einsichten anderer Religionen. So ging mit der christlichen Wiederentdeckung der Mystik die Rezeption buddhistischer Meditationsformen einher. Dies geschah in dem Bewusstsein, christliche Kontemplation durch buddhistische Meditation nicht nur beleben, sondern auch signifikant bereichern zu können. Umgekehrt können die Aneignung von Elementen des christlichen Gottesdienstes in einigen neueren Formen buddhistischer kultischer Praxis[17] oder die Adaptation von Strukturen christlicher Sozialwerke im Buddhismus[18] als Beispiele für die

15 Vgl. Kap. 8, S. 335.

16 Vgl. Kap. 3, S. 98f, 111.

17 Vgl. etwa die Einführung eines »Buddhistischen Katechismus« durch »Colonel« Henry Steel Olcott im Jahre 1881 in Sri Lanka mit Zustimmung buddhistischer Autoritäten. Ernst Benz erwähnt als Beispiele buddhistischer Gemeinden in den USA die Benutzung des Harmoniums und die Adaption christlicher Hymnen, »bei denen der Name Jesu durch den Namen Buddhas ersetzt ist«. Benz 1970: 192.

18 Ein bekannten Beispiel hierfür ist der YMBA (Young Men's Buddhist Association), der 1998 in Sri Lanka nach dem Vorbild des YMCA (Young Men's Christian Association) gegründet wurde und sich inzwischen in größeren Teilen der buddhistischen Welt verbreitet hat (vgl. Gombrich 2006: 185, 194f). In China erhob Taixu die geradezu programmatische Forderung, vom Christentum zu lernen, wie man einzelne Gläubige organisiert und motiviert. Vgl. Pittman 2001: 248-250.

erneuerte Wertschätzung der sozialen Dimension buddhistischer Praxis stehen. Das alles ist möglicherweise jedoch erst der Anfang von sehr viel tiefer greifenden Aneignungsprozessen. Wenn etwa John Yokota vorschlägt, Jesus als eine Manifestation beziehungsweise Inkarnation Amidas zu verstehen und daher die Evangelien und paulinischen Schriften in einer transformierten Form des Reines-Land-Buddhismus den klassischen buddhistischen Handbüchern und Kommentaren gleichzustellen,[19] dann klingt dies einerseits zwar noch wie Zukunftsmusik, ist andererseits jedoch bei einer Reihe buddhistischer Denker und in umgekehrter Weise bei einigen christlichen Theologen bereits gängige Praxis. In ihrer Reflexion greifen sie schon längst nicht mehr nur auf die Quellen der jeweils eigenen Tradition zurück.[20]

Zu einer *Korrektur* von Missdeutungen und wechselseitigen Verzeichnissen kommt es insbesondere dann, wenn die Diversität der anderen wie auch der eigenen Tradition deutlicher wahrgenommen wird. Denn gerade in der einseitigen, homogenisierenden Wahrnehmung anderer Religionen besteht eine der wohl stärksten Formen ihrer Verzeichnung. Gerade hier öffnet sich für viele Buddhisten und Christen nach wie vor ein recht großes Lernfeld, das ihr Verhältnis zueinander stark beeinflussen dürfte. Christliche Vorstellungen vom Buddhismus als einer atheistischen Religion der Selbsterlösung, getragen von der pessimistischen Philosophie Gautamas mit einer lebensverneinenden, ja nihilistischen Zielsetzung, bedürfen der Korrektur durch die Wahrnehmung der diesem Bild entgegenstehenden Sachverhalte: die personalen Züge im Verständnis des Absoluten, die inkarnatorischen Züge im Verständnis des Buddhas, das auch im Buddhismus gegebene Bewusstsein von Sünde und Angewiesenheit auf fremde Hilfe sowie ein Heilsziel, das nicht minder facettenreich ist als die entsprechenden Vorstellungen im Christentum. Buddhisten können ihrerseits die eigenen verzeichnenden Wahrnehmungen des Christentums korrigieren,

19 Vgl. Yokota 2005: 100.

20 Inzwischen finden sich auch in pentekostalen Kirchen Theologen, die buddhistische Quellen ernst nehmen und sie sogar, wie beispielsweise Amos Yong, in ihre eigenen theologischen Überlegungen konstruktiv einbauen. Vgl. Yong 2012a und 2012b.

wenn sie dessen reiche Vielfalt deutlicher zur Kenntnis nehmen und dort jene Elemente wiedererkennen, die sie in der eigenen Tradition besonders schätzen: das Nicht-Haften am Vergänglichen, das Schweigen angesichts der letzten Wirklichkeit, die Bedeutung von Erkenntnis und die Rolle Jesu als Lehrer, die Einbindung des Selbst in den Prozess der Selbstüberwindung und die vielfältige Symbolik in der Hoffnung auf letztes Heil.

Korrekturen in der wechselseitigen Wahrnehmung, verbunden mit einem besseren Verständnis der fremden wie der eigenen Tradition, können unter Umständen zu weitreichenden *Reinterpretationen* im Selbstverständnis führen. Reinterpretation kann sich mit der kreativen Aneignung beziehungsweise Übernahme der ursprünglich fremden Perspektive verbinden. Catherine Cornille bezeichnet diese Form des interreligiösen Lernens als den Versuch, die eigene Tradition oder einige ihrer Elemente »mittels der Kategorien oder des philosophischen Gerüsts einer anderen [Tradition]« neu zu verstehen. Mit Recht weist sie darauf hin, dass dies bereits geschah, als das noch junge Christentum sein jüdisches Erbe im Licht der stark religiös geprägten griechischen Philosophie nicht nur reinterpretierte, sondern geradezu rekonstruierte.[21] Solche Prozesse können sich heute im Hinblick auf die Kategorien und Philosophien anderer Religionen wiederholen. Ein expliziter Versuch, christliche Lehren im Rahmen mahāyānistischer Philosophien neu zu deuten, stellen die Arbeiten von John Keenan dar.[22] Aber auch die zuvor genannten Versuche, Jesus im Kontext des Bodhisattva-Ideals zu reinterpretieren, sind ein Beispiel für diese Form des Lernens.[23] Noch weitreichender ist freilich der Versuch, das herkömmliche Selbstverständnis der eigenen Tradition insgesamt neu zu deuten. Konkret heißt dies, ihren Anspruch, dem Menschen einen Weg zum Heil zu weisen, nicht länger so zu verstehen, als könne nur sie allein einen solchen Weg aufzeigen, oder als könne nur sie dies in einer allen anderen Religionen überlegenen Weise

21 Cornille 2020: 129.

22 Vgl. Keenan 1989; 1995; 2005; 2015 sowie Keenan & Keenan 2011.

23 Vgl. Kap. 6, S. 252-255.

tun. Versuche auf christlicher und buddhistischer Seite, die eigene Religion nicht mehr länger als die allein wahre und auch nicht als die objektiv beste Religion zu denken, sondern mit der Vorstellung einer Pluralität gleichwertiger Heilswege ernst zu machen, stellen zweifellos ein besonders bedeutsames Resultat interreligiöser Lernprozesse dar.[24] Solche Versuche verdanken sich nicht, wie einige Kritiker gemeint haben, einer rein theoretischen Konstruktion, die an der Wirklichkeit der Religionen vorbeigeht. Vielmehr lässt sich für etliche Pioniere pluralistischer Religionstheologien nachweisen, dass ihre Überlegungen erst durch die konkrete Begegnung mit Menschen anderer Religionen und die entsprechenden dialogischen Lernprozesse angestoßen wurden.[25]

Den Gegensatz zur Reinterpretation bildet die von Cornille ebenfalls als mögliches Lernergebnis benannte *erneute Bekräftigung* (»reaffirmation«) eigener Ansprüche. Eine solche Einordnung wirkt überraschend. Denn wie Cornille selbst anmerkt, »könnte die erneute Bekräftigung an traditionelle Apologetik erinnern.«[26] Dieser Eindruck wird meines Erachtens eher verstärkt als gemildert, wenn Cornille als Beispiel für diese Art des Lernens auf die Reflexionen von Paul Williams zu seiner Re-Konversion vom Buddhismus zum Christentum verweist.[27] Sie begründet dies mit dem Argument, dass bei Williams die erneute Bekräftigung christlicher Glaubensinhalte »geprägt ist von den buddhistischen Lehren, gegen die sich die Bekräftigung richtet.«[28] Man wird Cornille sicherlich darin zustimmen müssen, dass die Begegnung mit dem religiös Anderen zu einer erneuten Bekräftigung des eigenen Glaubens führen kann. In der Fremde lernt man nicht selten, das Vertraute neu zu schätzen. Und doch macht es einen großen Unterschied, ob sich eine von der interreligiösen Begegnung geprägte neue Bekräftigung des Eigenen konfrontativ gegen den Anderen richtet oder ob das Eigene in einer Art ökumenischer Haltung als Teil eines umfassenderen Ganzen

24 Vgl. Schmidt-Leukel 2019a: 39-61, 118-144.

25 Vgl. ebd. 188-190.

26 Cornille 2020: 138.

27 Vgl. Williams, P. 2002 (deutsche Ausgabe: Williams, P. 2006b).

28 Cornille 2002: 139.

aufs Neue geschätzt und bekräftigt wird. Beides mag sich – und darin hat Cornille Recht – als Resultat von Lernprozessen darstellen. Der Unterschied besteht jedoch darin, dass mit der ersten Variante keine signifikante Veränderung verbunden ist. Vielmehr sieht man sich – aus welchem Grund auch immer – in älteren ablehnenden Einstellungen bestätigt. Doch gerade bei Paul Williams ist es fraglich, inwieweit hier überhaupt von einer neuen Bekräftigung in dem genannten Sinn gesprochen werden kann. Denn das Christentum, zu dem er konvertierte, ist nicht dasselbe wie das Christentum seiner Jugend.[29] Seine Re-Konversion ist daher vielleicht eher als eine Konversion zu einem entschiedenen Christentum zu sehen, und zwar auf dem Umweg über den Buddhismus. Williams selbst vermerkt, dass er emotional nie aufgehört habe, Christ zu sein.[30] Damit wäre dann allerdings ein ganz anderer Lernprozess gegeben, ein Prozess, bei dem der eigene Glaube nicht aufs Neue affirmiert, sondern in einer veränderten Form angenommen wird.

Meine Bemerkungen zu Cornilles Kategorie der »erneuten Bekräftigung« schließen in keiner Weise aus, dass religiöse Traditionen nicht nur Gutes, sondern auch Böses enthalten. Die dunklen Aspekte von Religion können ebenfalls Teile fraktaler Muster bilden, die in modifizierter, aber ähnlicher Form in verschiedenen Traditionen wiederkehren. Ich schließe auch keineswegs aus, dass es zwischen und innerhalb der Religionen echte und unvereinbare Widersprüche gibt. Die Frage ist vielmehr, ob das, was zunächst als Unterschied hervortritt, tatsächlich *nur* im Sinne eines unvereinbaren Widerspruchs gedeutet werden muss oder ob der jeweilige Unterschied auch als vereinbar und sogar komplementär verstanden werden kann.

In dieser Hinsicht sind die Lernprozesse ökumenischer Theologie aufschlussreich. Im Christentum des zwanzigsten Jahrhun-

29 Paul Williams wuchs als Anglikaner auf und trat nach seiner Abwendung vom Buddhismus der römisch-katholischen Kirche beziehungsweise einer recht konservativen Form von Katholizismus bei. Erst dieser Schritt stellte für ihn jedoch offensichtlich eine mehr oder weniger ausgeprägte Entscheidung für den christlichen Glauben dar.

30 Vgl. Williams, P. 2002: 7: »Ich vermute stark, dass viele westliche Buddhisten tief im Innern immer noch Christen sind. Ich war es. Ich war vielleicht ein nichtpraktizierender Christ, aber immer noch ein Christ.«

derts hat man sich intensiv mit der Frage befasst, ob das, was den gespaltenen Kirchen für lange Zeit als unvereinbare Gegensätze erschienen ist, nicht auch im Sinne einer kompatiblen, »versöhnten« Verschiedenheit verstanden werden kann. Wenn gemäß einer fraktalen Perspektive mit inhaltlichen Korrespondenzen zwischen der Makro- und Meso-Ebene religiöser Vielfalt zu rechnen ist, dann sind gerade die ökumenischen Bemühungen um ein besseres Verständnis der *intra*religiösen Vielfalt zugleich von hoher Bedeutung für das Verständnis *inter*religiöser Vielfalt.[31]

Im Gefolge der Reformationszeit wurden die reformatorische Lehre einer Rechtfertigung allein aus Glauben und die katholische Lehre einer Rechtfertigung aus Glauben und Werken sowie alle weiteren Varianten dieser Positionen als unversöhnliche Gegensätze begriffen. Zudem wurde dieser Unterschied auch interreligiös in Anschlag gebracht: Die reformatorische Seite unterstellte Juden und Muslimen eine quasi »katholische« Werkgerechtigkeit; die katholischen Jesuitenmissionare in Japan unterstellten dem Reines-Land-Buddhismus, dieselbe, vom Teufel inspirierte Häresie zu verbreiten wie Luther.[32] Die negative Beurteilung des *intra*religiös Anderen wurde auf den *inter*religiös Anderen übertragen. Im zwanzigsten Jahrhundert führten die ökumenischen Anstrengungen jedoch zu der Unterzeichnung der *Gemeinsame(n) Erklärung zur Rechtfertigung* (1999). Lutheraner und Katholiken bekräftigen darin die Legitimität und den grundsätzlichen Wert der Rechtfertigungslehre beider Seiten, unbeschadet der jeweils unterschiedlichen Ausprägungen. Wechselseitige Lehrverurteilungen beschränken sie auf extreme und einseitige Formulierungen der jeweiligen Lehren. Die »lutherische und die römisch-katholische Entfaltung des Rechtfertigungsglaubens [sind] in ihrer Verschiedenheit offen aufeinander hin und heben den Konsens in den Grundwahrheiten nicht wieder auf« (§ 40). Was lange als unversöhnlicher Gegensatz galt, wird hier als Unterschied verstanden, der sich im Sinne einer komplementären Verschiedenheit deuten lässt. Diese Interpretation

31 Vgl. Schmidt-Leukel 2020d.

32 Siehe Kap. 2, S. 81f und Kap. 7, S. 273.

war keinesfalls ein rein verbaler Formelkompromiss, sondern das Resultat eingehender, jahrelanger Studien der Kontroversen aus der Reformationszeit.[33] Wenn vergleichbar intensive hermeneutische Anstrengungen auch auf der Ebene des interreligiösen Gesprächs unternommen werden, dann lässt die These einer fraktalen Korrespondenz von Meso- und Makro-Ebene ähnliche Resultate erwarten. Katholiken können der Lehre des Reines-Land-Buddhismus von einer Erlösung allein aus fremder Kraft offen und wohlwollend gegenüberstehen, und Protestanten können erkennen, dass die Betonung des rechtschaffenen Werks in Judentum und Islam eingebettet ist in ein grundlegendes Vertrauen auf die göttliche Gnade und Barmherzigkeit.

Der Lernprozess hinter der *Gemeinsamen Erklärung* führte zweifellos zu einer *neuen Bekräftigung* des Glaubens von Lutheranern und Katholiken, aber eben nicht mehr im Modus der konfrontativen Affirmation der alten, rein negativen Urteile, sondern im Kontext eines größeren, umgreifenden Konsenses. Dahinter stand in erheblichem Ausmaß jener Lernprozess, den Cornille als »Korrektur« bezeichnet: die Überwindung wechselseitiger Verzeichnisse und Missverständnisse. Fraktale Muster innerhalb der religiösen Vielfalt können erklären, warum grundsätzlich beides prinzipiell möglich ist: die neue Bekräftigung konfrontativer Antagonismen ebenso wie die neue Bekräftigung von Unterschieden als Teil eines größeren Konsenses. Ersteres scheidet jedoch aus, wenn die Unterschiede, aus denen sich die fraktale Struktur zusammensetzt, als komplementär verstanden werden.

Die eingangs erwähnten Beispiele von Swami Vivekānanda und Bhikkhu Buddhadāsa zeigen, dass auch aus der Perspektive anderer Religionen die ökumenische Bemühung um das Verständnis *intra*religiöser Vielfalt mit der *inter*religiösen Ebene korrespondiert. Beide Reformgestalten griffen jeweils auf Schemata ihrer eigenen Tradition zurück, die es ihnen erlaubten, eine positive Bewertung *intra*religiöser Vielfalt auf die *inter*religiöse Ebene zu übertragen.[34]

33 Vgl. Lehmann & Pannenberg 1988.

34 Vgl. Kap. 2, S. 74-77.

Und beide begriffen die Unterschiede auf beiden Ebenen als prinzipiell komplementär. Wenn ernsthafte interreligiöse Studien dazu führen, dass sich Religionen als intern ausgesprochen vielfältige und gerade darin aber als anderen Religionen ähnliche Gebilde verstehen, und wenn sich diese Vielfalt in einem signifikanten Ausmaß als komplementär deuten lässt, dann überträgt sich der ökumenische Geist auf die größere, nämlich interreligiöse Ökumene. Wie bereits angedeutet, dürfte hierin der Höhepunkt der Prozesse von Korrektur und Reinterpretation liegen. Denn auf diese Weise führt das verbesserte Verständnis des Anderen auch »zu einem neuen Verständnis der eigenen Tradition im Verhältnis zum anderen.«[35]

Mit Blick auf die Entdeckung fraktaler Strukturen in der religiösen Vielfalt hat der Theologe, Historiker und Kulturanthropologe Stanislaw Obirek geurteilt:

> Von jetzt an wird es unmöglich sein, einzelne Religionen als separate Entitäten anzusehen, die ihrer Natur nach in beständigem Konflikt zueinander stünden. Das Gegenteil ist der Fall: Dank der fraktalen Interpretation religiöser Vielfalt können wir sie alle als Teil eines größeren göttlichen Designs betrachten.[36]

Dieses Design lässt sich mit dem alten hinduistisch-buddhistischen Bild als Indras (Gottes) Netz bezeichnen: als ein himmlisches Geflecht.

35 Cornille 2020: 121.



36 Obirek 2020: 101.

# Literatur

Abe, Masao, 1985. »A Dynamic Unity in Religious Pluralism: a Proposal from the Buddhist Point of view«. In: *The Experience of Religious Diversity*, hg. von J. Hick; H. Askari. Aldershot: Gower Publishing, 163-190.

Amaladass, Anand/Löwner, Gudrun, 2012. *Christian Themes in Indian Art*, New Delhi: Manohar.

Anderson, Gary A., 2009. *Sin: A History*, New Haven: Yale University Press.

Augustin, 1977. *Bekenntnisse.* Eingeleitet und übertragen von Wilhelm Thimme. Stuttgart: Reclam.

Bailey, D. R. Shackleton, 1951. »The Varṇārhavarṇa Stotra of Mātṛceṭa (II)«. In: *Bulletin of the School of Oriental and African Studies* 13:4, 947-1003.

Barr, James, 1992. *The Garden of Eden and the Hope of Immortality.* London: SCM Press.

Barth, Hans-Martin, 2002. »›Ich lebe, aber nicht mehr ich ...‹ Christlicher Glaube und personale Identität«. In: *Neue Zeitschrift für Systematische Theologie* 44, 174-188.

Barthes, Roland, 2016. *S/Z.* 7. Aufl. Frankfurt a.M.: Edition Suhrkamp (franz. Original 1970).

---, 2017. *Das Reich der Zeichen.* 20. Aufl. Frankfurt a.M.: Edition Suhrkamp (franz. Erstausgabe 1979).

Basham, Arthur L., 1997. »The Evolution of the Concept of the Bodhisattva«. In: *The Bodhisattva Doctrine in Buddhism*, hg. von L. S. Kawamura. Delhi: Sri Satguru Publications, 19-59.

Baskind, James Matthew, 2018. »The Pure Land Is No Heaven: Habian's *Myōtei Dialogues*, Valignano's *Japanese Catechism*, and Discourses on the Afterlife During Japan's Christian Century«. In: *History of Religions* 57:3, 229-269.

Batchelor, Stephen, 1998. *Buddhism Without Beliefs. A Contemporary Guide to Awakening*. London: Bloomsbury.

---, 2011. *Confessions of a Buddhist Atheist*. New York: Spiegel & Grau.

Bauks, Michaela, 2011. Art.: »Monotheismus«. In: *Wissenschaftliches Bibellexikon im Internet*. Online: http://www.bibelwissenschaft.de/stichwort/27997/ (März 2021).

Bechert, Heinz, 1992. »Buddha-Field and Transfer of Merit in a Theravāda Source«. In: *Indo-Iranian Journal* 35:2/3, 95-108.

Belsey, Catherine, 2013. *Poststrukturalismus*. Stuttgart: Reclam.

Bendall, Cecil; Rouse, W. H. D., 1922. Śikshā-*Samuccaya. A Compendium of Buddhist Doctrine. Compiled by Śāntideva*, London: John Murray.

Benz, Ernst, 1970. »Buddhismus in der westlichen Welt«. In: *Buddhismus der Gegenwart*, hg. von H. Dumoulin. Freiburg i.Br.: Herder, 191-204.

Berger, Peter, 2014. *The Many Altars of Modernity. Toward a Paradigm for Religion in a Pluralist Age*. Boston – Berlin: de Gruyter.

Bergunder, Michael, 2011. »Was ist Religion? Kulturwissenschaftliche Überlegungen zum Gegenstand der Religionswissenschaft«. In: *Zeitschrift für Religionswissenschaft* 19:1/2, 3-55.

---, 2016, »Comparison in the Maelstrom of Historicity: A Postcolonial Perspective on Comparative Religion«. In: *Interreligious Comparisons in Religious Studies and Theology. Comparison Revisited*, hg. von P. Schmidt-Leukel und A. Nehring. London – New York: Bloomsbury Academic, 34-52.

Bernhardt, Reinhold, 2005. *Ende des Dialogs? Die Begegnung der Religionen und ihre Reflexion?* Zürich: Theologischer Verlag Zürich.

---, 2019a. *Inter-Religio. Das Christentum in Beziehung zu anderen Religionen*. Zürich: Theologischer Verlag Zürich.

---, 2019b. »›Theologie der Religionen‹ – Streit um eine Formel«. In: *Zeitschrift für Missions- und Religionswissenschaft* 103:3-4, 191-204.

---, 2021. *Jesus Christus – Repräsentant Gottes. Christologie im Kontext der Religionstheologie*. Zürich: Theologischer Verlag Zürich.

Bernhardt, Reinhold/Schmidt-Leukel, Perry (Hg.), 2008. *Multiple religiöse Identität. Aus verschiedenen religiösen Traditionen schöpfen*. Zürich: Theologischer Verlag Zürich.

---, (Hg.), 2019. *Interreligiöse Theologie. Chancen und Probleme*. Zürich: Theologischer Verlag Zürich.

Bernhardt, Reinhold/von Stosch, Klaus (Hg.), 2009. *Komparative Theologie. Interreligiöse Vergleiche als Weg der Religionstheologie*. Zürich: Theologischer Verlag Zürich.

Berry, Thomas Sterling, 1890. *Christianity and Buddhism: A Comparison and a Contrast*. London: SPCK.

Bertelsmann Stiftung, 2007. *Religionsmonitor 2008*. Gütersloh: Gütersloher Verlagshaus.

Bertholet, Alfred, 1909. *Buddhismus und Christentum*. 2.,, durchgesehene Auflage. Tübingen – Leipzig: J. C. B. Mohr.

Bidwell, Duane R., 2018. *When One Religion Isn't Enough. The Lives of Spiritually Fluid People*. Boston: Beacon Press.

 Billmann-Mahecha, Elfriede, 2003. »Entwicklung von Moralität und

Religiosität«. In: *Einführung in die Religionspsychologie*, hg. von C. Henning, S. Murken, E. Nestler. Paderborn: Schöningh, 118-137.

Bischofberger, Norbert, 1996. *Werden wir wiederkommen? Der Reinkarnationsgedanke im Westen und die Sicht der christlichen Eschatologie.* Mainz: Matthias-Grünewald Verlag; Kampen: Kok Pharos Publishing House.

Blée, Fabrice, 2011. *The Third Desert. The Story of Monastic Interreligious Dialogue.* Collegeville, Minnesota: Liturgical Press.

Bleeker, C. Jouco, 1972. »The Contribution of the Phenomenology of Religion to the Study of the History of Religions«. In: *Problems and Methods of the History of Religions*, hg. von U. Bianchi, C. J. Bleeker, A.Bausani. Leiden: Brill, 35-54.

Bodhi, Bhikkhu, 1995. »Replies to Questions from ›SOURCE‹«. In: *Dialogue (NS)* 22, 20-28.

---, 2000. *The Connected Discourses of the Buddha. A Translation of the Saṃyutta Nikāya.* Boston: Wisdom Publications.

---, 2012. *The Numerical Discourses of the Buddha. A Translation of the Aṅguttara Nikāya.* Boston: Wisdom Publications.

Bosch, Gabriele, 2015. »Luther und der augustinische ›homo incurvatus‹«. In: *Das in sich verkrümmte Herz. Anamnesen, Diagnosen und Perspektiven menschlichen Seins im 21. Jahrhundert*, hg. von H. Speier. Marburg: Tectum, 41-60.

Boyarin, Daniel, 2009. *Abgrenzungen: Die Aufspaltung des Judäo-Christentums.* Berlin – Dortmund: Institut für Kirche und Judentum.

Brox, Norbert, 1989. *Erleuchtung und Wiedergeburt. Aktualität der Gnosis.* München: Kösel.

Bubolz, Georg, 2019. *Ohne Taube und Kamel. Die vier Evangelien des Neuen Testaments aus der aramäischen Peschittā.* Frankfurt a.M.: Verlag Hans-Jürgen Maurer.

Buddhadāsa, Bhikkhu Indapañño, 1967. *Christianity and Buddhism.* Sinclaire Thompson Memorial Lecture. Fifth Series. Bangkok: Sublime Life Mission.

Buddhaghosa, 1975. *Visuddhi-Magga oder Der Weg zur Reinheit.* Die größte und älteste systematische Darstellung des Buddhismus. Zum ersten Male aus dem Pāli übersetzt von Nyanatiloka. 3. Auflage. Überarbeitet und hg. von Nyanaponika. Konstanz: Christiani.

Burckhardt, Titus, 2008. *Introduction to Sufi Doctrine.* Bloomington: World Wisdom.

Büttner, Gerhard/Dietrich, Veit-Jacobus (Hg.), 2000. *Die religiöse Entwicklung des Menschen. Ein Grundkurs.* Stuttgart: Calwer.

Cabezón, José I., 1999. »A Buddhist Response to John Paul II«. In: *John Paul II and Interreligious Dialogue*, hg. von B. L. Sherwin, H. Kasimow. Maryknoll: Orbis Books, 113-122.

---, 2000. »A God but Not a Savior«. In: *Buddhists Talk about Jesus. Christians Talk about the Buddha*, hg. von R. Gross, T. Muck. New York – London: Continuum, 17-31.

---, 2016. »Three Buddhist Views of the Doctrines of Creation and Creator«. In: *Buddhism, Christianity and the Question of Creation*, hg. von P. Schmidt-Leukel. 2. Aufl. London – New York: Routledge, 33-45.

Carpenter, Joseph Estlin, 1923. *Buddhism and Christianity. A Contrast and a Parallel*. London – Toronto: Hodder & Stoughton.

Carus, Paul, 1897. *Buddhism and Its Christian Critics*. Chicago: The Open Court.

Cattoi, Thomas, 2021. »Demons, Toll Houses, and the *Bardo*: Patristik and Tibetan Reflections on Individual Destiny after Death«. In: *A Visionary Approach. Lynn A. de Silva and the Prospects for Buddhist-Christian Encouner*, hg. von E. J. Harris, P. Schmidt-Leukel. St. Ottilien: EOS Editions, 357-378.

Ceming, Katharina, 2004. *Einheit im Nichts. Die mystische Theologie des Christentums, des Hinduismus und des Buddhismus im Vergleich*. Augsburg: Edition Verstehen.

Chandrkaew, Chinda, 1982. *Nibbāna. The Ultimate Truth of Buddhism*. Bangkok: Mahachula Buddhist University.

Chung, Paul S., 2008. *Martin Luther and Buddhism. Aesthetics of Suffering*. Cambridge: James Clarke & Co.

Clark, Anthony E., 2018. *Catholicism and Buddhism. The Contrasting Lives and Teachings of Jesus and Buddha*. Eugene: Cascade Books.

Cleary, Thomas, 1983. *Entry Into the Inconceivable. An Introduction to Hua-Yen Buddhism*. Honolulu: University of Hawai'i Press.

---, 1993. *The Flower Ornament Scripture. Translation of the Avatamsaka Sutra*. Boston – London: Shambala.

Clooney, Francis X., 2010a. *Comparative Theology. Deep Learning Across Religious Borders*. Chichester: Wiley-Blackwell.

---, 2010b. »Response«. In: *The New Comparative Theology. Interreligious Insights from the Next Generation*, hg. von F. X. Clooney. London – New York: T & T Clark International, 191-200.

Clooney, Francis X./Berthrong, John (Hg.), 2014. *European Perspectives on the New Comparative Theology*. Basel: MDPI.

Clooney, Francis X./von Stosch, Klaus (Hg.), 2018. *How to Do Comparative Theology*. New York: Fordham University Press.

Cobb, John B., 1999. *Transforming Christiantiy and the World. A Way beyond Absolutism and Relativism*, hg. und eingeleitet von Paul Knitter. Maryknoll: Orbis Books.

Cohn-Sherbok, Daniel, 1987. »Death and Immortality in the Jewish Tradition«. In: *Death and Immortality in the Religions of the World*, hg. von P. Badham und L. Badham. New York: Paragon House, 24-36.

Cole, Alan, 1998. *Mothers and Sons in Chinese Buddhism*. Stanford: Stanford University Press.

Collins, John J., 2016. *The Apocalyptic Imagination. An Introduction to Jewish Apocalyptic Literature.* 3. Aufl. Grand Rapids: Eerdmans.

Collins, Steven, 1982. *Selfless persons. Imagery and thought in Theravāda Buddhism*. Cambridge: Cambridge University Press.

---, 1998. *Nirvana and Other Buddhist Felicities*, Cambridge: Cambridge University Press.

---, 2010. *Nirvana. Concept, Imagery, Narrative*, Cambridge: Cambridge University Press.

Colpe, Carsten, 1990. »Erlösungsreligion«. In: *Handbuch religionswissenschaftlicher Grundbegriffe*, Bd. II, hg. von H. Cancik, B. Gladigow, M. Laubscher, Stuttgart – Berlin – Köln: Kohlhammer, 323-329.

Conze, Edward, 1966. »Buddhism and Gnosis. In: *Le origini dello gnosticismo. Colloquio di Messina, 13-18 Aprile 1966. Testi e discussioni*, hg. von U. Bianchi. Leiden: Brill, 651-667.

---, 1984. *Eine kurze Geschichte des Buddhismus*. Frankfurt a.M.: Insel.

Corless, Roger J., 1996. »T'an-luan: The First Systematizer of Pure Land Buddhism«. In: *The Pure Land Tradition: History and Development*, hg. von J. Foard, M. Solomon, R. K. Payne. Berkeley: The Regents of the University of California, 107-137.

Cornille, Catherine (Hg.), 2002. *Many Mansions? Multiple Religious Belonging and Christian Identity*. Maryknoll: Orbis Books.

--- (Hg.), 2013. *The Wiley-Blackwell Companion to Inter-Religious Dialogue*. Chichester: Wiley-Blackwell.

---, 2016. »Discipleship in Hindu-Christian Comparative Theology«. In: *Theological Studies* 77, 869–885.

---, 2020. *Meaning and Method in Comparative Theology*. Chichester: Wiley-Blackwell.

Couliano, Ioan P., 1992. *The Tree of Gnosis. Gnostic Mythology from Early Christianity to Modern Nihilism*. New York: HarperCollins.

Coward, Harold, 2003. *Sin and Salvation in the World Religions. A Short Introduction*. Oxford: Oneworld.

Cowell, E. B., 1894, »The Buddha-karita of Asvaghosha«. In: *Buddhist*

*Mahāyāna Texts*, hg. von E. B. Cowell (SBE 49). Oxford: Clarendon Press, VI-X; 1-206.

Cunningham, Lawrence S., 1999. *Thomas Merton and the Monastic Vision*. Grand Rapids: Eerdmans.

Cupitt, Don, 2003. *The Sea of Faith*. New edition. London: SCM Press.

Czachesz, István, 2012. »God in the Fractals: Recursiveness as a Key to Religious Behaviour«. In: *Method and Theory in the Study of Religion* 24, 3–28.

D'Costa, Gavin; Thompson, Ross (Hg.), 2016. *Buddhist-Christian Dual Belonging. Affirmations, Objections, Explorations*. Farnham: Ashgate.

Dalai Lama, 2002. *The Good Heart*. Edited by Robert Kiely. London: Ryder.

---, 2005. *Practicing Wisdom. The Perfection of Shantideva's Bodhisattva Way*. Boston: Wisdom Publications.

Danz, Christian, 2020. *Jesus von Nazareth zwischen Judentum und Christentum. Eine christologische und religionstheologische Skizze*. Tübingen: Mohr Siebeck.

Davies, Brian, 1993. *The Thought of Thomas Aquinas*. Oxford: Clarendon Press.

Dayal, Har, 1932. *The Bodhisattva Doctrine in Buddhist Sanskrit Literature*, London: Routledge.

De Silva, Lynn A., 1982. »Buddhism and Christianity Relativised«. In: *Dialogue N.S.* 9, 43-72.

---, 1998. *Mit Buddha und Christus auf dem Weg* (Theologie der Dritten Welt, Bd. 24). Freiburg i. Br.: Herder.

Dehn, Ulrich, 2019. *Geschichte des interreligiösen Dialogs*. Berlin: EB-Verlag.

Dehn, Ulrich/Caspar-Seeger, Ulrike/Bernstorff, Freya (Hg.). *Handbuch Theologie der Religionen. Texte zur religiösen Vielfalt und zum interreligiösen Dialog*. Freiburg i. Br.: Herder.

Deitrick, James E., 2003. »Engaged Buddhist ethics. Mistaking the boat for the shore.« In: *Action Dharma. New Studies in Engaged Buddhism*, hg. von C. S. Queen, C. Prebish, D. Keown. London – New York: RoutledgeCurzon, 252-269.

Deleuze, Gilles/Guattari, Félix, 1977. *Rhizom*. Berlin: Merve Verlag.

Demacopoulos, George E./Papanikolaou, Aristotle, 2008. »Augustine and the Orthodox: ›The West‹ in the East.« In: *Orthodox Readings of Augustine*, hg. von G. E. Demacopoulos, A. Papanikolaou. Crestwood, New York: St. Vladimir's Seminary Press, 11-40.

Desideri, Ippolito S.J., 2010. *Mission to Tibet*. The Extraordinary Eighteenth-Century Account of Father Ippolito Desideri, S.J.. Translated by Michael J. Sweet. Edited by Leonard Zwilling. Boston: Wisdom Publications.

Dharmasiri, Gunapala, 1974. *A Buddhist Critique of the Christian Concept of God.* Colombo: Lake House.

---, 1976. »Comments on Responses to a Buddhist Critique«. In: *Dialogue (NS)* 3:1, 20-21.

---, 1988. *A Buddhist Critique of the Christian Concept of God.* 2nd enlarged edn.. Antioch: Golden Leaves.

Diller, Jeanine, 2013. »Epilogue«. In: *Models of God and Alternative Ultimate Realities*, hg. von J. Diller, A. Kasher. Dordrecht: Springer, 1025-1029.

---, 2016. »Global and Local Atheisms«. In: *International Journal for Philosophy of Religion* 79, 7-18.

Diller, Jeanine/Kasher, Asa (Hg.), 2013. *Models of God and Alternative Ultimate Realities*. Dordrecht: Springer

Doering, Lutz, 2020. »Bilderverbot und Götzendienst. Zum Verständnis des ›Bilderverbots‹ in Texten des hellenistisch-frührömischen und des rabbinischen Judentums, mit einem Blick auf den archäologischen Befund«. In: *Bilder, Heilige und Reliquien. Beiträge zur Christentumsgeschichte und zur Religionsgeschichte*, hg. von M. Delgado, V. Leppin. Basel: Schwabe Verlag, – Stuttgart: Kohlhammer, 21-48.

Drew, Rose, 2011a. *Buddhist and Christian? An exploration of dual belonging.* London – New York: Routledge.

---, 2011b. »Christliches Selbstverständnis und die Frage der doppelten Religionszugehörigkeit«. In: *Buddhismus im Westen. Ein Dialog zwischen Religion und Wissenschaft*, hg. von C. Roloff, W. Weiße, M. Zimmermann. Münster i.W.: Waxmann, 109-122.

Driller, Josephine, 2005. »O du gießender Gott in deiner Gabe!« Gaben und Gegengaben im Werk der Mechthild von Magdeburg. Inaugural-Dissertation Universität Paderborn. Online: https://d-nb.info/978189612/34 (September 2021).

Dunn, James D. G., 1989. *Christology in the Making. A New Testament Inquiry into the Origins of the Doctrine of the Incarnation.* Second edition, London: SCM Press.

---, 2006. *The Theology of Paul the Apostle*. Ppb edition. Grand Rapids – Cambridge: Eerdmans.

Eckel, Malcolm David, 1997. »Is There a Buddhist Philosophy of Nature?« In: *Buddhism and Ecology: The Interconnection of Dharma and Deeds,* hg. von M. E. Tucker, D. R. Williams. Cambridge M.A.: Harvard University Press, 327-349.

Eliade, Mircea, 1998. *Die Religionen und das Heilige. Elemente der Religionsgeschichte*. Frankfurt a.M.: Insel.

Elinor, Robert, 2000. *Buddha and Christ. Images of Wholeness*. New York – Tokyo: Weatherhill.

Elison, George, 1991. *Deus Destroyed. The Image of Christianity in Early Modern Japan*. Cambridge, MA: Harvard University Press.

Elliot, Joel, 2006. »Jehova's Witnesses«. In: *Encyclopedia of Millennialism and Millennial Movements*, hg. von R. A. Landes. New York – London: Routledge, 358-365.

Emmerick, R. E., 1970. *The Sūtra of Golden Light. Being a Translation of the Suvarṇaprabhāsottamasūtra*, London: Luzac.

Englert, Winfried Phillip, 1898. *Christus und Buddha in ihrem himmlischen Vorleben*. Wien: Mayer.

Faber, Roland, 2019. *The Ocean of God. On the Transreligious Future of Religions*. London – New York: Anthem Press.

Faure, Bernard, 2009. *Unmasking Buddhism*. Oxford: Wiley-Blackwell.

Feng, Jinxueh, 2018. *Die chinesisch-christliche Rezeption des* Mozi *am Beispiel von Zhang Chunyi (1871-1955)*. St. Ottilien: EOS.

Ferraro, Guiseppe, 2013. »A Criticism of M. Siderits and J. L. Garfield's ›Semantic Interpretation‹ of Nâgârjuna's Theory of Two Truths«. In: *Journal of Indian Philosophy* 41:2, 195-219.

Feulner, Rüdiger, 2016. *Christus Magister. Gnoseologisch-didaktische Erlösungsparadigmen in der Kirchengeschichte der Frühzeit und des Mittelalters bis zum Beginn der Reformation mit einem theologiegeschichtlichen Ausblick in die Neuzeit*. Wien: LIT.

Fischer-Barnicol, Hans, 1965/66. »Fragen aus Fernost. Eine Begegnung mit dem japanischen Philosophen Nishitani.« In: *Hochland* 58, 205-218.

Fitzgerald, Timothy, 2000. *The Ideology of Religious Studies*. Oxford – New York: Oxford University Press.

Flasch, Kurt, 1990. *Logik des Schreckens. Augustinus von Hippo. De diversis quaestionibus ad Simplicianum I 2*. Deutsche Erstübersetzung von Walter Schäfer. Herausgegeben und erklärt von Kurt Flasch. Mainz: Diederichs.

---, 1994. *Augustin. Einführung in sein Denken*. 2. durchgesehene und erweiterte Auflage. Stuttgart: Reclam.

Ford, James L., 2016. *The Divine Quest, East and West. A Comparative Study of Ultimate Realities*. Albany: State University of New York Press.



Fredericks, James L., 1995. »A Universal Religious Experience? Comparative Theology as an Alternative to a Theology of Religions«. In: *Horizons* 22:1, 67-87.

---, 1999. *Faith among Faiths. Christian Theology and Non-Christian Religions*. New York: Paulist Press.

---, 2003. »Masao Abe: A Spiritual Friendship«. In: *Spiritus: A Journal of Christian Spirituality* 3, 219-230.

---, 2015. »Dem Politischen entsagen. Vom Gottesstaat und die Aśokāvadāna«. In: *Buddhismus und Komparative Theologie*, hg. von K. von Stosch, H.-J. Röllicke, D. Rumel. Paderborn: Schöningh, 57-89.

Fredriksen, Paula, 2012. *Sin. The Early History of an Idea.* Princeton: Princeton University Press.

Freiberger, Oliver, 2019. *Considering Comparison. A Method for Religious Studies*. New York: Oxford University Press.

Freiberger, Oliver/Kleine, Christoph, 2011. *Buddhismus. Handbuch und kritische Einführung*. Göttingen: Vandenhoeck & Ruprecht.

Fu, Charles Wei-hsun/Spiegler, Gerhard E. (Hg.), 1989. *Religious Issues and Interreligious Dialogue. An Analysis and Sourcebook of Developments Since 1945.* New York – Westport – London: Greenwood Press.

Garfield, Jay L., 2002. *Empty Words. Buddhist Philosophy and Cross-Cultural Interpretation*. New York: Oxford University Press.

Geis, Lioba, 2007. »Das ›Siegel der Ewigkeit‹ als Universalsymbol«. In: *Vom Bild zur Erkenntnis. Visualisierungskonzepte in den Wissenschaften*, hg. von D. Gross, S. Westermann. Kassel: Kassel University Press, 131-147.

*Gemeinsame Erklärung zur Rechtfertigungslehre*, 1999. In: *Texte aus der VELKD* 87, 1-19.

Gethin, Rupert, 1998. The Foundations of Buddhism. Oxford – New York: Oxford University Press.

Gladigow, Burkhard, 1988. »Gegenstände und wissenschaftlicher Kontext von Religionswissenschaft«. In: *Handbuch religionswissenschaftlicher Grundbegriffe*. Bd. I, hg. von H. Cancik, B. Gladigow, M. Laubscher. Stuttgart: Kohlhammer, 26-38.

Gombrich, Richard F., 2006. *Theravāda Buddhism. A social history from ancient Benares to modern Colombo*. Second Edition. London – New York: Routledge.

Gōmez, Luis O., 1996. *The Land of Bliss. The Paradise of the Buddha of Measureless Light. Sanskrit and Chinese Versions of the Sukhāvativyūha Sutras.* Introductions and English Translations by Luis O. Gōmez. Honolulu: University of Hawai'i Press.

Goosen, Gideon, 2011. *Hyphenated Christians. Towards a Better Understanding of Dual Religious Belonging*. Frankfurt a.M.: Peter Lang.

Gowans, Christopher W., 2003. *Philosophy of the Buddha*. London – New York: Routledge.

Granoff, Phyllis, 2012. »After Sinning: Some Thoughts on Remorse, Responsibility, and the Remedies for Sin in Indian Religious Traditions«. In: *Sin and Sinners. Perspectives from Asian Religions*, hg. von P. Granoff, K. Shinohara. Leiden – Boston: Brill, 175-215.

Gregory, Peter N., 1986. »The Problem of Theodicy in the ›Awakening of Faith‹«. In: *Religious Studies* 22:1, 63-78.

Griffin, David Ray, 2005. »John Cobb's Whiteheadian Complementary Pluralism«. In: *Deep Religious Pluralism*, hg. von D. R. Griffin. Louisville: Westminster John Knox Press, 39-66.

Griffiths, Paul J., 1994. *On Being Buddha. The Classical Doctrine of Buddhahood*. Albany: SUNY.

Grimm, Georg, 1928. *Buddha und Christus*. Leipzig: Neuer Geist.

Groner, Paul, 2012. »The Role of Confession in Chinese and Japanese Tiantai/Tendai Bodhisattva Ordinations«. In: *Sin and Sinners. Perspectives from Asian Religions*, hg. von P. Granoff, K. Shinohara. Leiden – Boston: Brill, 216-242.

Gross, Rita/Muck, Terry (Hg.), 1999. *Buddhists Talk about Jesus. Christians Talk about the Buddha*. New York – London: Continuum.

Guardini, Romano, 1997 [1937]. *Der Herr. Betrachtungen über die Person und das Leben Jesu Christi*. Mainz: Matthias-Grünewald – Paderborn: Schöningh.

Guruge, Ananda (Hg.), 1965. *Return to Righteousness. A Collection of Speeches, Essays and Letters of the Anagarika Dharmapala*. Colombo: The Government Press.

Gupta, Satish, 2005. *I am the dewdrop, I am the ocean... Zen Stories, Haikus and Reflections*. New Delhi: Popular Prakashan.

Gustafson, Hans (Hg.), 2020. *Interreligious Studies. Dispatches from an Emerging Field*. Waco: Baylor University Press.

Gwynne, Paul, 2014. *Buddha, Jesus and Muhammad. A Comparative Study*. Oxford: Wiley Blackwell.

Haas, Alois M., 1998. »Unio mystica. Hinweise zur Geschichte des Begriffs«. In: *Erkennen und Erinnern in Kunst und Literatur: Kolloquium Reisensburg, 4.-7. Januar 1996*, in Verbindung mit W. Frühwald hg. von D. Peil, M. Schilling, P. Strohschneider. Tübingen: Niemeyer, 1-17.

Haight, Roger/Knitter, Paul, 2015. *Jesus and Buddha. Friends in Conversation*. Maryknoll: Orbis Books.

Hanh, Thich Nhat, 1996. *Lebendiger Buddha, lebendiger Christus. Verbindende Elemente der christlichen und buddhistischen Lehren*. München: Goldmann.

---, 2003. *Finding Our True Home. Living in the Pure Land Here and Now*. Berkeley: Paralax Press.

---, 2005. »Jesus and Buddha as Brothers«. In: *Jesus in the World's Faiths. Leading Thinkers from Five Religions Reflect on His Meaning*, hg. von G. A. Barker. Maryknoll: Orbis Books, 38-45.

---, 2010. *Together We Are One. Honoring Our Diversity. Celebrating Our Connection*. Berkeley: Parallax Press.

---, 2016. *Jesus und Buddha – Ein Dialog der Liebe* (Neuausgabe von *Dialog der Liebe. Jesus und Buddha als Brüder*). Freiburg i.Br.: Herder.

Hardy, Edmund, 1919. *Der Buddhismus nach älteren Pāli-Werken*. Neue Ausgabe besorgt von Richard Schmidt. Münster i.W.: Aschendorff.

Harris, Elizabeth J., 1997. *Detachment and Compassion in Early Buddhism* (Bodhi Leaves 141). Kandy: Buddhist Publication Society.

---, 2000. »My Unfinished Business with the Buddha«. In: *Buddhists Talk about Jesus. Christians Talk about the Buddha*, hg. von R. Gross, T. Muck. New York – London: Continuum, 89-94.

---, 2006. *Theravāda Buddhism and the British Encounter. Religious, missionary and colonial experience in nineteenth-century Sri Lanka*. London – New York: Routledge.

---, 2021. »May Dialogue Change our Understanding of Ultimate Reality? A Case Study of Lynn de Silva, Aloysius Pieris and One of their Pupils«. In: *A Visionary Approach. Lynn A. de Silva and the Prospects of Buddhist-Christian Encounter*, hg. von E. J. Harris, P. Schmidt-Leukel. St. Ottilien: EOS, 193-215.

Harris, Elizabeth J./Schmidt-Leukel, Perry (Hg.), 2021. *Lynn A. de Silva and the Prospects of Buddhist-Christian Encounter*. St. Ottilien: EOS.

Harris, Ian, 1995. »Buddhist Environmental Ethics and Detraditionalization: The Case of EcoBuddhism«. In: *Religion* 25, 199-211.

---, 2000. »Buddhism and Ecology«. In: *Contemporary Buddhist Ethics*, hg. von D. Keown. London – New York: RoutledgeCurzon, 113-135.

Hartmann, Heiko, 2011. »Die geblendete Welt: Zur Übertragung und Auslegung der Blindenheilung (Joh 9) im Evangelienbuch Otfrids von Weißenburg«. In: *Mediaevistik* 24, 15-36.

Harvey, Peter, 1995. *The Selfless Mind. Personality, Consciousness and Nirvāṇa in Early Buddhism*. London – New York: RoutledgeCurzon.

---, 2000. *An Introduction to Buddhist Ethics. Foundations, Values and Issues*, Cambridge: Cambridge University Press.

---, 2019. *Buddhism and Monotheism*. Cambridge: Cambridge University Press.

Hasenhüttl, Gotthold, 1979. *Kritische Dogmatik*. Graz – Wien – Köln: Styria.

Haußig, Hans-Michael, 1999. *Der Religionsbegriff in den Religionen. Studien zum Selbst- und Religionsverständnis in Hinduismus, Buddhismus, Judentum und Islam*. Berlin – Bodenheim: Philo.

Hazra, Kanai Lal, 1995. *The Rise and Decline of Buddhism in India*. New Delhi: Munshiram Manoharial.

Hedges, Paul, 2010. *Controversies in Interreligious Dialogue and the Theology of Religions*. London: SCM Press.

Heiler, Friedrich [1919] 1921. *Das Gebet. Eine religionsgeschichtliche und religionspsychologische Untersuchung*. 3. Aufl. München: Reinhardt.

Heim, S. Mark, 2003. »The Depth of the Riches: Trinity and Religious Ends«. In: *Theology and the Religions. A Dialogue*, hg. von V. Mortensen. Grand Rapids – Cambridge: Eerdmans, 387-402.

Heyer, Friedrich, 1977. »Orthodoxe Theologie«. In: *Konfessionskunde*, hg. von F. Heyer. Berlin: De Gruyter, 132-201.

Hick, John H., 1988. *Problems of Religious Pluralism*. Reprint. Basingstoke: Macmillan.

---, 1989. *An Interpretation of Religion. Human Responses to the Transcendent*. Basingstoke: Macmillan.

---, [1976] 1990. *Death and Eternal Life*. Basingstoke: Macmillan.

---, 1993. *Disputed Questions in Theology and the Philosophy of Religion*. Basingstoke: Macmillan.

---, 1995. *The Rainbow of Faiths. Critical Dialogues on Religious Pluralism*. London: SCM Press.

---, 1996. *Religion. Die menschlichen Antworten auf die Frage nach Leben und Tod*. München: Diederichs (= deutsche Übersetzung von *An Interpretation of Religion*).

---, 1999. *The Fifth Dimension. An Exploration of the Spiritual Realm*. Oxford: Oneworld.

---, 2004. *An Interpretation of Religion. Human Responses to the Transcendent*. Second Edition. Basingstoke – New York: Palgrave Macmillan.

---, 2006. *The New Frontier of Religion and Science. Religious Experience, Neuroscience and the Transcendent*. Basingstoke – New York: Palgrave Macmillan.

---, 2010. *Between Faith and Doubt. Dialogues on Religion and Reason*. Basingstoke – New York: Palgrave Macmillan.

Hirota, Dennis (Hg.), 1997. *The Collected Works of Shinran. Volume I: The Writings*. Translated, with introductions, glossaries, and reading aids, by Dennis Hirota (Head Translator), Hisao Inagaki, Michio Tokunaga, and Ryunshin Uryuzu. Kyoto: Jōdo Shinshū Hongwanji-ha.

Hock, Klaus, 2006. *Einführung in die Religionswissenschaft*. 2., durchgesehene Auflage. Darmstadt: Wissenschaftliche Buchgesellschaft.

Hoheisel, Karl, 1984/85. »Das frühe Christentum und die Seelenwanderung«. In: *Jahrbuch für Antike und Christentum* 27/28, 24-46.

Holenstein, Elmar, 1985. *Menschliches Selbstverständnis. Ichbewußtsein – Intersubjektive Verantwortung – Interkulturelle Verständigung*. Frankfurt a.M.: Suhrkamp.

---, 1998. *Kulturphilosophische Perspektiven*. Frankfurt a.M.: Suhrkamp.

Hubbard, Jamie/Swanson, Paul L., 1997. *Pruning the Bodhi Tree. The Storm over Critical Buddhism*. Honolulu: University of Hawai'i Press.

Hübner, Reinhard M., 1996. »Εις Θεος Ιησους Χριστος. Zum christlichen Gottesglauben im 2. Jahrhundert – ein Versuch«. In: *Münchener Theologische Zeitschrift* 47, 325-344.

Hühn, Helmuth, 2001. »Verblendung – Verblendungszusammenhang«. In: *Historisches Wörterbuch der Philosophie*, hg. von J. Ritter, K. Gründer, G. Gabriel. Basel: Schwabe Verlag. DOI: 10.24894/HWPh.4538.

Hume, David, 1981. *Dialoge über natürliche Religion*. Stuttgart: Reclam.

---, 1982. *Eine Untersuchung über den menschlichen Verstand*. Stuttgart: Reclam.

---, 2000. *Die Naturgeschichte der Religion*. 2., durchgesehene Auflage. Hamburg: Felix Meiner Verlag.

Hutchison, John A., 1991. *Paths of Faith*. Fourth Edition. Boston: McGraw-Hill.

Hwang, Soonil, 2006. *Metaphor and Literalism in Buddhism: The Doctrinal History of Nirvana*. London: Routledge.

Ingram, Paul O., 1988. *The Modern Buddhist-Christian Dialogue. Two Universalistic Religions in Transformation*. Lewiston – Queenston: The Edwin Mellen Press.

---, 2009. *The Process of Buddhist-Christian Dialogue*. Eugene: Cascade Books.

Izutsu, Toshihiko, 2008. *The Structure of Oriental Philosophy: Collected Papers of the Eranos Conference*. Vol. 2. Tokyo: Keio University Press.

Jackson, Carl T., 1968. »The Meeting of East and West: The Case of Paul Carus«. In: *Journal of the History of Ideas* 29, 73-92.

Jackson, Roger, 1999. »Atheology and Buddhalogy in Dharmakīrti' Pramāṇavārttika«. In: *Faith and Philosophy* 16:4, 472-505.

Jackson, William J. 2004. *Heaven's Fractal Net. Retrieving Lost Visions in the Humanities*. Bloomington: Indiana University Press.

James, William, 2014. *Die Vielfalt religiöser Erfahrung. Eine Studie über die menschliche Natur.* Frankfurt a.M.: Verlag der Weltreligionen.

Jenson, Matt, 2006. *The Gravity of Sin. Augustine, Luther and Barth on* homo incurvatus in se. London – New York: T&T Clark.

Johannes Paul II., 1994. *Die Schwelle der Hoffnung überschreiten*, hg. von V. Messori. Hamburg: Hoffmann und Campe.

Johnston, Gilbert L., 2007. »The Theme of Subjectivity in Kiyozawa Manshi's *Seishinshugi*«. In: *Shin Buddhism. Historical, Textual, and Interpretative Studies*, hg. von R. K. Payne. Berkeley: Institute of Buddhist Studies and Numata Center for Buddhist Translation and Research, 303-319.

Jones, Christopher Victor, 2021. *The Buddhist Self. On Tathāgatagarbha and Ātman.* Honolulu: University of Hawai'i Press.

Junginger, Horst, 2021. »Etsi deus non daretur: die Säkularität von Religionswissenschaft«. In: *Religion in Culture – Culture in Religion. Burkhard Gladigow's Contribution to Shifting Paradigms in the Study of Religion*, hg. von C. Auffarth, A. Grieser, A. Koch. Tübingen: Tübingen University Press, 119-139.

Kaelber, Walter O., 2007. »Āśrama«. In: *The Hindu World*, hg. von S. Mittal, G. Thursby. New York – London: Routledge, 383-403.

Kak, Subhash, 2008-2009. »The Great Goddess Lalitā and the Śrī Cakra«. In: *Brahmavidyā: The Adyar Library Bulletin* 72-73, 155-172. Online at: http://ikashmir.net/subhashkak/docs/SriChakra.pdf (Januar 2021).

Karunadasa, Yakupitiyage, 2007. »The Unanswered Questions: Why Were They Unanswered? A Re-examination of the Textual Data«. In: *Pacific World: Third Series* 9, 3-31.

Kaza, Stephanie/Kraft, Kenneth (Hg.), 2000. *Dharma Rain. Sources of Buddhist Environmentalism.* Bolder: Schambala.

Keel, Hee-Sung, 1995. *Understanding Shinran. A Dialogical Approach.* Freemont: Asia Humanities Press.

---, 1996. »Jesus the Bodhisattva: Christology from a Buddhist Perspective«. In: *Buddhist Christian Studies* 16, 169-185.

Keenan, John P., 1989. *The Meaning of Christ. A Mahāyāna Theology.* Maryknoll: Orbis Books.

---, 1995. *The Gospel of Mark. A Mahāyāna Reading.* Eugene (OR): Wipf & Stock Publishers.

---, 2003. *The Summary of the Great Vehicle by Bodhisattva Asaṅga.* Translated from the Chinese of Paramārtha by John P. Keenan. Revised second edition. Berkeley: Numata Center for Buddhist Translation and Research.

---, 2005. *The Wisdom of James. Parallels with Mahāyāna Buddhism*, New York-Mahwah (NJ): The Newman Press.

---, 2015. *The Emptied Christ of Philippians. Mahāyāna Meditations*, Eugene: Wipf & Stock.

Keenan, John P./Keenan, Linda K., 2011. *I Am / No Self. A Christian Commentary on the Heart Sūtra.* Leuven: Peeters – Grand Rapids (MI): Eerdmans.

Kehl-Bodrogi, Krisztina, 1988. *Die Kızılbaş-Aleviten. Untersuchungen über eine esoterische Glaubensgemeinschaft in Anatolien.* Berlin: Klaus Schwarz Verlag.

Kelly, J.N.D. 1977. *Early Christian Doctrines*. Fifth, revd. edn. London: Adam & Charles Black.

Kenntner, Karl, 1939. *Die Wandlungen des Lebensbegriffs im Urbuddhismus und im Urchristentum*. Bonn: Köllen Verlag.

Kenkel, N. C./Walker, D. J., 1996. »Fractals in the Biological Sciences«. In: *Coenoses* 11:2, 77-100.

Kern, Hendrik, 1884. *Saddharma-Puṇḍarīka or The Lotus of the True Law.* (SBE XXI), Oxford: Clarendon Press.

Kern, Iso, 1984/5. »Matteo Riccis Verhältnis zum Buddhismus«. In: *Monumenta Serica* 36, 65-126.

---, 2001. »Buddhist Perceptions of Jesus and Christianity in the Early Buddhist-Christian Controversies in China during the 17th Century«. In: *Buddhist Perceptions of Jesus*, hg. von P. Schmidt-Leukel mit J. Götz und G. Köberlin. St. Ottilien: EOS, 32-41.

Khorchide, Mouhanad/von Stosch, Klaus (Hg.), 2016. *Streit um Jesus. Muslimische und christliche Annäherungen.* Paderborn: Schöningh.

---, 2018. *Der andere Prophet. Jesus im Koran*. Freiburg i.Br.: Herder.

Kiblinger, Kristin Beise, 2010. »Relating Theology of Religions and Comparative Theology«. In: *The New Comparative Theology. Interreligious Insights from the Next Generation*, hg. von F. X. Clooney. London – New York: T & T Clark International, 21-42.

Kiefer, Jörn, 2017. Art.: »Sünde / Sünder (AT)«. In: *Wissenschaftliches Bibellexikon im Internet.* Online: http://www.bibelwissenschaft.de/stichwort/31970/ (Mai 2021).

Kigoshi, Yasushi, 2004. »Shin Buddhist Doctrinal Studies and Modernization. A Dispute over the Understanding of the Pure Land«. In:

*Buddhismus und Christentum vor der Herausforderung der Säkularisierung*, hg. von H.-M. Barth, K. Kadowaki, E. Minoura, M. Pye. Schenefeld: EB-Verlag, 89-101.

King, Sallie B., 2003. »The Mommy and the Yogi«. In: *Beside Still Waters. Jews, Christians, and the Way of the Buddha*, hg. von H. Kasimow, J. P. Keenan, L. Klepinger Keenan. Boston: Wisdom Publications, 157-170, 261f.

---, 2009. *Socially Engaged Buddhism*. Honolulu: University of Hawai'i Press.

King, Winston, 1963. *Buddhism and Christianity. Some Bridges of Understanding*. London: Allen and Unwin.

Kiyozawa, Manshi, 2014. *December Fan. The Buddhist Essays of Manshi Kiyozawa*. Second edition. Los Angeles: Shinshu Center of America.

Klimkeit, Hans-Joachim, 1986. *Die Begegnung von Christentum, Gnosis und Buddhismus an der Seidenstraße*. Opladen: Westdeutscher Verlag.

Knitter, Paul, 1997. »Five Theses on the Uniqueness of Jesus«. In: *The Uniqueness of Jesus. A Dialogue with Paul F. Knitter*, hg. von L. Swidler, P. Mojzes. Maryknoll: Orbis Books, 3-16.

---, 2009. *Without Buddha I Could not be a Christian*. Oxford: Oneworld.

---, 2012. *Ohne Buddha wäre ich kein Christ*. Freiburg i.Br.: Herder (deutsche Ausgabe von Knitter 2009).

Knitter, Paul/Schmidt-Leukel, Perry, 2020. »Seeking Buddhist-Christian Understanding. Friends in Dialogue«. In: *Interreligious Insight. A journal of dialogue and engagement* 18:2, 54-63.

Koch, Klaus/Schmidt, Johann Michael (Hg.), 1982. *Apokalyptik*. Darmstadt: Wissenschaftliche Buchgesellschaft.

Kreinath, Jens, 2012. »Naven, Moebius Strip, and Random Fractal Dynamics: Reframing Bateson's Play Frame«. In: *Journal of Ritual Studies* 26:2, 39-64.

---, 2020. »Playing with frames of reference in veneration rituals: Fractal dynamics in encounters with a Muslim saint«. In: *Anthropological Theory* 20:2, 221–250.

Kreiner, Armin, 2017. »Gottes Güte und das Leid in der Welt«. In: *Handbuch für Analytische Theologie*, hg. von G. Gasser, L. Jaskolla, T. Schärtl. Münster i.W.: Aschendorff, 429-452.

Kretser, Bryan de, 1954. *Man in Buddhism and Christianity*. Calcutta: Y.M.C.A. Publishing House.

Krishna, Daya, 1996. *The Problematic and Conceptual Structure of Classical Indian Thought about Man, Society and Polity*. Delhi: Oxford University Press.

Küng, Hans, 1994. *Das Christentum. Wesen und Geschichte*. 2. Aufl. München – Zürich: Piper.

Küng, Hans/Ching, Julia, 1999. *Christentum und Weltreligionen. Chinesische Religion*. München – Zürich: Piper 1999 [erste Aufl. 1988].

Küng, Hans/Ess, Josef van/Stietencron, Heinrich von/Bechert, Heinz 1984. *Christentum und Weltreligionen. Hinführung zum Dialog mit Islam, Hinduismus und Buddhismus*. München – Zürich: Piper.

Lai, Pan-chiu, 2006a. »Eschatological Faith in the Coming Kingdom, East and West: Mao Tzu-yüan and the Four Pure Lands«. In: *Ching Feng. New Series* 7:1-2, 11-29.

---, 2006b. »The Kingdom of God and the Pure Land: A Dialogical Study of Eschatology and Praxis«. In: *Ching Feng. New Series* 7:1-2, 183-210.

---, 2007. »Mahāyāna Interpretation of Christianity: A Case Study of Zhang Chunyi (1871-1955)«. In: *Journal of Buddhist-Christian Studies* 27, 67-87.

---, 2009. »Buddhist-Christian Studies in Scientific Age: A Case Study of Burnett Hillman Streeter (1874-1937)«. In: *Studies in Interreligious Dialogue* 19:1, 34-49.

Lai, Pan-chiu; So, Yuen-tai, 2003. »Zhang Chunyi's Chinese Buddhist-Christian Pneumatology«. In: *Ching Feng. New Series* 4:1, 51-77.

Lai, Whalen, 1982. »Sinitic speculations on buddha-nature: The Nirvāṇa school (420-589)«. In: *Philosophy East and West* 32:2, 135-149.

---, 1992. »Chinese Buddhist and Christian Charities: A Comparative History«. In: *Buddhist-Christian Studies* 12, 5-33.

---, 2010. »Political Authority: The Two Wheels of the Dharma«. In: *Buddhist-Christian Studies* 30, 171-186.

Lampe, G.W.H., 1977. *God as Spirit. The Bampton Lectures, 1976*. Oxford: Clarendon Press.

Lanczkowski, Günter, 1978. *Einführung in die Religionsphänomenologie*. Darmstadt: Wissenschaftliche Buchgesellschaft.

---, 1980. *Einführung in die Religionswissenschaft*. Darmstadt: Wissenschaftliche Buchgesellschaft.

Lande, Aasulv (Hg.), 2002. »Special Issue on Christian Perceptions of the Buddha«. In: *Swedish Missiological Themes SMT* 90:1.

Lang, Bernhard/McDannell, Colleen, 1990. *Der Himmel. Eine Kulturgeschichte des ewigen Lebens*. Frankfurt a.M.: Suhrkamp.

Langer-Kaneko, Christiane, 1986. *Das Reine Land. Zur Begegnung von Amida-Buddhismus und Christentum*. Leiden: E.J. Brill.

Le Goff, Jacques, 1990. *The Birth of Purgatory*. Aldershot: Scolar Press.

Lefebure, Leo, 1993. *The Buddha and the Christ. Explorations in Buddhist and Christian Dialogue*. Maryknoll: Orbis Books.

Lefebure, Leo/Feldmeier, Peter, 2011. *The Path of Wisdom. A Christian Commentary on the Dhammapada*. Leuven: Peeters – Grand Rapids: Eerdmans.

Lehmann, Karl/Pannenberg, Wolfhart (Hg.), 1988. *Lehrverurteilungen – kirchentrenned? I. Rechtfertigung, Sakramente und Amt im Zeitalter der Reformation und heute*. 3. Auflage. Freiburg i. Br.: Herder – Göttingen: Vandenhoeck & Ruprecht.

Lehtipuu, Outi, 2015. *Debates over the Resurrection of the Dead. Constructing Early Christian Identity*. Oxford: Oxford University Press.

Leirvik, Oddbjørn, 2015. *Interreligious Studies. A Relational Approach to Relgious Activism and the Study of Religion*. London – New York: Bloomsbury Academic.

Lengsfeld, Peter (Hg.), 2005. *Mystik – Spiritualität der Zukunft. Erfahrung des Ewigen*. P. Willigis Jäger OSB zum 80. Geburtstag. Freiburg i. Br.: Herder.

Leppin, Volker, 2007. *Die christliche Mystik*. München: C.H. Beck.

Lerner, Robert E., 1971. »The Image of Mixed Liquids in Late Medieval Mystical Thought«. In: *Church History* 40, 397-411.

Liu, Ming-Wood, 1984. »The Problem of the *Icchantiha* in the Mahāyāna *Mahāparinirvāṇa Sūtra*«. In: *The Journal of the International Association of Buddhist Studies* 7:1, 57-81.

Löhr, Gebhard (Hg.), 2000. *Die Identität der Religionswissenschaft. Beiträge zum Verständnis einer unbekannten Disziplin*. Frankfurt a.M.: Peter Lang.

Löhr, Winrich, 2007. »Exkurs: Das Verhältnis zwischen Pelagius und Augustin und das theologische Anliegen des Pelagius«. In: *Augustin Handbuch*, hg. von V. H. Drecoll. Tübingen: Mohr Siebeck, 190-197.

Loichinger, Alexander/Kreiner, Armin (Hg.), 2010. *Theodizee in den Weltreligionen. Ein Studienbuch*. Paderborn: Schöningh.

Lopez, Donald S./Rockefeller, Steven C. (Hg.), 1987. *The Christ and the Bodhisattva*. Albany: SUNY.

Lovin, Robin W., 1992. »Ethics, Wealth, and Eschatology: Buddhist and Christian Strategies for Change«. In: *Ethics, Wealth, and Salvation. A Study in Buddhist Social Ethics*, hg. von R. F. Sizemore, D. K. Swearer. Columbia: University of South Carolina Press, 190-208, 271f.


Lutherisches Kirchenamt (Hg.), 1991. *Unser Glaube. Die Bekenntnis-*

*schriften der evangelisch-lutherischen Kirche.* Ausgabe für die Gemeinde. Bearbeitet von H. G. Pöhlmann. 3., erweiterte Auflage. Gütersloh: Gütersloher Verlagshaus.

Luz, Ulrich/Michaels, Axel, 2002. *Jesus oder Buddha. Leben und Lehre im Vergleich.* München: C.H. Beck.

Magliola, Robert, 2014. *Facing Up to Real Doctrinal Difference.* Kettering: Angelico Press.

Majrashi, A./Bin Bakar, B./Moneruzzaman Khandaker, M./Nasrulhaq Boyce A./Muniandy, S.V., 2013. »Fractal analysis of rhizome growth patterns of *Scirpus grossus* L. on peat and paddy soils«. In: *Bulgarian Journal of Agricultural Science* 19:6, 1319-1326.

Maharaj, Ayon, 2019. »›Infinite Paths, Infinite Doctrines‹: Perry Schmidt-Leukel's Fractal Approach to Religious Diversity from the Standpoint of the Ramakrishna-Vivekananda Tradition«. In: *New Paths for Interreligious Theology. Perry Schmidt-Leukel's Fractal Interpretation of Religious Diversity*, hg. von A. Race, P. Knitter. Maryknoll: Orbis Books, 100-114.

Makransky, John, 2005. »Buddhist Analogues of Sin and Grace. A Dialogue with Augustine«. In: *Studies in Interreligious Dialogue* 15:1, 5-15.

Malinar, Angelika, 2007. *The Bhagavadgītā. Doctrines and Contexts.* Cambridge: Cambridge University Press.

Mall, Ram Adhar, 1995. *Philosophie im Vergleich der Kulturen. Interkulturelle Philosophie – eine neue Orientierung.* Darmstadt: Wissenschaftliche Buchgesellschaft.

Mandelbrot, Benoît B., 1991. *Die fraktale Geometrie der Natur.* Basel: Birkhäuser. [Erstausgabe des engl. Originals 1977]

Mann, Ulrich (Hg.), 1973. *Theologie und Religionswissenschaft. Der gegenwärtige Stand ihrer Forschungsergebnisse und Aufgaben im Hinblick auf ihr gegenseitiges Verhältnis.* Darmstadt: Wissenschaftliche Buchgesellschaft.

Masefield, Peter, 1986. *Divine Revelation in Pali Buddhism.* London: Allen & Unwin.

Masutani, Fumio, 1967. *A Comparative Study of Buddhism and Christianity.* 8. Aufl. Tokyo: The Young East Association.

Masuzawa, Tomoko, 2003. »Our Master's Voice: F. Max Müller After a Hundred Years of Solitude«. In: *Method & Theory in the Study of Religion* 15:4, 305- 328.

---, 2005. *The Invention of World Religions. Or, How European Universalism Was Preserved in the Language of Pluralism.* Chicago – London: The University of Chicago Press.

Matsunaga, Daigan & Alicia, 1972. *The Buddhist Concept of Hell*. New York: Philosophical Library.

May, John D'Arcy, 2014. *Buddhologie und Christologie. Unterwegs zu einer kollaborativen Theologie*, Innsbruck – Wien: Tyrolia.

---, 2020. »From Comparative to Interreligious Theology: Perry Schmidt-Leukel's ›Fractal‹ Version of Pluralism«. In: *Journal of Religious History* 44:3, 376-379.

McCutcheon, Russell T., 1997. *Manufacturing Religion*. Oxford – New York: Oxford University Press.

---, (Hg.), 1999. *The Insider/Outsider Problem in the Study of Religion. A Reader*. London – New York: Continuum International Publishing.

McDannell, Colleen/Lang, Bernhard, 2001. *Heaven. A History*. Second Edition. New Haven – London: Yale University Press.

McGinn, Bernard, 2016. »Love, Knowledge and Unio mystica in the Western Christian Tradition«. In: *Mystical Union in Judaism, Christianity and Islam. An Ecumenical Dialogue*, hg. von M. Idel/B. McGinn. London – New York: Bloomsbury Academic, 59-86.

McLaughlin, Robert E., 2004. »Apocalypticism and Thomas Müntzer«. In: *Archiv für Reformationsgeschichte* 95, 98-131.

Meier-Staubach, Christel, 2003. »Die Quadratur des Kreises«. In: *Die Bildwelt der Diagramme Joachims von Fiore*, hg. von A. Patschovsky. Ostfildern: Thorbecke, 23–53.

Mensching, Gustav, 1978. *Buddha und Christus – ein Vergleich*. Stuttgart: Deutsche Verlags-Anstalt.

Mercadante, Linda, 2020. »Theology Without Walls. Is a theology for SNBRs possible?«. In: *Theology Without Walls. The Transreligious Imperative*, hg. von J. L. Martin. London – New York: Routledge, 189-200.

Metzner, Rainer, 2000. *Das Verständnis der Sünde im Johannesevangelium*. Tübingen: Mohr Siebeck.

Minois, Georges, 2000. *Hölle. Kleine Kulturgeschichte der Unterwelt*. Freiburg i.Br.: Herder.

Mochizuki, Shinkō, 2016. *Pure Land Buddhism in China. A Doctrinal History. Volume I: Translation*, hg. von R. K. Payne, N. E. F. Quli. Moraga: Institute of Buddhist Studies and BDK America.

Mommaers, Paul/Van Bragt, Jan, 1995. *Mysticism. Buddhist and Christian. Encounters with Jan van Ruusbroec*. New York: Crossroads.

Monier-Williams, Monier, 1889. *Buddhism, in its connection with Brāhmanism and Hindūism and in its contrast with Christianity*. London: John Murray.

Moyaert, Marianne, 2013. »Interreligious Dialogue«. In: *Understanding Interreligious Relations*, hg. von D. Cheetham, D. Pratt, D. Thomas. Oxford: Oxford University Press, 193-217.

---, 2020. »Komparative Theologie zwischen Text und Ritual«. In: *Gemeinsam Christsein*, hg. von R. A. Klein. Tübingen: Mohr Siebeck, 245-266.

Müller, Friedrich Max, 1868. *Chips from a German Workshop. Vol. I. Essays on the Science of Religion.* Second Edition. London: Longmans, Green, and Co.

---, 1874. *Einleitung in die vergleichende Religionswissenschaft.* Straßburg: Verlag Karl J. Trübner.

Nagao, Gadjin M., 1991. *Mādhyamika und Yogācāra. A Study of Mahāyāna Philosophies*, Albany: SUNY.

Nakamura, Hajime, 1986. *Buddhism in Comparative Light*. Second revised edition. Delhi: Motilal Banarsidass.

---, 1992. *A Comparative History of Ideas*. Ppb. of the second revised edition. London – New York: Kegan Paul International.

Ñāṇamoli, Bhikkhu/Bodhi, Bhikkhu, 2001. *The Middle Length Discourses of the Buddha. A Translation of the Majjhima Nikāya*. Second edition. Boston: Wisdom Publications.

Nash, Jonathan David/Newberg, Andrew/Awasthi, Bhuvanesh, 2013. »Toward a Unifying Taxonomy and Definition for Meditation«. In: *Frontiers in Psychology* 4, 1-18.

Nattier, Jan, 1988. »The Meaning of the Maitreya Myth: A Typological Analysis«. In: *Maitreya, the Future Buddha*, hg. von A. Sponberg, H. Hardacre. Cambridge: Cambridge University Press, 23-47.

---, 2003. *A Few Good Men. The Bodhisattva Path according to The Inquiry or Ugra (Ugraparipṛcchā).* Honolulu: University of Hawai'i Press.

Neumaier, Eva K., 2016. »Buddhist Forms of Belief in Creation«. In: *Buddhism, Christianity and the Question of Creation*, hg. von P. Schmidt-Leukel. 2nd edn., London – New York: Routledge, 47-60.

Neumaier-Dargyay, Eva K., 1992. *The Sovereign All-Creating Mind. The Motherly Buddha.* A Translation of the *Kun byed rgyal po'i mdo.* Albany: State University of New York Press.

Neville, Robert Cummings (Hg.), 2001a. *The Human Condition. A Volume in the Comparative Religious Ideas Project.* Albany: State University of New York Press.

---, (Hg.), 2001b. *Ultimate Realities. A Volume in the Comparative Religious Ideas Project.* Albany: State University of New York Press.

---, (Hg.), 2001c. *Religious Truth. A Volume in the Comparative Religious Ideas Project.* Albany: State University of New York Press.

Nicholson, Hugh, 2009. »The Reunification of Theology and Comparison in the New Comparative Theology«. In: *Journal of the American Academy of Religion* 77:3, 609-646.

Niculescu, Mira, 2012. »I the Jew. I the Buddhist: Multi-Religious Belonging as Inner Dialogue«. In: *Crosscurrents* 62:3, 350-359.

Nickelsburg, George W. E., 2006. *Resurrection, Immortality, and Eternal Life in Intertestamental Judaism and Early Christianity.* Expanded Edition. Harvard: Harvard University Press.

Nishitani, Keiji, 1982. *Was ist Religion?* Frankfurt a.M.: Insel.

Nisker, Wes/Gates, Barbara/Macy, Joanna, 2000. »The Third Turning of the Wheel. A Conversation with Joanna Macy«. In: *Dharma Rain. Sources of Buddhist Environmentalism*, hg. von S. Kaza, K. Kraft. Boulder: Shambala, 150-160.

Nitsche, Bernhard, 2017. »Formen des menschlichen Transzendenzbezuges (1. Teil): Hypothese«. In: *Gott - jenseits von Monismus und Theismus?*, hg. von B. Nitsche, K. v. Stosch, M. Tatari. Paderborn: Schöningh, 25-61.

---, 2018a. »Formen des menschlichen Transzendenzbezuges (2. Teil): Phänomene und Reflexionen«. In: *Dimensionen des Menschseins – Wege der Transzendenz?*, hg. von B. Nitsche, F. Baab. Paderborn: Schöningh, 31-87.

---, 2018b. »Lerngewinne«. In: *Dimensionen des Menschseins – Wege der Transzendenz?*, hg. von B. Nitsche, F. Baab. Paderborn: Schöningh, 369-405.

Notz, Klaus-Josef, 1984. *Der Buddhismus in Deutschland in seinen Selbstdarstellungen.* Frankfurt a.M.: Lang.

Nyanaponika, 1977. *Sutta-Nipāta. Früh-buddhistische Lehr-Dichtungen aus dem Pali-Kanon. Mit Auszügen aus den alten Kommentaren.* Übersetzt, eingeleitet und erläutert von Nyanaponika. 2., rev. Auflage. Konstanz: Christiani.

---, (Hg.), 1984. *Die Lehrreden des Buddha aus der Angereihten Sammlung. Anguttara-Nikāya.* Aus dem Pāli übersetzt von Nyanatiloka. Überarbeitet und herausgegeben von Nyanaponika. 5 Bände. 4., revidierte Auflage. Freiburg i.Br.: Aurum.

---, (Hg.), 1985. *Milindapañha. Die Fragen des Königs Milinda.* Aus dem Pāli übersetzt von Nyanatiloka. Herausgegeben und teilweise neu übersetzt von Nyanaponika. Interlaken: Ansata.

Nyanatiloka, 1975. *Visuddhi-Magga oder Der Weg zur Reinheit.* Die größte und älteste systematische Darstellung des Buddhismus. Zum ersten Male aus dem Pali übersetzt von Nyanatiloka. 3. Auflage. Konstanz: Christiani.

O'Grady, John, 2010. *Beyond Immanence: A Buddhological Observing of Grace*. Trinity College Dublin: Irish School of Economics (unveröffentlichte Dissertation).

Obirek, Stanislaw, 2020. »Review: New Paths for Interreligious Theology. Eds. Alan Race and Paul Knitter«. In: *Interreligious Insight. A journal of dialogue and engagement* 18:2, 100-102.

Oguro, Tatsuo, 1985. *Der Rettungsgedanke bei Shinran und Luther*. Hildesheim: Olms.

Ohlig, Karl-Heinz 1999. *Ein Gott in drei Personen? Vom Vater Jesu zum »Mysterium« der Trinität*. Mainz: Grünewald – Luzern: Edition Exodus.

Ohnuma, Reiko, 2007. *Head, Eyes, Flesh, and Blood. Giving Away the Body in Indian Buddhist Literature*. New York: Columbia University Press.

Okochi, Ryogi/Otte, Klaus, 1979. *Tan-ni-sho. Die Gunst des Reinen Landes. Begegnung zwischen Buddhismus und Christentum*. Bern: Orgio.

Orzech, Charles D., 1998. *Politics and Transcendent Wisdom: The ›Scripture for Humane Kings‹ in the Creation of Chinese Buddhism*. University Park, PA: Pennsylvania State University Press.

Otto, Rudolf, 1917. *Siddhānta des Rāmānuja. Texte zur indischen Gottesmystik II*. Jena: Diederichs.

---. 1923. *Vischnu-Nārāyana. Texte zur indischen Gottesmystik*. Jena: Diederichs.

---, 1987. *Das Heilige. Über das Irrationale in der Idee des Göttlichen und sein Verhältnis zum Rationalen*. München: C.H. Beck [1. Auflage 1917].

Overmyer, Daniel L., 1976. *Folk Buddhist Religion. Dissenting Sects in Late Traditional China*. Cambridge (MA) – London: Harvard University Press.

---, 1988. »Messenger, Savior, and Revolutionary. Maitreya in Chinese Popular Religious Literature of the Sixteenth and Seventeenth Centuries«. In: *Maitreya, the Future Buddha*, hg. von A. Sponberg, H. Hardacre. Cambridge: Cambridge University Press, 110-134.

Paden, William E., 2000. »Patterns of a New Comparativism«. In: *A Magic Still Dwells. Comparative Religion in the Postmodern Age*, hg. von K. C. Patton, B. C. Ray. Berkeley: University of California Press, 182-192.

Pagels, Elaine, 1996. »Einleitung«. In: Thich Nhat Hanh, *Lebendiger Buddha, lebendiger Christus. Verbindende Elemente der christlichen und buddhistischen Lehren*. München: Goldmann, 15-23.

Palihawadana, Mahinda, 1978. »Is There a Theravada Buddhist Idea of Grace?« In: *Christian Faith in a Religiously Plural World*, hg. von D. G. Dawe, J .B. Carman. Maryknoll: Orbis, 181-195.

Pande, Govind Chandra, 1999. *Studies in the Origins of Buddhism*. Nachdruck der 4. Auflage. Delhi: Motilal Banarsidass.

Pandit, Moti Lal, 1993. *Being as Becoming. Studies in Early Buddhism*. New Delhi: Intercultural Publications.

Panikkar, Raimundo, 1989. *Den Mönch in sich entdecken*. München: Kösel.

---, 1990. *Der unbekannte Christus im Hinduismus*. Mainz: Grünewald.

Pannenberg, Wolfhart, 1987. *Wissenschaftstheorie und Theologie*. Frankfurt a.M.: Suhrkamp.

---, 1991. *Systematische Theologie*. Bd. 2. Göttingen: Vandenhoeck & Ruprecht.

Patel, Eboo/Peace, Jennifer Howe/Silverman, Noah J., (Hg.), 2018. *Interreligious/Interfaith Studies*. Defining a New Field. Boston: Beacon Press.

Patton, Kimberley C./Ray, Benjamin C. (Hg.), 2000. *A Magic Still Dwells. Comparative Religion in the Postmodern Age*. Berkeley: University of California Press.

Pérez-Rémon, Joaquín, 1980. *Self and Non-Self in Early Buddhism*. The Hague – Paris – New York: Mouton Publishers.

Pieris, Aloysius, 1989. *Liebe und Weisheit. Begegnung von Christentum und Buddhismus*. Mainz: Grünewald.

Pitre, Bran James, 2001. »Blessing the Barren and Warning the Fecund: Jesus' Message for Women Concerning Pregnancy and Childbirth«. In: *Journal for the Study of the New Testament* 81, 59-80.

Pittman, Don A., 1993. »The Modern Buddhist Reformer T'ai-hsü on Christianity«. In: *Buddhist-Christian Studies* 13, 71-83.

---, 2001. *Toward a Modern Chinese Buddhism. Taixu's Reforms*. Honolulu: University of Hawai'i Press.

Plöger, Otto, 1978. »Tod und Jenseits im Alten Testament«. In: *Tod und Jenseits im Glauben der Völker*, hg. von J. Klimkeit. Wiesbaden: Harrassowitz, 77-85.

Pollack, Detlef/Rosta, Gergely, 2015. *Religion in der Moderne. Ein internationaler Vergleich*, Frankfurt – New York: Campus.

Pruden, Leo M., 1991. *Abhidharmakośabhāṣyam of Vasubandhu*. Vol I. Berkeley: Asia Humanities Press.

Queen, Christopher S., 1996. »Introduction: The Shapes and Sources of Engaged Buddhism«. In: *Engaged Buddhism. Buddhist Liberation Movements in Asia*, hg. von C. S. Queen, S. B. King. Albany: State University Press of New York, 1-44.

Queen, Christopher S./King, Sallie B. (Hg.), 1996. *Engaged Buddhism. Buddhist Liberation Movements in Asia.* Albany: State University Press of New York.

Queen, Christopher S./Prebish, Charles/Keown, Damien (Hg.), 2003. *Action Dharma. New Studies in Engaged Buddhism*. London – New York: RoutledgeCurzon.

Quint, Josef (Hg.), 1979. *Meister Eckhehart, Deutsche Predigten und Traktate*, hg. und übersetzt von J. Quint. Zürich: Diogenes.

Race, Alan, 2019. »The Fractal Proposal and Ist Place in the Christian Theology of Religions«. In: *New Paths for Interreligious Theology. Perry Schmidt-Leukel's Fractal Interpretation of Religious Diversity*, hg. von A. Race, P. Knitter. Maryknoll: Orbis Books, 145-161.

Race, Alan/Knitter, Paul (Hg.), 2019. *New Paths for Interreligious Theology. Perry Schmidt-Leukel's Fractal Interpretation of Religious Diversity*. Maryknoll: Orbis Books.

Radaj, Dieter, 2011. *Buddhisten denken anders. Schulen und Denkwege des traditionellen und neuzeitlichen Buddhismus*. München: Iudicium.

Raddatz, Alfred, 2006. »Christliche Kunst – auch ein Spiegel des Verhältnisses von Christen und Juden«. Online: https://www.christenundjuden.org/index_files/967d00bda0c33e8061c8b4c008b8d16a-131.html (Juni 2021).

Rahner, Karl, 1964. »Das Christentum und die nichtchristlichen Religionen«. In: Ders., *Schriften zur Theologie*, Bd. V. Zürich – Einsiedeln – Köln: Benziger, 136-158.

---, 1977, *Grundkurs des Glaubens*. 9. Aufl. Freiburg i. Br.: Herder.

---, 1982. »Das christliche Verständnis der Erlösung«. In: *Erlösung in Christentum und Buddhismus*, hg. von A. Bsteh. Mödling: St. Gabriel, 112-127.

Rahula, Walpola, 1982. *Was der Buddha lehrt*. 2. Aufl. Bern: Origo.

Reichl, Timon, 2021. » Buddhist Mysticism? – Exploring the Ambiguity of Mysticism as a Category in Modern Buddhist Discourse«. In: *Constructions of Mysticism as a Universal. Roots and Interactions Across Borders,* hg. von A. Wilke, R. Stephanus, R. Suckro. Wiesbaden: Harrassowitz Verlag, 315-342.

Religionswissenschaft – Theologie. Erkundungen einer strittigen Zuordnung (Themenheft). *Berliner Theologische Zeitschrift* 29:1.

Rhys Davids, T.W./Oldenberg, H., 1881. *Vinaya Texts. Part I: The Pātimokkha, The Mahāvagga I-IV* (SBE 13). Oxford: Clarendon Press.

Riches, John, 2008. *Galatians Through the Centuries*. Oxford: Blackwell.

Ritzinger, Justin R., 2013. »If We Build It, He Will Come: Eschatology, Hope, and the Reinvention of Maitreya in Modern China«. In: *Hope: a Form of Delusion? Buddhist and Christian Perspectives*, hg. von E. J. Harris. St. Ottilien: EOS, 207-227.

Robson, James, 2012. »Sin, Sinification, Sinology: On the Notion of Sin in Buddhism and Chinese Religions«. In: *Sin and Sinners. Perspectives from Asian Religions*, hg. von P. Granoff, K. Shinohara. Leiden – Boston: Brill, 73-92.

Röhser, Günter, 2012. »Paulus und die Herrschaft der Sünde«. In: *Zeitschrift für die neutestamentliche Wissenschaft* 103, 84-110.

Rolston, Holmes III, 1985. *Religious Inquiry – Participation and Detachment*. New York: Philosophical Library.

Römer, Thomas, 2018. *Die Erfindung Gottes. Eine Reise zu den Quellen des Monotheismus*. Darmstadt: Wissenschaftliche Buchgesellschaft.

Rose, Kenneth, 2016. *Yoga, Meditation, and Mysticism. Contemplative Universals and Meditative Landmarks*. London – New York: Bloomsbury Academics.

---, 2019. »Perry Schmidt-Leukel's Incarnated Prophets and Awakeners: Beyond Stalemates in the Theology of Religions and Comparative Theology«. In: *New Paths for Interreligious Theology. Perry Schmidt-Leukel's Fractal Interpretation of Religious Diversity*, hg. von A. Race, P. Knitter. Maryknoll: Orbis Books, 25-38.

Rubenstein, Richard L., 1995. »Holocaust, Sunyata, and Holy Nothingness: An Essay in Interreligious Dialogue«. In: *Divine Emptiness and Historical Fullness. A Buddhist-Jewish-Christian Conversation with Masao Abe*, hg. von C. Ives. Valley Forge: Trinity Press International, 93-112.

Ruh, Kurt, 2001. Geschichte der abendländischen Mystik. Bd.1: Die Grundlegung durch die Kirchenväter und die Mönchstheologie des 12. Jahrhunderts. 2. Aufl. München: C. H. Beck.

Sabbatucci, Dario, 1988. »Kultur und Religion«. In: *Handbuch religionswissenschaftlicher Grundbegriffe*. Bd. I, hg. von H. Cancik, B. Gladigow, M. Laubscher. Stuttgart: Kohlhammer, 43-58.

Saler, Benson, [1993] 2000. *Conceptualizing Religion. Immanent Anthropologists, Transcendent Natives, and Unbounded Categories*. New York – Oxford: Berghahn Books.

Sanders, Ed P., 1996. *Sohn Gottes. Eine historische Biographie Jesu*. Stuttgart: Klett-Cotta.

---, 2015. *Paul. The Apostle's Life, Letters and Thought*. Minneapolis: Fortress.
Śāntideva, 1981. *Eintritt in das Leben zur Erleuchtung (Bodhicaryāvatāra)*. Lehrgedicht des Mahāyāna aus dem Sanskrit übersetzt von Ernst Steinkellner. Düsseldorf – Köln: Diederichs.
Sawicki, Bernard (Hg.), 2020. Thomas Merton: Prophecy and Renewal. Acts of the International Symposium. Rome, June 12-15, 2018. St. Ottilien: EOS.
Schalk, Peter/Deeg, Max/Freiberger, Oliver/Kleine, Christoph/Nahl, Astrid van (Hg.), 2013. *Religion in Asien? Studien zur Anwendbarkeit des Religionsbegriffs*. Uppsala: Uppsala Universitet.
Schleiermacher, Friedrich, 1960 [1830]. *Der christliche Glaube*. 2 Bde., 7. Aufl. Berlin: De Gruyter.
Schlieter, Jens (Hg.), 2010. *Was ist Religion? Texte von Cicero bis Luhmann*. Stuttgart: Reclam.
---, 2013. »Checking the heavenly ›bank account of karma‹: cognitive metaphors for karma in Western perception and early Theravāda Buddhism«. In: *Religion* 43, 463-486.
Schlingloff, Dieter, 1963. *Die Religion des Buddhismus. II.: Der Heilsweg für die Welt*. Berlin: De Gruyter.
Schmidt, Kurt, 1954. *Sprüche und Lieder*. Aus dem Pali übersetzt von K. Schmidt. Konstanz: Christiani.
Schmidt-Leukel, Perry, 1984. *Die Bedeutung des Todes für das menschliche Selbstverständnis im Pali-Buddhismus*. St. Ottilien: EOS.
---, 1992. *»Den Löwen brüllen hören« – Zur Hermeneutik eines christlichen Verständnisses der buddhistischen Heilsbotschaft*. Paderborn – München – Wien – Zürich: Schöningh.
---, 1993. »Christliche Buddhismus-Interpretation und die Gottesfrage«. In: *Münchener Theologische Zeitschrift* 44, 349-358.
---, 1993b. »Mystische Erfahrung und logische Kritik bei Nāgārjuna. Zum Verhältnis von meditativer, begrifflicher und existentieller Welttranszendenz im Buddhismus«. In: *Religiöse Erfahrung und theologische Reflexion. Festschrift für Heinrich Döring*, hg. von A. Kreiner und P. Schmidt-Leukel. Paderborn: Bonifatius, 371-393.
---, 1996. »Reinkarnation und spiritueller Fortschritt im traditionellen Buddhismus«. In: *Die Idee der Reinkarnation in Ost und West*, hg. von P. Schmidt-Leukel. München: Diederichs, 29-56, 205-212.
---, 1997. *Theologie der Religionen. Probleme, Optionen, Argumente*. Neuried: Ars Una.
---, (Hg.), 1998. *Wer ist Buddha? Eine Gestalt und ihre Bedeutung für die Menschheit*. München: Diederichs.

---, (Hg.), 2001. *Buddhist Perceptions of Jesus.* St. Ottilien: EOS.

---, 2005. *Gott ohne Grenzen. Eine christliche und pluralistische Theologie der Religionen.* Gütersloh: Gütersloher Verlagshaus.

---, 2006. »The Unbridgeable Gulf? Towards a Buddhist-Christian Theology of Creation«. In: *Buddhism, Christianity and the Question of Creation. Karmic or Divine?*, hg. von P. Schmidt-Leukel. Aldershot: Ashgate, 109-178.

---, 2012. »Der methodologische Agnostizismus und das Verhältnis der Religionswissenschaft zur wissenschaftlichen Theologie«. In: *Berliner Theologische Zeitschrift* 29: 1, 48-72.

---, 2013. »Eine Verteidigung des Synkretismus«. In: *Gott – Götter – Götzen. XIV. Europäischer Kongress für Theologie (11.-15. September 2011 in Zürich)*, hg. von C. Schwöbel. Leipzig: Evangelische Verlagsanstalt, 728-749.

---, 2016a. »Christ as Bodhisattva: A Case of Reciprocal Illumination«. In: P. Schmidt-Leukel, A. Nehring (eds.), *Interreligious Comparisons in Religious Studies and Theology. Comparison Revisited.* London – New York: Bloomsbury Academic, 204-219.

---, 2016b. »Gottesrede im Kontext interreligiöser Theologie«. In: *Glauben denken. Zur philosophischen Durchdringung der Gottesrede im 21. Jahrhundert*, hg. von K. Viertbauer, H. Schmidinger. Darmstadt: Wissenschaftliche Buchgesellschaft, 355-376.

---, 2016c. »Nirvāṇa as ›Unconditioned‹ (*asaṃskṛta*) and ›Transcendent‹ (*lokottara*) Reality«. In: *The Japan Mission Journal* 70:3,170-179.

---, 2018. »Zur Einheit von Transzendenz und Immanenz in Śāntidevas Bodhicaryāvatāra«. In: *Dimensionen des Menschseins – Wege der Transzendenz?*, hg. von B. Nitsche, F. Baab. Paderborn: Schöningh, 183-198.

---, 2019a. *Wahrheit in Vielfalt. Vom religiösen Pluralismus zum interreligiösen Dialog.* Gütersloh: Gütersloher Verlagshaus.

---, 2019b. *Buddha Mind – Christ Mind. A Christian Commentary on the Bodhicaryāvatāra.* Leuven: Peeters.

---, 2019c. Yi hua yi shi jie. fen xing li lun shi jiao xia de fo ye dui hua (一花一世界：分形理论视角下的佛耶对话) (= *To See a World in a Flower: A Fractal Interpretation of the Relation between Buddhism and Christianity).* Beijing: Zong jiao wen hua chu ban she (Religious Culture Publishing House).

---, 2020a. *Buddhismus verstehen. Geschichte und Ideenwelt einer ungewöhnlichen Religion.* 2. Aufl. Gütersloh: Gütersloher Verlagshaus.

---, 2020b. »Interreligious Theology and Truth Seeking«. In: *Interreligious*

*Studies: Dispatches from an Emerging Field*, hg. von H. Gustafson. Waco: Baylor University Press, 141-146.

---, 2020c. »›Jesus, der Christus‹ – von der Lehrformel zur Leerformel. Eine kritische Replik auf Christian Danz«. In: *Theologische Rundschau* 85, 393-415.

---, 2020d. »Fraktale und Ökumene. Eine Theorie religiöser Vielfalt«. In: *Gemeinsam Christsein. Potenziale und Ressourcen einer Theologie der Ökumene für das 21. Jahrhundert*, hg. von R. Klein. Tübingen: Mohr Siebeck, 227-243.

---, 2020e. »Buddhistische Schöpfungsmythen und das Problem des Übels«. In: *In der Schöpfung Heimat finden. Asiatische Schöpfungsspiritualitäten im Dialog*, hg. von I. Ibrahim, S. G. Kochuthara, K. Vellguth. Ostfildernn: Grünewald, 121-134.

---, 2020f. »Begehren und Loslassen«. In: *Menschliches – Allzumenschliches. Phänomene des Menschseins in den Horizonten theologischer Lebensdeutung*, hg. von M. Beintker, H.-P. Großhans. Leipzig: Evangelische Verlagsanstalt, 49-63.

---, 2020g. »Simul Bodhisattva et Icchantika: A Christian Reflection on Jinen«. In: *The Japan Mission Journal* 74:1, 16-26.

---, 2021a. »From Translation to Reciprocal Relativisation. Inter-Faith Dialogue and de Silva's Theological Development«. In: *A Visionary Approach. Lynn A. de Silva and the Prospects of Buddhist-Christian Encounter*, hg. von E. J. Harris, P. Schmidt-Leukel. St. Ottilien: EOS, 99-119.

---, 2021b. »Reciprocal Illumination and the Discovery of Fractal Patterns in Religious Diversity«. In: *International Journal of Hindu Studies* 25:3.

---, 2022a. »Religious Pluralism and Critical Realism«. In: *John Hick's Religious Pluralism in Global Perspective*, hg. von S. Sugirtharajah. London – New York: Palgrave.

---, 2022b. »The Demonization of the Other through the Narrative of Māra's Defeat (*māravijaya*)«. In: *Buddhism and its Religious Others: Historical Encounters and Representations* (Proceedings of the British Academy), hg. von C. Jones. Oxford: Oxford University Press, 155-184.

Schmidt-Leukel, Perry/Nehring, Andreas (Hg.), 2016. *Interreligious Comparisons in Religious Studies and Theology. Comparison Revisited.* London – New York: Bloomsbury Academic.

Schmithausen, Lambert, 2010. »The Early Buddhist Tradition and Ecological Ethics«. In: *How Much Is Enough? Buddhism, Consumerism and the Human Environment*, hg. von R. K. Payne. Boston: Wisdom Publications,171-222.

Schomerus, Hilko Wiardo, 1931. *Buddha und Christus*. Halle a.d.S.: Buchhandlung des Waisenhauses Frankesche Stiftungen.

---, 1932. *Parallelen zum Christentum als religionsgeschichtliches und theologisches Problem*. Gütersloh: Bertelsmann.

Schopen, Gregory, 1997. *Bones, Stones, and Buddhist Monks. Collected Papers on the Archaeology, Epigraphy, and Texts of Monastic Buddhism in India*. Honolulu: University of Hawai'i Press.

Schrage, Wolfgang, 1964. »Die Stellung zur Welt bei Paulus, Epiktet und in der Apokalyptik: Ein Beitrag zu 1 Kor 7,29-31«. In: *Zeitschrift für Theologie und Kirche* 61:2, 125-154.

Schreiber, Stefan, 2015. *Die Anfänge der Christologie. Deutungen Jesu im Neuen Testament.* Neukirchen-Vluyn: Neukirchner Verlag.

Scott, Archibald, 1890. *Buddhism and Christianity. A Parallel and a Contrast*. Edinburgh: Douglas.

Sebastian, C.D., 2016. *The Cloud of Nothingness. The Negative Way in Nāgārjuna and John of the Cross* (Sophia Studies in Cross-cultural Philosophy of Traditions and Cultures, vol. 19). New Delhi: Springer India.

Seidenstücker, Karl, 1920. *Udāna. Das Buch der feierlichen Worte des Erhabenen.* In erstmaliger Übersetzung aus dem Urtext. München-Neubiberg: O. Schloss.

---, 1922. *Itivuttaka. Das Buch der Herrenworte. Eine kanonische Schrift des Pāli-Buddhismus*. Leipzig: Altmann.

Seiwert, Hubert, 2020. »Theory of Religion and Historical Research. A Critical Realist Perspective on the Study of Religion as an Empirical Discipline«. In: *Zeitschrift für Religionswissenschaft* 28:2, 207-236.

Sell, Alan P. F., 1977. »Augustine *versus* Pelagius: A Cautionary Tale of Perennial Importance«. In: *Calvin Theological Journal* 12:2, 117-143.

Shah-Kazemi, Reza, 2010. *Common Ground Between Islam and Buddhism*. Louisville: Fons Vitae.

Sharf, Robert H., 2002. »On Pure Land Buddhism and Ch'an/Pure Land Syncretism in Medieval China«. In: *T'oung Pao.* Second Series 88:4-5, 282-331.

Sharma, Arvind, 2005. *Religious Studies and Comparative Methodology. The Case for Reciprocal Illumination*. Albany: State University of New York Press.

Shinran Shōnin, 1984. *Shōshin Nembutsu Ge. Hymne über das wahre Vertrauen in das Nembutsu*, hg. von E. Sasaki, H. Nishi. Eingelei-

tet und übers. von S. K. G. Kell. Kyoto: International Association of Buddhist Culture.
Shuyin; Queen, Christopher, 2016: »Exploring Engaged Buddhism with Professor Christopher Queen«. In: *Global Buddhistdoor* 16.12.2016. Online: https://www2.buddhistdoor.net/features/exploring-engaged-buddhism-with-professor-christopher-queen (Februar 2021).
Siderits, Mark, 2007. *Buddhism as Philosophy*. Aldershot: Ashgate Publishing.
Siegmund, Georg, 1983. *Buddhismus und Christentum. Vorbereitung eines Dialogs*. 2. Aufl. Sankt Augustin: Steyler.
Sigalow, Emily, 2019. *American JewBu. Jews, Buddhists, and Religious Change*. Princeton – Oxford: Princeton University Press.
Slone, D. Jason, 2005. *Theological Incorrectness. Why Religious People Believe What They Shouldn't.* Oxford – New York: Oxford University Press.
Smart, Ninian, 1993. *Buddhism and Christianity: Rivals and Allies*. Basingstoke: Macmillan.
---, 1996. *Dimensions of the Sacred. An Anatomy of the World's Beliefs*. Berkeley – Los Angeles: University of California Press.
Smith, Jonathan Z., 1982. *Imagining Religion. From Babylon to Jonestown*. Chicago – London: The University of Chicago Press.
Smith, Steven G., 2021. »What is merit, that it can be transferred?« In: *International Journal for Philosophy of Religion* 90, 191 -207.
Smith, Wilfred Cantwell [1963] 1978. *The Meaning and End of Religion*. San Francisco: Harper & Row.
---, 1979. *Faith and Belief.* Princeton: Princeton University Press.
---, 1993. *What is Scripture? A Comparative Approach*. London: SCM Press.
Snellgrove, David, 1971. *The Hevajra Tantra: A Critical Study. Part I: Introduction and Translation*. Reprint. London: Oxford University Press.
Snellgrove, David/Richardson, Hugh, 1986. *A Cultural History of Tibet*. Boston – London: Shambala.
So, Yuen-tai, 2017. »Buddhist-Christian Relations in China: An Overview«. In: *Buddhist-Christian Relations in Asia*, hg. von P. Schmidt-Leukel. St. Ottilien: EOS, 355-373.
Spae, Joseph J., 1980. *Buddhist-Christian Empathy*. Chicago: The Chicago Institute of Theology and Culture – Tokyo: Oriens Institute for Religious Research.
Spence Hardy, Robert, 1874. *Christianity and Buddhism Compared*. Colombo: Wesleyan Mission Press.
Spiro, Melford, 1982. *Buddhism and Society. A Great Tradition and Its*

*Burmese Vicissitudes.* Second, expanded edition. Berkeley: University of California Press.

Sponberg, Alan/Hardacre, Helen (Hg.), 1988. *Maitreya, the Future Buddha.* Cambridge: Cambridge University Press.

Steinberg, Julius, 2010. Art.: »Fels«. In: *Wissenschaftliches Bibellexikon im Internet.* Online: http://www.bibelwissenschaft.de/stichwort/18257/ (März 2022).

Steineck, Christian, 2000. *Grundstrukturen mystischen Denkens.* Würzburg: Königshausen und Neumann.

Stimpfle, Alois, 1996. »›Ihr seid schon rein durch das Wort‹ (Joh 15,3a). Hermeneutische und methodische Überlegungen zur Frage nach ›Sünde‹ und ›Vergebung‹ im Johannesevangelium«. In: *Sünde und Erlösung im Neuen Testament*, hg. von H. Frankemölle (Quaestiones Disputatae, Bd. 161). Freiburg – Basel – Wien: Herder, 108-122.

Streeter, Burnett Hillman, 1932. *The Buddha and the Christ. An Exploration of the Meaning of the Universe and of the Purpose of Human Life.* London: Macmillan and Co.

Strong, John S. , 2004. *Relics of the Buddha.* Princeton: Princeton University Press.

---, 2016a. *The Legend of King Aśoka. A Study and Translation of the Aśokāvadāna.* 3. Auflage. Delhi: Motilal Banarsidass.

---, 2016b. »The Buddha, Fact and Fiction: A Kaleidoscopic History of Western Views of the Buddha«. In: *History as a Challenge to Buddhism and Christianity,* hg. von E. J. Harris, J. O'Grady. St. Ottilien: EOS,139-165.

Studholme, Alexander, 2002. *The Origins of Oṃ Maṇipadme Hūṃ. A Study of the Kāraṇḍavyūha Sūtra.* Albany: State University Press of New York.

Sullivan, Lawrence, 2000. »The Net of Indra: Comparison and the Contribution of Perception«. In: *A Magic Still Dwells. Comparative Religion in the Postmodern Age,* hg. von K. C. Patton, B. C. Ray. Berkeley: University of California Press, 206-234.

Suwanbubbha, Parichart, 1994. *Grace and Karma: A Case Study of Religio-Cultural Encounters in Protestant and Buddhist Communities in Bangkok and its Relevant Environs, Thailand.* Chicago: Lutheran School of Theology (unveröffentlichte Dissertation).

Suzuki, Daisetz Teitaro, 1965. »Review of: *A History of Zen Buddhism* by Heinrich Dumoulin«. In: *The Eastern Buddhist.* New Series 1:1, 123-126.

---, 1973a. *Zen and Japanese Culture.* 3. Aufl. Princeton: Princeton University Press [1. Aufl. 1959].

---, 1973b. *Collected Writings on Shin Buddhism*, hg. von The Eastern Buddhist Society. Kyoto: Shinshū Ōtaniha.

---, 1977. *Outlines of Mahayana Buddhism*. New York: Schocken Books (1. Auflage 1907. London: Luzac).

---, 1980. *Der westliche und der östliche Weg. Essays über christliche und buddhistische Mystik*. Frankfurt a.M.: Ullstein.

---, 2007. *Mysticism: Christian and Buddhist*. London – New York: Routledge Classics (First Edition 1957 London: Allen & Unwin).

Swearer, Donald K., 1989. *Me and Mine. Selected Essays of Bhikkhu Buddhdāsa*. Albany: State University of New York Press.

---, 2006. »An Assessment of Buddhist Eco-Philosophy«. In: *The Harvard Theological Review* 99: 2, 123-137.

Swidler, Leonard, 1990. *After the Absolute. The Dialogical Future of Religious Reflection*. Minneapolis: Fortress Press.

---, 1992. *Die Zukunft der Theologie. Im Dialog der Religionen und Weltanschauungen* [Auszugsübersetzung aus Swidler 1990]. Regensburg: Pustet – München: Chr. Kaiser.

Takasaki, Jikidō, 1997. »Thoughts on Dhātu-vāda and Recent Trends in Buddhist Studies«. In: *Pruning the Bodhi Tree. The Storm over Critical Buddhism*, hg. von J. Hubbard, P. L. Swanson. Honolulu: University of Hawai'i Press, 314-320.

Tambiah, Stanley J., 2007. *World Conqueror and World Renouncer. A Study of Buddhism and Polity in Thailand Against a Historical Background.* Reissue of the 1977 edition. Cambridge: Cambridge University Press.

Tanaka, Kenneth K., 1990. *The Dawn of Chinese Pure Land Buddhism*, Albany: State University of New York Press.

---, 2007. »Where is the Pure Land? Controversy in Chinese Buddhism on the Nature of the Pure Land«. In: *Shin Buddhism. Historical, Textual, and Interpretative Studies*, hg. von R. K. Payne. Berkeley: Institute of Buddhist Studies and Numata Center for Buddhist Translation and Research, 99-113.

Taves, Anne, 2009. *Religious Experience Reconsidered. A Building-Block Approach to the Study of Religion and Other Special Things*. Princeton – Oxford: Princeton University Press.

Thatamanil, John J., 2017. »Learning from (and Not Just about) Our Religious Neighbors: comparative Theology and the Future of *Nostra Aetate*«. In: *The Future of Interreligious Dialogue. A Multireligious Conversation on* Nostra Aetate, hg. von C. L. Cohen, P. F. Knitter, U. Rosenhagen. Maryknoll: Orbis, 289-301.

---, 2020. *Circling the Elephant. A Comparative Theology of Religious Diversity*. New York: Fordham University Press.

Thomas von Kempen, 1976. *Das Buch von der Nachfolge Christi*. Die Übersetzung J.M. Sailers bearbeitet von W. Kröber. Stuttgart: Reclam.

Thompson, Ross, 2010. *Buddhist Christianity. A Passionate Openness*. Winchester: O-Books.

Thurman, Robert A.F., 1976. *The Holy Teaching of Vimalakīrti. A Mahāyāna Scripture*. University Park (PA) – London: The Pennsylvania State University Press.

Thurston, Bonnie Bowman (Hg.), 2007. *Merton and Buddhism. Wisdom, Emptiness, and Everyday Mind*. Lousville (KY): Fons Vitae.

Tiefenauer, Marc, 2017. *Les enfers indiens. Histoire multiple d'un lieu commun*, Leiden – Boston: Brill.

Tilakaratne, Asanga, 2016. »The Ultimate Buddhist Religious Goal, Nirvana and its Implications for Buddhist-Christian Dual Belonging«. In: *Buddhist-Christian Dual Belonging. Affirmations, Objections, Explorations*, hg. von G. D'Costa, R. Thompson. Farnham – Burlington: Ashgate, 89-106.

Tillich, Paul, 1964. *Christianity and the Encounter of the World Religions*. New York: Columbia University Press.

---, 1987. »In der Tiefe ist Wahrheit«. In: Ders., *Religiöse Reden*. Berlin – New York: De Gruyter, 3-173.

---, 2015. *Der Mut zum Sein*. Mit einem Vorwort von C. Danz. 2. Aufl. Berlin – New York: De Gruyter.

Tweed, Thomas A., 2006. *Crossing and Dwelling. A Theory of Religion*. Cambridge (MA) – London: Harvard University Press.

Tworuschka, Udo, 2015. *Einführung in die Geschichte der Religionswissenschaft*. Darmstadt: Wissenschaftliche Buchgesellschaft.

Ueda, Shizuteru, 2001. »Jesus in Contemporary Japanese Zen. With Special Regard to Keiji Nishitani«. In: *Buddhist Perceptions of Jesus*, hg. von P. Schmidt-Leukel. St. Ottilien: EOS, 42-58.

Ueda, Yoshifumi/Hirota, Dennis, 1989. *Shinran. An Introduction to His Thought*. Kyoto: Hongwanji International Center.

Usarski, Frank, 2001. »The Perception of Jesus and Christianity among Early German Buddhists«. In: *Buddhist Perceptions of Jesus*, hg. von P. Schmidt-Leukel mit J. Götz und G. Köberlin. St. Ottilien: EOS, 106-129.

Valignano, Alessandro, 1944. *Historia del Principio y Progresso de la Compañía de Jesús en las Indias Orientales (1542-64)*. Herausgegeben und erläutert von J. Wicki. Roma: Institutum Historicum S.J.

Valea, Ernest, 2008. *The Buddha and the Christ. Reciprocal Views.* Eigenverlag durch BookSearch.

Van Dülmen, Richard, 1979. »Das Täufertum als sozialreligiöse Bewegung: Ein Versuch«. In: *Zeitschrift für Historische Forschung* 6: 2, 185-197.

Van Put, Ineke, 2015. *Buddhist Hells. The Northern Tradition.* Mumbai – New Delhi: Somaiya Publications.

Veer, Peter van der, 1994. »Syncretism, multiculturalism, and the discourse of tolerance«. In: *Syncretism / Anti-Syncretism. The Politics of Religious Synthesis*, hg. von C. Stewart, R. Shaw. London – New York: Routledge, 196-211.

Verhoeven, Martin J., 2004. »The Dharma Through Carus's Lens«. In: P. Carus, *The Gospel of the Buddha according to old records.* Chicago – La Salle: Open Court, 1-101.

Vermes, Geza, 1993. *Jesus der Jude. Ein Historiker liest die Evangelien.* Neukirchen-Vluyn: Neukirchner Verlag.

---, 2001. *The Changing Faces of Jesus*, London: Penguin Books.

Vivekananda, Swami, 1994. *The Complete Works of Swami Vivekananda. Mayavati Memorial Edition.* 8 volumes. Calcutta: Advaita Ashrama.

Völker, Fabian, 2016. »On All-Embracing Mental Structures: Towards a Transcendental Hermeneutics of Religion«. In: *Interreligious Comparisons in Religious Studies and Theology. Comparison Revisited*, hg. von P. Schmidt-Leukel, A. Nehring. London – New York: Bloomsbury, 142-160.

---, 2018a. »Transzendentale Subjektivität und Geistmetaphysik. Zur noomorphen Grundlegung des anthropologischen Transzendenzbezuges im Advaita- und Viśiṣṭādvaita-Vedānta«. In: *Dimensionen des Menschseins – Wege der Transzendenz?*, hg. von B. Nitsche, F. Baab. Paderborn: Schöningh, 199-223.

---, 2018b. »›Die tiefste unlösbare Verlegenheit des abstrakten Monismus‹. Śaṅkara und Schelling über den Ursprung der endlichen Erscheinungswelt«. In: *Schelling Studien. Internationale Zeitschrift zur klassischen deutschen Philosophie.* Band 6. Freiburg i.Br. – München: Alber, 79-100.

---, 2019. »Transzendentalphilosophie und transkulturelle Religionsphilosophie. Zur Lehre des Absoluten bei Śaṅkara und Fichte«. In: *Philosophie der Zukunft – Zukunft der Philosophie. Zu den Perspektiven der Philosophie als Grundlagenwissenschaft*, hg. von K. Gregor. Freiburg i.Br. – München: Alber, 184-242.

---, 2020. »Methodologie und Mystik. Plädoyer für eine integrale Religionswissenschaft«. In: *Wissen um Religion: Erkenntnis – Interesse. Epistemologie und Episteme in Religionswissenschaft und Interkultureller Theologie*, hg. von K. Hock. Leipzig: Evangelische Verlagsanstalt, 339-362.

Vollenweider, Samuel, 1991. »Großer Tod und Großes Leben. Ein Beitrag zum buddhistisch-christlichen Gespräch im Blick auf die Mystik des Paulus«. In: *Evangelische Theologie* 51, 365-382.

---, 2014. »Weltdistanz und Weltzuwendung im Urchristentum«. In: *Der Mensch zwischen Weltflucht und Weltverantwortung. Lebensmodelle der paganen und der jüdisch-christlichen Antike*, hg. von H.-G. Nesselrath, M. Rühl. Tübingen: Mohr Siebeck, 127-145.

Von Borsig, Margareta, 1992. *Lotos-Sūtra. Sūtra von der Lotosblume des wunderbaren Gesetzes*. Nach dem chinesischen Text von Kumārajīya ins Deutsche übersetzt und eingeleitet von M. von Borsig. Gerlingen: Lambert Schneider.

Von Brück, Michael, 1999. *Religion und Politik im Tibetischen Buddhismus*. München: Kösel.

Von Brück, Michael, Lai, Whalen, 1997. *Buddhismus und Christentum. Geschichte, Konfrontation, Dialog.* München: C.H. Beck.

Von Glasenapp, Helmuth, 1966. *Der Buddhismus – eine atheistische Religion.* Mit einer Auswahl buddhistischer Texte, zusammengestellt von H. Bechert. München: Szczesny.

---, 1970. *Buddhism – A Non-Theistic Religion.* With a selection from Buddhist Scriptures, edited by H. Bechert. New York: Braziller.

Von Harnack, Adolf, 1904. »Die Aufgabe der theologischen Fakultäten und die allgemeine Religionsgeschichte (1901)«. In: Ders., *Reden und Aufsätze.* Zweiter Band. Erste Abteilung. Gießen: Töppelmann, 159-187.

Von Stosch, Klaus, 2002. »Komparative Theologie - ein Ausweg aus dem Grunddilemma jeder Theologie der Religionen?«. In: *Zeitschrift für katholische Theologie* 124, 294-311.

---, 2012. *Komparative Theologie als Wegweiser in der Welt der Religionen.* Paderborn: Schöningh.

Vorgrimler, Herbert, 1994. *Geschichte der Hölle.* 2. verb. Aufl. München: Wilhelm Fink Verlag.

Voss Roberts, Michele (Hg.), 2016. *Comparing Faithfully. Insights from Systematic Theological Reflection.* New York: Fordham University Press.

Waardenburg, Jacques, 2003. *Muslims and Others. Relations in Context.* Berlin – New York: de Gruyter.



Wach, Joachim, [1924] 2001. *Religionswissenschaft. Prolegomena zu ih-*

*rer wissenschaftstheoretischen Grundlegung*. Neu herausgegeben und eingeleitet von C. H. Grundmann. Waltrop: Spenner.
Waldenfels, Bernhard, 1995. »Verschränkung von Heimwelt und Fremdwelt«. In: *Philosophische Grundlagen der Interkulturalität*, hg. von R. A. Mall, D. Lohmar. Amsterdam: Rodopi, 55-65.
Walshe, Maurice O'Connell, 1982. »Buddhism and Christianity. A Positive Approach«. In: *Dialogue N.S.* 9, 3-39.
---, 1995. *The Long Discourses of the Buddha. A Translation of the Dīgha Nikāya. Translated from the Pāli*. Boston: Wisdom Publications.
Ward, Keith, 1987. *Images of Eternity. Concepts of God in Five Religious Traditions*. London: Darton, Longman & Todd.
---, 1994. *Religion and Revelation. A Theology of Revelation in the World's Religions*. Oxford: Clarendon Press.
---, 1996. *Religion and Creation*. Oxford: Clarendon Press.
---, 1998. *Religion and Human Nature*. Oxford: Clarendon Press.
---, 2000. *Religion and Community*. Oxford: Clarendon Press.
Weber, Claudia, 1994. *Wesen und Eigenschaften des Buddha in der Tradition des Hīnayāna-Buddhismus*. Wiesbaden: Harrassowitz.
---, 1998. »Der Buddha nach der Lehre des Theravāda«. In: *Wer ist Buddha? Eine Gestalt und ihre Bedeutung für die Menschheit*, hg. von P. Schmidt-Leukel. München: Diederichs, 35-49.
Wecker, Otto, 1908. *Christus und Buddha*. Münster i.W.: Aschendorff.
Wecker, Otto/Koch, Wilhelm, 1910. *Christentum und Weltreligionen*. 2. durchgesehene Auflage. Rottenburg a.N.: Bader.
Weinrich, Friedrich. 1935. *Die Liebe im Buddhismus und im Christentum*. Berlin: Töpelmann.
Welbon, Guy Richard, 1968. *The Buddhist Nirvāṇa and Its Western Interpreters*. Chicago – London: The University of Chicago Press.
Whalen, Robert K., 2006. »Pentecostalism«. In: *Encyclopedia of Millennialism and Millennial Movements*, hg. von R. A. Landes. New York – London: Routledge, 534-540.
Whaling, Frank, 1986. *Christian Theology and World Religions: A Global Approach*. Basingstoke: Marshall Pickering.
White, Lynn, 1967. »The Historical Roots of Our Ecological Crisis«. In: *Science* 155, 1203-1207.
Wildman, Wesley J., 2017. *In Our Own Image. Anthropomorphism, Apophaticism, and Ultimacy*. Oxford: Oxford University Press.
Wilke, Alexa, 2016. Art.: »Licht / Dunkelheit (AT)«. In: *Wissenschaftliches Bibellexikon im Internet*. Online: http://www.bibelwissenschaft.de/stichwort/24979/ (März 2021).

Williams, Janett P., 2000. *Denying Divinity. Apophasis in the Patristic Christian and Soto Zen Buddhist Traditions*. Oxford: Oxford University Press.

Williams, Paul, 2002. *The Unexpected Way. On Converting from Buddhism to Catholicism*. Edinburgh – New York: T&T Clark.

---, 2006a. *Buddhism from a Catholic Perspective*. London: Catholic Trith Society.

---, 2006b. *Mein Weg zu Buddha und zurück: Warum ich wieder Christ bin*. München: Pattloch.

---, 2009. *Mahāyāna Buddhism: The Doctrinal Foundations*. Zweite revidierte Auflage. London – New York: Routledge.

---, 2011. »Catholicism and Buddhism«. In: *The Catholic Church and the World Religions. A Theological and Phenomenological Account*, hg. von G. D'Costa. London – New York: T&T Clark International, 141-177.

Winkler, Ulrich, 2013. *Wege der Religionstheologie. Von der Erwählung zur komparativen Theologie*. Innsbruck – Wien: Tyrolia.

Winter, Franz, 2008. *Das Frühchristliche Mönchtum und der Buddhismus. Religionsgeschichtliche Studien*. Frankfurt am Main: Peter Lang.

Wittgenstein, Ludwig, 1977. *Philosophische Untersuchungen*. Frankfurt a.M.: Suhrkamp [engl. Originalausgabe 1958].

Wolff, Catherine, 2021. *Beyond. How Humankind Thinks about Heaven*. New York: Riverhead Books.

Yagi, Seiichi, 1988. *Die Front-Struktur als Brücke vom buddhistischen zum christlichen Denken*. München: Christian Kaiser Verlag.

Yandell, Keith/Netland, Harold, 2009. *Buddhism. A Christian Exploration and Appraisal*. Downers Grove (IL): IVP Academic.

Yokota, John Shunji, 2000. »Understanding Amida Buddha and the Pure Land. A Process Approach«. In: *Toward a Contemporary Understanding of Pure Land Buddhism. Creating a Shin Buddhist Theology in a Religiously Plural World*, hg. von D. Hirota. Albany: State University of New York Press. 73-100.

---, 2005. »Where beyond Dialogue? Reconsiderations of a Buddhist Pluralist«. In: *Deep Religious Pluralism*, hg. von D. R. Griffin. Louisville (KY), 91-107.

Yong, Amos, 2012a. *Pneumatology and the Christian-Buddhist Dialogue: Does the Spirit Blow Through the Middle Way?* Leiden – Boston: Brill.

---, 2012b. *The Cosmic Breath. Spirit and Nature in the Christianity-Buddhism-Science Trialogue*. Leiden – Boston: Brill.

Young, Frances M., 1983. *From Nicaea to Chalcedon. A Guide to the Literature and its Background*. London: SCM Press.

Young, R. F./Senanayaka, G.S.B., 1998. *The Carpenter-Heretic. A collection of Buddhist Stories about Christianity from 18th-Century Sri Lanka.* Colombo: Karunaratne & Sons.

Yu, Chai-Shin, 1981. *Early Buddhism and Christianity. A Comparative Study of the Founders' Authority, the Community and the Discipline.* Delhi: Motilal Banarsidass.

Yu, Xue, 2003. »Buddhist-Christian Encounter in Modern China: Taixu's Perspective on Christianity«. In: *Ching Feng.* New Series 4:2, 157-201.

Zaleski, Carol, 1993. *Nah-Todeserlebnisse und Jenseitsvisionen vom Mittelalter bis zur Gegenwart.* Frankfurt a.M. – Leipzig: Insel.

Zimmermann, Michael, 2002. *A Buddha Within: The Tathâgatagarbhasūtra. The Earliest Exposition of the Buddha-Nature Teaching in India.* Tokyo: The International Research Institute for Advanced Buddhology, Soka University.

Zin, Monika/Schlingloff, Dieter, 2007. *Saṃsāracakra. Das Rad der Wiedergeburten in der indischen Übderlieferung.* Düsseldorf: EKŌ-Haus.

Zürcher, Erik, 1982. »›Prince Moonligh‹. Messianism and Eschatology in Early Medieval Chinese Buddhism«. In: *T'oung Pao.* Second Series 68, 1-75.

---, 2007. *The Buddhist Conquest of China. The Spread and Adaptation of Buddhism in Early Medieval China.* 3. Auflage. Leiden: Brill.

# Personenregister

Abe, Masao 248, 253
al-Ghazālī 357
Amaladass, Anand 254
Ambedkar, Bhimrao Ramji 99
Ambrosius von Mailand 331
Anderson, Gary A. 207f.
Ariaratne, Ahangamage Tudor 99
Aristoteles 184
Aśoka 93, 134f.
Aśvaghoṣa 222f.
Augustinus 73, 80, 119f., 134f., 164, 211-214, 235, 274f., 289, 326, 330f., 338, 357
Awasthi, Bhuvanesh 180

Bailey, D. R. Shackleton 307
Barr, James 127, 320f.
Barthélemy Saint-Hilaire, Jules 141f.
Barthes, Roland 51f.
Barth, Hans-Martin 283
Barth, Karl 85, 260
Basham, Arthur L. 199
Baskind, James Matthew 347
Batchelor, Stephen 142
Bauks, Michaela 163
Bechert, Heinz 230, 269
Belsey, Catherine 51
Bendall, Cecil 200, 202
Benedikt von Nursia 123
Benz, Ernst 359
Berger, Peter 33
Bergunder, Michael 26, 34
Bernhardt, Reinhold 31, 40, 44, 47, 87
Bernhard von Clairvaux 329
Bernstorff, Freya 41
Berrigan, Daniel 130
Berry, Thomas Sterling 91f., 223f., 260f.
Bertholet, Alfred 90, 141
Berthrong, John 41
Bhāviveka (Bhāvaviveka, Bhāvya) 203
Bidwell, Duane R. 31
Billmann-Mahecha, Elfriede 31
Bischofberger, Norbert 339
Blake, William 335
Blée, Fabrice 124
Bleeker, C. Jouco 50
Bodhi, Bhikkhu 90, 95, 127, 143, 184, 267, 285
Bosch, Gabriele 213
Boyarin, Daniel 114
Brox, Norbert 120
Bubolz, Georg 207
Buddhadāsa, Bhikkhu Indapañño 76f., 99, 248, 365
Buddhaghosa 129, 186
Büttner, Gerhard 31

Cabezón, José I. 95, 186f., 244f.
Calvin, Johannes 275, 332f., 339
Carpenter, Joseph Estlin 94f., 221, 232, 289f.
Carus, Paul 224f., 228
Casadio, Giovanni 61
Cattoi, Thomas 338
Ceming, Katharina 147
Chandrkaew, Chinda 153
Ching, Julia 64f.
Chung, Paul S. 277
Clark, Anthony E. 225f.
Cleary, Thomas 13f., 270
Clemens von Alexandrien 183, 289, 338
Clooney, Francis X. 45f.
Cobb, John B. 66f., 69f., 73, 170, 356
Cohn-Sherbok, Daniel 321
Cole, Alan 195, 198
Collins, Steven 149, 152ff., 181f., 297-300, 303f., 307, 309f., 335, 349
Colpe, Carsten 189
Conze, Edward 112, 124
Corless, Roger J. 315
Cornille, Catherine 31, 41, 45, 358, 361ff., 365f.
Coward, Harold 192
Cowell, E. B. 222
Culiano (Couliano), Ioan P. 61ff., 120, 125, 231, 353
Cullmann, Oscar 319f.
Cunningham, Lawrence S. 124
Cupitt, Don 148

Danz, Christian 44
Davies, Brian 327
Dayal, Har 199, 270
D'Costa, Gavin 31
Dehn, Ulrich 41
Deitrick, James E. 98f.
Deleuze, Gilles 51, 52
Demacopoulos, George E. 275
Desideri, Ippolito 140
De Silva, Lynn A. 177ff., 253, 255
Dharmapala, Anagarika 20, 96f., 143, 263, 278
Dharmasiri, Gunapala 144, 263f.
Dietrich, Veit-Jacobus 31
Diller, Jeanine 148, 188
Doering, Lutz 165
Dōgen Zenji 147
Drew, Rose 31, 131f., 355
Driller, Josephine 330
Dunn, James D. G. 208, 230, 282
Dùshùn (Tu-shun, Fa-shun) 13

Eckel, Malcolm David 161
Eliade, Mircea 67, 240
Elinor, Robert 234
Elison, George 245
Emmerick, R. E. 200
Englert, Winfried Phillip 227f.
Evagrius Ponticus 124

Faber, Roland 64
Faure, Bernard 233
Feldmeier, Peter 124
Feng, Jinxueh 284
Ferraro, Guiseppe 142
Feuerbach, Ludwig 148
Feulner, Rüdiger 235
Fischer-Barnicol, Hans 283
Fitzgerald, Timothy 26
Flasch, Kurt 212, 235, 275
Ford, James L. 62f.
Franck, Adolphe 143
Fredericks, James L. 45, 134-137, 254
Fredriksen, Paula 211, 213
Freiberger, Oliver 16, 34-39, 109, 233
Fukansai, Habian (Fucan, Fabian) 347

Garfield, Jay L. 142, 151, 172
Garnier, Adolphe 143
Geis, Lioba 80
Gethin, Rupert 309
Gladigow, Burkhard 26
Gogerly, Daniel 140
Gombrich, Richard F. 98, 359
Gōmez, Luis O. 313f.
Goosen, Gideon 31
Gowans, Christopher W. 149f., 181
Granoff, Phyllis 195, 199
Gregory, Peter N. 286
Griffin, David Ray 66
Griffiths, Paul J. 235, 239
Grimm, Georg 20, 221
Groner, Paul 199f.
Guardini, Romano 226f.
Guattari, Félix 51f.
Gupta, Satish 254
Guruge, Ananda 20, 96, 143, 263
Gustafson, Hans 48
Gwynne, Paul 221
Gyatso, Tenzin (XIV. Dalai Lama) 99, 248, 253

Haas, Alois M. 327
Haight, Roger 215-219, 239, 247
Hakamaya, Noriaki 301
Hanh, Thich Nhat 99, 130f., 219, 245, 316f., 350
Hardacre, Helen 311
Hardy, Edmund 93, 140f.
Harris, Elizabeth J. 98, 178, 248
Hartmann, Heiko 210
Harvey, Peter 149, 160, 181, 200, 280
Hasenhüttl, Gotthold 148
Haußig, Hans-Michael 27
Hazra, Kanai Lal 135
Hedges, Paul 45
Heiler, Friedrich 19, 24, 64, 143
Heim, S. Mark 67-70, 73, 170, 356
Heyer, Friedrich 275
Heymeric de Campo 80

Hick, John H. 28, 47, 142, 170, 172-177, 179, 336f., 344f.
Hirota, Dennis 159, 162, 206, 272f., 315f.
Hock, Klaus 23
Hoheisel, Karl 120
Holenstein, Elmar 56-59
Hōnen Shōnin 218, 315
Hubbard, Jamie 301
Hübner, Reinhard M. 233
Hühn, Helmuth 215
Hume, David 19, 84
Hutchison, John A. 67
Hwang, Soonil 298

Ikeda, Daisaku 99
Ingram, Paul O. 48
Izutsu, Toshihiko 242

Jackson, William J. 17, 55, 59, 79f., 188
James, William 30f.
Jenson, Matt 213f.
Jesus von Nazareth 20, 47, 61, 83, 85, 87, 92, 96f., 113-118, 121, 127, 130f., 145, 163-166, 207-209, 221-255, 261, 263, 237f., 279, 284, 291, 293, 322-326, 343, 348, 359, 360f., 364
Johannes Cassian 124
Johannes Paul II. 95
Johnston, Gilbert L. 317
Jones, Christopher Victor 108, 280, 301
Junginger, Horst 38
Kaelber, Walter O. 107
Kak, Subhash 80
Karunadasa, Yakupitiyage 184
Kasher, Asa 188
Kaza, Stephanie 102
Keel, Hee-Sung 246, 252
Keenan, John P. 308, 361
Keenan, Linda K. 308, 361
Kehl-Bodrogi, Krisztina 241
Kelly, J.N.D. 163, 165, 235
Kenkel, N. C. 55
Kenntner, Karl 94, 189
Keown, Damien 98
Kern, Hendrik 157, 186
Kern, Iso 139, 245
Khorchide, Mouhanad 47
Kiblinger, Kristin Beise 45
Kiefer, Jörn 207
Kigoshi, Yasushi 316
King, Martin Luther 130
King, Sallie B. 98, 131ff.
Kingsley, Charles 335
King, Winston 94
Kiyozawa, Manshi 317f.
Kleine, Christoph 109, 233
Klimkeit, Hans-Joachim 124
Knitter, Paul 4, 31, 64, 179, 215ff., 219, 239, 246ff., 348
Koch, Klaus 115
Koch, Wilhelm 141
Kraemer, Hendrik 260
Kraft, Kenneth 102
Kreinath, Jens 64
Kreiner, Armin 287

Kretser, Bryan de 94, 260
Krishna, Daya 103, 107
Küng, Hans 64f., 114, 123, 230

Lai, Pan-chiu 252, 284, 293, 314, 317
Lai, Whalen 48, 110, 112, 130, 148, 346
Lampe, G. W. H. 237
Lanczkowski, Günter 24, 50, 80
Lang, Bernhard 319, 321f., 327, 331-336, 339, 343, 348
Langer-Kaneko, Christiane 347, 348
Lavater, Johann Caspar 334
Lefebure, Leo 124, 221, 276f.
Le Goff, Jacques 338
Lehmann, Karl 365
Lehtipuu, Outi 320, 323, 326
Leirvik, Oddbjørn 48
Lengsfeld, Peter 335
Leppin, Volker 279, 328ff.
Lerner, Robert E. 329
Lessing, Gotthold Ephraim 339
Liu, Ming-Wood 346
Löhr, Gebhard 36
Löhr, Winrich 275
Loichinger, Alexander 287
Lopez, Donald S. 253
Lovin, Robin W. 136f.
Löwner, Gudrun 254
Luther, Martin 82, 166, 191, 213, 235, 273, 275ff., 333, 364
Luz, Ulrich 221, 237f., 291, 293

Macy, Joanna 98, 102
Magliola, Robert 262
Maharaj, Ayon 74
Majrashi, A. 52
Makransky, John 204
Malinar, Angelika 106
Mall, Ram Adhar 56
Mandelbrot, Benoît B. 17, 52f., 57, 59, 61
Mani 121, 123
Mann, Ulrich 36
Marcion 121, 123
Marguerite Porete 330
Martin von Cochem 334
Masefield, Peter 237
Masutani, Fumio 99, 218, 264
Masuzawa, Tomoko 20, 26
Matṛceṭa 307
Matsumoto, Shirō 301
Matsunaga, Alicia 197
Matsunaga, Daigan 197
Matteo Ricci 139f.
Maximus Confessor 147
May, John D'Arcy 47, 55, 59, 64, 84, 253, 277
McCutcheon, Russell T. 26, 36
McDannell, Colleen 319, 321f., 327, 331-336, 339, 343, 348
McGinn, Bernard 327, 330
McLaughlin, Robert E. 333
Mechthild von Magdeburg 329

Meier-Staubach, Christel 80
Meister Eckhart 146, 167, 179, 292, 328ff., 340
Mensching, Gustav 94, 143, 190f., 221, 259, 293, 296f.
Mercadante, Linda 40
Merton, Thomas 124, 130
Metzner, Rainer 209f.
Michaels, Axel 221, 236ff., 291, 293
Minois, Georges 337
Mochizuki, Shinkō 314
Mohl, Jules 142
Moltmann, Jürgen 319
Mommaers, Paul 147
Monier-Williams, Monier 93, 141, 224f., 257-260
Moyaert, Marianne 42, 45
Muhammad 241
Müller, Friedrich Max 18ff., 82
Müntzer, Thomas 333

Nāgārjuna 142, 148, 161, 171f., 357
Nakamura, Hajime 99, 193f., 197, 216, 265, 295, 302
Ñāṇamoli, Bhikkhu 127, 267
Nash, Jonathan David 180
Nattier, Jan 200, 312
Nehring, Andreas 34f.
Netland, Harold 149, 192f., 226, 261
Neumaier, Eva K. 187f.
Neville, Robert Cummings 41
Newton, John Henry 206
Nicholson, Hugh 20, 40, 44f.
Nickelsburg, George W. E. 320ff.
Nicolai, Philipp 334
Niculescu, Mira 31
Nietzsche, Friedrich 58
Nishitani, Keiji 146, 181, 247, 253ff., 283
Nisker, Wes 98, 102
Nitsche, Bernhard 71-74, 180
Nonomura, Naotaro 316f.
Notz, Klaus-Josef 222
Nyanaponika, Bhikkhu 106, 126, 129, 243, 300, 302, 305
Nyanatiloka, Bhikkhu 305

Obirek, Stanislaw 366
O'Grady, John 276
Oguro, Tatsuo 276
Ohlig, Karl-Heinz 233
Ohnuma, Reiko 128
Okochi, Ryogi 205
Olcott, Henry Steel 359
Oldenberg, Hermann 267
Origenes 211f., 329, 338
Orzech, Charles D. 113
Otto, Rudolf 19, 71, 86, 143, 201, 306
Ouyang Jingwu (Jian) 145
Overmyer, Daniel L. 312

Paden, William E. 52f., 79
Pagels, Elaine 124
Palihawadana, Mahinda 266
Pallis, Marco 179

Pande, Govind Chandra 148
Pandi, Moti Lal 148
Panikkar, Raimundo 47, 133f., 134
Pannenberg, Wolfhart 36, 183, 230, 365
Papanikolaou, Aristotle 275
Patel, Eboo 48
Patton, Kimberley C. 34
Paulus 117f., 127, 208f., 217, 247, 255, 273, 281-284, 323ff., 327, 346
Peace, Jennifer Howe 48
Pelagius 274f.
Pfeiffer, Franz 328ff.
Philo von Alexandrien 165
Pieris, Aloysius 246, 247, 355
Pitre, Bran James 117
Pittman, Don A. 20, 144f., 263, 359
Plöger, Otto 322
Plotin 164, 292, 329
Pollack, Detlef 169
Pruden, Leo M 199, 266
Pseudo-Dionysius Areopagita 147, 327f.

Queen, Christopher S. 98f.
Quint, Josef 328ff.

Race, Alan 64, 83, 84
Radaj, Dieter 351
Raddatz, Alfred 210
Rahner, Karl 164f., 167, 245f., 339
Rahula, Walpola 193
Ray, Benjamin C. 34
Rhys Davids, T.W. 267
Richardson, Hugh 113
Riches, John 247
Ritzinger, Justin R. 316
Robson, James 195f., 199f.
Rockefeller, Steven C. 253
Rolston, Holmes III 357
Römer, Thomas 163, 165
Rose, Kenneth 30, 83f.
Rosta, Gergely 169
Rouse, W. H. D. 200, 202
Rubenstein, Richard L. 181
Ruh, Kurt 326

Sabbatucci, Dario 26
Saler, Benson 28f.
Sanders, E. P. 208, 237f., 282
Śaṇkara 357
Śāntideva 108, 128f., 198, 201-205, 218, 270, 278
Sawicki, Bernard OSB 124
Schalk, Peter 27
Schleiermacher, Friedrich 253
Schlieter, Jens 27, 199
Schlingloff, Dieter 190, 202, 310
Schmidt, Johann Michael 115
Schmidt-Leukel, Perry 14, 16, 21, 28, 31, 34-38, 43-48, 73f., 77, 81-85, 89f., 92, 104, 107, 108, 112, 118f., 121, 126, 129, 148, 156, 171, 174, 178, 182f., 185, 188, 190f., 198f., 201f., 204f., 217, 222, 228ff., 241f., 246, 248, 250,

252f., 270, 273, 278, 286, 303f., 309f., 316, 337, 358, 362, 364
Schmithausen, Lambert 102
Schneider, Mathias 222
Schomerus, Hilko Wiardo 60, 74, 89f., 141, 221, 290f., 292f.
Schopen, Gregory 269
Schrage, Wolfgang 114, 117
Schreiber, Stefan 233, 238
Schweitzer, Albert 58
Scott, Archibald 221, 224, 257-261
Sebastian, C. D. 171f.
Seidenstücker, Karl 101, 298
Seiwert, Hubert 27
Sell, Alan P. F. 275f.
Senanayaka, G.S.B. 228
Shah-Kazemi, Reza 242
Sharf, Robert H. 315
Sharma, Arvind 237
Shinran Shōnin 159, 162, 205f., 218, 262, 272f., 276, 315f., 318
Shuyin 99
Siddhārtha Gautama (Gotama) 20, 90-92, 104, 109, 159, 221-240, 249, 263, 268, 285, 302, 360
Siderits, Mark 142, 151, 172
Siegmund, Georg 221, 294
Sigalow, Emily 31
Sivaraksa, Sulak 99
Slone, D. Jason 30
Smart, Ninian 28, 225, 292, 297
Smith, Jonathan Z. 352
Smith, Steven G. 269
Smith, Wilfred Cantwell 25f., 47, 225
Snellgrove, David 113, 187
Söderblom, Nathan 19, 64
Sokrates 227, 245
So, Yuen-tai 263
Spae, Joseph J. 48
Spence Hardy, Robert 140, 221
Spiegler, Gerhard E. 41
Spiro, Melford 94, 113
Sponberg, Alan 311
Śrī Rāmacandra Bhāratī 201, 306
Steinberg, Julius 166
Steineck, Christian 147
Stendahl, Krister 319
Stimpfle, Alois 210
Streeter, Burnett Hillman 221, 230-233, 291ff.
Strong, John S. 135, 233, 307
Studholme, Alexander 159, 187
Sullivan, Lawrence 52, 352
Suwanbubbha, Parichart 276
Suzuki, Daisetz Teitaro 97, 145f., 205, 245, 248
Swanson, Paul L. 301
Swearer, Donald K. 77, 98
Swedenborg, Emanuel 334f.
Swidler, Leonard 41f.

Taixu (T'ai-hsü) 20, 144f., 262, 316, 359
Takasaki, Jikidō 301
Tambiah, Stanley J. 111, 113
Tanaka, Kenneth K. 271, 315
Tanluan (T'an-luan) 159, 315
Taves, Anne 30
Thatamanil, John J. 46, 69f., 73, 170, 356
Thomas von Aquin 164, 168, 183f., 214, 326f.
Thomas von Kempen 129
Thompson, Ross 31, 248
Thurman, Robert A.F. 186
Thurston, Bonnie Bowman 124
Tiefenauer, Marc 197
Tilakaratne, Asanga 142
Tillich, Paul 167f., 293
Tworuschka, Udo 18

Ueda, Shizuteru 247f., 283
Usarski, Frank 222

Valea, Ernest 192, 294-297
Valignano, Alessandro 273, 347
Van Bragt, Jan 147
Van Ess, Josef 230
Van Put, Ineke 197f., 337
Vermes, Geza 116, 230, 233, 238
Vielhauer, Philipp 115
Vivekananda, Swami 75
Völker, Fabian 180
Vollenweider, Samuel 114, 283
Volz, Paul 115
Von Borsig, Margareta 157, 229, 307
Von Glasenapp, Helmuth 138f.
Von Harnack, Adolf 82f.
Von Stosch, Klaus 40f., 45ff.
Vorgrimler, Herbert 337
Voss Roberts, Michele 41

Waardenburg, Jacques 81
Wach, Joachim 22
Waldenfels, Bernhard 56
Walker, D. J. 55
Walshe, Maurice O'Connell 179, 268
Ward, Keith 41
Weber, Claudia 229, 235, 238
Wecker, Otto 141, 221
Weeraratna, Senaka 228
Weinrich, Friedrich 259
Weisse, Wolfram 41
Welbon, Guy Richard 141, 143
Whalen, Robert K. 336
Whaling, Frank 28
White, Lynn 97
Wildman, Wesley J. 142, 169, 176, 181
Wilke, Alexa 167
Williams, Janett P. 147
Williams, Paul 149, 157, 199, 252f., 362, 363
Winkler, Ulrich 45
Winter, Franz 16, 121, 124
Wittgenstein, Ludwig 28
Wolff, Catherine 288

Yagi, Seiichi 283
Yandell, Keith 149, 192f., 226, 261
Yokota, John Shunji 248, 318, 360
Yong, Amos 360
Young, Frances M. 230
Young, R. F. 228
Yu, Chai-Shin 99, 296
Yu, Xue 145, 263

Zaleski, Carol 338
Zhang, Chunyi 252, 283f.
Zimmermann, Michael 228, 281
Zin, Monika 190, 202
Zürcher, Erik 112, 312

Sollte diese Publikation Links auf Webseiten Dritter enthalten, so übernehmen wir für deren Inhalte keine Haftung, da wir uns diese nicht zu eigen machen, sondern lediglich auf deren Stand zum Zeitpunkt der Erstveröffentlichung verweisen.

MIX
Papier aus verantwortungsvollen Quellen
FSC® C014496
Klimaneutral*
Druckprodukt
ClimatePartner.com/14044-1912-1001

Penguin Random House Verlagsgruppe FSC® N001967

1. Auflage


Umschlagmotiv: © Pavel R – iStock.com
Druck und Bindung: GGP Media GmbH, Pößneck
Printed in Germany
ISBN 978-3-579-07183-1
www.gtvh.de